Die Kirche in der Apothekenklinik: Die Sage der Familie Pai

Die Kirche in der Apothekenklinik: Die Sage der Familie Pai

Kiho Pai

Frei übersetzt aus dem Englischen
von Elena Akritas

Library of Congress Control Number:		2021903863
ISBN:	Hardcover	978-1-6641-6053-8
	Softcover	978-1-6641-6052-1
	eBook	978-1-6641-6051-4

Print information available on the last page.

Rev. date: 03/25/2021

To order additional copies of this book, contact:
Xlibris
844-714-8691
www.Xlibris.com
Orders@Xlibris.com
822836

CONTENTS

KAPITEL 1

„1801 – Das Jahr des Hahns"

DER KALTE WIND wehte unaufhörlich und durchdrang die Risse der Baumwollbänder an seinen seidenen Schuhen, welche schon zerrissen und ausgefranst waren. Die kleinen Füße von Kwangkuk Pai, welche vor Kälte bereits taub waren, schoben sich dennoch mit leblosen Schritten weiter voran. Das Tempo seines Vaters, Soowoo Pai, welcher vor ihm ging, begann ebenfalls langsamer zu werden. Einen Monat waren sie nun schon der Kälte entblößt auf Reisen.

Als Erwachsener ermüdet, konnte Soowoo sich denken was für eine immense körperliche Auswirkung diese Anstrengung auf den jungen Kwangkuk haben mussten. Bei einem kurzen Stillstand wand sich Soowoo um und schaute nach hinten. Bei dem Anblick seines Sohnes, welcher der Innbegriff eines Bettlerjungen mit einem Strohsack war, welchen sich dieser sein schmutziges mit Baumwolle wattiertes Oberteil drüber gezogen hatte um sich gegen die eisige Kälte zu schützen, stiegen Soowoo die Tränen in die Augen.

„Es ist anstrengend zu gehen, nicht wahr Sohn? Aber versuch etwas schneller zu sein. Bevor die Sonne untergeht müssen wir wenigstens die Grenze des Dorfes erreicht haben um Essen und einem Schlafplatz zu betteln."

Die Anmerkung seines Vaters ließ Kwangkuk völlig anhalten und so schwer es auch war, er blickte seinem Vater in die Augen und schien einen plötzlichen Wutausbruch zu haben.

„Vater! Was haben wir so falsch gemacht, dass wir unser gutes Zuhause verlassen mussten um so zu leiden? Ich vermisse meine Mutter. Sehr sogar! Ich vermisse sie sehr!" Der Junge begann bitter zu schreien und nahm die Kälte die ihn umgab scheinbar nicht mehr wahr.

Tränen erfüllten Soowoo's Augen. Um sie zu verstecken, drehte er sein Gesicht von seinem Sohn weg und schaute zum Himmel hinauf. Gefangen im eisigen Griff der Wintersonnenwende, warnte der Himmel vor einem unmittelbar bevorstehenden Sturm.

Soowoo kniff die Augen zu. Es kam ihm der Gedanke, dass der Junge den Nagel auf den Kopf getroffen hatte. War es ein derart schweres Verbrechen Leute getroffen und mit denen gelegentlich gesprochen zu haben, welche behaupteten sie seien Anhänger einer neuen Philosophie die sich „Katholizismus" nannte und diesen mehrmals ein Versammlungsort geboten zu haben?

Wäre jedoch nur der Katholizismus der Grund dafür, dann wäre es womöglich nicht nötig gewesen ihr Zuhause zu verlassen und umherziehen zu müssen. Natürlich hatte die Verbrüderung mit den katholischen Gruppen keinen guten Einfluss auf seine Position als Administrator der Chungju Gemeinde gehabt, doch was den Schlussstrich gezogen hatte, war der Todschlag eines jungen Dienstmädchens.

Es geschah letzten Herbst an einem Nachmittag, als die süßen, reifen Kaki von den Bäumen im Hinterhof gefallen waren. Der zehn jährige Kwangkuk kam gerade aus dem Dorf zurück. Er war gekleidet in einer aus Seide gefertigten, Jade-farbigen Hosen und einer dunkel blauen Jacke. Diese, für ihn gewöhnliche Kleidung, sollte seinen Status als der Sohn eines reichen Regierungsbeamten hervorbringen. Er schaute hinüber zu einigen Sklaven die sich auf der hölzernen Veranda versammelt hatten. Die Sklaven standen sofort auf, unwissend was sie tun sollten. Dort auf der hölzernen Veranda des Sklavenquartiers, lag ein gedampfter Reiskuchen. Da sich ständig viele Gäste im Haus befanden, stand das Essen immer zur Verfügung, ebenfalls wie der gedampfte Reiskuchen.

Kwangkuk versuchte an den Sklaven vorbeizukommen und wusste, dass diese nervös waren. Er wusste ebenso Bescheid, dass sie öfters den Reiskuchen für sich ergatterten. Er gab ihnen ein sanftes Lächeln. Einer der Diener kam auf ihn zu und sprach: „Junger Meister! Sie müssen recht hungrig sein, nachdem Sie all diese schwierigen Wörter in der Schule gelesen haben! Hier, nehmen Sie einen Reiskuchen bevor Sie gehen." Die Art und Weise wie tief er sich vor ihm verbeugte und hoch zu Kwangkuk schaute, empfand er als minderwertig.

In dem Moment als er einen Bissen von dem Kuchen nehmen wollte, öffnete sich eine kleine Tür des Dienstzimmers und ein Dienstmädchen mit ungepflegten Haaren rannte hinaus. „Herr! Junger Meister! Ihr seid gekommen!"

Das Lächeln mit ihren gelben Zähnen erinnerten ihn an ein verrücktes Mädchen oder an einen Geist. Kwangkuk, der sich von ihrem Aussehen und ihren Worten erschrak, ließ den Reiskuchen fallen. Als er zitternd da stand, kam das Mädchen näher zu ihm heran.

„Oh junger Meister! Was ist denn los mit Ihnen?"

Trotz Kwangkuk's Geschrei trat das Mädchen noch näher zu ihm, ohne seine Verhaltensweise nachvollziehen zu können. Verwirrt fragte sie: „Was ist passiert? Was machen Sie?" Einer der empörten Diener rannte zu dem Mädchen. „Du kleine Idiotin! Wie wagst du es unseren jungen Meister zu erschrecken. Wie wagst du es mit deinen unordentlichen Haaren vor ihn zu treten?"

Einer der Diener warf sie zur Seite. Das Mädchen rollte den ganzen Weg bis zum Ende der hölzernen Veranda. Alle Diener starrten sie an. Kwangkuk schrie immer noch und forderte, dass jeder einzelne von den Dienern zu dem Mädchen laufen sollte. Einer von ihnen fing an sie mit seinem Fuß zu kicken, während ein anderer ihr auf das Kinn schlug. Bald war ihr ganzer Mund voll Blut. Ein weiterer Diener hob sie hoch und warf sie mit voller Kraft nach unten.

Das Prügeln ging weiter bis das Mädchen aufgehört hatte zu atmen und reglos am Boden lag.

Die Sonne verschwand allmählich hinter den Bergen und schien ihre violett roten Strahlen auf die verkrümmte Leiche des Mädchens.

Kwangkuk war schon längst ins Haus gelaufen und die Diener, die doch nur dem Mädchen Angst einjagen wollten, waren sich nicht sicher was sie nun tun sollten. Das tote Mädchen war die Tochter einer Dienerin, die für das Waschen des Geschirrs verantwortlich war. Aufgrund ihrer Ignoranz kämmte sie niemals ihre Haare und schlief zu der Zeit als sie Kwangkuk's Stimme hörte. Mit vierzehn Jahren wurde sie schon als junge Frau angesehen und es verbreitete sich das Gerücht unter den Dienern, sie hätte Gefühle für Kwangkuk entwickelt. Sie nahmen an, dass das Mädchen so reagierte hatte, da sie Kwangkuk's Anblick noch nie von so naher Sicht betrachten konnte.

Die Mutter des Mädchens weinte die ganze Nacht bis ihr Hals anfing zu schmerzen. Am nächsten Morgen begrub man sie sofort unter die Erde. Soowoo gab der Mutterals Entschädigung für den Verlust ihrer Tochter ein weinig Geld, doch dies heilte nicht das tiefe Leid, welches sie in sich trug.

Soowoo war sehr verwirrt und bekümmert. Die Interaktion mit den katholischen Gläubigen machte ihn nervöser, doch jetzt gab es einen Mörder im Haus, welcher die Türen für ein öffentliches Skandal öffnete, welches ihn und seinen Haushalt miteinschloss. Das Ereignis würde unvermeidlich öffentlich und sehr bekannt werden. Eine Revolte der Junior gegen die Senior Beamten entwickelte sich zu einer sehr hohen Wahrscheinlichkeit. Um das Ganze zu verschlimmern, wurden paar der Katholiken, mit denen er involviert war, gefangen genommen.

Nach mehreren sorgenvollen Tagen entschied sich Soowoo der Provinzgouverneur endlich seine Frau und seinen Sohn mitzunehmen und die Flucht bei Nacht zu ergreifen. Bevor er das Dorf verließ, wollte er sich mit ein paar seiner engen katholischen Freunde treffen, jedoch waren viele von ihnen schon längst inhaftiert worden. Bald wurde seine Frau, die zuvor noch die solche Schwierigkeiten in ihrem privilegiertem Leben erlitten hatte, sehr krank. Deshalb brachte Soowoo seine Geliebte in ein Gasthaus und hinterließ etwas Geld um für ihre Behandlung bezahlen zu können. Er hatte keine andere Wahl als seine Reise mit seinem Sohn fortzuführen. Sie hatten jedoch noch kein Ziel. Er verspürte nur den unmittelbaren Drang so weit wie möglich von Chungju entfernt zu sein.

Während ihrer nächtlichen Wanderung begegneten sie einem alten Mann. Dieser trug einen langen Mantel ohne Hut und hatte seine weißen Haare in einem traditionellen Dutt gesteckt.

„Ist dies das Ende der Welt?" Sobald der alte Mann begann mit einer voll Trauer erfüllter Stimme zu sprechen, inspizierte er den Vater und den Sohn.

„Ich wusste ich würde es nicht bereuen diesen Weg gegangen zu sein. Als ich mich hinsetze und meine Augen schloss, hatte ich eine Vision von einem Jäger, welcher hinter zwei weißen Hasen her war. Dies kam immer wieder in mein Gedächtnis und ich habe das Gefühl, dass ihr die zwei Hasen seid. Ihr seht nicht ganz übel aus von eurer Reise. Folget mir!"

Der alte Mann drehte sich um und begann seinen Weg zu gehen. Er war schon zehn Meter von ihnen entfernt, bevor Soowoo die Hand seines Sohnes nahm und dem Alten ängstlich folgte.

„Wer bist du, alter Mann?", fragte Soowoo.

Der alte Mann atmete tief ein bevor er antwortete. Seine Schultern bewegten sich Rhythmus seiner Atmung hoch und runter. „Ich bin ein alter Mann, welcher nach den Gesetzen des Himmels lebt. Ich helfe lediglich nur zwei Hasen in Not, obwohl mein Haus alt und dreckig ist, lade ich euch mit ein um eine Nacht hier bei mir zu verbringen, bevor ihr euch morgens wieder auf den Weg macht."

Während der alte Mann ging, sprach dieser in einem tiefen Ton. Es war schon spät in der Nacht als diese bei der mit Gras bedeckten Hütte des Alten ankamen, welche sich am Fuße eines Berges neben einem Dorf befand. Er brachte Soowoo und dessen Sohn in ein stark riechendes Zimmer und ging in die Küche um etwas Reis vorzubereiten. Eine kleine Schüssel Sojasoße und Kimchi waren die einzigen Beilagen die er bei sich hatte. Nachdem Soowoo seinen Hunger gestillt hatte, schaute er zum alten Mann der lächelte. Während dieser blinzelte, blickte er zu Soowoo und seinem Kind, die unter dem schwachen Licht einer Laterne aßen.

„Ich bin Chiseon Kang. Mir ist bekannt, dass die Menschen die den Katholizismus studieren, einer großen Gefahr unterlaufen vom Staat gefangen genommen zu werden. Mir sind ebenfalls die Menschen im Dorf bekannt, aus dem ihr gekommen seid, die sich mit dem Katholizismus auseinander setzen. Diese Leute wurden vor zwei Tagen festgenommen. Es stellte sich heraus, dass einer von ihnen ihren Namen verriet. Nun verbreiten sich Gerüchte, dass Beamte nach ihnen suchen würden.

Als ich euch sah, da wurde mir sofort klar, dass Sie der Provinzgouverneur von Chungju, Soowoo Pai, sein müssten. Sie haben, nicht so wie die Menschen aus der unteren Schicht, ein nobles Gesicht und die weichen Hände einer Person, die ihr ganzes Leben lang damit verbracht hatte nur Bücher zu lesen. Die Art und Weise wie Sie essen unterscheidet sich von den ärmeren Menschen, Sie sind sehr vorsichtig und haben gute Manieren, selbst wenn Sie am Verhungern sind.

Ich hörte Ihren Namen bei den Leuten die den Katholizismus studieren. Sie sagten, dass Sie ihnen geholfen haben. Diese dummen Idioten! Wenn sie Hilfe bekommen, sollten die ihren Mund halten! Wieso haben sie Ihren Namen verraten, obwohl sie nicht an der Demonstration beteiligt waren?"

Soowoo legte seinen Löffel auf den Tisch. Sein Gesicht war mit Schock erfüllt. „Studieren Sie den Katholizismus?", fragte er.

Der alte Mann schüttelte seinen Kopf.

„Woher wissen Sie dann von all dem?"

„Ich bin nur ein alter Mann, der nach den Gesetzen des Himmels lebt. Was ist Buddha, was ist Jesus?"

„Ich bin nicht komplett in diesem Geschehen involviert, aber ich sprach zu Katholiken weil wir etwas gemeinsam haben – der Fakt, dass wir daran glauben wir müssten unseren Nächsten lieben. Das, und die meisten Katholiken sind arm, weswegen ich ihnen mehrmals geholfen habe. Um Ihnen die Wahrheit zu erzählen, ich weiß nicht viel über Jesus nur, dass dieser ein göttlicher Mann war, der von einer Jungfrau zur Welt gebracht worden sei und später vom Tod wiederauferstanden ist."

Der alte Mann lächelte erneut als Soowoo sprach. „Buddha oder Jesus, ich weiß es nicht. Ihr könnt hier bleiben und euch ausruhen so lange ihr wollt. Ich bin nur ein alter Mann der sein Geld verdient, indem er Kräuter aus den Bergen verkauft.

Ich erlernte ebenfalls die Akupunktur und half Katholiken während der Epidemie als diese sich übergaben und Durchfall hatten." Dann sah Soowoo ein paar medizinische Kräuter, die an der Wand hingen. Der Geruch im Zimmer entstand womöglich von denen.

Als sie mit dem Essen fertig waren, hatte Kwangkuk endlich aufgehört vor Kälte zu frieren und lag nun am wärmsten Platz neben dem Kamin. Der alte Mann nahm ein Stück Papier, ein paar Pinsel und Tusche zur Hand und fing an unter dem schwachen Licht zu schreiben. Seine grobe Schreibweise beinhaltete elementare Wörter, welche ein Kind oder eine Frau benutzen würden und schrieb mit Bruchstücken chinesischer Schriftzeichen.

„Ich bin nichts als ein einfacher Mann der unteren Klasse. Während meinen Wanderungen, als ich Akupunktur erlernte, lernte ich ebenso ein paar Wörter zu schreiben. Ich habe einen jüngeren Bruder, der ein Arzt in der Stadt Kimhae ist. Geht und suchet nach ihm. Wenn ihr ihm diesen Brief zeigt wird er euch helfen."

„Vielen Dank, alter Mann!", rief Soowoo vor Freude. „Ihr habt uns sehr geholfen, obwohl Sie nichts mit uns zu tun haben. Aber der Grund wieso wir auf der Flucht sind, ist nicht nur der Katholizismus. Nicht allzu lange her wurde ein Dienstmädchen in meinem Haushalt bis zum Tode erschlagen. Sogar wenn sie nur eine Dienerin gewesen ist, wie kann es nichts mit mir zu tun haben? Es war eine gefährliche Sache, den Katholiken geholfen zu haben, aber nach diesem Vorfall hatte ich keine andere Wahl als zu fliehen. Als wir unser Haus verließen, wurde meine Frau schwer krank und wir mussten sie bei einer Gaststätte neben der Straße zurück lassen. Aber ich muss sie irgendwie mit uns mitnehmen."

Soowoo schaute den Mann vorsichtig an. Der alte Mann war tief in seinen Gedanken versunken, hörte jedoch nicht auf zu schreiben. „Ich kann nicht sagen, dass mein Zuhause für euch sicher ist. Vielleicht könnte einer der Katholiken ebenso meinen Namen verraten. Ich könnte wie sie gefangen genommen werden, also denke ich es wäre das Beste wenn ihr in ein paar Tagen das Haus verlassen würdet. Jedoch werde ich mich nach eurer Frau erkundigen."

Anstatt Danke zu sagen, hielt Soowoo die grobe Hand des Mannes fest und stoß einen tiefen Atemzug aus. Hatte er nicht allzu lange her, ein glückliches und angenehmes Leben geführt? Er war sprachlos und dachte an seine Frau, die wahrscheinlich nun mit einer Wolldecke zugedeckt in der Gaststätte lag. Er versuchte seine Tränen zu unterdrücken als der die Hand des alten Mannes los ließ und sich zurück setzte. Der Mann Kang stoppte als er fertig mit dem Schreiben war und warf Soowoo einen Blick rüber.

„Ich weiß nicht wieso ich euch helfe, aber wie ich schon zuvor erwähnt habe, hatte ich die Vision der beiden Hasen. Das ist alles. Ich denke es gibt einen Plan für dich und deinen Sohn um zu leben. Nur der Himmel weiß es." Ein Lächeln zeigte sich auf dem faltigen Gesicht des alten Mannes.

Sie breiteten die einzige Decke, die im Haus zu finden war, auf den Boden aus und legten sich mit Kwangkuk in der Mitte hin. Nach einer Weile schlief der alte Mann ein, aber sein Schnarchen hielt Soowoo die ganze Nacht über wach.

Als Soowoo endlich schlief, verließ der alte Mann am nächsten Morgen leise das Haus, um nach der Frau des Vaters zu schauen und sich zu erkundigen wie es ihr ging. Es wurde Nachmittag als er endlich zum Haus zurückkehrte, wo Soowoo und sein Sohn im dunklen und stark riechendem Zimmer warteten.

„Es tut mir Leid wegen Ihrer Frau. Ihre Krankheit verschlimmerte sich als Ihr sie verlassen hattet und sie wurde bewusstlos. Sie starb vor ein wenigen Tagen. Mit dem Geld, welches Ihr für sie daließet, wurde ein Sarg für sie gekauft und eine Beerdigung fand statt. Es ist zu riskant dorthin zu gehen. Nun da sie fort ist, solltet ihr euren Weg weitergehen. Ich sah nur zwei Hasen, nicht drei."

Ohne zu verstehen was geschah, schaute Kwangkuk zu seinem Vater als er anfing bitterlich zu weinen. Der alte Mann blickte mitleidig zum trauernden Ehemann und dem verwirrtem jungen Sohn.

„Bleibt für eine weitere Nacht hier und bricht danach mit meinem Brief zu Kimhae auf. Dort ist es viel sicherer."

Am nächsten Morgen bei Tagesanbruch, nahm Soowoo seinen Sohn und ging vom Haus des alten Mannes hinfort. Seitdem ist ein Monat vergangen. Nun gingen sie ihren Weg weiter zu Kimhae, ohne eine Vorstellung zu haben was als nächstes geschehen würde. Das Geld, welches er mitnahm wurde langsam knapp und schon bald wurden sie zu Bettlern, welche an den Türen von Menschen klopften um nach Essen und einem Schlafplatz zu bitten.

Soowoo hatte keine Ahnung wie weit Sie noch bis zu Kimhae brauchten. Wenn er ein Dorf sah, bettelte er erst nach Essen und fragte danach nach dem Weg. Sie konnten nur dem Weg folgen, denen die Bewohner ihnen zeigten. Während diesem Monat, in dem sie nur gewandert hatten, begegneten sie vielen großzügigen Menschen, jedoch stießen sie ebenfalls an die, die gegenüber ihnen kein Mitleid zeigten. Nur wenige erkannten sie als einen Teil der Aristokratie, trotz ihrer unordentlichem Aussehen. Nun wurde dies, mit ihren durch bittere Kälte erfrorenen Gesichtern, ihrer schmutzigen Kleidung und ausgenutzten Seidenschuhen, schwer zu sehen.

Soowoo hielt Kwangkuk's Hand und beruhigte ihn nach seinem letzten Wutausbruch.

„Du hast Recht! Dein Vater hat nichts falsch gemacht. Wir haben nur ein paar armen Menschen geholfen, das ist alles. Es hat den Anschein als müsste man in dieser Welt Leid erfahren, selbst wenn man kein Unrecht getan hatte. Es ist nun mal so, da das Schicksal dir nicht den richtigen Vater gab. Lass uns schlafen gehen, bevor die Sonne hinter den Bergen verschwindet."

Es war schon spät in der Nacht als sie das nächste Dorf erreicht hatten. Völlig erschöpft, klopften sie an der Tür des ersten Hauses am Eingang des Dorfes. Die Hütte, welches nur ein Zimmer hatte, sah aus als würde diese in jedem Moment zusammen stürzten. Eine junge Frau, die in ein weißes Trauergewand gekleidet war, öffnete ihnen die Tür. Sie hatte ein bekümmertes Gesicht als Soowo sie fragte, ob es möglich wäre bei ihr eine Nacht zu verbringen.

„Ich kann euch etwas zu essen anbieten, jedoch denke ich nicht, dass es möglich ist, dass ihr hier die Nacht verbringen könnt. Wie ihr seht, gibt es hier nur ein einziges Zimmer. Außerdem bin ich vor kurzem eine Witwe geworden, also kann ich keinen Mann in mein Zuhause hereinlassen. Sie können jedoch das Kind hier schlafen lassen, aber Ihr müsstet die Nacht in der Scheune verbringen. Doch ich warne Sie, dass die Nacht sehr kalt sein wird."

Ihre Worte klangen, obwohl sie eine arme Frau war, sehr höflich. Allerdings konnte Soowoo ihr großzügiges Angebot nicht ablehnen. Kwangkuk war schon sehr erschöpft und er selbst hatte überall Schmerzen und verspürte nicht die Kraft noch einen weiteren Schritt zu machen.

„Ich schätze Ihre Güte sehr. Ist zufälliger Weise das Dorf Kimhae von hier weit weg entfernt?"

„Kimhae? Nein es liegt hier in der Nähe", antwortete sie.

„Oh, ich sehe. Es scheint so, als ob wir nur noch ein wenig weiter leiden müssten. Aber wieso leben Sie so weit entfernt, ganz alleine? Wie lange sind Sie schon verwitwet?"

„Mein Mann starb drei Monate zuvor. Aufgrund seiner Krankheit wurde der Haushalt verkleinert, aber wir waren nicht immer so arm." Die Frau sah aus, als ob sie kurz davor wäre zu weinen, jedoch verschwand sie schnell in der Küche um verbrannten Reis zu servieren, welches das einzige essbare war, was sich in der Küche befand.

Nach der kleinen Portion an Essen, verließ Soowoo seinen Sohn und die Frau und er legte sich auf eine Strohmatte hin, die in der Scheune zu finden war. Es war nicht das erste Mal, dass er draußen schlief, aber in dieser Nacht wusste er nicht wieso er so viel Mitleid gegenüber sich empfand.

Es war, sogar nachdem er die Matte bis zu seinem Halse gezogen hatte, eiskalt. Als er seine Augen schloss, kamen Bilder von seiner toten Frau in sein Gedächtnis. Der Anblick seiner wunderschönen, ehrwürdigen Geliebten, dessen langer Rock anmutig den Boden strich, jedes Mal wenn sie im Haus herum ging, durchfluteten seine Gedanken. Wie konnte sie doch nur so miserabel sterben? Während ihrer langen Reise aus Chungju, hatte er nicht allzu viel Zeit gehabt, um über seine Frau nachzudenken.

Aber jetzt, allein in der Scheune, vermisste er sie auf einmal schrecklich sehr. Er vermisste das üppige Leben, welches sie noch vor ein paar Monaten geteilt hatten. Unerwartet öffnete er seine Augen. Durch den Spalt in der Scheune, sah er einen einzigen Stern im dunklen Nachthimmel funkeln. Als er weiterhin das Leuchten anschaute, wurde der Stern immer größer und größer. Er blinzelte mehrmals. Der Stern wurde nun so groß wie der Mond, welcher direkt vor ihm strahlte. Etwas wundervolles erleuchtete seinen ganzen Körper. Schlagartig füllte sich sein Herz mit Freude.

Er murmelte zu sich: „Ist dies was Jesus mit der Liebe an die ganze Welt gemeint hatte? Es gibt nichts was ich mehr will! Es gibt nichts was ich mehr will!" Er schlief mit einem Lächeln ein.

Die arme Witwe fand Soowoo's Leiche am nächsten Morgen in der Scheune liegen. Nachdem sie das Frühstück vorbereitet hatte, ging sie dorthin um den Hunger des Fremden stillen zu können. Soowoo's Gesicht strahlte ihr zu. Sie schrie vor Angst, nachdem sie noch einen Mann sterben sah, nicht allzu lange nach dem Tode ihres Ehemannes. Mit Kwangkuk Hand in Hand, gingen sie über die Berge, in Hoffnung ihren älteren Bruder um Hilfe bitten zu können Soowoo zu begraben.

Während er den Boden ausgrub, meckerte der Bruder der Witwe: „Das Wetter war nicht so kalt, um davon zu sterben. Die Frau die ihren Mann ermordete, tötete einen weiteren Unbekannten."

Bei dem Rollen der Strohmatte, hörte er ein knisterndes Geräusch an Soowoo's Brust. Er steckte seine Hand in den Spalt des Mantels und die Kälte der Leiche ließ ihn erschrecken. Er holte den Brief von Chiseon Kang heraus und öffnete diesen. Doch da er analphabetisch war, konnte er die Wörter, die auf dem Papier standen, nicht lesen und warf nur einen Blick zu Kwangkuk und der Witwe hinüber die auf einem sonnigen Platz saßen.

Mitgerissen vom Tod seines Vaters saß Kwangkuk mit gesenktem Kopf und schaute zu Boden. Da die Witwe ebenso analphabetisch war, nahm sie ihrem Bruder den Brief ab und steckte ihn in ihren Ärmel. Nachdem sie Soowoo begruben, entschlossen sich die Witwe und ihr Bruder Kwangkuk als Diener zu einer wohlhabenden Familie zu schicken, welche hinter den Bergen lebte. Sie konnten das Kind einfach nicht einfach so bei sich behalten und ihn in ihrer Familie aufnehmen, da ihnen das Geld nicht dazu ausreichte um noch eine Person zu ernähren.

Bevor die Sonne aufging, schickten sie Kwangkuk zum Dorf hinter den Bergen. Die Witwe vergaß über den Brief, bis sie sich in der Nacht wieder daran erinnerte. Sie öffnete das Papier, wusste jedoch immer noch nicht was dieser bedeutete. Also faltete die Witwe den Brief wieder zurück und legte den auf den Schrank, mit dem Gedanken, es Kwangkuk das nächste Mal wenn sie ihn sehen würde, den wiederzugeben.

Die Zeit verging für Kwangkuk, welcher nun als Diener bei einer reichen Familie, die im Dorfe des Bruders der verwitweten Frau verweilte, arbeitete und lebte. Nach einiger Zeit verblassten seine Erinnerungen an sein altes Leben und an seine Familie. Als ein ehemaliger junger Meister eines noblen Haushalts, wuchs Kwangkuk nun zu einem gesunden und hart arbeitendem Diener seines Herren. Als er dreißig wurde, hätte er sich nie aufgrund seiner Armut die Vorstellung daran gehabt verheiratet zu sein zu würden. Er wachte bei Sonnenaufgang auf um den ganzen Tag zu arbeiten bis er zum Quartier für die Bediensteten zurückkehrte und sofort einschlief, sobald er sich hingelegte hatte. Um über eine Frau nachzudenken war es zeitlich einfach nicht möglich gewesen. Nach einer Weile starb der Bruder der Witwe und so kam sie über die Berge um bei seiner Beerdigung dabei sein zu können. Ihre Schönheit verblasste und die Erscheinung einer alten Frau blieb übrig. Über die Jahre kam Kwangkuk gelegentlich in die Nähe des Hauses der Witwe, um das Grab seines Vaters zu besuchen. Obwohl sie immer noch in dem Haus am Stadtrand wohnte und ihren Lebensunterhalt dadurch verdiente, indem sie nähte und anderen mit ihren häuslichen Pflichten half, begegnete Kwangkuk ihr kein einziges Mal bis zu dem einen Zeitpunkt. Er und zwei weitere junge Männer vollendeten das Grab um ihren Bruder zu begraben, als er vorsichtig das Gesicht der Witwe betrachtete. Sie war sich nicht sicher wer Kwangkuk war, aber als er sich verbeugte, erkannte sie ihn wieder und ein Lächeln tauchte auf ihrem traurigen Gesicht auf.

Ein einfacher Sarg wurde hinab in den Boden gelegt, worauf die Männer Erde drüber schütteten. Als das Jammern der Frau fortsetzte, war die Beerdigung schon vollendet. Der Anblick der roten Erde auf dem runden Grabhügel machten die Ausrufe nur noch mehr bemitleidenswerter. Kwangkuk spürte wie Tränen in seinen Augen hochkamen, jedoch wischte er sie schnell mit seinem Hemd ab. Plötzlich hatte die Witwe den Anschein als hätte sie sich an etwas erinnert und schaute mit geweiteten Augen zu Kwangkuk.

„Der Brief! Jetzt erinnere ich mich! Ich habe es völlig vergessen, da ich nicht lesen konnte was darin stand. Das Papier war im Mantel deines Vaters, als wir ihn begraben wollten, fanden wir dies. Ich erinnerte mich daran, als ich dich wiedersah! Ich hab es irgendwo im Schrank bei mir Zuhause!"

Kwangkuk schüttelte den Kopf. Ein Brief? Er erlernte das Lesen als er noch jünger war, aber das ist sehr zu lange her gewesen. Das Gesicht seines Vaters erschien zaghaft in seinen Gedanken und die Erscheinung seiner Mutter wurde von Tag zu Tag trüber.

Das üppige Leben, welches er damals in Chungju hatte, schien ihm wie ein weit entfernter Traum zu sein. Als die Worte der Witwe ihn an sein altes Leben erinnerten, verwirrten ihn seine Erinnerungen an die Vergangenheit.

Nach ein paar Tagen wuchs Kwangkuk's Neugier an den Brief und als er das Grab seines Vaters besuchte, ging er endlich auch zum Haus der Witwe. Sie wartete schon auf ihn mit dem Brief in ihren Händen. Ihr Haus sah sogar schlimmer aus als davor. Die mit Schlamm beschichteten Wände, bei denen sein Vater zu Tode erfror, waren zur Hälfte weg. Es war schon eine Weile her, seit er etwas gelesen hatte, jedoch verstand er es schon bald und erkannte die Mischung an koreanischen und chinesischen Schriftzeichen. Der Brief wurde von Chiseon Kang an seinen Bruder in Kimhae geschrieben, indem er schilderte, dass er zwei geschätzte Gäste zu ihm schicken würde, auf die er gut aufpassen sollte.

Kwangkuk dachte, dass nun alles nutzlos sein würde, da es viel zu spät war um etwas verändern zu können. Sein Vater, der nach Kimhae hätte reisen sollen, war längst verstorben und er war nichts mehr als ein einfacher Diener. Leise faltete er den Brief wieder zurück und steckte diesen in seinen Ärmel. Danach verabschiedete er sich von der Witwe und wanderte langsam hinter die Berge, wo er bei der reichen Familie lebte. Wieder bei seinem Meister angekommen, setzte er mit seiner täglichen Arbeit fort, indem er Säcke voll Reis belud, das Haus fegte und Eintopf für die Rinder kochte, bis die Sonne unterging. Nachdem er ein wenig gemischten Reis aß, legte er sich in die Ecke seines Zimmers und schlief sofort ein. Aber diese Nacht war anders.

Er dachte, es wäre besser so weiter zu leben wie er es jetzt tat. Er arbeitete den ganzen Tag und schlief ruhig ein sogleich er sich hinlegte, als ob er dazu geboren wurde um zu dienen.

Irgendetwas zwang Kwangkuk seine Hand langsam unter die Decke zu tun und er zog erneut den Brief heraus. Er erinnerte sich an seine Kindheit, als er neue Kleidung trug und zur Schule ging um lesen zu lernen. Ihr palastartiges Haus mit einem Ziegeldach, seine wunderschöne Mutter, sein nobler Vater; all die Erinnerungen überfluteten seine Gedanken. Er verspürte einen tiefen Stich in seinem Herzen und stöhnte regungslos als er seinen Körper zur Wand drehte.

Zwei weitere Jahre vergingen nach dem schicksalhaften Tag, als Kwangkuk den Brief von der Witwe empfing. Von außen schien er wie immer still zu arbeiten, aber etwas in ihm veränderte sich nach und nach in jeder Nacht, als er mit dem Brief bei sich zum Schlafen legte. Jedes Mal wenn er die Gelegenheit dazu hatte, ging er in das Haupthaus um sich die Buchkollektion seines Meisters anzusehen. Ein Teil seines Kopfes begehrte mit ständig wachsendem Hunger das Wissen. Der, der einst so einfach in die Ruhe seines Verstandes nach einem harten Arbeitstag verfiel, konnte nachts nicht mehr in Frieden schlafen.

Zwei Jahre später, entschied sich Kwangkuk Jubu Kang's Haus in Kimhae zu besuchen. Die Belohnung die sein Meister ihm nach zwanzig Jahren Dienerschaft gab, war exzessiv. Die Hoffnung in seinem Gesicht war nicht zu übersehen, als er sich auf den Weg in die Stadt Kimhae machte.

KAPITEL 2

„Dongsang Dorf in Kimhae"

JUBU KANG BEREITETE Medikamente vor, als er zu Kwangkuk hinüber sah, welcher still medizinische Kräuter schnitt. Mit einem entschlossenen Blick und einem geraden Rücken, offenbarte Kwangkuk seine noble Erziehung. Jubu war verblüfft, als er zum ersten Mal diesem jungen Mann begegnete.

Sein Bruder Chiseon verstarb vor zehn Jahren. Nachdem er die Handschrift seines Bruders von dem Brief den Kwangkuk ihm übergab sah, entschlüsselte er die Geschichte vom Vater und dessen Sohn. Er akzeptierte Kwangkuk bei sich Zuhause und Kwangkuk begann ihm bei der Arbeit in der Apotheke behilflich zu sein. Er brachte ihm alle Namen der einzelnen Kräuter und deren Wirksamkeit bei und begann ihm ebenfalls Akupunktur zu lehren.

Kwangkuk war ein enthusiastischer Lehrling. Während seiner Freizeit merkte er sich alle sieben chinesischen Klassiker und erlernte ebenso wieder das Schreiben. Nun waren mit seinen siebenundvierzig Jahren, zehn Jahre vergangen, nachdem er Jubu Kang gefunden hatte. Während dieser Zeit veränderte sich sein Aussehen eines Dieners und er wurde zu einem respektiertem Mediziner. Jubu ermutigte ihn auf vielen Anlässen zu heiraten, aber aus irgendeinem Grund schien Kwangkuk nicht daran interessiert zu sein. Gewiss, da er als adeliger Mann geboren wurde, konnte er sich nicht mit irgendeiner Frau vermählen.

Jubu selbst war von niederer Geburt. Als sie jünger waren, kamen er und sein Bruder Chiseon als Botenjungen zum Haus eines Mediziners, studierten jedoch bald als Lehrlinge die Kunst des Heilens. Nicht so wie sein Bruder, der immer vertieft in Gedanken zu den Bergen hinüber blickte, war Jubu ein intelligenter und sogar ein wenig weiser Mann. Er heiratete eine Frau aus einem reichen Hause, welche eine Zustimmung seines Meisters gewesen ist. Seit dem blieb er in Kimhae, wo die Familie seiner Frau lebte, sesshaft und wurde zu einem erfolgreichen Mediziner. Er wurde sehr reich, hatte jedoch keine Kinder.

Trotz seines Erfolgs, empfand er einen stechenden Schmerz, jedes Mal wenn er an seinen Bruder Chiseon dachte, welcher nun tot war. Chiseon blieb freiwillig von seinem jüngeren Bruder entfernt, nachdem er seinen Stand erhöht hatte, indem er heiratete, damit sein niederer Stand Jubu's neuer Reputation nicht schadete. Aus Schuldgefühlen und Liebe an seinen verstorbenen älteren Bruder, nahm er sich vor auf Kwangkuk aufzupassen, da es sich um die Bitte seines Bruders handelte.

Jubu blieb dennoch hartnäckig. „Willst du, denn nicht heiraten? Dein akademisches und medizinisches Wissen sind ausgiebig. Lass mich einen Enkel sehen, bevor ich sterbe. Willst du nicht den Wunsch deines toten Vaters erfüllen?“ Jubu schimpfte ihn.

Nach diesen Worten hörte Kwangkuk auf zu schneiden, aber seine Augen blieben wie immer auf die Aufgabe fokussiert. Das Sonnenlicht, welches durch die Papiertür schlüpfte, reflektierte sich auf seiner Nasenspitze.

Jubu drängte ihn weiter, indem er sagte: „Man sagt, es gäbe da eine charmante Frau im anderen Dorf. Es wäre gut, wenn sie eine junge Jungfrau ist, aber da du erwachsen bist, spielt die Reife hier keine Rolle. Sie ist eine entfernte Verwandte von meinen Schwiegereltern. Obwohl sie nicht heiratete, da sie nicht besonders schön ist, ist sie sehr freundlich und hat eine qualitative Einstellung. Außer ihrer Erscheinung, ist nichts falsch mit ihr. Was denkst du?”

Kwangkuk's Blick schweifte vom Schneiden zur Papiertür. Nach einem langen Schweigen holte er tief Luft. „Würde man trotzdem jemanden so alten wie mich heiraten? Ich bin nicht besser als ein Waisenkind.“ Kwangkuk senkte seinen Kopf.

„Was hast du gesagt? Nicht besser als ein Waisenkind? Du hast doch mich, nicht wahr? Da ich kein eigenes Kind habe, gibt es niemanden der meine Tätigkeiten erben könnte. Letztendlich bist du derjenige, der sich um diesen Ort kümmern muss. Und mach dir keine Sorgen um dein Alter. Sie ist schon dreißig Jahre alt.“ Jubu's Stimme wurde sanft, als er versuchte Kwangkuk zu beruhigen.

„Wenn dies der Wunsch meines Meisters ist, so werde ich es ihm erfüllen. Ihr Wunsch ist mein Befehl", antwortete er respektvoll.

„Willst du sie aus der Ferne sehen?"

„Das ist in Ordnung. Aber wenn sie trotzdem meine Frau wird, wieso sollte ich sie schon im Vorhinein sehen wollen?"

„In Ordnung, in Ordnung! Dann werde ich darüber mit meiner Frau sprechen und es geschehen lassen." Jubu gab ihm ein heiteres Lachen, aber Kwangkuk schnitt weiter in Stille.

Nachdem zwei Monate vergangen waren, sah Kwangkuk seine neue Frau Jungshi zum ersten Mal in der Hochzeitshalle. Da die Hochzeit weder formal noch eine noble Angelegenheit war, wollte Kwangkuk ein einfaches Arrangement, welches keine langen Vorbereitungen erfordern würde. Jedoch gewann Jubus's Hartnäckigkeit und er arrangierte statt ihm die Hochzeitshalle. Kwangkuk erschien ungeschickt in seiner Hochzeitskleidung und Jungshi sah recht alt in ihrer kronenartiger Kopfbedeckung aus. Wie er schon hörte, hatte sie, trotz ihrer aufwendigen Schminke, ein hässliches Gesicht.

In Stille nahm er einen tiefen Atemzug. Das Abbild seiner wunderschönen Mutter kam in sein Gedächtnis. Sogar in seiner Erinnerung war seine Mutter eine sehr hübsche Dame. Eigentlich wollte er eine Frau, die genauso schön war wie sie. Doch dies war nur ein Traum und er musste die Wünschen, von seinem Meister Jubu, befolgen.

In dieser Nacht wurde Kwangkuk von all dem Likör, den seine Gratulanten ihm bei seiner Hochzeit einschenkten, betrunken. Es war fast Mitternacht, als er ins Brautzimmer kam. Seine neue Frau saß mit dem Gesicht zur Kerosinlampe und wartete auf ihn. Sie war beschämt Kwangkuk ihr hässliches Gesicht zu zeigen.

„Frau, hör mir zu. Wir haben uns beide in einem hohen Alter kennengelernt. Wir haben nicht, so wie die anderen, eine Familie zur richtigen Zeit gegründet, aber lass uns gemeinsam darauf einigen, dass wir ein gutes Leben gemeinsam führen werden."

Kwangkuk hatte den Geruch von Alkohol in seinem Atem, als er seine Hand ausstreckte um ihren Nacken anzufassen. Sie zog ihre Schultern zurück und nahm ihr Gewand näher zu sich.

Er wusste nichts über diese Frau, aber sein Herz war von ihrem Duft gerührt und ohne zu zögern umarmte er seine neue Ehefrau. Sie hatte den Duft einer Frau und es war egal, dass sie weder hübsch noch jung war.

Kwangkuk gab in dieser Nacht seinen Traum auf, eine so wunderschönen Frau wie seine Mutter jemals haben zu können. Nun musste er nur noch ein verantwortungsvoller Ehemann für diese Frau sein, die seine Ehefrau wurde und musste gut für sie sorgen können. Zu dieser Zeit tröstete er sich mit dem Gedanken, dass er endlich seine eigene Familie gründen konnte.

Zwei Jahre später im Jahr der Ratte (1840), fing Jungshi an Geburtswehen zu verspüren. Wegen ihrem hohen Alter war sie sehr besorgt ihr erstes Kind zu gebären. Das Ganze ging ab dem frühen Morgengrauen, den ganzen Tag lang, trotzdem keine Anzeichen eines Babys. Nur die Töne von Jungshi's Leiden hörte man durch die Papiertür bis zum Garten. Sie versuchte dem extremen Schmerzen Stand zu halten. Sie dachte es wäre nicht das Richtige sich über die Schmerz zu beschweren, sie sollte glücklich darüber sein, dass eine so hässliche Frau wie sie, in einem so hohen Alter heiraten konnte. Ohne die Geschichte zu wissen, begann die Geburtshelferin sie zu beschimpfen.

„Schrei wenn du den Schmerz spürst und unterdrücke es nicht! Es ist für eine Frau in Ordnung zu schreien, während sie ein Kind gebärt. So kommt das Kind einfacher raus!"

Kwangkuk, der draußen vor der Tür hin und her ging, hielt es nicht mehr aus. Er rannte durch den Garten, hinüber zur Apotheke. Jubu hörte auf die Artikel in die Regale einzuräumen und schaute zu Kwangkuk.

„Noch keine Neuigkeiten?"

„Nein!", antwortete Kwangkuk als er sich vor die Kräuter, die geschnitten werden mussten, hinsetzte.

„Ein wertvolles Kind zu gebären, ist sehr schwierig für eine Mutter. Ist das Baby nicht das Enkelkind von Soowoo Pai? Das Kind mit der Abstammung der Älteren, welche im fremden Land verstorben sind, wird sicher geboren."

Kwangkuk lächelte sanft, als er Jubu's Worte hörte. Wenn man es sich genau überlegt, ist es nicht einfach für einen Menschen zu leben und zu sterben. Sein Lächeln wurde größer als er an seine Eltern dachte, welche weit weg von Zuhause starben. Wie entfaltete sich das Schicksal eines Menschen? Gibt es wirklich alles, was mit dem menschlichen Willen getan werden kann? In diesem Moment flogen viele Gedanken gleichzeitig durch seinen Kopf. Er empfand, dass ein Kind, welches geboren werden würde, nicht unter Leiden leben sollte.

Während er sich selbst beruhigte und Kräuter schnitt, kamen endlich Neuigkeiten aus dem Haus. Die Frau gebar einen Sohn. Kwangkuk lief sofort durch den Garten und hörte ein Kinderschreien durch die Tür. Er schaute zum Himmel und sah wie Dunkelrot im Westen in den Bergen verblasste. Tränen flossen durch seine Augen. Seine Frau hat etwas wundervolles vollbracht. Er sprach dem Himmel seinen Dank aus, einen Sohn in seinem hohen Alter haben zu können und Tränen liefen seine Wange runter.

Die Schreie des Kindes verklangen und die Tür öffnete sich. Die alte Geburtshelferin kam mit einem Waschbecken heraus, mit dem sie das Kind gewaschen hatte. Das rote Wasser im Becken schwappte hin und her und reflektierte das tiefe rot der Abendsonne.

„Es ist ein Sohn! Ein Sohn! Du hast einen Sohn bekommen, obwohl du so spät geheiratet hast. Deine Frau ist jetzt erschöpft, also solltest du morgen in der Früh ins Zimmer gehen."

Kwangkuk stand vor dem Zimmer und versuchte irgendwelche Geräusche zu erlauschen. Das Geschrei des Babys hörte auf, aber er konnte die Anwesenheit des Kindes spüren.

„Du hast das gut gemacht!", sagte er zu Jungshi hinter der Papiertür. Obwohl sein Herz zutiefst gerührt war, kamen die Wörter kalt heraus und ein leichtes Ausatmen von Jungshi war durch die Tür zu hören. Aber Jungshi erkannte die Dankbarkeit in den kalten Worten ihres Mannes. Am nächsten Morgen stand Kwangkuk zum ersten Mal Angesicht zu Angesicht zu seinem Sohn. Das junge Baby war in einer Decke gewickelt und schlief friedlich. Sogar als Baby, war es ein gut aussehender Junge. Kwangkuk unterdrückte wieder seine Gefühle und sah hinüber zu seiner Frau. Jungshi's Gesicht sah wegen der Geburt schmal aus.

Sie blickte zu Kwangkuk und lächelte schüchtern. Zum ersten Mal erkannte Kwangkuk wie schön seine Frau eigentlich war. Leuchtende Strahlen breiteten sich von seiner Frau aus, welche einen anstrengenden Kampf voller Leid gewann, um ein neues Leben zur Welt zu bringen. Kwangkuk war regungslos, als er das Baby nah an sich drückte. Dieses kleine Leben, atmete in seine Brust. Eine warme und reine Form des Lebens fing sein neues Leben an.

Er sah zum Himmel hinauf und sagte: „Gott, bitte gib ihm kein Leid auf dieser Welt. Lass das Leid, welches mein Vater und ich durchlitten haben, mit mir enden. Gib Gnade und Segen meinem Sohn!"

Tränen kamen aus seinen Augen. Er legte das Kind neben seine Frau und ging hinaus. Während er durch den Garten spazierte, entdeckte er einen goldenen Strang in der Mitte des Tores hängen. Dieser lose hängende Strang war voll mit rotem Pfeffer, eine alte koreanische Tradition um zu zeigen, dass ein kleiner Junge im Hause geboren wurde.

Er lächelte.

Als er die Apotheke betrat, entdeckte er Jubu, der tief in seinen Gedanken versunken war und Papier und einen Schreibpinsel rausgeholt hatte.

„Ich denke nach, welchen Namen dein Sohn haben könnte. Wenn Soowoo hier wäre, würde er dem Kind einen Namen geben. Dürfte ich seine Rolle übernehmen?" Jubu warf Kwangkuk einen Blick zu. Er fragte Kwangkuk, aber sein Blick verriet ihm, dass er sich sicher war, dem Kind selbst einen Namen zu geben. Schnell sank Kwangkuk seinen Kopf

„Du selbst solltest den Namen aussuchen. An welchen hast du gedacht?"

Anstatt sofort eine Antwort zu geben, holte Jubu einen Pinsel raus und fing an zu schreiben: „Einunddreißigste Generation der Familie Pai, sechsundzwanzigster Enkelsohn von Dalsun Pai Yungup, der sich später zu Sungdu umbenannte."

„Yungup – wie klingt das? Magst du es?", fragte Jubu.

„Ja! Ich denke das ist ein guter Name."

Als Kwangkuk lachte, legte Jubu den Pinsel weg und gab ihm das Papier, noch bevor die Tinte trocknen konnte.

Jungshi erholte sich eine Woche nach der Geburt. Yungup saugte hungrig an die mit Milch gefüllten Brust und wuchs mit jedem Tag größer. Das Baby wurde noch vor dem 49. Tag nach seiner Geburt dick und lächelte Menschen an, als ob er diese erkennen würde. Kwangkuk und Jungshi verspürten zum ersten Mal Freude. Sie erkannten wie wichtig ihre gesegnete Familie war und dankten Jubu dafür.

Kwangkuk arbeitete nun noch härter in der Apotheke. Er dachte, dass es immer noch zu wenig war um seine Dankbarkeit an Jubu zu zeigen. Anfangs half er nur beim Schneiden und Trocknen der Kräuter, doch nun bat er seine Hilfe an, indem er Patienten besuchte, die Akupunktur benötigten.

Er tat das nicht nur, da er den Puls schnell fand und somit den Patienten gut helfen konnte, sondern auch, weil er sich Sorgen um Jubu machte, der älter wurde. Jubu war recht gesund für sein Alter, doch kam er nun näher an die siebzig. Jubu war ein sehr großzügiger und freundlicher Mediziner, der Taschen voller Medizin kostenlos an die ärmeren Familien verteilte und er hatte immer so viel zu tun, dass er es schaffte nur den Puls der Erkrankten zu messen.

Da Kwangkuk öfters bei regulären Besuchen bei den Patienten war, begann Jubu zu scherzen: „Jetzt solltest du Yungup so erziehen, dass er statt dir, zu meinem Helfer wird!"

Kwangkuk sah Jubu's lachendes Gesicht. „Wir sollten noch eine Person auffinden, die uns in der Apotheke helfen kann, solange das Kind noch nicht alt genug ist um hier behilflich zu sein."

Jubu's Miene wurde ernst. „Weißt du schon wen?"

Kwangkuk sah ihn ernst an und sagte: „Mir fällt gerade noch keiner ein."

Er schaute zu Jubu, der seinen Satz noch nicht zu Ende gesprochen hatte und stellte sich Yungup vor, wie er in der Apotheke arbeitete. Sofort bildete sich ein Lächeln auf seinem Gesicht.

In dieser Nacht legte Kwangkuk Yungup zwischen sich und Jungshi und begann mit seiner Frau über das Gespräch zwischen ihm und Jubu zu reden.

„Kang meinte, dass er eine weitere Person gerne haben würde, die ihm in der Apotheke behilflich ist, solange Yungup noch nicht erwachsen ist. Ich denke er will, dass Yungup auch ein Mediziner wird."

Er sah seinen Sohn an, der friedlich schlief. Das Baby hat erst vor Kurzem das Laufen erlernt. Mit einer nicht zu großen Stirn auf einem oval-geformten Gesicht, einer Stupsnase und geraden Ohren, sah er genauso aus wie sein Vater.

„Yungup ausbilden, damit er Mediziner wird? Das ist ein wunderbarer Gedanke. Aber wenn er nach jemandem sucht der bei ihm aushelfen kann, wie wäre es dann mit meinem älteren Bruder?"

Kwangkuk hatte schon von Jungshi's Bruder Samgyul gehört, der gerade von seiner Wanderung zurück gekehrt ist, da ihn das Farmerleben nicht interessierte. Es war eine gute Möglichkeit das Leben seines Schwagers als Landstreicher endlich in den Griff zu bekommen. Mit seinen fünfunddreißig Jahren war Samgyul, der zwei Jahre älter war als Jungshi, ganze fünfzehn Jahre jünger als Kwangkuk.

„Bruder Samgyul? Jetzt wo ich darüber nachdenke, könnte das eine gute Idee sein. Ich werde Jubu davon erzählen."

Kwangkuk berichtete später Jubu über Samgyul, der einige Zeit später zu ihnen kam. Während seinen Wanderungen, bereiste er fremdartige Orte. Nicht so wie andere Farmer in Kimhae, welche einen dunklen Tan hatten, war Samgyul's Haut viel blasser. Er hatte die selbe rechteckige Gesichtsform wie Jungshi, ein Merkmal welches einem Mann besser stand als einer Frau. Als eine Person, die allerlei Dinge mit ihren jungen Jahren gesehen hatte, waren seine Augen gefüllt mit Ambition.

Als ein entfernter Verwandter von Jubu's Frau, hatte Samgyul die Priorität über Kwangkuk, wenn es darum ging wer die Apotheke erben würde. Da Samgyul nun die Aufsicht über die Apotheke hatte, konnte Kwangkuk gehen um die Patienten zu besuchen. Wenn Samgyul bleiben würde, wäre es sinnvoll für ihn mehr über die Medizin zu erlernen.

Während der Zeit wuchs Yungup sehr schnell. Mit fünf Jahren spielte er nicht nur im Garten, sondern überraschte ebenfalls die Erwachsenen, indem er ein paar Buchstaben lesen konnte. Samgyul begann sich unwohl zu fühlen, je mehr das Kind wuchs und immer intelligenter wurde. Fünf Jahre sind vergangen seit er angekommen ist aber Jubu bat ihn nur die einfachen Sachen zu erledigen und lehrte ihm nie das Wissen über die Medizin.

Jubu verspürte jedes Mal Dunkelheit in Samgyul's Augen wenn er zu ihm blickte. Obwohl er ein Verwandter von Jubu's Frau war, wollte Jubu nicht, dass Kwangkuk oder Yungup wegen ihm litten. Der düstere Ausdruck in seinen Augen und sein schlechtes Verhalten machten Jubu mehr als nur einmal besorgt sein.

Jubu hatte viele Kenntnisse über die Menschen die er ansah, nachdem er sein ganzes Leben lang eine gütige Art hatte und daran glaubte, dass ein Mediziner keinen Patienten heilen konnte, wenn man kein reines und gutes Herz hatte. Er verspürte ein erdrückendes Gefühl in Samgyul's Körper und glaubte nicht, dass er die Art von Herz hatte um sich über die Gesundheit von anderen Menschen kümmern zu können.

Deswegen bat er bewusst Samgyul um die einfachen Aufgaben zu erledigen. Jubu brauchte seine Hilfe nur bis Yungup zehn Jahre alt sein würde.

Während Jubu mit Samgyul arbeitete, konnte Kwangkuk erleichtert hilfsbedürftige Menschen besuchen. Dank seiner guten Reputation in Akupunktur und präzisen Pulsmessung, riefen ihn auch öfters Patienten von weit weg. Die Patienten die Kwangkuk am meisten riefen, waren ältere Menschen die schwer krank waren und sich kaum bewegen konnten. Er verließ das Haus für vier Tage und wenn die Gesundheit des Erkrankten besonders gefährdet war, dann kehrte er meist erst in zehn Tagen zurück.

Eines Tages bereitete sich Kwangkuk auf eine längere Reise vor, als ein schwer erkrankter Patient um seine Hilfe bat. Als er aus Kimhae rausging, kam ihm der Weg sehr bekannt vor. Der Weg führte schon bald zum Haus der Witwe, wo Kwangkuk eine Nacht vor vierzig Jahren als kleiner Junge verbrachte, der Ort an dem sein Vater starb.

Die Hütte ist womöglich in sich zusammen gebrochen, denn nun stand ein mit Stroh bedecktes Häuschen. Eine Kuh stand neben dem Ort wo sein Vater sein Leben verlor. Dies war der Moment, indem Kwangkuk erkannte, dass er seitdem er in Kimhae wohnt, das Grab seines Vaters nicht mehr regulär besucht hatte. Obwohl er das Grab nicht besuchen konnte, da er weit weg lebte, war der eigentliche Grund, dass er sich nicht an seine Vergangenheit erinnern wollte. Seine Augen wurden rot vor Tränen.

Kwangkuk zog seine Schuhe aus und ging hoch zur hölzernen Veranda. Es war unmöglich für die alte Witwe in diesem neu gebautem Haus zu wohnen. Er brachte die Akkupunkturnadeln mit sich, da er hörte, dass der alte Patient an Fieber litt aber er hätte nie gedacht, dass der Patient die alte Witwe sein würde. Langsam betrat er den Raum. Der Raum war kaum beleuchtet und es war viel dunkler als draußen. Der alte Mann zündete ein Licht an und näherte sich der Patientin die leidend auf dem Boden lag.

„Frau! Sieh her, ich habe einen Arzt zu uns gebracht! Öffne deine Augen!"

Die alte Patientin versuchte ihre Augen zu öffnen, die bedeckt mit Falten waren. Ihr ovales Gesicht, die enge Stirn und ihre grauen Haare ließen Kwangkuk erkennen, dass es wirklich die Witwe war. Das Gesicht der Witwe war rot aufgrund des Fiebers und sie war nur halb bei Bewusstsein. Kwangkuk's Hand zitterte als er mit der Akkupunktur bei ihr begann.

„Wann fing es an?" Kwangkuk warf dem alten Mann einen Blick zu, welcher im oberen Teil des Zimmers, weit weg vom Kamin, saß.

„Ich denke es ist schon zehn Tage her!"

„Seit zehn Tagen? Wieso haben Sie mich nicht früher gerufen?"

Der alte Mann sah beschämt aus als er antwortete: „Anfangs dachte ich, es sei nur eine einfache Erkältung. Aber sie verlor gestern ihr Bewusstsein. Hab ich nicht die ganze Nacht verbracht nach Ihnen zu suchen?"

„So wie ich es sehe, sieht es nach Pocken aus. Gibt es noch eine Person im Dorf, die das selbe Fieber hatte?", fragte Kwangkuk.

„Ich bin mir leider nicht sicher, unser Haus ist sehr weit weg vom Rest des Dorfes."

Kwangkuk senkte seinen Kopf als er in die Augen des alten Mannes blickte. Er erklärte ihm: „Die Teller, die Löffel und Handtücher die von der Patientin genutzt wurden, müssen im heißen Wasser gekocht werden. Sie müssen außerdem Acht auf sich geben."

Bei Kwangkuk's Worten, machte der alte Mann unbeabsichtigt einen Schritt zurück. Kwangkuk's Blick war sehr sympathisch als er die beiden ansah.

„Ich kenne diese Frau. Sie lebte früher alleine."

Die Augen des alten Mannes weiteten sich. „Woher wissen Sie das?"

„Dies war vor einer sehr langen Zeit. Um die vierzig Jahre sind vergangen als ich hier eine Nacht verbrachte. Zu der Zeit war das Haus alt und abgenutzt. In der Nacht schlief mein Vater draußen und erfror zu Tode. Wenn Sie über einige Hügel gehen, finden sie das Grab meines verstorbenen Vaters. Jedoch war ich nicht in der Lage ihn für eine sehr lange Zeit zu besuchen."

„Das Grab – Ja! Es ist mir bekannt. Sie hat mir davon erzählt. Sie meinte, dass ein sehr geschätzter Gast bei ihr war, doch er ist unglücklicherweise erfroren."

Die alte Frau wachte auf als die die Stimme des alten Mannes hörte und sie bewegte ihre trockenen Lippen als sie Kwangkuk erblickte. Kwangkuk schaute runter auf das Gesicht der alten Frau. Sie war nicht so alt, als er nach Kimhae aufbrach und wahrscheinlich hatte sie diesen alten Mann schon bald danach geheiratet. Das wurde bestätigt als der alte Mann zu ihm sagte: „Meine erste Frau starb, also nahm ich sie als meine Gemahlin. Es waren schon fünfzehn Jahre."

Anstatt zurück zum alten Mann zu schauen, nickte Kwangkuk nur mit seinem Kopf.

Kwangkuk vergaß über seine Müdigkeit von der langen Reise und verbrachte die ganze Nacht um sich um die Witwe zu kümmern. Schon bald schlief der alte Mann schnarchend ein, während die Witwe die ganze Zeit vom Schmerz stöhnte. Es schien, als ob sie Kwangkuk erkannte, jedoch konnte sie nichts mehr tun als stumm ihre Lippen zu bewegen. Kwangkuk wusst, dass sie jeden Moment aufhören würde zu atmen. Er konnte das Haus nicht sofort verlassen, also blieb er für weitere vier Tage bis die Frau verstarb.

Die faltige Leiche der Witwe wurde mit Schlamm bedeckt und zum Ende des Berges transportiert. Es war nicht gut Leute für die Beerdigung einzuladen, da sie aufgrund von Pocken starb, also wurden ein paar starke Männer gerufen um ein Grab für sie auszugraben. Da war ein leicht schiefes Grab, neben der der Witwe. Kwangkuk konnte nur vermuten, dass dies das Grab seines verstorbenen Vaters, Soowoo Pai, sei.

Sein Herz begann zu schmerzen. Bilder seines Vaters erschienen undeutlich in seinem Gedächtnis. Die erstarrte Leiche der Witwe erinnerte ihn an die traurigen Erinnerungen seiner Vergangenheit.

Der warme Frühling machte es den Männern leicht, das Loch in der Erde auszugraben und bald wurde die Witwe begraben. Hitzewellen Schimmerten zart über der frisch ausgehobenen Erde. Nachdem sich Kwangkuk zwei Mal vor ihrem Grab verbeugt hatte, ging er zu dem seines Vaters. Das Gras auf dem Grab war neu, es hatte den Anschein als ob die Witwe es regulär besucht hatte.

„Vater!“ Er rief nach seinem Vater mit einer leisen, widerhallenden Stimme. In diesem Moment tauchten Bilder von seinem Sohn auf, welcher sich an ihn hängte, vor seinem Auge auf. „Vater, Vater!“ Bilder von Yungup mit einem strahlenden Lächeln auf seinem Gesicht, überfluteten seine Gedanken. Er begann zu weinen.

„Vater! Vater!“

Mit fünfzig Jahren war Kwangkuk schon ein alter Mann. Aber in diesem Moment rief er wie ein kleines Kind nach seinem Vater und saß neben seinem Grab bis die Sonne unterging. Kwangkuk blieb eine weitere Nacht, mit dem alten Mann, im Haus der Witwe und machte sich bei Tagesanbruch auf den Weg nach Hause. Dies war nicht das erste Mal, dass er sein Zuhause verließ um sich um die Patienten zu kümmern, jedoch vermisste er plötzlich Yungup und fing an noch schneller zu gehen.

Er war müde, da er nicht gut schlafen konnte, als er sich um die Witwe gekümmert hatte. Er sehnte sich danach ein Nickerchen in der Frühlingssonne zu machen, aber leider würde er erst bei der Dämmerung ankommen. Egal wie schnell er ging, seine Schritte fühlten sich schwer an. Mit großer Schwierigkeit und ständigem gähnen, schritt er voran.

Es war spät in der Nacht, als Kwangkuk endlich zuhause war. Jubu wusste sofort, dass sich Kwangkuk bei der alten Witwe mit Pocken angesteckt hatte, als dieser mit Fieber lag. Schnell isolierte Jubu ihn in einem leeren Zimmer und hinderte Kwangkuk daran in der Nähe des kleinen Yungup zu sein. Jubu behandelte ihn mit jeder Menge Medizin, aber die Gesundheit von Kwangkuk verschlechterte sich immer weiter.

Er begann sein Bewusstsein zu verlieren, als er sich in den leeren Raum hinlegte. Bilder des kleinen Yungups verschwammen vor seinen Augen. Doch bei genauerem Hinschauen erinnerten ihn die Bilder an sich selbst, als er noch jünger war. Er sah seine Mutter, wie sie ein wunderschönes Kleid aus Seide und einen Umhang trug. Ein kleiner Junge, er konnte jedoch nicht mehr wahrnehmen ob es Yungup oder er selbst war, ging hinfort mit seiner Mutter. Ein lieblicher Geruch überflutete seine Sinne, als das Kleid seiner Mutter sich drehte.

„Mutter! Mutter! Geh langsamer!"

Die Frau drehte sich um und schaute zurück, aber es war nicht seine Mutter. Es war seine Frau, Jungshi.

„Schlaf nicht ein! Was soll ich bloß tun wenn du fort bist?" Kwangkuk's Sicht wurde deutlicher und er sah Jungshi's mit Dreck bedecktes Gesicht. Sie setzte sich mit einer Schale Reisbrei zu ihm.

„Jubu berichtete mir, dass du dich mit Pocken infiziert hast und, dass ich nicht zu dir kommen sollte, solange ich mein Gesicht nicht bedeckt habe, so dass Yungup nicht auch krank wird. Vergib mir!"

Tränen flossen Jungshi's Gesicht runter. Kwangkuk versuchte seinen Mund aufzumachen um etwas zu sagen aber seine Lippen rührten sich, gegen seinen Willen, nicht. Er dachte daran Yungup den Ort zu verraten, wo sein Vater begraben ist. Aber egal wie sehr er sich anstrengte um etwas zu sagen, nichts wollte heraus kommen. Während sie weinte, versuchte Jungshi ihm etwas Brei in den Mund zu legen.

Nach fünfzehn mit Leid erfüllten Tage, starb Kwangkuk allein, als Yungup schlief. Aufgrund Jubu's Anweisungen, durfte nicht einmal Jungshi ihn bei seinen letzten Stunden besuchen.

Am nächsten Morgen wurde Kwangkuk tot aufgefunden. Seine Augen waren halboffen und mit trockenen Tränen verkrustet. Schnell brachte Jubu die Leiche weg und zündete den Kamin im Zimmer an, indem Kwangkuk geschlafen hatte. Obwohl keiner mehr das Zimmer benutze, machte er dies um die Ausbreitung der Krankheit zu vermeiden.

Jungshi betrauerte ihren toten Ehemann, nachdem sie ihn begruben. Obwohl Yungup nicht ganz recht verstand was passierte, fing er ebenfalls an mit seiner Mutter zu weinen. Das Kind dachte immer noch, sein Vater wäre weg um Patienten zu pflegen. Der Klang von Jungshi's und Yungup's Weinen erfüllte Jubu's Ohren, als dieser in der Apotheke war. Jubu atmete tief durch und blieb stehen.

Seit sich die Nachricht über Kwangkuk's Tod wegen der Pocken verbreitete, kam niemand mehr zur Apotheke. Samgyul wurde nicht mehr hin gerufen um zu arbeiten, da es nichts für ihn zu tun gab. Jubu spürte, dass seine Kräfte ihn langsam verließen, vor allem nach der langen Behandlung um Kwangkuk zu retten.

Es war schrecklich traurig für den alten Mann sich zu erinnern, wie Kwangkuk zum ersten Mal vor zwanzig Jahren zu seiner Apotheke kam und wie er für ihn zum Sohn wurde. Aber jetzt war er fort. Jubu hatte Glück sich von seinem niedrigen Rang bei seiner Geburt zu erheben und sich selbst zu einem noblen Mann gemacht zu haben und er hatte den Gedanken, dass nur ein nobler Mann wie Kwangkuk bei ihm arbeiten konnte.

Aber da war immer noch Yungup. Obwohl er noch jung war. Yungup war intelligent und Jubu wusste, dass mal aus ihm ein guter Mediziner wird. Bei dem Gedanken an Samgyul's boshaften Augen und den siebenjährigen Jungen, nahm Jubu einen tiefen Atemzug.

Aufgrund seines Alters, war es noch nicht an der Zeit, dass Jubu ihm über die Medizin lehrte. Obwohl Samgyul schon ein wenig über medizinisches Wissen verfügte, empfand Jubu seinen Charakter als unpassend, um Yungup alles beizubringen. Jubu dachte, dass die einzige

Sache die er zu tun hatte die sei, Yungup richtig zu erziehen, damit er zu einem guten Mann werden würde.

Die Abendsonne schien durch die Papiertür der Apotheke, wo Jubu sich hingestellt hatte. Er stellte sich vor wie Kwangkuk, als er noch jünger war, vor dem Schneidebrett arbeitete. Dabei begann sein Herz erneut voll Trauer zu schmerzen.

KAPITEL 3

„Ein neuer Lehrer, Jubu und Hangum"

EINES TAGES, IM Frühjahr 1849, lehnte sich Jubu halb gegen das hölzerne Kissen und schaute Yungup zu, welcher aufmerksam ein Medizinbuch las. Drei Jahre sind nach Kwangkuk's Tod vergangen. Bald danach brachte Jubu Yungup zur Pharmazieklinik um ihm das Lesen und Schreiben bei zu bringen. Zur selben Zeit suchte er ebenso nach jemandem, der Yungup weiterhin lehren könnte, da Jubu nun schon fünfundsiebzig Jahre alt war. Mit seinem Alter, kam auch die verschlechterte Gesundheit.

Jubu hustete paar Male bevor er Yungup fragte: „Welches Buch liest du jetzt?"

Yungup verbeugte sich tief bevor er seine Augen vom Buch abwand. Für einen zehn jährigen Jungen, hatte er sehr höfliche Manieren. „Ich lese den Teilbereich der Erstversorgung von Donguibogam (Exemplar der koreanischen Medizin)."

Jubu lächelte aufgrund des bewundernswerten Verhaltens des kleinen Kindes. „Könntest du mir dann verraten welchen Teil du am liebsten magst?"

Dieses Mal sah Yungup zu Jubu und verbeugte seinen Kopf.

„Ich habe über den Teil gelernt, wo darin stand wie man die Akkupunktur bei nervenkranken Menschen einsetzt, man muss die richtige Hygiene beachten."

„Hast du eben gesagt, es sei nur wichtig die Hygiene bei Nervenstörungen zu beachten?"

„Nein. Laut meinen Kenntnissen sind alle Krankheiten durch die Hygienevorschriften und der Arbeit des Arztes beeinflusst."

„Meintest du gerade, dass alle Vorschriften bei allen Patienten, die selben seien?"

„Nein, Herr. Die Vorschriften unterscheiden sich für jede Person, je nach Datum und Uhrzeit der Geburt, sowie dessen Energie."

Jubu lächelte wieder. „Das ist wahr! Hör gut zu. Es existiert nichts wichtigeres als das Leben eines Menschen. Sogar wenn eine Person die Kunst der Medizin äußert gut beherrscht, jedoch das Leben des Menschen nicht respektiert, so ist diese Person ungeeignet als Mediziner zu arbeiten, richtig?"

„Ja!" Yungup verbeugte sich bescheiden.

„Weißt du was dies heißt?"

Jubu erhob seinen Kopf vom hölzernen Kissen. Diesmal hörte sein Husten komplett auf. Bevor er antwortete, guckte Yungup Jubu mit einem besorgtem Blick auf seinem Gesicht an.

„Das Leben eines Menschen kommt von dem Himmel. Deswegen sollte sich niemand darin einmischen. Jeder der ein Leben achtlos behandelt, tut das selbe mit dem Himmel."

In Jubu's Augen brannte ein Licht als er Yungup anblickte. „Das ist wahr! Dies musst du während deinem Leben gut auswendig lernen. Aber weißt du denn auch wer das *Donguibogam* schrieb?"

Yungup räusperte sich. „Ja. Es wurde von dem Älteren namens Dr. Huh Joon geschrieben. Er war ein Nachfahre einer noblen Familie, aber da seine Mutter eine Konkubine war, wurde er stattdessen ein Mediziner."

„Das ist richtig! Du hast richtig geantwortet. Auch du erlernst die Medizin trotz deiner noblen Vergangenheit, damit du ein Ansehen wie er erlangst. Verstehst du das?"

„Ja.", gab Yungup als Antwort und ging zurück zu seinem Buch.

Jubu legte sich langsam wieder hin. Mit dem ganzen Gespräch über die sozialen Schichten, begann er über seinen älteren Bruder Chiseon nachzudenken, von welchem, aufgrund seines erworbenen Standes, für immer getrennt wurde. Bald würde die Zeit kommen, dass er seinen Bruder auf der anderen Seite wiedersieht.

Jeder Mensch wird geboren und stirbt, unabhängig davon was sein sozialer Status ist. Kwangkuk starb drei Jahre zuvor und ein Jahr davor verlor Jubu seine Frau. Obwohl seine Frau ihm kein einziges Kind gebar, erhob sie dennoch seinen Stand. Wie aus dem nichts war Jubu überwältigt von Einsamkeit. Sein Ruf und all der Reichtum, den er sich sein ganzes Leben lang erarbeitet hatte, wurde auf einmal bedeutungslos. Jubu's einziger Grund um weiter zu leben war es, Yungup dabei zuzusehen wie sein Wissen sich von Tag zu Tag erweiterte. Er begann weiter daran nachzudenken wer ein guter Lehrer für Yungup sein könnte. Er erinnerte sich an seine Heimat Chungju. Er hatte es seit einer langen Zeit nicht mehr besucht, so beschämt war er, dass vielleicht jemand etwas von seiner niederen Geburt erfahren hätte können. Nun machte er sich keine Sorgen mehr um seine Position oder seinen Rang, da er wusste, dass sein Weg in den Himmel nicht mehr weit weg war.

Chungju war ebenfalls die Heimatstadt von Yungup's Großvater. Wenn er nach einem guten Lehrer für ihn suchte, würde er sie womöglich in Chungju finden können. Falls Yungup die Medizin erlernen sollte, dann empfand Jubu es für eine gute Idee einen Brief an die Apotheke seiner Kindheit zu schicken. Seine Schwäger waren immer noch dort und er dachte es sei nicht schwierig jemanden als Berücksichtigung zu schicken.

Falls Jubu bald sterben sollte, wäre es besser jemanden zu finden, der sich auch um die Apotheke sorgen könnte bis Yungup erwachsen werden würde. Jubu fühlte sich nach all den Überlegungen fest entschlossen. Es gab noch Dinge die er tun musste. Jubu verschickte einen Brief nach Chungju zu seinen Schwägern und sechs Monate vergingen.

Eines Tages tauchte ein Gentleman eines mittleren Alters vor der Apotheke auf. Wegen seines hochwertigen Umfangs und seiner traditionellen Hutes, war es nicht zu übersehen, dass dieser Mann einer noblen Familie angehörte. Samgyul begleitete den Gentleman in die Apotheke, aber gab dennoch Acht auf ihn, da er es al verdächtig empfand, weshalb Jubu von außen um Hilfe bat.

Als sich der Gentleman sich Jubu als Mentor Kim vorstellte, lungerte Samgyul drinnen und tat so als ob er beschäftigt wäre, während er getrocknete Kräuter in den Korb tat, damit er insgeheim das Gespräch der beiden belauschen konnte.

Acht Jahre sind vergangen seit Samgyul anfing bei Jubu zu arbeiteten, aber alles was er machen durfte war es Kräuter zu trocknen und Hausarbeit, wie ein Bediensteter, zu verrichten. Zum Beispiel würde Jungshi Samgyul bitten Feuerholz und Eimer voll Wasser herzuholen.

Als Kwangkuk gestorben ist, verließ Samgyul erneut die Apotheke um auf eine Wanderung zu gehen. Da sich damals das Gerücht über die Pocken verbreitete, kamen nicht viele Menschen zur Apotheke und dementsprechend gab es für ihn auch nichts zu erledigen. Aber er blieb nicht all zu lang weg. Samgyul wollte nicht eine zuverlässige Arbeit wie diese aufgeben, vor allem nicht bei einem wohlhabendem Mann wie Jubu. Aber er war unzufrieden mit Jubu's Vorliebe zu Yungup und wie er zu ihm in die Apotheke gebracht wurde, damit Samgyul ihm das Lesen beibringt.

„Also, wie ist Chungju?", fragte Jubu. „Es war eine Weile her, seit ich meine Heimatstadt verlassen habe, und ich habe nur noch eine wage Erinnerung an die Berge und die Flüsse. Seitdem Soowoo Pai Chungu im letzten Jahr des Hahnes verließ, frage ich mich wie es den Katholiken geht?"

Samgyul war schockiert als Jubu das Wort „Katholik" erwähnte. Er riss sich zusammen um seinen Mund zu halten und setzte sich tiefer hin um die Konversation besser verstehen zu können.

Mentor Kim begann zu erklären: „Sie verstreuten sich über den ganzen Ort, nachdem die Strafverfolgung in dem Jahr begann. Obwohl all dies passierte, bevor ich geboren wurde, sind die Errungenschaften von Soowoo Pai legendär. Trotz seines hohen Staatsstandes, förderte er die geheimen Treffen der Katholiken und passte sich ihnen an. Aber plötzlich verschwand er. Wenn er geblieben wäre, hätte er einen großen Ärger gehabt. Er hat hier in Kimhae immer noch Nachfahren und ich denke, dass sein Verlassen der Wille der Fügung war. Das Kind welches ich lehren werde, ist er der Enkelsohn des Ältesten Soowoo Pai? Die Verbindung zwischen den Menschen ist so geheimnisvoll. Aufgrund des Einfluss auf meine Schwäger, durch Ihren Bruder Chiseon, glaubt meine ganze Familie an den Katholismus. Der alte Mann schien, als gefalle es Ihm durch die Berge und Flüsse zu wandern, wie ein Landstreicher, aber in Wahrheit war er ein religiöser Mann. Ich denke es ist wirklich der Wille Gottes, dass ich mich um das Enkelkind von Soowoo Pai kümmere."

Samgyul saß völlig sprachlos auf dem Erdfußboden. Er dachte sich: „Aha! Also heißt das, dass Jubu ebenso ein Katholik ist?" Sofort bekam er auf dem ganzen Körper Gänsehaut. Von seinen Reisen durch das ganze Land, wusste er alles darüber Bescheid.

Im Jahre des Schweines (1839) und in dem Jahre des Pferdes (1846) existierten große Strafverfolgungen. Sein Körper zitterte vor Angst. Während Samgyul etwas vor sich hin murmelte, begann Jubu zu husten.

„Wie Sie sehen können, bin ich alt und krank geworden. Wie Sie sagten, falls dies der Wille Gottes ist, und wenn ich auf den Großenkel von Soowoo Pai aufpassen musste, dann war dies eine große Verantwortung, welche ich nicht auf die leichte Schulter nahm. Dies ist der Grund, weshalb ich Sie gerufen habe, Mentor Kim. Sie haben viele Kenntnisse und sind in der Medizin gut vorbereitet."

Mentor Kim antwortete: „Meine Mutter schloss eine Ehe als Zweitfrau mit einem noblen Haushalt. Als ihr Sohn, wurde ich schlecht von meinen Halbbrüdern, der ersten Ehefrau, behandelt, da meine Mutter die Tochter eines Mediziners war. Und das keine besonders hohe Gesellschaftsklasse ist. Deswegen verbrachte ich mehr Zeit mit der Familie meiner Mutter und lernte über Medizin. Zur selben Zeit, dank meines adeligen Standes, erlernte ich ebenso das Lesen. Also wenn man so darüber nachdenkt bin ich zur einen Hälfte Mentor und zur anderen Mediziner.", Mentor Kim lachte.

„Was reden Sie, denn da? Es ist eine große Ehre für mich Sie hier bei uns zu haben." Jubu verbeugte sich tief mit seinem Kopf.

„Da ich halb Mentor und halb Mediziner bin, wäre ich denn nicht die richtige Person um Soowoo's Enkel zu lehren?" Diesmal als Mentor Kim zu lachen begann, lachte Jubu ebenfalls.

„Die Welt ist sehr unruhig. Vor langer Zeit, hatten nur die Adeligen die Möglichkeit außerhalb des Landes zu studieren. Aber nun kann dies jeder tun. Praktisches Wissen ist für jeden Mann vonnöten. Der Katholismus ist ein westliches Wissen und sehr ansprechend für Leute aller Hintergründe. Aber jetzt ist alles chaotisch. Über 300 Leben sind während den Verfolgungen, im Jahre des Hahnes, verloren gegangen.

Dennoch hört der Katholismus nicht auf zu erblühen und dann wird es trotzdem im Lande bleiben. Die Strafverfolgung im Jahre des Hahnes begann, als die politische Partei Noron versuchte die ganze Macht zu erlangen, als König Jeongjo verstarb. Es scheint als würden die am meist geschätzten Dinge dieser Welt zuerst geopfert werden." Kummer erfüllte Mentor Kim's Stimme, als er seine letzten Worte äußerte.

Jubu musterte das Aussehen des Mentors. Er hatte eine elegante Figur mit einem weißen, strahlenden Gesicht. Die Falten zwischen seinen Augenbrauen wiesen darauf hin, dass er den Katholismus und den Konfuzianismus sein ganzes Leben lang erwog und er Schwierigkeiten mit dem zweiartigem Leben der Niederen- und adeligen Geburt hatte.

„War dies der Grund, weshalb Mentor Kim seine Heimat für Kimhae verließ, nachdem er den Brief erhalten hatte?", wunderte sich Jubu. Aber er argumentierte es damit, dass Leute für einen bestimmten Zweck im Leben eine Zeit lang umherwanderten und litten. Jubu war nun überzeugt, dass Mentor Kim der Richtige für Yungup sei.

Obwohl es traurig war über Soowoo nachzudenken, welcher außerhalb seiner Heimat starb und wie Kwangkuk bei der Pflege kranker Menschen starb. Jubu stellte fest, dass der Himmel seine eigenen Gründe haben musste, dies alles geschehen zu lassen. Diese tragischen Tode waren vermutlich frühe Opferungen für die Zukunft von Yungup und diese Zukunft erschien hoffnungsvoll und vielversprechend. Jubu erkannte das Potential des kleinen Jungen, nun würde Mentor Kim den größtmöglichen Erfolg in ihm herausbringen. Jubu atmete vor Erleichterung auf.

Am nächsten Tag begann Mentor Kim Yungup zu unterrichten und brachte ihm wissenschaftliche Arbeiten und medizinisches Wissen bei. Er umstrukturierte Jubu's Unterricht und zeigte Yungup die richtige Methode um zu lesen. Jeden Morgen wenn Yungup's Stimme beim lesen durch das Haus erklang, würde Jubu zufrieden nicken während ein schlecht gelaunter Samgyul Kräuter schnitt.

Es wurde zu einer Gewohnheit, dass Mentor Kim Yungup nach dem Essen zur Pharmazieklinik brachte. Er brachte ihm bei wie man präzise den Puls lesen konnte und den korrekten Weg die Akkupunktur anzuwenden, indem er vorsichtig die Blutgefäße untersuchte. Schon bald wurde der Puls der Patienten, die zu der Apotheke kamen, nicht mehr von Jubu, sondern von Yungup gelesen.

Im Jahre des Hasen (1855) wurde Yungup sechszehn Jahre alt. Er wuchs zu einem gut aussehendem jungen Mann heran, welcher so gut wie jedes Heilmittel verschreiben konnte, ohne nach der Erlaubnis seines Meisters zu fragen.

Kein einziger Tag verging an dem Junshi nicht weinte, als sie ihren erwachsengewordenen Sohn Yungup ansah, der zum Ebenbild seines verstorbenen Vaters wurde. Es war sehr bedauernswert, dass Yungup seinen Vater nur für so eine kurze Zeit gekannt hatte. Obwohl es schrecklich gewesen war, dass Kwangkuk starb als er seine Patientin mit einer ansteckenden Krankheit behandelt hatte, war Jungshi dennoch dankbar, dass er ihr einen Sohn hinterließ, welcher seine Arbeit weiterführen konnte.

Sie konnte nur schwer ihre Zufriedenheit beim Anblick ihres Sohnes verstecken, der sich nun einen Bart wachsen lassen hatte und breite Schultern bekam. Als sie älter wurde wusste sie, dass es bald an der Zeit war Yungup eine Frau zu finden. Da Jubu all seine Verantwortung für die Apotheke Mentor Kim übergab, konnte nun die meiste Zeit seiner Tage nutzen um sich auszuruhen. Mit seinen achtzig Jahren verspürte er nun, dass seine Zeit gekommen ist und er sterben würde, trotzdem amüsierte es ihn, dass er immer noch am Leben war.

Als er sich hustend hinlegte, murmelte er zu sich: „Habe ich immer noch so viele Dinge zu erledigen?“ Er dachte über seinen eigenen Tod nach, da seine Glieder jeden Tag immer mehr schmerzten. Der Klang der auf den Boden fallenden Regentropfen störte ihn, er meinte es wäre noch nicht die jährliche Regenzeit. Junshi versuchte immer ein warmes Feuer im Kamin beizubehalten, aber es schien nie warm genug. Jubu schloss seine Augen. Als er sein Nickerchen machen wollte, stach ein grelles Geschrei eines Mädchens durch den Regen.

„Helft mir! Helft mir!"

Ihre Stimme war erfüllt von Panik. Jubu stand auf und öffnete die Tür um raus auf die Veranda zu gehen. Dort stand ein junges Mädchen, an die hölzerne Veranda der Apotheke gelehnt. Das Mädchen sah aus wie zwölf und war komplett vom Regen durchnässt.

Sie stand da und hielt ihre Schuhe, als ob sie den ganzen Weg gelaufen wäre und ihre Füße, die aus dem Rock schauten, waren mit Dreck bedeckt. Bemerkbar, dass sie bekannt vorkam, führte Jubu sie in die Apotheke hinein.

„Mein Vater wurde von einer giftigen Schlange gebissen! Bitte helft uns!"

Mentor Kim und Yungup öffneten die Türen der Apotheke und kamen heraus, als sie Stimmen hörten. Jubu brachte sie in einen erdbedeckten Raum und schaute sie sich näher an.

„Bist du Hangum, die älteste Tochter des Herrn Lee, welcher im unteren Gebiet der Stadt lebt?"

„Ja das stimmt! Eine giftige Schlange hat ihn gebissen! Sein ganzer Körper schwillt an und alles ist ein schreckliches Durcheinander!“ Das Mädchen fing an zu weinen und wank verzweifelt mit ihren Händen, die immer noch ihre Schuhe hielten.

„Dann hättest du ihn hier her tragen lassen müssen. Meine Güte, ich hoffe es ist nicht zu spät für ihn!"

Mit einen wissendem Blick zu Mentor Kim und Yungup, die schnell alles Nötige wie Akkupunkturnadeln und Tabletten einpackten, holte Jubu seinen Regenmantel heraus. Er machte einen Schritt nach draußen, wurde jedoch von den beiden Männern zurückgehalten.

„Das Wetter ist nicht gut. Wir werden zu zweit alleine gehen."

Bevor Jubu antworten konnte, schrie das Mädchen wieder.

„Wir müssen jetzt gehen! Mein Vater ist in großen Schwierigkeiten! Das Gift muss aus meinem Vater sofort gesaugt werden! All die Älteren neben meinem Haus besuchen andere weit weg beim nächsten Berg. Es gab niemanden der ihn hätte tragen können, deswegen musste ich alleine hierher kommen!"

Das kleine Mädchen war schon beim Tor. Als Jubu ihr folgte, hatte Mentor Kim und Yungup keine andere Wahl als ihm ohne Widerspruch zu folgen. Mentor Kim blieb beunruhigt, aufgrund seines Alters und seiner Gesundheit, neben Jubu. Aber er nahm an, dass Jubu respektiert werden sollte, da er versuchte ein Leben zu retten, ohne auf sein hohes Alter zu achten.

„Die Arbeit eines Mediziners ist nie eingeschränkt um kranke Menschen zu behandeln. Um ein wahrer Mediziner sein zu können, muss man die Rolle eines Menschen und des Lebens verstehen.“, dachte er sich. Mentor Kim dachte an Kwangkuk, der verstarb als er versuchte ein Menschenleben zu retten. Er dachte an seine früheren Jahre als er über die Theorie des Wissens und der Medizin stolperte. Er fühlte sich beschämt.

Obwohl er Yungup nützliches Wissen beibrachte, war es Jubu welcher Yungup vielwichtigere Lektionen lehrte, die die Rolle des Menschen und den Wert des Lebens beinhalteten. Mentor Kim sah zurück zu Yungup, als er neben dem kleinen Mädchen ging. Yungup sah mit jedem Tag immer mehr aus wie ein Mann.

Als sie bei Lee's Wohnhaus ankamen, lag Herr Lee zitternd und bewusstlos. Sein Gesicht war schrecklich angeschwollen. Seine Frau war sehr ermüdet von dem Versuch das Gift von alleine aus der Wunde raus zu saugen und hatte ein Stück Stoff an seinem Bein fest gewickelt. Leider war es unnütz. Hangum hörte nicht auf zu weinen als Jubu vorsichtig Akkupunkturnadeln in ihn stach um das Gift zu neutralisieren.

„Was soll ich tun? Meine arme Mutter und mein armer Vater! Was soll ich denn tun?“, weinte das kleine Mädchen.

Yungup schaute ausdruckslos zu Hangum als er Jubu assistierte. Ihre zarten durchnässten Schultern zuckten hoch und runter, als sie versuchte mit dem weinen aufzuhören. Erfüllt mit Mitleid, tränten Yungup's Augen.

Als er eine Akkupunkturnadel in Herrn Lee stach, sprach Mentor Kim zu Hangum: „Du solltest deine nasse Kleidung wechseln. Mach dir keine Sorgen um deinen Vater. Siehst du denn nicht, dass hier drei Mediziner sind, die sich um ihn kümmern, einschließlich dem jungen Mann dort drüben? Denkst du denn wirklich, dass dein Vater mit der Hilfe von uns dreien nicht wieder gesund werden kann?"

Erleichtert nickte Hangum und ging in den Raum nach oben.

Sie blieben die ganze Nacht wach, um den Patienten zu behandeln. Nicht im Stande zu schlafen, ging Hangum hin und her in der Küche und trug ihren jüngeren Bruder. Ihre drei jüngeren Geschwister schliefen im Zimmer nebenan. An Hangum und ihre drei Geschwister denkend, war Jubu fest entschlossen das Leben ihres Vaters unbedingt zu retten. Trotzdem verspürte er, dass seine medizinischen Fähigkeiten nicht in der Lage wären, Patienten zu behandeln, die so nah vor ihrem Tod standen.

Er atmete tief ein und nahm eine Nadel aus Herrn Lees rotem, angeschwollenem Bein heraus. Für einen kurzen Moment wurde Jubu mit Schwindel überwältigt und eine der Nadeln fiel ihm aus Versehen aus der Hand. Dies übersahen Mentor Kim's wachsame Augen nicht und schnell übernahm er die Sache, die restlichen Nadeln heraus zu holen.

Als die Sonne aufging, wiedererlangte Herr Lee sein Bewusstsein und öffnete seine Augen. Jubu atmete erleichtert auf, als Schweiß von seiner Stirn wie Regen runterlief. Mentor Kim eilte schnell Jubu zur Hilfe. Der alte Mann kollabierte auf den Boden.

„Es war zu anstrengend für dich. Ich denke wir haben jetzt die schwierige Phase hinter uns und du solltest dich ein wenig hinlegen und schlafen. Überlass den Rest Yungup und komm mit mir mit.“, bat ihn Mentor Kim.

Jubu war, wie zu erwarten, zu erschöpft um Mentor Kims Vorschlag abzulehnen. Er konnte seinen alten Körper kaum hoch bringen.

„Ich werde die Medizin machen und es durch Samgyul zuschicken lassen, damit du Hangum beibringst wie man das Arzneimittel erhitzt und den Zustand des Patienten checkt.“, sagte Mentor Kim zu Yungup.

„Ja, natürlich."

Yungup folgte ihnen in den Garten und verbeugte sich ihnen zum Abschied. Der Regen, welcher letzte Nacht so stark gefallen ist, hörte auf und der Himmel wurde endlich klar. Es war nur noch der Klang von Mentor Kim's und Jubu's Schritten zu hören, als sie durch den schlammbedeckten Boden gingen. Yungup kam zurück ins Zimmer, nachdem die beiden aus der Sicht waren. Er bemerkte, dass Frau Lee wieder normal atmete. Er gähnte und wischte die Tränen aus seinen Augen. Durch die offene Tür im oberen Zimmer, sah er Hangum wie sie an die Wand gelehnt schlief.

Nach einer langen Nacht voller Sorge und Unsicherheit, schlief sie endlich ein. Das ganze Tumult der Nacht hat ihn daran gehindert einen näheren Blick auf sie zu werfen. Im Stillen des friedlichen Morgens, erkannte Yungup, dass Hangum ein sehr hübsches Mädchen war. Alle vier Geschwister schliefen vor ihren Füßen, sobald das Sonnenlicht durch ein kleines Fenster schien, welches Hangum erleuchtete.

Yungup wandte schnell seine Augen ab. Er hatte Angst, dass Hangum jeden Moment aufwachen könnte. Er blickte zum Garten hinüber, wo die frischen Fußspuren von Jubu und Mentor Kim immer noch zu erkennen waren. Yungup gähnte ein weiteres mal. Er streckte seine Beine aus und lehnte sich an die Wand. Yungup könnte das Geräusch von Hangum's Atmung hören. Und er lächelte, bevor er tief und fest einschlief.

Als sie von Lee's Haus zurück kehrten, wurde Jubu schwer krank. Trotz Mentor Kims vorsichtiger Anwesenheit, verstarb er nach einem Monat. Auf seinem Todesbett, trug Jubu einen friedlichen Ausdruck auf seinem Gesicht, fast so als ob er alles erfüllen konnte, was in seinem ganzen Leben getan werden musste.

Obwohl Yungup am meisten von Jubu's Tod betroffen war, waren es Hangum's leidendes weinen, welches im ganzen Haus zu hören war. „Lieber Doktor! Sind sie verstorben, weil sie meinem Vater geholfen haben? Das ist alles meine Schuld! Sie sind wegen mir gestorben. Was kann ich bloß tun? Wie konnte all dies passieren?"

Der Anblick der weinenden Hangum brachte Yungup sofort sie zu schimpfen, anstatt ihr Trost zu geben. „Wieso sollte es deine Schuld sein? Sag so etwas nicht!"

Er stand auf und schaute weg. Hangum hörte sofort auf zu weinen und sah mit ihren mit Trauer und Verbitterung erfüllten Augen zu Yungup rüber. Mentor Kim gab Yungup ein Zeichen rein zu kommen. Da Jubu keine Nachfolger hatte, hatten die beiden die Verantwortung dafür, die Geste zu begrüßen.

Samgyul saß, schon betrunken vom Reiswein, träge daneben. „Es hat den Anschein als ob der Wagen, vor dem Pferd getan wurde! Was glauben sie wer sie sind?", dachte Samgyul. Samgyul sah erneut zu Mentor Kim. Wenigstens mochte er Yungup mehr, da er sein Neffe war. Aber es war abscheulich zu sehen, wie Mentor Kim sich vor den Gästen verbeugte, als ob er Jubu's Sohn gewesen wäre. Er fing an laut zu denken: „Was wäre wenn ich allen erzählen würde, er sei ein Katholik?"

Als er rücksichtslos vor sich hin murmelte, hörte ihn einer der betrunkenen Begleiter. „Was? Katholismus? Hey du, Samgyul! Wie viele Leben hast du? Weißt du denn nicht, wie erschreckend der Katholismus ist?"

Trotz seiner lauten betrunkenen Stimme, schien kein anderer der Gruppe interessiert zu sein.

„Weißt du denn nicht, wie komisch der Katholismus ist? Diese Katholiken haben keine Angst zu sterben! Ich hab das gesehen! Ich sah wie man ihre Köpfe abschlug! Das Schwert war für sie nicht mehr beängstigend! Der Ausdruck auf ihren Gesichtern, als sie darauf warteten geköpft zu werden, war für mich mehr beängstigend! Leute sollten sich davor fürchten zu sterben aber nicht diese Katholiken! Das macht mir große Angst!"

Der betrunkene Freund fiel nach seinen Ausrufen in Ohnmacht. Seine anderen Freunde neigten sich ebenfalls in ihrer betrunkenen Benommenheit immer mehr zum Schlaf hinzu. Als Samgyul von seinem Freund hörte, dass Leute geköpft wurden, bekam er auf seinem ganzen Körper Gänsehaut.

„Wieso müssen die so viel trinken? Es ist immer noch Mittag.", schimpfte sie Samgyul, während er zurück zum Hinterhof ging. Aber in Wahrheit hatte er Angst, dass jemand der nüchtern war, ihn überhört hätte.

„Ihr erschreckender Blick auf ihren furchtlosen Gesichtern ist angsterfüllender!" Die Stimme seines betrunkenen Freundes ertönte in seinem Kopf, als sein Herz begann schneller zu schlagen. Er dachte an Mentor Kim's scharfe Augen. Augen welche aussahen, als ob die dich töten könnten. Es sind sechszehn Jahre vergangen seit Mentor Kim zum ersten Mal in die Apotheke kam, aber während dieser Zeit hat er nur ein paar Mal seine Heimatstadt Chungju besucht und zeigte keinerlei Anzeichen dafür, dass er irgendetwas mit den Katholiken zu tun hatte. Er war nervös darüber, dass er etwas so gefährliches in der Öffentlichkeit gesagt hatte.

Während Samgyul im Hinterhof war und sich versuchte zu beruhigen, wurde der Vorderhof auf einmal still. Er ging um das Haus zum Vorderhof und erblickte eine Gruppe singender Bettler, die sich vor dem Tor versammelt hatten. Es war nicht ungewöhnlich, dass Bettler zu einer Feier oder einer Beerdigung kamen und für Geld sangen.

Ein Mann des mittleren Alters, der wie deren Anführer schien, kam ihm äußerst bekannt vor. Trotz seiner ungepflegten Haare und dreckigen Kleidung, waren seine Augen nicht die eines üblichen Bettlers. Samgyul dachte sofort an die furchtlosen Augen der Katholiken, welche keine Angst davor hatten, geköpft zu werden. Sein Herz fing wieder an zu pochen.

Jungshi kam aus der Küche gelaufen und forderte Samgyul: „Bruder! Bitte bereite einen Platz für sie vor! Weißt du denn nicht wie angsteinflößend sie werden können, wenn sie gewalttätig werden?"

Samgyul führte die Bettler in den Hinterhof, wie seine Schwester es sich wünschte. Er dachte: „Ich habe sie womöglich auf einer Beerdigung in einem anderen Dorf gesehen. Die Gruppe der Bettler können mit ihren Liedern beim Begräbnis hilfreich sein, wenn man sie jedoch schlecht behandelt werden sie handgreiflich." Nachdem sie auf den Strohmatten Platz nahmen, kam ihr Anführer aus dem Vorderhof. Er platzierte das Räucherstäbchen vor dem Halter, wo der Körper lag und zeigte seinen Respekt zu Yungup und Mentor Kim.

„Kann ich euch meine Trostworte anbieten?" Trotz seines niederen Aussehens, sprach er mit einem respektierendem Ton zu ihnen, als er Yungup ansah. Sein Blick verschärfte sich als sein Blick und der von Yungup sich trafen. Mentor Kim begrüßte höflich den Bettler aber verfolgte ihn vorsichtig mit seinen Augen, bis der Bettler wieder zu seiner Gruppe zurück ging.

Als die Gruppe der betrunken Bettler anfing zu singen, platze Hangum rein. Mit einem mit Freude erfülltem Blick, Hangum sah für Yungup wie ein glückliches Kind aus. Da Hangum den halben Tag damit verbracht hatte um Jubu zu weinen, wurde er sehr neugierig. Yungup lächelte geistesabwesend.

Die zwölfjährige Hangum war recht groß für ihr Alter, jedoch bewahrte ihr Gesicht immer noch eine Unschuld. Innerlich war sie hin und her gerissen zwischen ihrer Unschuld und ihrer Hartnäckigkeit. Was hätte sie sonst dazu getrieben den ganzen Weg bei starkem Regen, bis hin zur Apotheke zu laufen, um ihren kranken Vater zu retten? Die lilafarbene Schleife hüpfte in Hangum's Haaren, als sie ihren Kopf zu der Melodie der Sänger bewegte. Während Yungup Hangum beobachtete, kamen neue Gäste zu ihnen. Mentor Kim lächelte wissend, nachdem er zu Yungup schaute, der sich weg gedreht hatte um die Gäste zu begrüßen.

Jungshi erschien aus der Küche und zog Hangum wieder rein, noch bevor das Lied zu Ende war. „Ein erwachsenes Mädchen sollte nicht so mit ihren Schultern in der Öffentlichkeit schütteln!"

Yungup's Blick wand sich unabsichtlich zur Küche. Mentor Kim seufzte.

KAPITEL 4

„Eheschließung"

FÜNF JAHRE WAREN vergangen, seit Jubu gestorben ist. Mentor Kim und Samgyul leiteten zusammen die Apotheke. Samgyul hat sich zu einem neuen Mann verändert, er beobachtete vorsichtig wie Mentor Kim Yungup weiterhin über die Medizin unterrichtete. Schon bald konnte er von allein den Puls der Patienten messen und Akkupunktur bei ihnen ausüben. Je älter er wurde, desto mehr verschwand sein Verhalten eines Landstreichers, ebenso wie seine Übellaunigkeit. Er fing an Akkupunkturnadeln und Kräuter mitzunehmen um kranke Menschen zu besuchen, genauso wie es Kwangkuk damals getan hat. Obwohl er nicht so gut wie Kwangkuk war, verstand er nun wie wichtig es für ihn war, dass Leben eines Patienten zu würdigen. Er konnte den Tag von Jubu's Beerdigung nicht vergessen.

Er wusste nicht, weshalb er Gänsehaut bei dem Gedanken daran bekam, dass die Katholiken sich nicht davor fürchteten geköpft zu werden. Aber jetzt hat er eine Sache gewiss realisiert; es gab viele Dinge in der Welt, die wichtiger als das Leben selbst waren und er war begierig darauf zu erfahren, was diese wären. Als einen Anfang versuchte er das Leben der Menschen zu behandeln, welche einen wichtigen Wert hatten. Samgyul wollte verstehen, wie Jubu und Kwangkuk beide imstande waren, sich um die Gesundheit ihrer Patienten zu kümmern und somit ihr eigenes Leben geopfert zu haben.

Betrachtend wie Samgyul seine Veränderungen durchgemacht hatte, war Jungshi erleichtert zu sehen, dass ihr Bruder endlich sensibel wurde. Aber sie machte sich trotzdem Sorgen um das Leben ihres Sohnes. Sie wusste, dass ihr Bruder versuchte sich die Apotheke unter den Nagel zu reißen. Mit Jubu's Tod, sorgte sie sich darum, dass Mentor Kim sie alle bald verlassen würde.

Yungup war nun einundzwanzig Jahre alt. Je mehr er zu einem ehrenhaften Mann wurde, desto mehr bereitete es ihr Kummer, ihm eine Frau zu finden. Er war nicht nur gut aussehend, sondern war ebenso auf dem Weg ein Mediziner zu werden. Sie war sich sicher, dass Mentor Kim versuchte sich von der Apotheke abzulösen, als er einen Schritt zurück ging und Bücher las und auf Yungup aufpasste als er den Puls der Patienten maß.

Sie wusste, dass sie ihren Sohn vermählen sollte, noch bevor Mentor Kim sie verlassen wurde. Da Yungup ohne seinen Vater aufgewachsen ist, übernahm Mentor Kim die väterliche Rolle in seinem Leben.

In dem Ort gab es einige Ehestifter, aber aus irgendeinem Grund war Jungshi damit nicht zufrieden. Als die Welt immer chaotischer wurde, spielten die Standesunterschiede immer weniger eine große Rolle. Trotzdem wollte Junshi nicht, dass ihr adeliger Sohn jemanden aus der unteren Schicht heiratet. Die Mädchen in der Gegend waren alle niederer Geburt und erfüllten nicht ihre Ansprüche. Andererseits konnte sie keine Tochter einer noblen Familie zu sich bringen, da Yungup Mediziner war.

Dann erinnerte sie sich an Herrn Lee's Tochter, Hangum. Nach Jubu's Tod war Hangum ständig bei ihnen Zuhause und half Jungshi immer in der Küche. Hangum hatte immer noch das Gefühl, dass sein Tod ihre Schuld gewesen sei. In so einem jungen Alter zeigte sich ihre Loyalität äußerst bemerkenswert.

Mit siebzehn, wurde sie zu einer perfekten Magd, groß und hübsch mit ihren runden Wangen. Sie bewies ebenso ihren Besitz eines guten Charakters, dank ihrer Arbeit in der Küche. Ihr Vater war ein armer Mann mit nur ein paar Reisackern in Kimhae, welche er pachtete um mehrere Farmer einzustellen, trotzdem war er nicht aus einem niederen Stand. Jungshi entschied sich dazu bei Mentor Kim um Rat zu beten. Als Yungup einst von Zuhause weg war, wartete Jungshi auf den richtigen Moment um das Thema anzusprechen und ging zu Mentor Kim in die Apotheke rein.

„Unser Yungup ist schon weit über dem normalen Alter hinaus, in welchem man heiratet. Ich denke, dass wir so bald wie möglich für ihn eine Braut finden sollten."

Mentor Kim räusperte sich zwei Mal bevor er antwortete: „Hast du schon eine Idee, wer das sein könnte?"

„Oh, ja!", entgegnete ihm Jungshi.

Mentor Kim wandte seinen Blick vom Buch hinweg und sah Jungshi an. „Wenn du schon Bescheid weißt, wen er zur Frau nehmen könnte, worauf wartest du noch?"

„Ich dachte an Herrn Lee's älteste Tochter. Was denkst du darüber?"

Mentor Kim nickte stumm mit seinem Kopf. „Ist das nicht das junge Mädchen, welches jeden Tag in unser Haus kommt? Ich denke, dass sie schon sehr bekannt mit dieser Familie ist. Sie sieht schön genug aus. Es ist eine Schande, dass dieses Mädchen so groß ist. Jedoch denke ich, dass Yungup sie ebenfalls mag."

Mentor Kim sah mehr als nur einmal wie Yungup beim Klang ihrer Stimme stockte. Jungshi lächelte sanft.

„Denkst du das wirklich? Es ist wahr, dass dieses Kind schon seit mehreren Jahren in unser Haus kommt und es hat den Anschein, als ob die beiden eine emotionale Bindung zueinander hätten. Sie stammt nicht aus einer Familie eines niederen Standes. Ich würde es mögen, wenn mein Sohn die Tochter eines Noblen heiraten würde aber was können wir tun? Ich kann nicht einmal behaupten, dass unser Yungup ein Nachkomme eines Adeligen aus Chungju wäre, da ich mich davor fürchte, dass die Leute rumsprechen werden, dass wir Katholiken sind. Zum Glück arbeitet er jedoch in einer Apotheke."

Mentor Kim antwortete nachdenklich: „Zurzeit beachten die Leute die sozialen Schichten nicht mehr so sehr wie damals. Siehst du denn nicht, dass unsere Welt sich wandelt? Wenn der Mensch gut ist, dann denke ich nicht, dass wir uns da allzu viele Sorgen machen sollten."

Langsam atmete er tief auf. Er hat Yungup gelehrt, seit dieser zehn Jahre alt war und er verspürte, dass es für ihn an der Zeit zu gehen war. Es waren schon elf Jahre, seit er Chungju verließ um nach Kimhae zu reisen.

Die Leute sagten immer, dass je älter man wurde, desto mehr vermisste man seine Heimat. Plötzlich dachte er an seine Frau und an seine Kinder, die er alle verlassen hatte. Er wusste nicht wieso er Yungup mehr beibrachte als seinen eigenen Kindern. Er besuchte Chungju einige Male, aber verließ die Stadt ständig wieder in Eile, da er nicht wollte, dass ihn seine älteren Brüder, die ihn so schlecht behandelt haben, sahen. Ebenso machte er sich Sorgen, seine Frau würde sich dem Katholismus mehr hingeben, denn ihre Familie hatte großes Interesse an den Glauben. Die Strafverfolgung milderte sich nach einiger Zeit, dennoch war sich niemand sicher, ob die Verfolgung nicht nochmal anfangen würde.

„Soll ich nun jemanden zu Herrn Lee hinüber schicken und alle Vorbereitungen beginnen?" Jungshi's Wörter durchdrangen Mentor Kim's tiefe Gedanken.

„Ja, ich denke das wäre eine gute Idee. Da es schon der Sommeranfang ist, denke ich, dass es das beste wäre, wenn die Ehe im Herbst stattfindet, wenn die Hitze sich abgekühlt hat."

Insgeheim entschloss sich Mentor Kim die Stadt zu verlassen, nachdem Yungup das ganze Wissen über die Medizin, welches er ihm beibrachte, gemeistert hatte. Jungshi nickte und verschließ wieder leise die Apotheke.

Nachdem sie einen Ehestifter zu Herrn Lee's Haus sandte, rief Jungshi Yungup zu sich. „Wir müssen uns mit der Hochzeit beeilen. Nachdem ich mit Mentor Kim gesprochen habe, waren wir uns beide einig, dass du Hangum zu deiner Frau nehmen solltest!"

Beim Hören der Wörter seiner Mutter, war Yungup's Gesicht emotionslos, aber seine Ohren wurden hell rot. Sein Herz schlug immer schneller, wenn Hangum um ihn herum war. Sie wuchs zu einer wunderschönen, jungen Frau heran.

„Ihr Zuhause ist ebenfalls nicht allzu reich. Wir leben und essen gut, dank Jubu, aber lass die Hochzeit schlicht gestalten.

Seit der schlechten Ernte waren Diebe nicht unüblich in der Gegend und die Leute machten sich ständig Sorgen. Sogar in der Apotheke nahm die Zahl an Patienten ab. Um das ganze noch schlimmer zu machen, hatte Jubu die Angewohnheit, das Geld der ärmeren Patienten nicht anzunehmen. Deswegen mussten sie sogar nach seinem Tod die verschriebenen Arzneimittel kostenlos aushändigen.

Obwohl es eine Schande war, sich zu dieser Zeit so sehr mit der Hochzeit zu beeilen, aufgrund des Alters der Braut und des Ehemannes, konnten sie dennoch nicht länger warten. Für einige Zeit hat Jungshi heimlich Geld für die Hochzeitsvorbereitungen ihres Sohnes gespart. Sie hat schon immer davon geträumt eine große Hochzeit für ihren Sohn zu feiern. Da Hangum's Familie recht arm war, hat sie kein Geld von ihrer Seite aus erwartet, also entschied sie sich dafür die Bettwäsche und den Wäschekorb, den eigentlicher Weise die Familie der Braut besorgt, einfach selber zu kaufen.

Nachdem es sich über die Hochzeit herumsprach, hörte Hangum auf Junshi's Küche aufzusuchen. Sie war nicht nur beschämt, sondern musste sich ebenso für die Hochzeit vorbereiten. Yungup vermisste ihre Anwesenheit täglich. Jedes Mal wenn er in der Apotheke war, würde er bei den leichtesten Schritten am Tor aufstehen um nachzusehen ob es Hangum sein könnte. Er zählte die Tage bis zu ihrer Hochzeit.

Mentor Kim unterbrach seinen Unterricht mit Yungup, er merkte, dass der Junge mit seinen Gedanken mehr bei der Hochzeit war als bei seinen Medizinlehren. Dennoch war er höchst erfreut zu sehen wie exakt er den Puls seiner Patienten messen konnte und ihnen die dementsprechenden Medikamente verschrieb.

Die Hochzeit wurde im September abgehalten, wenn der Himmel leuchtend blau war und die heiße Sommerzeit verging. Leute versammelten sich im Garten der Apotheke. Mit einem roten Punkt auf der Stirn geschmückt und mit einem Schleier bedeckt, stand die siebzehnjährige Hangum bescheiden vor der Hochzeitshalle. Wegen der schwarzen kronenähnlichen Kopfbedeckung die sie trug, erschien sie noch größer als davor.

„Wieso ist die Braut so groß? Wieso muss sie unbedingt 1,80 groß sein?", flüsterte jemand im Garten. Anders als Hangum, hat Yungup in den letzten fünf Jahren nicht an Größe gewonnen. Jedoch war er zu einem starken Mann herangewachsen, welcher zu einem vielversprechendem und respektierendem jungen Mediziner wurde.

Durch den Schleier blickte Hangum zu Yungup. Er hatte einen rechtförmigen Hut an und schien vertrauenswürdig. Sie dachte zurück an sich vor fünf Jahren, als sie ihn zum ersten Mal traf. Zu der Zeit hatte sie davon gehört, dass es einen Medizinlehrling in der Apotheke gab. Damals ist sie wegen dem Zustand ihres Vaters, nicht in der Gefühlslage gewesen ihn richtig betrachten zu können, dennoch konnte sie sich an sein strahlendes Gesicht erinnern. Zu dem Zeitpunkt war Hangum immer noch ein Kind und war unwissend über die sozialen Regeln der Trennung von Mann und Frau. Sie war viel zu jung um über seine Anwesenheit beschämt zu sein.

An dem Morgen, als sich ihr Vater besser fühlte, wachte sie im oberen Zimmer auf und bemerkte Yungup, wie er an der Wand angelehnt schlief. Nicht nur sein Gesicht war blass, seine Hände waren weich, das war ein verräterisches Anzeichen dafür, dass er seine Arbeit drinnen verbrachte und sich nicht mit harter Arbeit plagen musste, wie all die anderen Männer. Als Hangum an diesen virtuosen, intellektuellen Mann dachte, der schon bald zu ihrem Mann wurde, begann ich Herz höher zu schlagen.

Die Braut und ihr Bräutigam verbeugten sich voreinander und tranken das traditionelle Hochzeitsgetränk. Hangum' s Gesicht errötete noch mehr, beim Anblick, wie sich Yungup's Mund weit öffnete.

„Der Bräutigam lacht! Er lacht ganz recht! Es ist gut dies zu sehen. Das Gesicht seiner Braut ist so rot geworden!“, rief einer der Gäste aus. Jeder in der Menge lachte, als Jungshi lächelte.

Sie dachte an ihre Hochzeit, die sie vor vielen Jahren gefeiert hatte und welche am selben Ort stattfand wie diese. Kwangkuk und Jungshi waren ein älteres Ehepaar zu der Zeit. Sie wischte sich die Tränen aus ihrem Gesicht. Es war traurig, dass Kwangkuk so früh verstarb. Jungshi's Herz pochte beim bezaubernden Anblick von Yungup und Hangum. Die Tränen hörten nicht auf, aus ihren erfreuten Augen zu fließen und rollten ihre Wange runter.

Nach der Hochzeitsfeier, während der Bräutigam sich auf ein mit Blumenmustern verziertes Kissen setzte, ging seine Neue Ehefrau herum und bat den Gästen etwas zu trinken an. Je mehr Gäste sich betranken, desto lauter wurde es. Dieselben Bettler die bei Jubu's Beerdigung erschienen waren, kamen erneut zu ihnen. Samgyul erkannte sie sofort und ließ sie schnell Platz nehmen und gab ihnen etwas zu essen und zum Trinken.

Das üppige Festessen beinhaltete Reiskuchen, Likör, gekochtes Schweinefleisch und Nudeln in Sardellensuppe. Beim Anblick des ganzen Essens äußerte einer der Bettler: „Eine Feier diesen Maßes ist trotz der schlechten Ernte vergleichbar mit der der Adeligen!"

Ein weiterer Bettler setzte sich zu ihm, als dieser einen großen Schluck des Reisweines nahm. „Weißt du denn nicht, dass der Bräutigam ein Adeliger ist? In ihm fließt das noble Blut!"

„Wirklich? Das war mir nicht bewusst.", antwortete einer der Bettler.

Der Anführer ihrer Gruppe, welcher sie die ganze Zeit belauschte, wies sie schnell zurecht: „Ihr Leute solltet aufpassen was ihr sagt!"

Die zwei Bettler verstummten sofort und tranken weiter. Der Anführer beobachtete sie eine Weile bis er sich wieder umdrehte. Es gab nichts, was der Anführer der Bettler von seinen Wanderungen durch das Land, nicht wusste.

Während er mehrere Jahre durch verschiedenste Orte wanderte, hörte er über den Provinzgouverneur von Chunju, Soowoo Pai, und wie dieser vor vielen Jahren in der Nacht geflohen ist. Nun vermutete er, dass Yungup sein Enkelsohn sei. Der Anführer stellte sein Glas ab und schlich heimlich durch den Vorderhof weg. Er war auf der Suche nach Mentor Kim, jedoch war er auf der Feier nirgends zu finden. Dann ging er durch den lauten Garten hinüber zur Apotheke. Vor dem Eingang lag ein Paar Lederschuhe. Mentor Kim saß alleine. Der Anführer hustete mehrmals. Da kein anderer in der Gegend war, wurde seine Stimme lauter.

„Ich bin hier um den Mediziner zu sehen."

Die Tür der Apotheke öffnete sich langsam. Das faltige Gesicht von Mentor Kim tauchte auf und schaute runter zum Mann.

„Kommen Sie herein."

Der Anführer zog seine Strohschuhe aus. Der frische Geruch der Kräuter belebte seine Sinne, als er den Raum betrat. Im Zimmer befanden sich Pinsel und Papier, anscheinend schrieb der Mentor etwas auf.

„Ich habe Sie erwartet. Haben Sie den Brief an meine Familie verschickt, den ich Ihnen bei Jubu's Beerdigung gegeben hatte. Ich besuchte Chungju danach nur ein einziges Mal. Kamen Sie auf dem Weg hierher an dem Ort kurz vorbei?"

Der Anführer verbeugte sich. „Ja, das habe ich. Ich ging bei meinem Rückweg in der Nähe von Hanyang vorbei und achtete darauf Chungju zu besuchen. Ihre Frau ist immer noch die alte. Jedoch hat sie sich dem Katholismus noch stärker zugewandt seit Sie sie verlassen haben. Es hat den Anschein, als ob sie seit einiger Zeit mit dieser Freude lebte. Sie gebar im letzten Frühling sogar einen Sohn. Sie war sehr besorgt darüber, dass sie womöglich keinen Sohn gebären könnte, doch ihr Wunsch ist in Erfüllung gegangen."

Mentor Kim hörte auf zu schreiben und nickte. „So! Wie ist die Welt nun, in welcher du viele Orte bereisen konntest?"

„Es ist in einem Durcheinander. Seitdem die Ernte in den letzten paar Jahren so schlecht ausfiel, wurden die Steuern erhöht. Und noch dazu ist der Zinssatz gestiegen. Durch die Knappheit an Essen, müssen die Leute etwas ausleihen, doch sie können all das nicht zurückzahlen. Folglich steigt der Aufstand unter den Menschen."

Der Mentor legte den Pinsel auf den Tisch und seufzte. „War das Leben jemals friedlich?" Der Bettler atmete tief ein. Obwohl er nicht gebildet war, war er dennoch ein intelligenter und vielreisender Mann.

„Ich plane bei der Donghak Revolution (Bürgerrevolution) mit meinen Bettlern mitzuwirken, nachdem ich diese Provinz verlassen habe." Die Augen des Bettlers strahlten als er sprach.

„Was? Donghak Revolution? Sprichst du gerade über die Philosophie der östlichen Lehre, nachempfunden von Choi Jaewoo, der gestürzte Adel letzten Frühling?", fragte Mentor Kim mit einem schockiertem Gesichtsausdruck.

„Ja, das ist wahr! Ich kann so nicht mehr für den Rest meines Lebens leben. Ich komme aus einer armen Familie und wurde später der Anführer der Diebe. Und trotzdem will ich leben und sterben wie ein echter Mann."

Mentor Kim nickte. Er verstand die Notlage des Bettlers: ein Mann niederer Geburt, aus welchem mehr werden hätte können als nur der

Anführer von Bettlern, würde er einer angesehenen Familie kommen. Er hatte das Potential dazu.

„Falls dies ist was du willst, dann tu das. Ich würde ebenfalls liebend gern in meine Heimatstadt zurückkehren. Ich bin hier viel zu lange geblieben und es gibt für mich nichts weiteres, was ich Yungup noch lehren könnte. Da er nun verheiratet ist, gibt es keinen Grund mehr hier zu bleiben. Ich werde gehen wenn die Zeit dafür gekommen ist. Könnten Sie diesen Brief an meine Familie schicken?"

Mentor Kim übergab ihm den Brief mit einem Bündel voller Münzen. „Es ist nicht viel, aber bitte nehmen Sie das als Lohn für Ihre Dienstleistung an. Geben Sie es mit Bedacht aus."

Der Anführer verstaute schnell denn Brief in seiner Tasche und nahm die Münzen mit beiden Händen an. „Ich danke Ihnen. Ich werde Sie wiedersehen. Sogar wenn ich bei der Donghak Revolution dabei sein werde, ich werde Chungju besuchen."

„Ja, bitte machen Sie das. Wir werden uns nochmal treffen! Passen Sie auf sich auf."

Zum Abschied verbeugte sich der Anführer vor Mentor Kim und verließ die Apotheke. Er hörte die Stimmen seiner Anhänger. Sie sangen als er seine Schuhe wieder anzog. Er ging erneut durch den Vorderhof um sich ihnen wieder anzuschließen. Als er den Hinterhof erreicht hatte, begegnete er Yungup, welcher leicht angetrunken war. Der Unterschied zwischen seinem roten Gesicht und dem blauen Himmel war stark. Yungup erkannte den Anführer und hatte den Anschein als würde er ihm etwas sagen wollen, aber der Bettler lächelte ihn an und ging vorbei.

Die Dunkelheit brach an, als die Feier ihren Höhepunkt erreichte und eine verspielte Gruppe fesselte Yungup kopfüber um seine Fersen zu schlagen. Es war schon spät als Yungup sich ein sein Zimmer zurück zog. Seine Schritte waren wackelig, da sie vom Schlagen weh taten.

Junshi hatte das Zimmer aufgeräumt und in ein neues Ehezimmer umgestaltet. Alles war neu, vom dem hölzernen Schrank bis zu neuen Papiertüren. Das Kerzenlicht tanzte wild als der Bräutigam den Raum betrat. Hangum lag wartend und drehte sich aus Scham um, als sie ihn sah. Während sie sich umdrehte, flatterte das grüne Gewand aus

Seide. Yungup vernahm einen flüchtigen Blick ihres Ausschnittes. In ihm brannte das Verlangen nach ihr. Und er pustete die Kerzen aus.

Junshi Beobachtete das Geschehen aus dem Garten aus, sie ging in ihr Zimmer sobald Yungup die Kerzen ausgepustet hatte. Auf dem Weg, verjagte sie alle Frauen, die einen kurzen Blick auf die Neuvermählten riskieren wollten. Als sie in ihrem Zimmer ankam betete sie: „Gott des Himmels und der Erde! Pass auf dieses junge Paar auf und gebe ihnen deinen Schutz! Behüte sie vor Krankheiten und segne sie mit vielen Kindern! Mein Sohn hat seine Position als ein Adeliger verloren, aber dennoch bitte ich dich, dass die Nachkommen der Pai Familie durch ihn erblühen können!"

Der Vollmond schien leuchtend und die Grillen spielten bei dem Gebet ihr Lied.

KAPITEL 5

„Trennungen"

WÄHREND DEM WINTER von Yungup's Flitterwochen, verweilte Mentor Kim in der Apotheke. Er pflegte und verheilte die Patienten von alleine, bis Yungup nach seiner ganzen Aufregung als neuer Ehemann, zu seinem gewöhnlichen Alltag zurückkehren konnte.

Er dachte zurück an seine eigene Hochzeit. Zu diesen Zeiten schwankte er zwischen seinem Streben nach Wissen und seiner sozialen Gestalt. Er wollte ebenso, dass seine jugendlichen, körperlichen Verlangen von seiner Frau gestillt wurden. Dennoch empfand er, dass die Nachsichten des Körpers nur temporär wären und schnell vergehen wurden.

Nachdem seine Kinder geboren wurden, wurde er rastlos. Er ging weder zu dem Lernraum noch zu der Apotheke seiner Schwiegereltern. Seine wunderschöne Frau wurde alt und er realisierte die Vergänglichkeit der Jugend.

Daher verließ er eines Tages sein Haus um nach Kimhae zu reisen und Yungup unterrichten zu können, in der Hoffnung sesshaft zu werden. Nach einiger Zeit entwickelte er eine tiefe Zuneigung zu seinem jungen Schützling, wie ein Vater zu seinem Sohn. Mentor Kim verstand, dass der junge, frischverheiratete Yungup eine ähnliche Zeit wie er damals durchmachte. Doch nun spürte er, dass all sein Irrsal, der ihn eine lange Zeit plagte, sich einem Ende zuneigte. Alles was er nun wollte war es in Frieden leben zu können.

Kurz vor dem Frühling, begann Hangum Anzeichen einer Geburt aufzuweisen. Ihre Übelkeit war ungewöhnlich intensiv. Jungshi hatte großes Mitleid mit dem Mädchen und so ging sie zur Apotheke um

Mentor Kim nach Medizin zu fragen, welches ihr Leiden erleichtern könnte.

„Sie kann nichts essen! Ich mache mir große Sorgen, sie könnte kein gesundes Kind zur Welt bringen!“, rief sie aus.

Mentor Kim nickte bloß. „Es ist nicht leicht für ein Kind geboren zu werden, oder? Aber wenn sie nichts essen kann, dann könnte ihr Magen beschädigt werden. Gib ihr das für ihre Übelkeit. Bald wird sie sich besser fühlen.“

Danach schaute er zu Yungup, welcher die ganze Zeit still in seiner Angst blieb. Mentor Kim gab ihm ein Zeichen, damit er zu seiner Seite kam, nachdem Jungshi die beiden verließ.

„Yungup! Wie viele Jahre sind schon vergangen, seit ich angefangen habe dich zu unterrichten?”

„Es sind zwölf Jahre, Meister.”

„Denkst du, du hättest genug von mir gelernt?”

Yungup schüttelte seinen Kopf. „Nein, Meister! Ich denke nicht, dass ich genug von Ihnen gelernt habe!”

Mentor Kim antwortete ihm nicht sofort. Nach einer kurzen Pause, fuhr er fort: „Dachtest du ich würde für immer an deiner Seite bleiben?”

„Worüber reden Sie?“, Yungups Augen wurden vor Schrecken größer.

Mentor Kim sah ihm direkt in die Augen. „Der Besitzer dieser Apotheke bist du, Yungup.”

„Meister, verlassen Sie uns?”

Mentor Kim nickte ihm zu. Yungup's Stimme zitterte als er anfing zu weinen. „Nein, Sie können das nicht machen! Ich kann nichts ohne Sie schaffen, Meister.”

„Nein, das wird nicht passieren. Du bist schon zweiundzwanzig Jahre alt, verheiratet und bald wirst du sogar ein Vater sein. Nun musst du wie ein erwachsener Mann leben.”

Yungup senkte sprachlos seinen Kopf.

„Hast du denn nicht eine hübsche Frau, die dir Trost spenden kann?“, fragte ihn Mentor Kim halb scherzend, aber Yungup antwortete ihm nicht und Tränen fließen immer weiter seine Wangen runter.

„Es ist egal wie schön deine Frau ist, du darfst nicht vergessen wer du bist. Auch wenn du jetzt ein Ehemann bist, hast du dennoch viele Dinge in deinem Leben, welche du erledigen musst. Weißt du wer du bist?“

Yungup erhob sein Gesicht. Mentor Kim's letzter Satz erweckte sein Interesse.

„Weißt du, denn nicht dass du der Nachkomme einer adeligen Familie bist?"

„Ja."

„Also weißt du, dass dein Großvater seine Heimatstadt in Chungju verlassen hatte um in Kimhae zu leben?"

Yungup erinnerte sich nur vage daran, was seine Mutter ihm über Soowoo Pai, einen hochrangigen Offizier, der nach Kimhae gezogen ist, erzählt hatte und wie sein eigener Vater, Kwangkuk, sich im Dorf Dongsang niederließ.

„Ich kann dir nicht die ganze Geschichte erzählen. Die ganze Welt hat sich kopfüber gestellt. Um ehrlich zu sein ist das, was deine Mutter dir erzählt hatte, nicht die ganze Geschichte."

„Heißt das, dass ich die Wahrheit nicht kenne?"

„Ich denke, dass bevor ich gehe, ich dir über deine Familie erzählen sollte. Dann wirst du wissen, wer du wirklich bist."

Yungup setzte sich erwartungsvoll auf und schaute das Gesicht seines Mentors aufmerksam an. Mentor Kim war tief in Gedanken versunken, als er anfing zu erzählen: „Es war vor einer sehr langen Zeit, das achte Regierungsjahr des Königs Jeongjo im Jahre des Drachens (1784). Ein Mann namens Lee Sunghoon, der Sohn von Lee Dongook, folgte seinem Vater nach Peking. Dort traf er einen ausländischen Lehrer, einen französischen katholischen Priester und sie waren begeistert davon was er ihnen zu sagen hatte. Mit der Erlaubnis seines Vaters, konvertierte Lee Sunghoon zum Katholismus und wurde vom Priester getauft. Er kehrte nach Hause mit einem Buch über den Katholismus und einem Kreuz – zwei Stöcke, die diagonal festgebunden waren. Das war der Ursprung des Katholismus in diesem Land.

Schon bald verbreitete sich die Religion sehr schnell. Aber im Jahr der Schlange (1785), wurden Katholiken verfolgt. König Jeongjo vertraute der positiven Schule um das Land neu zu organisieren. Obwohl die positive Schule die neuen Katholiken beschützte, wurden sie dennoch geköpft. Da der Katholismus sich wie Feuer verbreitete, wurde dein Großvater, Soowoo Pai, welcher damals ein Provinzgouverneur gewesen ist, ebenfalls an der Religion interessiert.

Wie du weißt tendierten die Leute, die in einer höheren Position waren, dazu sich zu politisch zu spalten. Dein Großvater war ein Mitglied der politischen Partei Namin. König Jeongjo beschützte die Namin, jedoch verstarb er im Jahre des Affen (1800). König Soonjo wurde zum neuen Monarchen. Da der König noch jung war, beabsichtigten seine Eltern die Namin zu entmachten, indem sie die Katholiken zur Strecke brachten. Dein Großvater hatte keine andere Wahl gehabt, als zu fliehen.

Im folgenden Jahr des Hahnes (1801), wurden ein paar der Katholiken in Chungju gefangen genommen. Weil sie Kontakt zu deinem Großvater hatten, musste er seine Heimatstadt, für ihre eigene Sicherheit, mit deinem Vater verlassen."

Während Yungup zuhörte, wurde sein Gesicht komplett blass. Er hatte von den Strafverfolgungen der Katholiken gehört, aber zu erfahren, dass er ein Nachkommen von einem von ihnen war, war erstaunlich. „Also war mein Vater ein Katholik?"

Mentor Kim schüttelte mit seinem Kopf. „Nein, dein Vater wusste nicht was der Katholismus war, bis er starb, dennoch mit ich mir sicher, dass er das Licht bei seinem letzten Atemzug empfangen hatte. Er hat sich gut um seine Patienten gesorgt und er gab sogar sein eigenes Leben für die Pflege einer Patientin mit Pocken auf.

Yungup, hör mir gut zu! Der Geist des Katholismus ist da um sich um andere Menschen zu kümmern. Dein Vater wusste nicht, was für eine Religion dies war, dennoch ergriff ihn der Geist, weil er sich so gut um die Menschen kümmerte und sein eigenes Leben aufs Spiel setzte."

Bei Yungup's Stille fuhr der Mentor fort: „Was denkst du, wieso du zu einem Mediziner geworden bist? Nur aus bloßem Zufall?"

Yungup zuckte mit seinen Schultern. „Ich glaube schon, Meister. Doch von all den Leuten, wieso ist der Geist des Katholismus in mir?"

Mentor Kim lächelte. „Habe keine Angst, Sohn. Das Licht in dir ist nicht das Wissen, sondern der Geist dieser Religion. Was ich meine ist, dass man andere lieben sollte. Dein Vater kümmerte sich mehr um die anderen Menschen, anstatt um sich selbst. Das ist Liebe. Ja, Yungup! Das Licht, welches in die brennt ist große Liebe. Deshalb solltest du durchaus ein guter Mediziner sein!"

Als Yungup realisierte, dass dies der letzte Wille seines Mentor war bevor er sie verlassen würde, brach er in Tränen aus. „Meister, gehen Sie nicht! Sie können uns nicht einfach so verlassen!"

„Du bist schon eine lange Weile von der Apotheke abwesend gewesen, also strenge dich an und gib dir viel Mühe! Verbring nicht zu viel Zeit mit deiner Frau. Ein echter Mann hat viele weitere wichtige Dinge, die er tun sollte, anstatt immer nur seine schöne Frau zu lieben."

Yungup schämte sich schrecklich, als er die Worte seines Mentors hörte.

Eines Tages an einem frühen Morgen im März, verließ Mentor Kim nach zwölf Jahren Kimhae um zurück in seine Heimatstadt zu kehren. Mit Tränen in den Augen begleitete ihn Yungup bis zum Eingang des Dorfes.

„Nun geh zurück!", forderte Mentor Kim ihn auf.

Yungup blieb still und wischte sich seine Tränen mit dem Ärmel weg.

„Ein Mann sollte seine Tränen nicht so leicht zeigen. Jetzt bist du der Besitzer der Apotheke. Samgyul wird da sein um dir helfen zu können, also mache dir keine Sorgen. Benutze die Fähigkeiten, welche ich dir beigebracht habe, um ein guter Mediziner zu sein!"

„Ja, das werde ich!" Yungup versuchte noch etwas von sich zu geben, jedoch fühlte sich sein Mund an, als wäre dieser paralysiert.

„Nun geh schon zurück!", wiederholte Mentor Kim und eilte die Straße wie der Wind entlang.

Yungup beobachtete hilflos wie sein Meister immer mehr in der Ferne verschwand. Er kniete sich hin und verbeugte sich. „Meister, bleiben Sie vorsichtig. Und mögen Sie immer gesund sein!"

Als er zurück nach Hause kam, fragte Yungup Samgyul ob dieser eine Weile lang für die Apotheke zuständig sein könnte. Er setzte sich mit Hangum in seinem Zimmer zur Ruhe. Ihre Übelkeit verging und ihr Bauch wurde über die nächsten Wochen größer.

„Mein Lieber, du solltest etwas essen! Wie konntest du fort gehen und Mentor Kim so einen langen Weg begleiten, ohne davor gegessen zu haben? Es war an der Zeit für den Ältesten uns zu verlassen, nicht wahr?"

Hangum wurde viel offener seit sie sich mit Yungup vermählt hatte. Yungup bewegte seinen Kopf vom hölzernen Kissen und legte sich auf ihren Schoß. Hangum versuchte ihn aus Scham von sich zu drücken.

„Mach so etwas nicht! Was wenn deine Mutter rein kommt und uns so sehen wird?"

„Bleib ruhig! Ich bin so verwirrt. Ich muss nachdenken und alles reflektieren bevor ich etwas anderes machen kann.", jammerte Yungup.

Hangum bewegte ihre Hände zu ihrem großen Bauch. Yungup folgte ihren Händen ebenfalls bis zu ihrem Bauch.

„Wie geht es unserem Kind?", fragte er.

„Unserem Kind geht es sehr gut! Es begann vor ein paar Wochen sich in meinem Bauch zu bewegen."

„Wirklich?"

Yungup streichelte nachdenklich Hangum's Bauch. „Meister meinte zu mir, ich hätte ein Licht in mir selbst.", antwortete er nachdem er tief in seinen Gedanken versunken war.

Hangum sah verunsichert zu Yungup und wusste nicht ob dieser zu ihr oder mit sich selbst sprach. „Was für ein Licht? Wovon redest du?"

„Das Licht meines Großvaters wurde durch meinen Vater in mich weitergegeben. Wird dieses Kind ebenfalls das Licht empfangen?"

Verdutzt griff Hangum seine Hand. „Wenn es ein Licht in deinem Inneren gibt, dann wird es sicherlich an unser Kind weitergegeben werden. Es ist doch dein Kind, nicht wahr?"

„Ja!" Yungup erhob sein Gesicht und gab seiner Frau ein Lächeln, welche ebenso lächelte.

„Ja, das ist wahr! Dieses Kind wird ein Licht in sich tragen. Das Licht wird nicht einfach so verschwinden! Würde das Licht nicht stärker sein? Ich denke ich weiß jetzt, was mein Meister mir damit sagen wollte.

Er meinte zu mir ich sollte über mich bescheid wissen. Das stimmt! Ich habe ein Licht in mir."

Hangum's Augen leuchteten auf, als sie sah wie leidenschaftlich und aufgeregt ihr Mann wurde.

„Ich werde mich in der Apotheke befinden. Pass gut auf unser Kind auf!", sagte Yungup, als er aufstand und ging.

Schließlich überwandte Yungup seine Trauer von seinem Mentor Kim getrennt sein zu müssen und kümmerte sich, während Hangum's Schwangerschaftszeit um die Apotheke.

In September, ein Jahr nach ihrer Hochzeit, bekam Hangum die Wehen. Ihre Mutter Frau Lee, kam um ihr bei der Geburt behilflich zu sein. Hangum's schmerzerfülltes Stöhnen ertönte im ganzen Haus die ganze Nacht lang, bis zum nächsten Tag, jedoch gab es kein Anzeichen einer Geburt. Jungshi wurde mit der Zeit immer nervöser.

„Es wird sehr anstrengend sein, da es ihre erste Geburt ist.", versuchte Jungshi sich selbst und ihren Sohn zu beruhigen.

„Sie litt äußerst lang an Übelkeit und sogar jetzt leidet sie weiter, Mutter! Ist es so schwer ein neues Leben zu gebären?", fragte Yungup.

Junshi schaute in das traurige Gesicht ihres Sohnes. Er blieb die ganze Nacht über wach, da ihn die Angst ergriffen hatte.

„Es ist natürlich. Es ist nicht einfach zu gebären. Weißt du denn dich wie viel ich gelitten habe, als ich dich zur Welt brachte? Aber es war den Schmerz wert, da ich nun sehe wie erwachsen du geworden bist und nun selbst ein Vater sein wirst! Ich wünschte doch nur, dass dein Vater dich jetzt sehen könnte, wie sein eigenes Kind groß geworden ist!" Jungshi's Stimme wurde emotional.

Yungup versuchte seinen Vater aus seinen Erinnerungen hervor zu rufen, doch er konnte sich nur vage an sein Aussehen erinnern. Das einzige was auftauchte war eine Abbildung von jemanden der ähnlich aussah wie Jubu und Mentor Kim, als diese noch jung waren. Eigentlich verspürte er nie Gefühle von Trauer, wenn er sich an seinen Vater zurück dachte. Stattdessen wurde er immer traurig wenn er an Mentor Kim dachte, er ist für ihn wie ein Ersatzvater gewesen.

Die Stille würde von Hangum's ohrenbetäubenden Stöhnen durchbrochen. Jungshi stand plötzlich auf und ging hinüber zur Veranda. „Ich denke das Baby ist fast da!"

Sie eilte zum Stöhnen und als sie den Gang in die Halle erreicht hatte, öffnete Frau Lee die Türen und kam zu ihr heraus.

„Hat sie das Kind geboren?", fragte sie besorgt.

Ohne eine Antwort zu geben, schaute Frau Lee Jungshi mit einem äußerst besorgtem Blick auf ihrem Gesicht an.

„Ist es ein Sohn? Eine Tochter?"

Auf einmal brach Frau Lee in Tränen aus. „Wie konnte das nur geschehen! Unsere Hangum brachte eine Totgeburt zur Welt. Es wäre ein Junge gewesen."

„Sie meinen, das Baby war tot als sie es gebar?" Jungshi brach vor Fassungslosigkeit und Schmerz auf den Boden in sich zusammen. Frau Lee setzte sich neben sie.

„Das Kind ist vor Hangum's Wehen gesund gewesen. Jedoch hat die Nabelschnur dem Kind die Luft abgeschnürt als es fast aus dem Bauch gekommen ist. Er hat nicht mehr geatmet, egal wie hart ich ihm hinten draufgeklopft habe. Es tut mir so schrecklich Leid!"

Jungshi drehte ihren Kopf um, mit dem Gedanken ihre Verzweiflung zu verbergen.

„Es ist sehr schade, dass Hangum für lange neun Monate leiden musste, nur um eine Fehlgeburt zu gebären. Sie litt ebenso an den Geburtsschmerzen. Dennoch ist sie noch jung und kann nochmal gebären. Sie sollte jetzt auf sich selbst aufpassen. Frau Lee, so haben ebenfalls gelitten."

Jungshi klang, als wäre sie nicht enttäuscht gewesen, doch plötzlich stand sie auf und versuchte ihre Emotionen, die sie überfluteten, zu unterdrücken. Sie ging zu der Apotheke hinüber. Yungup würde auf sie warten um die Nachrichten zu empfangen.

Sie meinte zu Frau Lee, dass es in Ordnung gewesen wäre, doch als sie daran dachte, dass eine gesunde junge Mutter kein Kind zur Welt bringen konnte, verärgerte das sie und sie fing an einen Hass gegenüber Hangum zu verspüren.

„Ich habe Yungup gebären können, obwohl ich schon über dreißig Jahre alt gewesen bin. Sie ist jung und gesund. Wie konnte sie denn kein normales Kind zur Welt bringen?“, murmelte Jungshi zu sich.

Yungup schaute sofort zu ihr, als sie an der Tür der Apotheke ankam. „Mutter! Erzähle mir! Was ist denn passiert?”

„Das Kind ist tot. Es war ein Junge.”

Bei den Wörtern seiner Mutter, wurde er blass im Gesicht. „Was? Das Kind ist tot? Wieso? Was ist geschehen?“

Jungshi atmete tief durch während sie ihren Sohn ansah, welcher den Anschein hatte, dass er jeden Moment in den Hinterhof rausspringen würde, während er sich immer noch an der Türklinke hielt.

„Wie sollte ich denn den Grund seines Todes kennen? Deine Schwiegermutter meinte zu mir, die Nabelschnur wäre bei der Geburt um den Hals des Babys gewickelt gewesen. Er ist zu Tode erwürgt worden. Gibt es etwas was deinem Willen folgt? Es kommt alles auf den Himmel an.“

Yungup versuchte zu der Veranda zu gehen, jedoch gelang ihm dies nicht und er setzte sich auf den Boden hin. Seine Augen waren mit Tränen erfüllt.

Jungshi versuchte ihren Sohn zu beruhigen. „Es geschehen allerlei Dinge auf dieser Welt, über die wir keine Macht erlangen können. Du bist immer noch jung und es existieren viele Möglichkeiten um mehr Kinder zu bekommen. Geh und tröste deine Frau, die vieles erlitten hat. Von nun an, sollten deine Frau und du eure Körper und euren Verstand dazu richten, dass die nächste Geburt deutlich besser verlaufen wird.“

Jungshi stand auf und versuchte den Anblick ihres weinenden erwachsenen Sohnes zu vermeiden. Als sie in die Küche ging, um eine wohltuende Algensuppe für Hangum zuzubereiten, zitterte ihr Körper unkontrollierbar.

Yungup sah seiner Mutter hilflos zu und blickte in den herbstlichen Himmel hinauf. Der wolkenlose Himmel war leuchtend blau. Er atmete tief aus und versuchte sich seinen Vater vorzustellen, an den er sich noch kaum erinnern konnte. Vielleicht lag es daran, dass seine Mutter ihm von seinem Vater erzählt hatte, bevor Hangum die Totgeburt zur Welt brachte. Jedoch war die Person die er sich vorstellte, eine Abbildung von Mentor Kim.

Er ließ seinen Kopf fallen und begann erneut zu weinen. Er fühlte, dass er die zwei Menschen die er am meisten geliebt hatte verlor – Mentor Kim und seinen Sohn. Mentor Kim hatte ihn seit dem letzten Frühling verlassen und nun im Herbst des selben Jahres starb sein Sohn. Sein Herz fühlte sich noch bedrückter, als er die zwei schmerzvollsten Trennungen realisierte. Vielleicht ist das Leben eine Reihe von Trennungen, der Menschen, welche dir am meisten beuteten, dachte er. Er spürte, dass dies erst der Anfang solcher Begebenheiten war.

Yungup legte den Stoff und die Baumwollkleidung, welche für das Kind gedacht waren, in einen Behälter. Samgyul bedeckte diesen mit einer Stromatte.

„Neffe, wäre der Zeitpunkt nicht nach dem Sonnenuntergang besser? Wir müssen vorsichtig sein, dass wir keine ungewollte Aufmerksamkeit von den Nachbarn bekommen werden.", schlug Samgyul ihm vor.

Yungup sah nur zur Sonne. Er konnte Hangum's Weinen aus dem Zimmer hören.

„Onkel! Könntest du schnell den Ständer her bringen? Die Leute werden es so oder so erfahren. Und es ist nichts, vor dem ich mich schämen sollte!"

Samgyul war schockiert die Schärfe in Yungup's Stimme zu hören. Leise schleppte er den Ständer aus der Ecke und stellte den Behälter drauf.

„Was denkst du wo ein guter Platz wäre? Was ist mit dem Ort, an dem dein Vater begraben liegt?"

„Das ist in Ordnung. Ich habe keine Ehre, die ich meinem Vater senden könnte. Ich muss ihm erstmals meinen toten Sohn schicken."

Als Samgyul begann mit dem Ständer auf seinem Rücken zu gehen, folgte ihm Yungup mit einer Schaufel in der Hand. Als sie an dem Hauptplatz des Hauses vorbeigingen, wurde Hangum's trauerndes Weinen nur noch lauter, denn sie wusste wohin sie gingen und was sie tun würden. Jungshi's Weinen schloss sich dem ihrer Schwiegertochter an, als sie die beiden Männer am Tor erblickten, als diese raus gingen.

Der Himmel wurde zu einem tiefen rot, während sie sich auf den Weg zum Ort machten, an dem Yungup's Vater begraben war. Es war schon dunkel geworden, als sie das Grab endlich erreicht hatten. Samgyul grub ein kleines Grab, welches nur sechs Schritte von dem von Kwangkuk entfernt war. Er ließ den Behälter vom Ständer hinab und entfernte die Hülle aus Baumwolle, als er den Behälter in das Loch platzierte.

Yungup verbeugte seinen Kopf tief und schon bald brach die Dunkelheit über sie ein. Samgyul tätschelte Yungup auf die Seite und gab ihm einen wissenden Blick. Yungup nahm eine Schaufel voll Erde und schüttete es über das Loch. Die Erde rutschte an den Seiten des Behälters. Er machte weiter doch Samgyul nahm ihm die Schaufel weg, da er zu lange brauchte die ganze Erde drüber zu schütten.

„Willst du hier die ganze Nacht verbringen?"

Schnell beendete schnell die Aufgabe. „Vergiss es! Sei nicht so traurig über den Tod deines Babys. Du wirst vielen traurigen Dingen in deinem Leben begegnen. Bald wird es komplett dunkel sein. Lass uns nach Hause beeilen." Samgyul tätschelte die Schulter seines Neffen, bevor er auf den Erdhaufen stieg um diesen abzuflachen.

Yungup folgte Samgyul den Berg hinab. Ein Sichelmond erschien im dunklen Nachthimmel. Er fühlte, dass sein Herz in Verzweiflung zusammenbrach.

KAPITEL 6

„Donghak Revolution und ein neuer Partner"

HANGUM WURDE BALD erneut schwanger. Während ihrer Schwangerschaft, stellte Jungshi ein Glas Wasser auf einen Tisch und betete an jeder Morgendämmerung davor. Sie bat Hangum nicht ihr bei dem Aufgaben in der Küche zu helfen, da sie sich davor fürchtete die Gesundheit von ihr und ihrem Kind zu gefährden.

Hangum kaufte einen buddhistischen Rosenkranz der aus 108 Perlen gemacht worden war und betete jeden Tag für ihr Kind zu der buddhistischen Göttin der Gnade.

Jungshi konnte sich nicht weiter helfen, als beim Anblick der Hingabe ihrer Schwiegertochter zu weinen. Yungup wurde nach dem Ereignis ebenso reifer und bemühte sich noch härter bei der Arbeit in der Apotheke.

Als Antwort auf die sehnlichen Wünsche der Familie, wurde ein gesunder Sohn im elften Monat des Mondjahres geboren. Schon bald vergaß Yungup über den Tod seines ersten Sohnes, als er sein Kind beobachtete wie es wuchs und zu gehen lernte. Er war fasziniert von den niedlichen Dingen die sein Sohn tat.

Yungup war im Jahr des Schweines (1863) vierundzwanzig Jahre alt. Sobald der Winter sich näherte, wurde es immer mehr Arbeit in der Apotheke, da sich eine große Anzahl an Menschen mit Influenza infizierte. Yungup war damit beschäftigt die Medizin alleine herzustellen. Samgyul streifte in der letzten Zeit außerhalb der Apotheke umher und wurde nirgends während der arbeitsreichen Zeit gesehen. In seinen mittefünfziger Jahren, wurde Samgyul's Haar weiß und sein Verlangen, die Apotheke ganz für sich alleine zu haben, war schon längst verblasst.

Mit der Behauptung, er wurde die Apotheke verlassen um sich um die Patienten zu kümmern, verschwand er für längere Zeit.

Jungshi wusste sofort Bescheid, dass seine Tendenz zu einem Landstreicher wieder zurück war, jedoch ahnte Yungup nichts davon. Die Leute die zu der Apotheke für ihre Medizin kamen, lästerten öfters über seinen Onkel.

„Es gibt da dieses eine Gerücht, dass dein Onkel in der Donghak Revolution involviert war. Sei auf der Hut! Weißt du denn nicht, dass das Bezirksamt in einem Aufruhr ist? Der Gründer der Donghak Lehren wurde gestern gefangen genommen. Die Polizei verhaftet alle Leute die da mitmachen!“, warnte Herr Kim, ein Kunde der bei ihm war um Hustensaft für seine Frau zu besorgen.

„Das ist das erste Mal, dass ich davon höre, dass mein Onkel in Donghak involviert sein könnte! Aber fangen sie denn alle Leute die da beteiligt waren?“

„Pfui! Du bist ein junger Mediziner und du weißt nicht davon Bescheid? Gewiss verbringst du den ganzen Tag mit deinem Sohn und seinen süßen Possen und in der Nacht schläfst du mit einer wunderschönen Frau neben dir. Du bist zu behütet! Du weißt gar nicht was auf dieser Welt bloß alles passiert."

Herr Kim sah Yungup verärgert an. Yungup's Gesicht wurde blank bei seinen Worten. Herr Kim fuhr fort: „Weißt du nicht? Die Leute die bei der Donghak Revolution sind sagen, dass es keinen Unterschied zwischen den Adeligen und den Landleuten gibt! Die Aristokratie ist nicht nur empört, sie fühlen sich ebenso bedroht von diesen neuen Lehren. Um alles noch schlimmer zu machen, sagen die Leute die an Donghak glauben, dass die Menschen übernatürliche Kräfte haben werden. Wer würde denn nicht am liebsten an so etwas glauben? Denkst du, dass die Adeligen darüber schweigen werden? Denkst du sie würden es wollen, dass die gewöhnlichen Menschen übernatürliche Kräfte über ihnen hätten?

Deswegen wurde Choi Jaewoo, der Erschaffer und der Anführer von Donghak von der Polizei festgenommen. Die denken, er hätte den ganzen Tumult verursacht, indem er den Leuten diese Lügen erzählt hatte. Aber jetzt ernsthaft, wäre das ganze geschehen wenn die mächtigen Leute ihre Kraft dazu genutzt hätten diese Welt in einen besseren Ort zum leben zu verändern?

Überall sind Diebe und es ist heutzutage schwer in diesem Zeitalter zu leben. Wieso würden Leute es nicht wollen übernatürliche Krafte zu erlangen und Donghak beizutreten? Die Adeligen haben diese Welt so gemacht, wie sie jetzt ist. Wieso köpfen sie unschuldige Menschen? Menschen ohne Macht, welche ein miserables Leben führen?"

Herr Kim schnalzte mit der Zunge und dachte es wäre für Yungup eine Schande, dass dieser so unwissend über die aktuellen Ereignisse war.

„Wie hätte ich über all diese Dinge Bescheid wissen sollen? Ich muss den ganzen Tag in der Apotheke sitzen, Pulse messen und Medizin herstellen!", erwiderte Yungup.

„Hey, Mediziner! Was glaubst du wieso sonst so viele Menschen jetzt krank sind? Das liegt daran, dass ihre Gedanken und Herzen nicht in Frieden sind! Ihre Körper leiden davon. Und dann musst du dich fragen, woran das liegen könnte, dass sie nicht zufrieden sind. Es ist so, weil diese Welt zurzeit von Chaos erfüllt ist. Du weißt das nicht? Du solltest wissen wieso die Menschen krank werden, um sie besser heilen zu können!"

„Worüber reden Sie? Sie erkälten sich, da das Wetter kälter wird." Yungup gab Herrn Kim die Medizin und sah ihn mit gesunkenen Augen an.

„Das stimmt auch! Aber die Menschen werden ebenfalls von ihrer Umgebung krank. Jedenfalls, sag deinem Onkel er sollte Acht geben! Viele Leute hier wissen von seiner Beteiligung. Samgyul wandert mit Akkupunkturnadeln umher, aber zur selben Zeit verbreitet er das Wort von Donghak und versucht die Menschen davon zu überzeugen!"

„Seien Sie ebenso vorsichtig!", warnte Yungup. „Die Leute könnten Sie hören, wie Sie über diese gefährlichen Dinge reden. Ich wusste nicht, dass mein Onkel ein Teil von Donghak ist, aber wenn er zurück kommt werde ich mit ihm reden. Auf Wiedersehen.", sagte Yungup zum Herrn Kim als er raus ging.

Nachdem Herr Kim die Apotheke verlassen hatte, saß Yungup allein und versank tief in seine Gedanken. Obwohl er jeden Tag in der Apotheke arbeitete, wusste er schon seit einer langen Weile, dass sich schon bald ein Aufstand erheben würde. Jedoch dachte er, dass die Leute sich da beteiligten, aufgrund der Bedrohung einer fremdstaatlichen Invasion in ihr Land. Es wurden bereits schon ausländische Boote an der Küste von Chosun gesichtet, was dazu beitrug, dass die Aristokratie sich unwohl fühlte und mehr Steuern als üblich von den einfachen Leuten einsammelte.

Da es immer schwieriger wurde für das einfache Volk zu überleben, würden dementsprechend mehr Menschen der Donghak Revolution beitreten. Er seufzte. Er konnte es nicht verstehen, wieso die Menschen in einer mächtigeren Position ihren eigenen Leuten das westliche Wissen des Katholismus und die östlichen Lehren von Donghak verbieten wollten.

„Was ist das Richtige, was man auf dieser Welt tun sollte?", wunderte sich Yungup, während er einen häufen frischer Kräuter pflückte, welche geschnitten werden mussten. Er fing an zu realisieren, dass er jemanden anderen finden musste, der ihm bei seinen Aufgaben helfen könnte, da Samgyul nun unzuverlässig war. Er dachte daran, wie sein Großvater zum Katholismus kam und wie seine Beteiligung daran ihn von Chungju nach Kimhae brachte.

Seine Neugier wurde größer. Er wollte wissen wieso Soowoo Pai, ein hochrangiger Offizier mit einem angenehmen Leben, alles wegen seiner Interesse für den Katholismus riskieren würde. Wenn man darüber nachdachte, war der Katholismus und Donghak ähnlich, indem sie die Hoffnung an Menschen weitergaben, welche ein schlechtes Leben führten und sie vereinigte. Wenn es stimmt, dass Samgyul in Donghak involviert war, stellte er sich vor, dass es nichts gab was er dagegen hätte tun können.

Könnte es sein, dass das nur eine Ausrede von seinem Onkel gewesen ist um zu wandern, wie als er noch jünger war? Jedoch wusste er, dass er ihn warnen sollte vorsichtiger zu sein.

Sein Sohn war nun ein Jahr alt. Er bemühte sich so sehr sich um ihn zu kümmern, dass sogar ein einfacher Fieber ihn nervös machen ließ. Er wollte nicht, dass das Chaos dieser Welt sein friedliches Familienleben gefährden könnte. Yungup saß vor dem Schneidebrett. Er hielt den abgenutzten Griff und schnitt nachdenklich die Kräuter.

Es war schon dunkel, als Samgyul zuhause ankam. Er ging in das innere Zimmer und rief nach Yungup: „Neffe, ich habe etwas was ich dir erzählen muss!“

„Was denn, Onkel? Ich bin müde nach einem langen Tag, nachdem ich Medizin für all die kranken Patienten herstellen musste. Hättest du denn nicht wenigstens die Kräuter schneiden können, bevor du gegangen bist? Ich denke ich muss jemanden anderen finden, der mir helfen könnte, da ich das alles alleine nicht schaffen kann.“

„Muss er denn jung sein? Es spielt doch keine Rolle wenn er älter wäre, oder? Ich habe schon jemand älteres gefunden, der dir bei deinen Aufgaben behilflich sein könnte. Was denkst du?”

„Jemand älteres? Dann wusstest du Onkel, dass ich erschöpft bin?”

Yungup schaute Samgyul mit großen Augen an. Samgyul grinste weit. „Natürlich! Erinnerst du dich an den Anführer der Bettler, der bei deiner Hochzeit war? Es sieht so aus als wäre er hier zu Dongsang gekommen. Was wenn er dir in der Apotheke aushelfen könnte?”

„Ein Bettler? Du willst, dass ein Bettler bei mir in der Apotheke arbeiten wird? Das macht doch gar keinen Sinn!“ Yungup wurde immer ungläubiger.

„Doch es macht sehr wohl alles Sinn! Der Mann ist schon lange kein Bettler mehr. Er begann zu studieren. Er kam aus Chungju, die selbe Heimatstadt wie die vom Mentor Kim. Also könntest du auch ein paar Neuigkeiten über deinem alten Mentor bekommen. Soll ich nach ihm rufen?“, versuchte Samgyul Yungup zu überreden.

Yungup lehnte sich vor zu seinem Onkel und flüsterte in sein Ohr: „Onkel, es kommen Leute in die Apotheke, die erzählen mir Geschichten darüber, dass du bei Donghak involviert bist. Ist es wahr, was die Leute sagen?“

Samgyul sah schockiert aus. „Wovon redest du? Ich, in Donghak?“

„Sag mir die Wahrheit! Ich bin seit einiger Zeit nicht mit dir zufrieden und du hast wieder angefangen außerhalb des Hauses zu wandern! Und wenn es stimmt, dann komm diesen Leuten nicht zu nahe! Die meinen ihr Anführer wurde festgenommen!“

Samgyul ließ bei Samgyul’s Anschuldigung den Kopf fallen. „In Ordnung, lass mir dir erzählen was los ist. Die Wahrheit ist, dass der

Anführer der Bettler, der auf deiner Hochzeitsfeier war, bei Donghak beteiligt ist. An dem Tag wurde er verfolgt. Mit fünfzig Jahren, hatte ich das Interesse an Donghak. Es war erbärmlich mich in diesem hohen Alter als einen Niemand zu sehen, der in einer Apotheke mit seinem Neffen lebt! Als ich andere Orte besucht habe, sah ich viele Menschen die bei der Revolution teilnahmen. Willst du denn nicht in Geborgenheit leben? Ich will ebenfalls diese übernatürlichen Kräfte erlangen, indem ich an Donghak glaube. Aber die Adeligen, welche es nicht wahr haben wollten, dass wir in Ruhe leben, haben unseren Anführer gefangen genommen und sind nun hinter uns allen her! Neffe, bitte lass den alten Mann hier verweilen. Wir müssen sein Leben retten!"

Hangum kam mit dem Abendessen aus der Küche und schaute sie komisch an, als sie sah wie nah die beiden voreinander saßen.

„Was macht ihr beiden im Dunkeln? Kommt her und isst was! Onkel, willst du nicht mit uns zu Abend essen?"

Sie wurden von Hangum's sanfter Stimme von ihrem Flüstern abgelenkt.

„Okay, Onkel. Wir werden später nach dem Essen darüber weiter reden."

„Das passt schon, ich kann zuhause essen. Ich denke der Mann der sich gerade versteckt ist hungriger als ich. Versuch darüber nachzudenken, was ich dir gesagt habe."

Samgyul ging schnell aus dem Tor heraus. Danach ging Yungup in das Zimmer, indem Hangum und Jungshi auf ihn warteten um zu essen. Yungup aß ganz alleine, während Hangum, die an dem Tisch für zwei mit Junshi aß, betrachtete das Gesicht ihres Mannes.

„Was ist los?", wollte sie wissen. Das Kind krabbelte hinüber zu seinem Vater. Yungup hob es auf und aß, während sein Sohn auf ihm saß und seufzte. „Mein Kind, hast du heute gut gespielt?" Schnell nahm Hangum den Löffel vor dem Kind weg, kurz bevor es das nehmen konnte. „Gibt es ein Problem? Was bereitet dir Kummer?"

Yungup seufzte erneut und aß seine Suppe weiter. „Mutter, erinnerst du dich an den Anführer der Bettler?"

Jungshi schaute zu ihrem Sohn, antwortete ihm jedoch nicht.

„Nun, Onkel bat mich den Kerl bei meiner Arbeit in der Apotheke aufzunehmen. So wie er es mir erzählt hatte, ist er anscheinend kein Bettler mehr!"

„Was macht er dann jetzt?", fragte Jungshi.

Yungup nahm paar Löffel Reis bevor er ihr eine Antwort gab: „Er ist ein Mitglied von Donghak."

Sofort legte seine Mutter den Löffel auf den Tisch, als ihr Sohn es ihr sagte. „Donghak? Die ganze Welt sucht nach denen. Wieso um alles in der Welt würde dein Onkel einen von denen hier her bringen?"

„Nun, Onkel nimmt da ebenfalls teil. Das ganze Dorf weiß davon Bescheid."

„Was? Dein Onkel ist auch ein Mitglied?"

Hangum nahm das Kind und versuchte Jungshizu beruhigen. Hangum rief: „Mutter, jemand könnte uns hören! Bitte versuche leiser zu reden!"

Jungshi's Stimme verstummte. „Ich hätte es wissen sollen, als dein Onkel anfing umher zu wandern. Was sollen wir jetzt bloß machen? Willst du den Bettler zu uns bringen?"

Vielleicht. Jeder im Dorf weiß, dass Onkel ein Mitglied von Donghak ist. Wieso fragen wir ihn nicht ob er sich selbst für eine Weile verstecken könnte und den Mann zu uns bringen würde? Die Leute wissen hier nicht, dass er bei Donghak beteiligt ist. Jedenfalls ist der aus der selben Stadt wie Mentor Kim. Er kam den ganzen Weg hier her. Wie können wir ihn ablehnen und wieder zurück schicken? Lass uns Onkel nach Chungju schicken. Dort wird keiner wissen wer er ist. Was denkst du davon?"

„Ich weiß nicht wieso mein Bruder ständig in irgendwelchen Schwierigkeiten steckt. Wieso kann er nicht einfach ruhig in der Apotheke arbeiten, anstatt Donghak beizutreten? Mein einziger Wunsch ist es, dass die Menschen häufiger zu unserer Apotheke kommen, damit mein Enkelsohn gesund aufwachsen kann. Das ist alles. Aber ich überlasse dir die Endentscheidung."

Jungshi aß weiter, dennoch war sie völlig beunruhigt. Hangum und Yungup aßen ebenso in Stille. Nur das fröhliche Plappern des Kindes erfüllte das stille Zimmer.

Am nächsten Morgen sandte Yungup Samgyul nach Chungju und hieß den Anführer der Bettler, welcher in der dunklen Nacht ankam, bei sich willkommen. Es waren drei Jahre vergangen, nachdem er ihn das letzte Mal bei seiner Hochzeit gesehen hatte. Sein früheres schmutziges Haar, war nun in einen Dutt zusammen gebunden und er trug saubere Kleider als er Yungup mit Respekt begrüßte. Sein wachsamer Blick war der selbe wie damals. Yungup fühlte sich merkwürdig, von einem älteren Mann als Meister adressiert zu werden, trotz seines sozialen Standes als Bettler.

„Wie geht es Mentor Kim?"

„Ihm geht es gut, jedoch ist seine Frau krank. Er bat mich dir weiter zu geben, dass der Grund weshalb er Ihnen keine Briefe zuschicken konnte der ist, dass er sich um seine Frau kümmern muss."

Yungup konnte seine Enttäuschung nicht verbergen. Er hat erwartet etwas von seinem alten Mentor zu hören. „Ist das so? Nun, das ist in Ordnung. Ich hörte die Herrin hat sich dem Katholismus gewidmet. Geht es ihr gut? Die Beamten sind damit beschäftigt die Leute festzunehmen, die sowohl an Donghak glauben als auch an irgendwelche anderen westlichen Lehren."

„Nun, die Beamten sind mehr damit beschäftigt, die Mitglieder von Donghak zu schnappen, als die Katholiken. Für Mentor Kim ist dies eine gute Sache. Doch zur selben Zeit weiß niemand, wann die Katholiken erneut verfolgt werden. Wenn Leute hier und da verfolgt und gefangen genommen werden, sind es nur noch die hochrangigen Beamten die in diesem Land noch übrig bleiben werden."

„Das ist wahr! Wie könnte man ein richtiger Adeliger sein, wenn es gar keine Leute mehr gibt über die man regieren könnte? Ein König ist zwecklos, wenn es keine Menschen gibt über die man die Oberhand verfügt, richtig?"

Der Mann lächelte. „Stimmt. Es wird eine Zeit geben in der die Menschen vom König als wertvoll angesehen werden. Donghak lehrt die Leute über die Bedeutung eines einfachen Mannes."

Schnell legte Yungup seinen Finger auf den Mund des Mannes, sobald er das Wort „Donghak" erwähnt hatte.

„Shh! Jemand könnte uns hören. Es spricht sich ein Gerücht umher, mein Onkel wäre ein Mitglied von Donghak. Die könnten Spione zu meinem Haus schicken um uns zu belauschen. Ich werde den anderen erzählen, dass mein Onkel aufgrund seiner Teilnahme an Donghak weggelaufen wäre und dass Sie zu mir kamen um mir bei meiner Arbeit zu helfen. Also bitte, seien Sie vorsichtig, was Sie sagen! Nun, da Sie hier sind, werde ich Ihnen beibringen wie man verschiedene Arten von Kräutern verwendet und wie man sie richtig schneidet. Um Ihnen die Wahrheit zu erzählen, ich bin sehr beschäftigt, vor allem da mein Onkel nicht mehr da ist um die Patienten regulär zuhause besuchen zu können. Also bitte helfen Sie mir, solange Sie hier bei mir sind."

Trotz seines jungen Alters, sprach Yungup wie ein Meister. Der alte Mann nickte und sah ihn Yungup's strahlendes Gesicht. Er dachte, dass obwohl Yungup wie eine einfache Person einer mittleren Schicht lebte, ihn dennoch sein nobles Blut von den anderen Menschen unterschied.

Während dem Winter half der Bettler Yungup, indem er die Kräuter schnitt und vorbereitete. Ein Polizist besuchte sie ein einziges Mal um nach Samgyul zu suchen, doch das ganze Dorf wusste schon, dass er sich längst aus dem Staub gemacht hatte. Der Polizist sah den Mann verdächtig in der Apotheke an, da er dachte er wäre zu groß und alt um dort noch arbeiten zu können, doch keiner hatte einen Verdacht, dass er einst ein Anführer der Bettler war und zu Donghak dazu gehörte.

Als der Frühling begann konnte Yungup's Sohn endlich draußen im Garten spielen, nachdem er den ganzen Winter drinnen im Haus verbracht hatte. Jeden Tag arbeitete Hangum in der Küche und rief ab und zu nach ihrem Sohn um sicher zu gehen, dass es ihm gut ging.

Eines Morgens ging Jungshi zu den Bergen hinter ihrem Haus um essbares wildes Gemüse einzusammeln. Als sich die Mittagszeit näherte, horchte Hangum auf das Tor, damit sie hören konnte, wann ihre Schwiegermutter wieder zurück wäre. Yungup war fort bei seinen üblichen Patientenbesuchen und das Haus war still. Auf einem kleinen Esstisch bereitete Hangum das Essen für Yungup und den alten Mann zu. Auf dem anderen Tisch hatte sie das Mahl für sich und für ihre Schwiegermutter. Sie lächelte als sie die Schritte ihres Sohnes hörte.

Hangum streckte ihren Kopf aus der Küchentür raus und rief nach ihrem Sohn. „Mein Sohn! Bist du in Ordnung? Du solltest doch nicht in den Hinterhof gehen. Dort ist ein großes Insekt, welches Babys fängt! Wenn du verstehst, was deine Mutter dir sagt, dann antworte mir."

Der Junge pflückte das Grass vor dem Zaun. Er lächelte seine Mutter an.

„Verstehst du mich?", fragte sie ihn erneut.

„Ja, Mutter!"

„In Ordnung. Spiel ein wenig alleine. Deine Mutter bereitet das Mittagessen vor und es ist fast an der Zeit etwas zu essen. Dein Vater und der ältere Mann aus der Apotheke werden bald hier sein."

Hangum benutzte ein Geschirrtuch um den kochenden Topf mit Eintopf aus Bohnenpaste vom Feuer heben zu können. Sie hoffte, dass jeder zurück kommen würde, bevor das Essen kalt wurde, damit sie dieses genießen konnten. Mit einem Flaschenkürbis in der Hand öffnete sie das Wasserglas um etwas mehr Wasser in den Topf zu schütten, so dass dieser nicht zu salzig schmeckt.

Ihr fiel auf, dass das Glas leer war. Hangum ging hinüber zum Brunnen im Hinterhof und sie bemerkte, dass ihr Sohn nirgends zu sehen war.

„Baby! Wo bist du? Wo ist mein Baby? Antworte deiner Mutter!"

Doch es kam keine Antwort zurück. Hangum wurde besorgter. Sie eilte zum Hinterhof mit dem Flaschenkürbis in den Armen. Der Hinterhof hatte viele Werkzeuge wie eine Pendelhacke, welches ein Kind verletzten könnte, deswegen erlaubte sie ihm nie dorthin alleine zu gehen. Neben dem Glasständer gab es einen Brunnen ohne eine Abgrenzung drum herum, sogar ein Erwachsener hätte leichthincin fallen können. Vor einer langen Zeit, hat es Jubu nicht gestört und er befestigte nicht daran, da er keine Kinder hatte. Nicht einmal Yungup ging dort hin, da er ein stilles Kind war, welches seine Zeit lieber drinnen verbrachte. Dennoch hatte Hangum Yungup viele Male darum gebeten eine Abrenzug aus Stein zu bauen, da ihr Sohn es liebte draußen im Garten zu spielen.

Hangum's Körper zitterte, als sie in den Hinterhof lief. „Baby, Baby! Wo bist du? Hab ich dir denn nicht gesagt, du sollst nicht zum

Hinterhof gehen? Ich habe dir doch erzählt gehabt, dass da ein großes Insekt lebt, welches kleine Kinder jagt. Baby! Antworte mir doch!“

Es gab im Hinterhof keine Anzeichen von ihrem Sohn. Sie eilte zu dem Brunnen. Ihre größte Angst hatte sich erfüllt, als sie sah wie ihr Sohn umgedreht im Brunnen trieb. Die jadegrüne Seidenjacke und Hose, die er an seinem kleinen Körper trug, glichen einem Lotusblütenblatt auf dem Wasser. Der wehende Wind bewegte seine Ärmel.

Hangum stand paralysiert vor dem Brunnen und wusste nicht was sie tun sollte. Die Welt um sie herum brach auseinander. Sie holte ihren Sohn aus dem Wasser und wurde schnell nass als sie diesen in ihren Armen hielt.

„Baby! Baby! Öffne deine Augen!“ Sie rüttelte ihr Kind, doch ihr Sohn blieb reglos da. „Baby! My Baby!“ Hangum's Weinen wurde zum Geschrei.

Yungup, der gerade erst zuhause angekommen war, rannte zum Hinterhof als er ihre Schreie hörte. „Was ist passiert? Wieso weinst du?”

Yungup hielt sofort beim Anblick an. Wasser tropfte von den nassen Kleidern seines Sohnes und Hangum hielt ihn fest bei sich in den Armen. Hangum blickte mit einem verweinten Gesicht hoch zu ihrem Mann.

„Was habe ich dir gesagt? Hab ich nicht zu dir gemeint, du solltest eine Abgrenzung beim Brunnen bauen, noch ehe der Frühling kommen würde? Was sollen wir jetzt bloß tun? Was sollen wir tun?“

Yungup eilte zu seiner Frau und seinem Kind. Er streichelte den Sohn und versuchte seinen Puls zu messen, doch das kleine Kind hatte komplett aufgehört zu atmen. Aus Yungup's Augen flossen Tränen wie ein Wasserfall.

„Weine nicht. Du hast recht, das ist alles meine Schuld. Ich hätte auf dich hören sollen, sonst wäre das alles hier erst nicht geschehen. Es tut mir so leid! Es ist alles meine Schuld! Nun habe ich zwei meiner Söhne verloren!”

Yungup versuchte seine Frau zu beruhigen, als sie weiterhin voll Kummer weinte, doch vergebens. Sein Sinn verantwortlich zu sein überforderte ihn und er stand einfach neben den beiden.

Junshi hatte einen Korb voll essbarem wilden Wurzeln, als sie zu ihrem Haus zurück kehrte. Als sie weinende Geräusche vernahm, lief sie mit einem unwohlen Gefühl im Magen, hinüber zum Hinterhof. Ihr wurde sofort bewusst, dass etwas geschehen sein musste, nachdem sie ihren Sohn und ihre Schwiegertochter mit ihrem Enkelkind in den Armen sah, wie sie vor dem Brunnen standen.

„Ist das Kind tot? Ist es wirklich tot?", fragte Jungshi mit zittriger Stimme. Hangum hob ihren Kopf und nickte. „Mutter, das ist alles meine Schuld! Ich habe mich nicht um ihn gekümmert und das ist das Ergebnis davon!", weinte Hangum, „Ich hätte in der Küche bleiben müssen um auf ihn aufpassen zu können. Es war falsch von mir ihn draußen im Garten alleine spielen zu lassen. Vergib mir, Mutter!"

Jungshi hörte ihrer Schwiegertochter nur halb zu, als sie das Kind hielt. Die Augen des Kindes waren geschlossen und es hatte den Anschein, als würde er friedlich schlafen. Seine Augenlider waren nass vom Wasser und von den Tränen seiner Mutter.

„Baby, öffne deine Augen! Baby! Deine Großmutter hat dir leckeres Essen aus dem Wald mitgebracht! Ich hätte hier bei dir bleiben und mit dir spielen sollen, statt aus dem Haus zu gehen. Baby, Baby! Das ist ganz allein meine Schuld! Das ist alles meine Schuld!"

Jungshi zitterte am ganzen Leibe, als sie das Kind zu ihrem Haus trug, doch sie vergoss keine Träne. War dies nicht ihr Enkelkind, welches sie über alles geliebt hatte? Sie hat das Kind ebenfalls erzogen. Sie verbrachte den ganzen Tag damit, ihm Aufmerksamkeit bei jeder niedlicher Sache die er tat, zu schenken. Sie ging öfters mit ihrem Enkelsohn zu Bett und beobachtete wie er einschlief. Jungshi legte das tote Kind in ihr Zimmer und bedeckte den ganzen nassen Körper mit einer Decke aus Seide, bis nur noch das Gesicht zu sehen war. Da sie der Meinung war, dass sie emotional mehr stabiler als ihr Sohn oder ihre Schwiegertochter wäre, fand sie ein paar Räucherstäbchen und zündete diese an.

Bei seiner Ankunft später in der Nacht, war der alte Mann verwirrt, als er den Geruch der Räucherstäbchen vernahm. Er hatte soeben die Nachrichten darüber empfangen, dass der Erschaffer von Donghak geköpft wurde. Der Geruch verstärkte sein Kummer und Leid.

Normalerweise wäre es Zeit für das Essen, doch die Küche stand leer. Er folgte dem Geruch des Rauches in das innere Zimmer. Der Raum war so dunkel wie Asche und das Licht der Kerosinlampe leuchtete schwach. Er hustete paar Mal um ihre Aufmerksamkeit zu bekommen.

Nach einiger Zeit öffnete Yungup endlich die Tür.

„Was . . . .", noch bevor der Mann etwas fragen konnte, brach Yungup in Tränen aus.

„Kommen Sie rein."

Schnell zog der alte Mann seine Schuhe aus ehe er in das innere Zimmer ging, es war ein Teil des Hauses, in welchem er noch nie gewesen war. Dort war eine Leiche, die in einer Decke hinter dem Räucheraltar gewickelt worden war. Sofort verstand er was geschehen ist und kniete sich zum Boden.

„Er fiel ihn den Brunnen, als er alleine im Garten spielte.“ Hangum fing erneut an zu weinen, nachdem Yungup gesprochen hatte. Der Mann weinte gemeinsam mit Hangum. Die Wut und die Trauer die er verspürte als er hörte, dass Choi Jaewoo geköpft wurde, verstärkte sich als er sich vor der Leiche des kleinen Jungen hinkniete.

Er erinnerte sich an die Zeit, in der das Kind liebte mit seinem Bart herum zu spielen. Wieso war diese Welt voll von Trauer und Ungerechtigkeit? Wieso musste bloß ein unschuldiges Kind sterben und Choi Jaewoo, der doch nur versucht hatte die Welt zu einem besseren Ort für jeden zu machen, geköpft werden? Der alte Mann schlug seinen Kopf frustriert an den Boden.

Später kamen die Nachbarn, nachdem sie hörten, dass das Kind aufgrund eines tragischen Unfalls starb, um die Familie zu trösten. Doch Jungshi schickte sie wieder fort, denn es war nicht erwünscht eine große Beerdigung für ein Baby zu halten. Stattdessen fragte sie den alten Mann, ob er das Kind neben Kwangkuk's Grab begraben könnte. Sie wollte ihren Enkelsohn halten und den ganzen Tag weinen, doch sie hielt sich ihrem Sohn und ihrer Schwiegertochter zuliebe zurück. Sie musste für die beiden stark bleiben.

Sie umhüllte sich in einer Decke und murmelte sich zu: „Kann es noch ein anderes Kind geben? Sie sind beide jung. Es ist passiert, da der Himmel ihnen ein noch wertvolleres Kind schenken wollte. Ich war dreißig Jahre alt, als ich meine Geburt hatte und der Himmel wusste wie verzweifelt ich gewesen bin. Yungup's Vater starb ebenso jung. Also gab man uns Yungup. Mein Sohn und meine Schwiegertochter werden sehr lange leben. Natürlich! Mein Yungup wird mit einem langen Leben gesegnet werden. Deswegen verspätet sich der Himmel, ihnen ein gesundes Kind zu schenken. Er hat noch viele Jahre zu leben. Es wird alles in Ordnung sein! Es wird alles gut!" Jungshi versuchte sich mit den Worten zu trösten, doch die Tränen hörten nicht auf ihr Gesicht runter zu fließen.

KAPITEL 7

„Der Aufbruch und die Wiedervereinigung"

IM JAHRE DES Tigers (1866) und im dritten Jahr der Herrschaft des Königs Kojong, setzte man die Verfolgung von Katholiken fort. Es begann erneut wegen Sir Daewongun, der Rache an den Franzosen und den Amerikanern für den Angriff auf Chosun, nehmen wollte. Nachdem drei ihrer Missionäre das Land geheim betraten und danach vom Staat Chosun verfolgt wurden, attackierten die Franzosen im Jahre 1846 und 1847.

Eine weitere Gelegenheit bot sich im Januar 1866 an, als man Bischof Bernolli und neun weitere Missionäre staatlich verfolgte und die Franzosen erneut Chosun angriffen. Später im August marschierten die französischen Truppen, geführt vom französischen Bischof Ridol, im Hafen Yanghawjin durch den Fluss Han ein und drangen in die Insel Kwanghwa, neben Seoul, ein.

Im September 18, besetzten 120 französische Truppen die Insel. Als sie versucht hatten auf die andere Seite des Hafens Tongjin zu gelangen, brachten die Chosun Soldaten und die freiwillige Armee sie zu Mt. Moonsusansung, wo sie vollkommen ausgelöscht wurden.

Im nächsten Julie, als den Franzosen der Versuch misslang i Chosun einzumarschieren, gelang es ebenso wenig dem amerikanischen Handelsschiff, geführt vom General Sherman, eine Handelsbeziehung mit Chosun zu erzwingen. Aufgrund dieser ausländischen Drohungen, half Sir Daewongun eine Isolationspolitik für das westliche Wissen zu gründen, welches ebenfalls die Verfolgung von allen Katholiken beinhaltete.

Nachdem Yungup die ganzen Neuigkeiten von den tratschenden Kunden in der Apotheke hörte, wurde er besorgt um Mentor Kim in Chungju. Obwohl sein Mentor sich nicht dem Katholismus zuneigte, waren es jedoch seine Frau und seine Schwiegereltern.

Yungup sah zum alten Mann, welcher die Kräuter schnitt. Es waren drei Jahre vergangen, seit Samgyul nach Chungju geflohen ist und der alte Mann bei ihm ankam. Es war schade, dass er keine Neuigkeiten von ihm bekam, doch er war mehr um seine Sicherheit besorgt.

Nach dem sie seinen zweiten Sohn nach Hangum's Wünschen begraben hatten, wurde der Brunnen im Hinterhof komplett mit Steinen gefüllt. Nun musste der alte Mann das Wasser jeden Morgen und jede Nacht aus dem öffentlichen Brunnen aus der Stadt holen und wurde zu einer notwenigen Hilfe in der Apotheke.

„Worüber denkst du nach?“ Der alte Mann hörte auf die Kräuter zu schneiden und fragte Yungup.

Yungup schüttelte sich aus seinen Gedanken heraus. Das herein scheinende Sonnenlicht reflektierte sich auf den weißen Haaren des Mannes. „Ich hörte Gerüchte, dass die Verfolgung gegenüber Katholiken erneut begann. Und ich mache mir Sorgen um unseren Mentor in Chungju.“

„Ich habe ebenfalls davon gehört. Doch was können wir machen, außer für sie zu beten, dass ihm nichts geschehen würde?“

„Das ist alles was wir tun können.“, seufzte Yungup. Der alte Mann fuhr mit dem Schneiden fort, doch er konnte seine Augen nicht vom niedergeschlagenen Yungup wenden.

„Hast du irgendetwas neues gehört?“, fragte der alte Mann.

Yungup warf ihm einen Blick rüber und schüttelte seinen Kopf, nicht wissend was er meinte. „Ich rede über das Baby. Es sind nun schon zwei Jahre vergangen nachdem er gestorben ist, richtig? Es passierte vor zwei Jahren in diesem Frühling.“

Yungup's Augen wurden rot. Bei jedem Gedanken an seinen geliebten verlorenen Sohn, begann sein Herz wieder zu schmerzen.

„Willst du keinen weiteren Sohn?”

„Noch nicht. Ich denke es liegt am Altersunterschied zwischen meinem ersten und zweiten Sohn. Das ist was meine Mutter zu mir sagte. Es scheint so, dass der Geburtstermin so lange dauert. Wir sind nicht in der Eile jetzt ein weiteres Kind haben zu wollen. Die Trauer ist zu jung. Jedenfalls, es muss anstrengend für dich sein, nachdem wir den Brunnen mit Steinen gefüllt haben. Du musst den ganzen weiten Weg zum öffentlichen Brunnen gehen, um frisches Wasser bekommen zu können!"

„Es ist in Ordnung für mich. Aber sollten wir vielleicht nicht noch eine neue Quelle ausgraben um einen neuen Brunnen zu bauen?"

„Ja, das sollten wir machen. Doch was glaubst du wie Hangum dabei reagieren würde, wenn sie sieht wie ein neuer Brunnen ausgegraben wird? Sie ist bereits jedes Mal geschockt, wenn jemand einen Brunnen erwähnt. Sie will nicht einmal in die Nähe des Stadtbrunnens!"

„Schlechte Erinnerungen vergehen nach einiger Zeit. Sie wird darüber hinwegkommen, nachdem ihr ein weiteres Kind bekommt und dieses erziehen werdet."

Der Mann versuchte zu lächeln, da er gegenüber Yungup Mitleid empfand. Yungup nickte bloß mit seinem Kopf und wendete seinen Blick ab. In den letzten zwei Jahren hatten die beiden kein weiteres Kind. Hangum glaubte daran, dass es ihre Schuld gewesen sei und manchmal seufzte sie, wenn sie Yungup sah. Jungshi hatte die ganze Zeit kein einziges Mal etwas über einen neuen Kinderversuch erwähnt. Yungup verstand, dass seine Mutter weder ihren Sohn noch ihre Schwiegertochter dadurch verletzen wollte.

Im Herbst 1866, gingen Gerüchte umher, dass Katholiken gefangen genommen wurden, einschließlich denen in Yungup's Stadt. Die Menschen in der Stadt waren schockiert, da sie nicht gewusst haben, dass paar ihrer Nachbarn sich als Katholiken herausstellten. Doch alle von ihnen waren sich einig, dass die Art und Weise wie diese Menschen gefangen genommen wurden, zu grausam für jeden war, der dies erleiden musste.

Es existierten ebenfalls Gerüchte darüber, dass die Katholiken die gefangen genommen wurden, man diese köpfte. Zwei von ihnen wurden freigesprochen, nachdem sie ihre Religion leugneten, doch trotzdem gab es nach der elenden Quälerei nichts besseres als den Tod. Einer starb nicht lange danach, nachdem er freigelassen wurde und

Yungup wurde gerufen um sich um die anderen zu kümmern die immer noch am Leben waren. Yungup nahm Kräutermedikamente, statt den Akkupunkturnadel um seine Wunden zu heilen. Er war sich sicher, dass der Mann nach der Folter in einem schlechten Zustand sein musste.

Yungup betrat das Haus des Patienten, seine Sinne waren überwältigt vom Geruch des Blutes. Zu seiner Überraschung, war der Patient eine Frau. Sie sah über dreißig Jahre alt aus und blutete aus ihren Gliedern. Ihr ganzer Körper war angeschwollen. Yungup reinigte vorsichtig die Wunden, trag die Kräuter auf welche er mitgebracht hat und bedeckte diese mit einem Verband aus Stoff. Er bereitete ihr ebenso Medizin, die sie schlucken konnte. Die Frau erlang ihr Bewusstsein und schaute zu Yungup hoch.

Er sagte zu ihr: „Es geht alles ums Leben, nicht wahr? Ist der Katholismus wichtiger als das Leben selbst? Ich sage dies nur, da ich um ihre eigene Gesundheit sehr besorgt bin."

Die Frau versuchte zu lächeln als sie antwortete: „Du hast keine Ahnung! Ich bin beschämt, dass ich nicht mit den anderen gemeinsam gestorben bin. Mein Sohn und mein Vater wurden beide geköpft! Ich wollte auch sterben, doch als ich an meine jungen Kinder dachte, habe ich mich dazu entschlossen meinen Glauben zu leugnen um bei ihnen zu bleiben. Doch ich bin zutiefst von mir selbst beschämt."

Yungup sah zur Frau, als ob er nicht mit ihr einverstanden wäre. Er rief ihre sechs Kinder zu sich und wies sie an zu überprüfen, ob ihre Mutter die Medikamente regulär einnehmen würde. Als er seine Sachen zusammenpackte um zu gehen, erblickte er ein kleines Mädchen, welches nicht älter als zehn Jahre alt sein könnte.

„Herr, wir haben nicht genug Geld. Wir können Ihnen nicht für die Verschreibung bezahlen. Was können wir machen?"

In Wahrheit hat Yungup keine Zahlung von ihnen erwartet. Er schaute zurück zum Mädchen und lächelte einfach und ging seinen Weg weiter.

„Wir werden es nicht vergessen, wie Sie uns geholfen haben!", rief sie im hinterher, nachdem er weggegangen ist.

„Was auch immer du dir wünscht.", seufzte Yungup.

Die Sonne ging schon langsam unter, als er auf seinem Nachhauseweg war und Yungup sah herauf zum Himmel. Der Mond schien leuchtend. Er atmete auf, als er an Mentor Kim dachte.

„Es wird ihm nichts geschehen. Ich hoffe er ist ihnen geflohen.", seufzte er erneut." In dieser Nacht hatte er einen ungewöhnlichen Alptraum. Ein Mann, wessen Körper bedeckt mit Blut war, schrie. Anfangs klang es so, als würde er Schmerzen erleiden. Doch bald, erschien eine Gruppe von Menschen welche nicht schrien, sondern Lieder sangen, von welchen er nie zuvor gehört hatte. Yungup empfand ihr Aussehen als fremd. Er kam, von ihrem Gesang angezogen, näher zu ihnen. Zwischen diesen Leuten war Mentor Kim.

„Meister! Meister!" Mentor Kim drehte seinen Kopf zu Yungup's aufgeregter Stimme. Die Kleidung des Mentors war zerrissen und Blut floss aus seinen Wunden herunter. Trotz seinem zerrlumpten Aussehen und zottigen Haaren, sah er erfreut aus.

„Meister, Ich habe Sie vermisst! Wie sind Sie hierhergekommen? Und wieso sehen Sie so durcheinander aus?", weinte Yungup.

„Yungup, hast du es vergessen? Was habe ich dir gesagt? Habe ich dir denn nicht gesagt, dass du ein Licht in dir trägst?"

Die Stimme von Mentor Kim klang klar und deutlich. Yungup schüttelte seinen Kopf.

„Welches Licht? Ich weiß von nichts! Meister, ich habe solche Angst! Kommen Sie mit mir. Bleiben Sie nicht bei ihnen!"

Mentor Kim lächelte, doch er bewegte sich nicht. Für einen Moment hatte es den Anschein, als würde er etwas aus seinen zerrissenen Kleidern holen wollen. Er trug ein Kind – ein Kind welches ihm bekannt vorkam. Yungup rieb an seinen Augen. Das Baby schaute zu ihm zurück und lachte. Er erkannte, dass es sein Sohn war, der in dem Brunnen ertrunken ist.

„Baby! Meister, lassen Sie mein Kind los!", Yungup flehte ihn an, doch Mentor Kim lachte nur.

„Meister! Baby…mein Baby! Wohin gehen Sie, Meister?"

Hangum weckte Yungup auf, der in seinem Schlaf geschrien hatte, sein Körper war nass vom Schweiß. „Hattest du einen Alptraum? Ich habe mich von deinem Geschrei erschrocken.", rief Hangum.

Yungup realisierte, dass alles nur ein Traum gewesen ist. „Es schien so real!“ Er schloss seine Augen, während er versuchte mit ihr über seinen Mentor und seinen toten Sohn zu sprechen. Er war sich so sicher, dass Hangum in Tränen ausbrechen wird, wenn sie von ihrem Sohn hören würde. Yungup legte sich wieder hin und schob Hangum zu sich an die Seite. „Der Traum war so schrecklich! Bitte tröste mich! Ich will alles davon vergessen!“

Yungup tat seine Hand unter Hangum's Kleidung und zog sie näher an sich heran, während das Bild von Mentor Kim's blutigem Körper, noch in sein Kopf herum schwebte.

Ein paar Tage später, kehrte Samgyul nach drei Jahren zurück. Sein Aussehen war das eines Bettlers und er ist deutlich gealtert, er sah so aus als ob er fürchterlich gelitten hätte. Nachdem Hangum das Essen, welches sie für ihn vorbereitet hatte, zu Ende gekocht hatte, berichtete er von den Neuigkeiten über Mentor Kim.

„Er wurde mit seiner Frau geköpft, nachdem die Verfolgung erneut begonnen hatte. Er hat sich dafür entschieden gehabt an der Seite von seiner Frau zu sterben, welche sich geweigert hatte ihren Glauben zu leugnen. Und es waren nicht nur die beiden. Die ganze Familie seiner Frau wurde hingerichtet! Ich bin fort gelaufen, da ich mich davor fürchtete ebenfalls als ein Katholik beschuldigt zu werden! Vor drei Jahren bin ich wegen Donghak geflohen und nun musste ich wegen dem Katholismus wieder zurück hierher laufen. Was für eine Welt ist das?“

Yungup hatte erwartet, diese Art von Neuigkeiten über Mentor Kim zu erfahren, doch als sein Tod offiziell war, konnte er sich nicht weiter helfen lassen als von Trauer überwältigt zu werden. Er eilte aus der Apotheke zu dem Garten um alleine sein zu können. In der Apotheke drinnen, flüsterten Samgyul und der alte Mann sich etwas gegenseitig zu, aber Yungup konnte nicht hören worüber sie sprachen. Er konnte sich nicht selbst vom Weinen aufhalten. Er schaute hinüber zu dem Brunnen, welcher immer noch mit Steinen gefüllt worden war. Als er an seinen Sohn dachte, verschlimmerte sich sein Kummer.

„Wieso ist das Leben so voll Trauer erfüllt?“, murmelte Yungup zu sich, während er sich die Tränen aus den Augen wischte. Er stellte sich zum Norden Richtung Chungju, wo Mentor Kim starb und verbeugte sich zwei Mal.

„Meister! Haben Sie sich gegenüber mir so kaltherzig verhalten, damit Sie mich so verlassen konnten? Um das Gefühl der Sentimentalität zwischen uns aufzuhalten?"

Während er mit dem Gesicht auf dem Boden lag und trauerte, lief Hangum plötzlich aus der Küche hinaus zu dem Hinterhof und fing an sich zu übergeben.

Yungup starrte zu Hangum's zittrigen Schultern und wischte seine Tränen weg. „Was ist mit dir los? Fühlst du dich krank?" Hangum schaute Yungup an, doch sie begann erneut sich zu übergeben, ehe sie ihm antworten konnte. Jungshi erschien und ging zu ihrem Sohn rüber. „Ich habe die Vermutung, dass sie wieder schwanger ist. Weißt du nicht, dass es deswegen ist wieso es ihr so übel geht? Deine Frau war nun schon zwei Mal schwanger und du weißt es immer noch nicht? Jedenfalls ist das etwas Gutes! Ich habe mir Sorgen gemacht, sie würde nicht noch einmal schwanger werden."

Jungshi, die nun sechzig Jahre alt war, strahlte mit einem faltigen Gesicht.

„Gute Dinge geschehen nach etwas schlechtem. Ich wusste, dass du hier weinen würdest. Ich weiß wie traurig es für dich sein muss. Mentor Kim war wie ein Vater für dich! Doch was können wir machen? Er ist von uns an einen besseren Ort gegangen. Vielleicht unterhält er sich jetzt sogar mit deinem Vater im Himmel. Sie würden sich sicherlich schnell anfreunden. Jetzt musst du daran denken, ein guter Vater für dieses ungeborene Kind zu werden!"

Jungshi kehrte zurück in die Küche, nachdem Hangum aufgehört hatte sich zu übergeben. „Bist du schwanger?", fragte sie einfach.

Hangum nickte nur.

„Pass auf dich auf!", warnte sie Jungshi streng. Hangum ging hinaus zu Yungup. „Mein Mann, sei nicht so traurig über den Tod von Mentor Kim." Yungup nickte als Übereinstimmung. „Du hast Recht! Mein Leben geht weiter. Gute Dinge passieren nach dem Schlechten."

Yungup wiederholte die weisen Worte seiner Mutter und warf einen Blick zurück zum Brunnen. Dort war ein Schatten über dem Brunnen, der mit Kieseln bedeckt war. Er atmete tief ein.

KAPITEL 8

„Freude in der Pharmazie Klinik"

IM JAHRE DES Hahns (1873) ließ die Christenverfolgung allmählich nach, als der Herr Daewongun an Macht verlor. Aufs Neue herrschte Frieden über Yungup's Familie, doch nicht ehe acht Tausend Katholiken hingerichtet wurden. Schon bald nach Mentor Kim's Tod, brachte Hangum eine Tochter zur Welt, gefolgt von zwei Söhnen und einer weiteren Tochter über die nächsten paar Jahre.

Im Jahre des Schweines (1875), versuchten nicht nur die westlichen Mächte Chosun zu invadieren, doch auch die Japaner sandten ein Schiff namens Ounyoho um gewaltsam in das Land eindringen zu können. Glücklicher weise endete das Ounyoho Ereignis damit, dass die Chosun Kräfte zurück kämpften und die Japaner an der Bucht hielten.

Yungup's älteste Tochter war neun Jahre alt, seine zwei Söhne waren sechs und fünf und seine jüngste Tochter war drei Jahre alt. Hangum war mit einem weiteren Kind schwanger.

Von der Veranda aus lächelte Jungshi bei sich, während sie ihren vier Großenkeln vor dem Garten beim Spielen vor zusah. Ihr Rücken war nun aufgrund ihren hohen Alters gekrümmt. Obwohl sie solch eine enorme Trauer nach dem Tod ihrer zwei ersten Großenkel erlitten hatte, war sie dennoch dem Himmel dankbar, dass ihre Familie nun erneut mit vier gesunden Kindern gesegnet wurde. Viele Leute besuchten immer noch Yungup's Apotheke, welche im Wohlstand und im guten Ruf erblühte. Mit sechsunddreißig Jahren hatte Yungup den Anblick eines echten Mediziners.

In dem Jahr als Samgyuel aus Chungju zurückkehrte, verließ der ältere Mann, welcher Yungup bei der Arbeit half, ihr Haus doch nicht ehe er eine neue Quelle neben der alten ausgrub. Doch dieses Mal vergaß er nicht eine hohe Mauer um den Brunnen herum zu bauen.

Als Hangum sich dem Ende ihrer Schwangerschaft näherte, brachte Jungshi ein junges Mädchen zu sich, welches ihr in der Küche behilflich sein könnte. Junmrae war die Tochter einer katholischen Frau, welche von Yungup nach ihrer Folter und Entlassung behandelt wurde. Die Frau wurde dermaßen gefoltert, dass trotz der Medizin, welche Yungup ihr verschrieben hatte, ihr Bein ein Leben lang gelähmt blieb.

Die nun achtzehn Jahre alte Junmrae war das junge Mädchen, welches Yungup gesehen hatte wie diese sich um ihre jüngeren Geschwister kümmerte. Obwohl sie alt genug war eine Ehe einzugehen, wollte kein einziger Ehestifter ihr dabei helfen, da sie keinen Vater hatte und arm war. Nicht einmal ihre jüngere Schwester konnte heiraten, da sie zuhause blieb und sich stattdessen um ihre gelähmte Mutter sorgte.

Yungup fühlte sich verpflichtet das junge Mädchen zu sich zu holen, da sie aus einer armen Familie kam und er sich umsonst um ihre Mutter gekümmert hatte. Sie war die schönste von den Schwestern und war clever genug auch von Jungshi gelobt zu werden. Die Schuppenflechte, welche sich auf ihrem Gesicht aufgrund von Unterernährung gebildet hatte, verschwand nach einem Monat nachdem sie ihn Yungup's Haus blieb und ihr junger, gutentwickelter Körper und ihr hübsches Gesicht entgingen ihm nicht.

Jedes Mal wenn er sich zu seiner Hangum ins Bett legte, war diese schon längst eingeschlafen, ermüdet vom Aufpassen auf ihre vier Kinder. Da es der letzte Monat ihrer Schwangerschaft war, erlaubte sie nicht einmal Yungup sich ihr zu nähern.

Jeden Tag brachte Junmrae wie immer das Mittagessen für die zwei Männer in der Apotheke. Samgyul beobachtete vorsichtig wie Yungup bei jeder Bewegung die Junmrae machte, ihr hinter her starrte. Mit seinen siebzig Jahren wurde Samgyul dünner und schwächer. Er könnte nun nicht einmal Akkupunktur akkurat ausüben und musste somit seine Patientenbesuche beenden, so saß er nun in der Ecke der Apotheke und wählte Kräuter mit der richtigen Qualität aus.

Nachdem Junmrae sie verlassen hatte, schimpfte Samgyul besorgt Yungup. „Neffe! Wieso siehst du sie dir so an? Laut einem Gerücht wollte die Mutter dieses Kindes, dass du sie als deine Konkubine annimmst... Ist dies der Grund für diese Art von Blicken, die du ihr zugeworfen hattest?"

Yungup hustete ein paar Mal verlegen und setzte sich vor den Essenstisch auf dem Junmrae gerade ihr heißes Mal gestellt hatte. „Onkel, wieso sagst du so etwas? Ich sah sie nur so an weil es lustig ist wie dünn sie doch war als sie als erstes zu uns gekommen ist. Doch schau sie dir jetzt an. Ist sie nicht gesund und robust? Alles was sie gebraucht hatte waren drei gescheite Malzeiten pro Tag. Sieh doch wie sehr sie sich verändert hatte!"

Samgyul schaute Yungup direkt an. „Hey, schau her, Neffe! Die Hälfte der Leute sind wie sie! Es gibt sogar einige zwischen ihnen, die sich nicht so gut ernähren wie wir. Wenn du sie magst, wieso behältst du sie nicht als deine Konkubine? Es ist eine Wohltat einem armen Mädchen etwas zu Essen zu geben, wieso sie dann nicht auch als deine Konkubine zu behalten?"

„Sag sowas nicht, Onkel! Wie könnte ich? Die Menschen in diesem Dorf würden darüber reden!"

„Was ist falsch daran eine Konkubine bei sich zu haben? Außerdem sagtest du denn nicht, dass du aus einer noblen Familie stammst? Ist es denn nicht üblich für einen noblen Mann wenigstens zwei Frauen zu haben?"

„Nein, Onkel! Die einzige Frau die ich kenne ist meine Ehefrau!" Yungup's Gesicht wurde rot und er schlug seinen Löffel auf den Boden.

Samgyul lachte über seine Reaktion. „In Ordnung! Mach das was du willst. Ich habe dich nicht dazu gezwungen, oder?"

Yungup hob wieder seinen Löffel auf und setzte sein Mittagessen fort. Draußen im Garten hörte er wie seine Kinder spielten. Unbewusst versuchte er Laute von Junmrae zu vernehmen.

Nach dem Essen legte sich Samgyul zum Schlafen hin. Sogar Yungup's Augen waren halb geschlossen, als er sich ausruhte. Während er hin und her zwischen seinem Bewusstsein schwankte, hörte er seine jüngste Tochter. Sie hatte eben das Sprechen gelernt und war sehr bedürftig nach der Aufmerksamkeit ihrer Mutter, die in ihrem letzten Schwangerschaftsmonat war. Yungup lächelte, als er das niedliche Geschrei nach Aufmerksamkeit von seiner Tochter zu hören bekam.

„Junmrae! Könntest du meine Tochter zu einem Spaziergang mitnehmen, damit ihre Mutter ein wenig in Ruhe schlafen kann?", fragte Yungup.

„Wenn du zurück kommst, bereite das Essen vor!", verordnete Jungshi der jungen Frau. „Mein Baby, hör auf zu weinen. Komm raus an die frische Luft! Damit deine Mutter sich ausruhen kann. Weißt du denn nicht wie müde sie ist?"

Junmrae rief nach dem Kind, „Baby, komm her! Lass uns raus gehen und nach den Blumen schauen! Es gibt vielerlei Leute die während dem Winter nicht aus ihrem Haus raus gegangen sind, doch nun sind sie es wegen dem schönen Wetter! Lass uns raus und nach Zeichen des Frühlings Ausschau halten!"

Schon bald folgten Schritte Junmrae's zärtlichen Stimme. Yungup lachte nebenbei und näherte sich dem Schneidegerät. Aufgrund des hohen Alters war Samgyul langsam bei seiner Arbeit, doch glücklicher Weise war die Pharmazie Klinik nicht allzu sehr arbeitsreich die Tage. Die meisten Patienten besuchten den Laden um Medizin gegen Bauchschmerzen und Erkältungen zu kaufen, außerdem gab es nicht viel zu tun. Trotzdem gehörte Yungup definitiv zu der höheren Schicht im Dorf, da er über die Jahre ein wenig Geld gespart hatte.

Yungup gähnte. Alles schien so friedlich in diesem warmen Frühlingstag. Er hatte zwei Söhne bei seiner jungen Ehe verloren, doch nun hatte er vier Kinder und eines war noch auf dem Weg. Er wünschte sich, dass das nächste Kind ein Sohn sein würde. Er hatte schon zwei Töchter, bei denen er sich dachte sie seien genug. Doch er hatte das Verlangen so viele Söhne wie nur möglich zu haben. Er gähnte erneut. Er ließ los vom Schneidegerät und legte sich neben Samgyul auf das hölzerne Kissen um ein wenig zu schlafen.

Yungup wäre fast eingeschlafen, doch da ertönte ein lauter Krawall bei dem Haupttor des Hauses. Er öffnete die Augen und sah wie Samgyul aus der Apotheke hinaus lief.

„Was ist passiert? Was um Himmels Willen?"

Yungup rannte raus als er Samgyul's Aufschrei hörte. Er spürte, dass etwas nicht richtig war. Auf dem Boden des Hinterhofs lag seine jüngste Tochter, voll bedeckt mit Blut.

„Was ist passiert?", wollte er wissen. Junmrae antwortete mit einer zittrigen Stimme. Der Ärmel ihres Umhangs war gerissen.

„Herr, es tut mir so leid! Ein Streuner hat das Kind gebissen. Ich hab sie getragen doch sie ist auf den Boden gesprungen. Der große gelbe Hund kam aus dem Nichts und biss sie! Ich habe versucht das Kind vom Hund weg zu zerren. Ein paar Leute die vorbeigingen halfen uns. Doch die Leute sagten, der Hund hätte Tollwut!"

Yungup hielt sich an der Verandasäule fest, als er beinahe in Ohnmacht fiel, beim Hören der Neuigkeiten. Ein Gerücht hatte sich über einen streunenden tollwütigen Hund im Dorfe verbreitet, doch er hätte sich niemals vorstellen können, dass es eines seiner eigenen Kinder angreifen würde. Er bestrafte sich dafür, dass er Junmrae nicht gewarnt hatte, nachdem er die Nachrichten vom tollwütigen Hund von seinen Kunden zu hören bekam.

Eilig brachte er seine Tochter in die Apotheke. Ihr rosafarbener Umhang und Seidenrock waren in Stücke zerrissen worden. Yungup erinnerte sich daran wie Hangum diese Kleidung für ihre Tochter nähte. „Sie wird es tragen können wenn das Wetter wärmer wird. Die Kleidung ihrer Schwester ist noch zu groß für sie, also habe ich neues Material für diesen Umhang gekauft und habe den Rock aus dem Kleid gemacht, welches ich bei unserer Hochzeit trug. Wie sieht es aus? Ist es nicht wunderschön?" Dies sagte Hangum im letzten Winter.

Von all ihren Kindern, bevorzugte Hangum ihre jüngste Tochter am meisten. Zur Hälfte bewusst liegend, hatte es den Anschein als würde sie friedlich schlafen. Yungup entkleidete sein jüngstes Kind und untersuchte ihre Wunden. Ihr kleiner Körper war bedeckt mit Bissstellen und das Fleisch war von ihren Schultern zerfetzt worden.

Schon bald füllten sich Yungup's Augen mit bitteren Tränen. Er wollte seine eigenes Fleisch zerreißen um dieses auf die Wunden seiner Tochter zu machen, wenn dies doch nur möglich wäre. Sein Herz füllte sich mit Schmerz, doch er begann die Wunden vorsichtig zu behandeln.

Drei Tage nach dem Angriff verstarb das Kind.

Hangum's bedrücktes Weinen war tagelang im Haus zu hören, als sie ihren Ehemann für den Tod ihres Lieblingskindes beschuldigte.

„Konntest du nicht unser Kind retten? Und du nennst dich einen Mediziner!"

Jungshi tadelte die hysterische Hangum. „Wieso sollte es Yungup's Schuld gewesen sein? Denkst du denn nicht, dass dein Ehemann sich ebenfalls schrecklich über ihren Tod fühlt? Hör damit auf!"

Jungshi konnte ihre Tränen nicht aufhalten, als sie sich neben ihre Schwiegertochter setzte. Das Haus ist in den letzten zehn Jahren, nach dem Tod der ersten zwei Großenkel, so friedsam gewesen, doch glückliche Zeiten schienen nun wie ein weit entfernter Traum.

War dies wegen ihrer Untreue gegenüber ihren Vorfahren? Nach dem Tode des ersten Kindes, erinnerte sich Jungshi wie sie bei jedem Tagesanbruch gebetet hatte. Nach dem Tod des zweiten Kindes, fühlte sie sich so als wäre alles sinnlos und hörte auf zu beten. Doch sogar nach dem wuchsen die Kinder gesund auf und sie dachte, dass Yungup ein glückliches Familienleben führen würde. Jungshi blickte zu ihrem Sohn und zu ihrer Schwiegertochter und nahm die ganze Schuld auf sich.

„Das ist die Wut der Götter", murrte Jungshi zu sich und senkte ihren Kopf aus Scham und Schuldgefühlen. Die Tränen hörten nicht auf, auf ihrem faltiges Gesicht runter zu fließen.

Nachdem sie das Kind begraben hatten, beauftragte Yungup ein paar junge Männer den Hund zu fangen. Er war nicht nur besorgt, dass andere ebenfalls verletzt werden könnten, er wollte ebenso den Hund in Stücke schneiden. Die Blutdurst auf dem Yungup's Gesicht beunruhigte Jungshi und sie versuchte ihren Sohn zur Ruhe zu bringen.

„Sohn, beruhige dich! Hast du denn nicht drei weitere Kinder und erwartest bald auch schon ein anderes? Lass die jungen Männer in diesem Dorf sich um den Hund kümmern!"

Während er in der Apotheke saß und ein Buch durchstöberte, ignorierte Yungup die Stimme seiner Mutter, welche von der anderen Seite kam. Lediglich hustete er als eine Antwort. Junmrae, welche ebenfalls vom streunenden Hund gebissen wurde, trat herein mit dem Mittagessen in die Apotheke. Jungshi stand von der Veranda auf und öffnete ihr die Tür. „Sohn, das Essen ist fertig! Weck deinen Onkel auf, falls der sich zum Schlafen gelegt hat. Ich weiß nicht wieso der alte Mann ständig schläft."

Junmrae hatte ein angespanntes Gesicht, als sie das Zimmer mit Schwierigkeiten betrat. „Geht es dir gut? Dein Gesicht sieht so blass aus!" Jungshi schaute sich das junge Mädchen an, welches so aussah, als würde sie in jedem Moment in Tränen ausbrechen.

„Das ist alles komplett meine Schuld! Wenn ich doch nur das Kind immer getragen und nie runter gelassen hätte!"

Jungshi atmete tief ein bevor sie antwortete. „Hör doch damit auf! Ich bin auch so schon depressiv wegen dem was geschehen ist! Und um dich mache ich mir auch Sorgen. Es wird gesagt, dass es gefährlich sei wenn ein tollwütiger Hund einen beißt. Bist du in Orndung?"

„Mir geht es gut. Aber ich will nach Hause. Ich kann es nicht ertragen Sie anzuschauen.", weinte Junmrae, „Ich habe keine andere Wahl als hier zu bleiben, da die Herrin ein Kind erwartet. Doch wenn sie eine andere Dienerin finden werden, dann würde ich sie gerne verlassen."

Jungshi dachte an Hangum und wie sie Junmrae jedes Mal anstarrte wenn sie sie sah. Sicherlich hasste Hangum sie nun, nicht nur für den Tod ihres jüngsten Kindes, sondern ebenfalls für die Gerüchte die verbreitet wurden, dass sie Yungup's Konkubine war.

Jungshi drehte ihren Kopf, da sie nun nichts weiteres zu sagen hatten. Stattdessen rief sie nach Yungup, als sie sah wie Fliegen um sein Mittagessen herum flogen, welches Junmrae immer noch in ihren Händen hielt.

„Sohn, nimm dein Essen! Junmrae's Arme tun schon weh vom Tragen!" Yungup sah raus aus der Apotheke. Als er raus ging um den Essenstisch mit dem Mahl zu holen, sah er Junmrae mit einem blassen Gesicht und bemerkte wie ihre früheren rundlichen Backen schmaler geworden sind. Einige Zeit lang hatte er nicht die Zeit dazu sich Junmrae's Wunden anzuschauen, doch er machte sich Sorgen, dass sich das Gift vom tollwütigen Hund in ihrem Körper ausbreiten könnte. Junmrae verbeugte sich nur. Die Frühlingssonne ließ ihre blasse Haut noch weißer aussehen.

In der Nacht kamen die paar Männer aus dem Dorf zu Yungup's Apotheke und brachten ihm den tollwütigen Hund mit zusammengebundenen Beinen. Yungup ist gerade mit seinem letzten

Patienten fertig geworden, als sie sich ihm näherten. Als er den Hund sah loderte er erneut vor Wut. Er eilte hinüber zum Stall und kam zurück mit einem großen Stück Holz. Mit dreckigem gelben Fell versuchte sich der Hund von den Seilen an seinen Beinen zu befreien. Yungup's Hand zitterte als er nach dem Holz griff. Er dachte an seine Tochter. Das Holz traf mehrmals hart auf den Hund ein. Er jaulte vor Schmerz und verdrehte seinen Körper. Immer und immer wieder traf Yungup rachesüchtig den Hund.

Einer der jungen Männer sah was Yungup tat und entnahm ihm das Holzstück aus seinen Händen. „Herr, wir machen das statt Ihnen. Bitte hören Sie auf!"

Durch seine Anstrengung durchnässte der Schweiß Yungup's Nacken. „Nein! Ist das denn nicht der Hund der meine Tochter umbrachte? Sollte ein Vater sich nicht für seine Tochter rächen?"

Yungup packte das Holz zurück vom jungen Mann und schlug weiterhin auf den Hund ein. Das Sonnenlicht aus dem Westen begann auf den Garten zu scheinen. Junmrae war in der Küche um das Abendessen vorzubereiten bevor sie raus ging um nachzusehen wieso es so laut war. Sie erblickte den tollwütigen Hund wie er seinen Körper vor Qual verdrehte. Mit fixierten brennenden Augen auf den Hund, hörte Yungup nicht auf auf diesen mit dem Holz einzuschlagen. Der Garten war voll von Blut. Ihr fiel der Reislöffel aus der Hand, der ein klingelndes Geräusch auf dem Boden verursachte. Sofort schauten Yungup's Augen zur Küche. Da stand Junmrae mit einem blassen Gesicht, deren Körper unkontrollierbar zitterte.

„Oh!" Plötzlich schrie sie in Worten, welche für Yungup unverständlich waren. Er legte das Stück Holz auf den Boden, als er sie eigenartig ansah. In diesem Moment begannen die jungen Männer den halbtoten Hund wegzutragen. Junmrae zitterte wie Laub und rannte auf einmal zur Mitte des Gartens.

„Oh! Oh!", sie machte weiterhin merkwürdige Geräusche, als sie zum blutigen Hund lief. Und in einem Augenblick fing Junmrae an das Genick des Hundes zu beißen. Schon bald hörte dieser auf zu atmen. Die jungen Männer waren angewidert von diesem Anblick und zogen

Junmrae weg vom Hund. Blut und Stücke des gelben Fells füllten ihren Mund.

„Dieses Mädchen ist wahnsinnig!“, rief einer der jungen Männer.

„Ich denke sie hat sich mit Tollwut angesteckt!“, schrie ein anderer.

„Was sollen wir tun? Nun haben wir ein tollwütiges Mädchen in unserem Dorf!”

Die jungen Männer zogen sie raus aus dem Haupttor. Die Seiten ihres Mundes waren blutig und das Weiße von ihrem Auge wurde glasig. Sie redete mit unverständlichen Worten und fing an wahnsinnig zu lachen.

Samgyul betrat in dem Moment das Tor des Hauses, als er beim Anblick des Mädchens stehen blieb. „Was ist passiert? Was ist falsch mit ihr?“

„Ich denke sie ist verrückt geworden. Erinnern Sie sich? Der wütende Hund hat sie auch gebissen.“

Samgyul schnalzte aus Mitleid mit der Zunge. „Wohin bringt ihr sie nun?”

„Wir werfen sie einfach aus dem Haus raus!”

Während Samgyul sprachlos da stand, zogen die Männer Junmrae außerhalb des Tors. Sie schüttelte ihren Kopf als sie die Leiche des tollwütigen Hundes sah.

„Neffe, was hast du getan? Wenn du sie nach draußen verscheuchst könnte sie sterben. Du solltest dich um sie kümmern. Ist sie denn nun nicht auch ein Familienmitglied?“

Yungup, der sich von ihm weggedreht hatte, seufzte tief. „Wie du weißt ist diese Welt zurzeit im Chaos! Es wurde gesagt, dass die Japaner die Youngjong Insel invadiert haben und das Bezirksamt in Brand steckten und somit viele Menschen getötet haben! Was meinten sie wäre der Name des Schiffs gewesen? Ah ja, Ounyoho! Dieses Schiff kam den ganzen Weg zur Kanghwa Insel um ein Seerouten Experiment zu machen, doch es wurde von den Schiffen unseres Landes zurück bekämpft.

Denkst du, dass die Seeroute real wäre? Ich bin mir um einiges sicher, dass sie versucht hatten in unser Land einzudringen! Wenn etwas falsch läuft kommen sie, wie sie es sich wünschen, rein und raus aus

Chosun. Wusstest du, dass unser König keine andere Wahl hatte, als den Vertrag zu unterschreiben, welcher besagt sie hätten das Recht so etwas zu tun? Die Welt ist so chaotisch!

Doch wieso sollte unsere Familie ebenso chaotisch sein? Wir können nichts wegen dem toten Kind machen, doch was ist mit dem Mädchen welches wahnsinnig wurde? Das ist lästig!"

Während Samgyul sprach, warfen die jungen Männer Junmrae aus dem Hof und kehrten zurück um die Leiche des Hundes in eine Strohmatte zu wickeln, bevor sie diese weg warfen. Es war der Moment in dem Samgyul realisierte, dass sein Neffe Tränen in seinen Augen hatte.

„Onkel! Onkel!"

Yungup's Gesicht verfinsterte sich, als er in Tränen ausbrach. Man hörte wie jemand zu ihnen lief. So schnell hergeeilt, dass sich die Schuhe kaum an ihren Füßen hielten, kam Jungshi hastig zu ihnen rüber und drehte sich zu Samgyul.

„Bruder, bitte ruf die alte Hebamme! Hangum ist kurz davor ihr Kind zur Welt zu bringen! Beeil dich!"

Hangum's Schrei unterbrach das Gespräch, ehe Jungshi dieses beenden konnte. Verängstigt vom Geschrei ihrer Mutter, hasteten die drei Kinder zu ihrer Großmutter um beruhigt zu werden. Seit dem Tod ihrer Schwester, weinten sie, da sie sich fürchteten, dass ihre Mutter das selbe Schicksal erleiden könnte.

Samgyul verließ sie um die Hebamme zu sich zu rufen.

Die Laute von Hangum's Stöhnen und Schreien wurden mit Junmrae's Geschrei, am Tor außerhalb des Hauses, lauter. Sogar Yungup's älteste Tochter brach in Tränen aus, als sie das unaufhörliche Geschreie der zwei Frauen vernahm, die eine aufgrund von Schmerz und die andere aus Wahnsinn. Hilflos, setzte sich Yungup auf die Veranda der Apotheke und sah wie die weinenden Kinder sich an Jungshi's Rock festklammerten. Er fragte sich ob er jemals eine weitere Ära voll von Freude und Frieden erleben würde. Er sah hinauf zu dem dunklen Himmel, seinen Kopf in seinen Händen vergraben, da er den Höllenlärm des Heulens und Schreien nicht mehr ertragen konnte.

KAPITEL 9

„Der Wind weht durch die Zweige"

ES WAR DAS Jahr des Hasen 1879 und vier Jahre waren seit dem Tode von Yungup's jüngster Tochter vergangen. Seine älteste Tochter, die nun dreizehn Jahre alt war, ist sehr gewachsen und hatte sich gut wie ihre Mutter entwickelt. Seine älteren zwei Söhne, nun neun und zehn Jahre alt, besuchten am Tag die Schule im Dorf und in der Nacht konnte Yungup hören wie die beiden lasen und ihre Aufgaben übten. Sein jüngster Sohn war fünf. Mit vierzig Jahren hatte Yungup Falten an seinen Mundwinkeln und sein Haar fing an weiß zu werden. Aufgrund von ihrem tollwütigem Verhalten, blieb Junmrae hauptsächlich in ihrem Zimmer um ihre Tendenzen auszubrechen und in der Nachbarschaft umherzuwandern zu verhindern. Jedes Mal wenn das geschah, klopfte sie üblich an das Tor von Yungup's Apotheke, als würde sie ihm etwas sagen wollen.

Sein Herz schmerzte als er ihre zerzausten Haare und ihr faul riechendes Aussehen sah. Mit der Ausnahme vom Tod seiner Tochter, war sein Herz davon gebrochen, dass ein einst so hübsches Mädchen wie Junmrae wegen ihm verrückt geworden ist. Dies wäre nie geschehen, hätte er sie nie in sein Haus gebracht, dachte er. Hätte er sie außerdem nicht begehrt, wären wahrscheinlich seine Tochter und Junmrae in Ordnung gewesen.

Junmrae's Mutter blieb gelähmt, nachdem sie für ihren katholischen Glauben gefoltert wurde und verbrachte die meiste Zeit damit in ihrem Zimmer zu liegen, wo sie von ihren unverheirateten Töchtern gepflegt wurde. Mit keiner Erbschaft und wegen dem Grund, dass sie aus einer vaterlosen Familie stammten, verließen die beiden Söhne das Haus um Sklaven zu werden. Von Zeit zu Zeit gab Jungshi ihnen ein wenig Gerste zum Essen.

Yungup selbst besuchte das Haus nicht, mit der Angst, dass seine Frau Hangum wütend werden könnte. Mit ihrem scharfen Blick, betrachtete Hangum Junmrae als ihre Feindin. Sie glaubte daran, dass sie diejenige sei die die ganze Tragödie in ihr Haus brachte. In ihren Mittedreißigern hat Hangum wegen ihren Geburten stark an Gewicht zugenommen und warf ständig zornige Blicke zu, wenn man Junmrae's Namen vor ihr erwähnte.

Als die Regensaison endete, signalisierte der Monat Juni den Anfang eines heißen Sommers. Das Sonnenlicht verbrannte die weiten Ebenen der Provinz von Kimhae. Suchend nach einer Befreiung von der Hitze, waren öfters Scharren von Kindern im naheliegenden Fluss schwimmen zu sehen. Besorgt um die Sicherheit, begleitete Jungshi stets ihre Enkelkinder jedes Mal wenn diese zum Fluss gingen.

Nur Yungup's älteste Tochter, welche langsam zu einer Frau wurde, schloss sich nie ihren Geschwistern beim Schwimmen an, stattdessen blieb sie mit ihrer Mutter zuhause. Immer wenn es so heiß war Yungup's Apotheke, mit der Ausnahme von den Patienten die an einem Hitzeschlag litten, recht leer. Samgyul legte sich sogar draußen in den Hinterhof zum Schlafen hin, statt wie üblich in der Ecke der Apotheke sein Nickerchen zu verrichten.

Yungup's Apotheke war friedlich. Es waren nur die Laute der Zikaden hier und da zu hören. Das Leben war in den Tagen nicht so schwer, dachte er als er sich beim Gähnen die Augen rieb. Sicherlich hat seine Familie ihren Anteil an Tragödie mit dem Tod seiner zwei Söhne und seiner Tochter und dazu noch Junmrae's mentaler Krankheit, erlitten doch all dies war nun in der Vergangenheit.

Yungup verstand, dass gute und schlechte Dinge im Leben ausgeglichen geschahen. Plötzlich wurde ihm mulmig bei seinem friedlichen Leben, welches er genoss. Schnell setzte er sich aufrecht hin. Er wollte nicht, dass ihm dieses Leben weggenommen werden würde. Obwohl er nicht der reichste Mann war, hat er genug Geld verdient um ein komfortables Leben für sich und seine Familie zu führen. Ebenso war er mit Töchtern und Söhnen gesegnet.

Obwohl Hangum nicht mehr so schlank und schön wie damals war, als sie heirateten, gab es keinen Zweifel daran, dass sie sich damit übertraf den Haushalt zu verwalten und sich gut mit seiner siebzigjährigen Mutter verstand. In anderen Worten war sie die perfekte Ehefrau, die sich ein Mann hätte wünschen können. Yungup wünschte sich, dass sein Leben für immer so weiter gehen würde.

Durch seine Regale herumstöbernd, holte Yungup ein Buch heraus, welches er für eine lange Zeit nicht mehr gelesen hatte. Obwohl er das Glück hatte sowohl von Jubu als auch von Mentor Kim unterrichtet zu werden, wusste er, dass er seine Lehre fortsetzen musste. Da keiner von den beiden Männern ein richtiger Professor war, gab es für Yungup, selbst als einen erwachsenen Mann, viel zu lernen.

Trotz seiner adeligen Geburt, war er aufgrund der Lebensumstände nichts weiter als ein einfacher Mediziner. Er dachte über seine drei Söhne. Er hatte nicht nur vor ihnen das traditionelle Wissen weiterzugeben, sondern wünschte sich ebenso seinen rechtlich adeligen Stand zurück zu erlangen. Sie sollten nicht nur draußen im Wasser wie die üblichen Kinder aus dem Dorf spielen, dachte er. Als das heiße Wetter vorbei war, schwur er, dass seine Kinder einen akademischen Unterricht erhalten. Entschlossen stand er auf und ging hinüber zum Fluss um sie zurück ins Haus zu rufen.

Als er nach draußen trat konnte Yungup das Geklirr der Teller hören, als seine Frau und seine älteste Tochter das Essen vorbereiteten. Beim Weggehen aus dem Dorf, folgte er dem Pfad hoch auf den Hügel gegenüber dem Fluss. Von der Mitte des Ufers sah er hinab zum Fluss. Es hatte den Anschein, als hätten sich alle Kinder des Dorfes hier versammelt, um zu schwimmen und nackt im Wasser zu spielen. Yungup kniff seine Augen zusammen, während er Ausschau nach seinen Kindern hielt.

„Was machst du hier?" Jungshi kletterte mit ihrem jüngsten Enkelkind den Ufer hoch. Yungup's zwei älteren Söhne überholten ihre Großmutter und liefen, mit ihrem pitschnassen Gesicht, zu ihrem Vater hinüber.

„Hallo, Vater!"

Als er ihre Hände hielt, nahm Yungup einen fischigen, wässrigen Geruch von seinen zwei Kindern wahr.

„Söhne! Lasst uns nach Hause."

Zu dem Zeitpunkt, als sie es nach oben geschafft hatte, keuchte Jungshi stark nach Luft und ihre Hände zitterten.

„Was ist los, Mutter? Geht es dir nicht gut?"

„Nein! Es ist nicht das. Was können wir machen?"

„Was können wir wofür machen, Mutter? Was ist das Problem?"

„Als ich neben dem Fluss saß, kam Frau Park aus dem anderen Dorf und setzte sich zu mir. Da sie als eine Wasserlieferantin arbeitet, bringt sie öfters Neuigkeiten vom ganzen Land. Nun, sie erzählte mir, dass viele Menschen in ihrem Dorf gestorben seien!"

„Was? Menschen starben? Wie sind sie gestorben?"

Die zwei älteren Brüder liefen schon zu ihrem Haus vor, mit dem Jüngsten, der gleich hinter ihnen her lief und versuchte seine älteren Brüder einzuholen. Während Jungshi diesen Anblick betrachtete, hob sie das Ende ihres Rockes um sich ihre Tränen aus den Augen zu wischen.

„Was wird mit ihnen geschehen? Die drei Götter die über die Kindergeburt herrschen, sollen auf sie aufpassen."

„Wovon genau redest du? Sag es mir, Mutter!", bestand Yungup darauf.

„Die Leute sagen es gäbe eine Epidemie! Eine Epidemie! Den Gerüchten nach haben die Japaner die Krankheit nach Chosun gebracht. Diese Krankheit infiziert mehr Kinder als Erwachsene. Die, die angesteckt wurden leiden an einem seriösen Fieber und entwickeln Schorf über ihrem ganzen Gesicht. Viele Leute starben rein an dem Fieber. Selbst wenn sie leben behauptet man, dass ihr Gesicht ihr ganzes Leben lang vernarbt bleiben wird! Da die Japaner unseren König dazu gezwungen haben den Vertrag, dass sie frei rein und raus aus Chosun gehen dürfen, zu unterschreiben, ist das der Grund wie diese gefährliche Krankheit in unser Land eingedrungen ist! Was sollen wir bloß tun? Oh, was sollen wir machen? Unsere Kinder..." Jungshi drückte ihre Hände zusammen und ihr Gesicht wurde tödlich blass vor Sorge.

Yungup's Gesicht verdunkelte sich auf einmal, als er diese Neuigkeiten zu hören bekam. Jungshi hätte es ihm nicht gesagt, wäre es nicht so wichtig gewesen. Als eine weise Frau nahm sie nicht daran teil, grundlose Gerüchte zu verteilen. Yungup folgte seiner Mutter den Hügel hinab, sein Körper zitterte vor Schock. Dieses dumme, ignorante Land, dachte er wütend.

Den Gerüchten zufolge nahmen die Japaner Chosun Stück für Stück ein, jedoch hat Yungup damals kein großes Interesse daran. Doch nun versetzte ihn der Gedanke daran, dass sie diese gefährliche Krankheit in Chosun hinein brachten, in Wut. Vor allem, als er an die Schutzlosigkeit seiner Kinder gegenüber dieser tödlichen Epidemie, dachte.

„Nichts sollte ihnen geschehen.", murmelte Yungup zu sich, während er tief seufzte und sich an seine drei gesunden Söhne erinnerte.

Zehn Tage sind vergangen, seit Yungup vom Ausbruch erfahren hatte, bevor sein erster Patient mit hohem Fieber in seine Apotheke kam. Er vollführte eine Akkupunktur um dessen Fieber zu senken und verschrieb ihm ebenso Medikamente, doch er wusste, dass dies nicht von Nutzen war. Als er inzwischen seine Patienten pflegte, war er sehr besorgt um seine Kinder. All diese Patienten könnten diese Krankheit möglicherweise an die Kinder weitergeben.

Andererseits könnte er nicht einfach so seine Apotheke schließen, nur aus dem Grund seine Kinder beschützen zu wollen. War es nicht seine Arbeit als ein Mediziner alle Leben als wertvoll anzuerkennen? Er war sich bewusst, dass die Epidemie aus der Kontrolle geraten ist und die Hälfte der Patienten sterben würde, doch er konnte sie nicht einfach im Stich lassen. Die Rolle eines Mediziners ist es jedem, der im Leiden ist, zu behandeln.

In weniger als zwei Wochen nach dem Ausbruch der Epidemie, waren schon drei Leute im Dorf von Dongsang verstorben. Bald wurde Yungup's zweiter Sohn krank und äußerte in seinem Fieberwahn merkwürdige Wörter.

„Wieso behandelst du Patienten, wenn du weißt, dass wir Kinder in unserem Haus haben? Willst du sie umbringen?" Hamgum schrie Yungup an, während sie nebenbei ihren erkrankten Sohn pflegte. „Du hast Patienten angenommen, obwohl du wusstest, dass du nicht viel machen konntest, um sie zu retten! Du musst unser Kind retten! Du musst es tun! Du bist ein Mediziner. Es ist doch sicherlich möglich ihn zu heilen, nicht wahr?“

Hangum’s Augen wurden rot. Jungshi wischte den kalten Schweiß aus dem Gesicht des kranken Kindes und hob ihren weißhaarigen Kopf um ihre Schwiegertochter anzusehen.

„Hört auf! Wieso beschuldigst du deinen Ehemann? Ist er für die Krankheit seines Sohnes verantwortlich? Er hat nur das getan was er machen musste. Wer lebt und wer stirbt ist allein die Entscheidung des Himmels, also sei nicht so ungeduldig! Dieses Kind wird sicherlich leben. Weißt du nicht wie sehr ich jede Nacht treu für meine Großenkel gebetet habe? Unsere Vorfahren werden uns antworten. Mach dir keine Sorgen.“

Hangum weinte, als sie die liebevollen Worte von Frau Jungshi hörte und vergrub ihr Gesicht in ihren Schoß. „Mutter! Ich fürchte mich. Wieso ist das Leben so? Es gibt keinen Frieden.“

Yungup drehte seinen Kopf von Hangum weg. Er dachte, dass der Himmel herzlos sei. War es nicht erst vor kurzem, dass er glaubte sein Leben wäre friedlich? Er drehte sich von den beiden um und weinte leise mit ihnen.

Nach acht Tagen Leid, starb das Kind. Bevor sie es vergraben konnten, wurde ihre Tochter, die sich ebenso um ihren Bruder gekümmert hatte, krank. Bald wurden die anderen Söhne zur selben Zeit angesteckt. Zu dieser Zeit, hatte jede Familie in diesem Dorf eines von der Krankheit verstorbenes Mitglied. Junmrae starb ebenfalls in ihrem Zimmer, nachdem sie an Fieber litt. Bevor sie verstarb, rannte sie öfters zu Yungup’s Tor, hämmerte gegen die Tür und rief den Namen von Yungup’s Tochter, welche vom tollwütigen Hund zu Tode gebissen wurde. Sein Herz tat ihm weh, als er von ihrem Tod erfahren hatte.

Yungup hatte schon vier seiner Kinder verloren. Sein erster Sohn starb bei der Geburt und der zweite fiel in den Brunnen. Seine vier jahrealte kleine Tochter wurde vom Hund angegriffen und verlor somit ihr Leben. Zwei Tage zuvor starb sein anderer Sohn aufgrund der

Krankheit. Seine übrigen drei Kinder waren infiziert. Es gab keine Garantie, dass sie die Epidemie überleben könnten.

Ohne ein Wort zu sagen, legte Hangum ein feuchtes Tuch auf die Stirn ihres ältesten Sohnes. Sie fühlte sich erschöpft und hatte keine Kraft mehr, als sie ebenso an ihren jüngsten Sohn dachte, der kurz vor seinem Tod stand und an ihre Tochter, dessen unregelmäßiger Atem bis zum anderen Zimmer zu hören war.

Schon über zwanzig Leute starben im Dorf von Dongsang. Zu der Todeszahl beitretend, starb Yungup's jüngster Sohn und recht bald folgten ihm am selben Tag seine Tochter und sein ältester Sohn. Da so gut wie jedes Haus in ihrem Dorf ein totes Familienmitglied hatte, konnte keiner bei der Beerdigung, mit der Ausnahme ihrer eigenen Familie, anwesend sein. Trotz all dem waren die Leute immer auf dem Laufenden, was bei den anderen Familien geschah. Am selben Tag, als Yungup's ältester Sohn und seine Tochter starben, begleitete Junmrae's Mutter sie ebenfalls in den Tod. Nun sind nur die älteste Tochter und der vier jährige Sohn übrig geblieben. Yungup's drei Kinder wurden am gleichen Tag begraben. Sein Herz war gebrochen, als er daran dachte wie all seine sieben Kinder nun tot waren. Als Samgyul das Grab der Kinder mit einem Haufen Erde bedeckte, wurde Hangum's Gejammer lauter.

„Mutter! Du sagtest mir, dass du jede Nacht gebetet hast. Du hast mir versprochen, dass nichts geschehen wird! Was ist der Sinn dieser Gebete? Wo ist Gott? Es gibt keinen Gott, der die Menschen segnet. Wieso beschert er den kleinen Kindern nur Leid und lässt sie sterben? Wie konnten die Götter sie in Stücke schlagen, ehe sie erwachsen werden konnten? Sie sind wie die Zweige, die nie eine Möglichkeit gehabt hatten Bäume zu werden! Wieso nehmen sie nicht stattdessen mich? Wieso nicht mich? Wie kann ich ohne meine Kinder leben?", weinte Yungup.

Jungshi fiel auf den Boden. „Oh, Gott! Wieso musste das geschehen? Weißt du nicht wie vorsichtig ich in dieser Welt gelebt habe? Wie konntest du mir diese unberechtigte Strafe erteilen, obwohl ich um Freude und Segen für Yungup und seine Nachkommen gebetet habe?

Wieso nimmst du nicht eine alte Frau wie mich, statt diesen Kindern? Wieso? Wie herzlos von dir!"

Yungup und Samgyul brachen gemeinsam bei Jungshi's trauervollen Anblick in Tränen aus. Die Überlebenden von der Epidemie trugen die Geschichte für immer auf ihren Gesichtern, da die Krankheit Narben von den Pocken überall auf der Haut hinterließ. Es gab keine einzige Familie, die nicht mindestens ein Mitglied in ihrem Haus verloren hatte. Ein Drittel der Einwohner in Dongsang war tot. Die Gedanken der Leute waren von Panik ergriffen.

Da es keine weiteren Besuche in Yungup's Apotheke gab, schloss er nach dem Tod seiner Kinder den Laden. Er brauchte ebenso die Zeit und Kraft um auf seine Mutter aufpassen zu können, welche bald auch krank wurde. Mit den jungen Jahren, in denen sie zu einer Witwe wurde, erzog sie Yungup alleine und half sogar Hangum in ihren späteren Jahren mit dem Haushalt und bei der Kinderbetreuung. Ohne es ein einziges Mal zu vergessen, bat sie jede Nacht um Freude und Segen für Kind und ihre Großenkel. Wahrscheinlich war es nicht nur die Epidemie, die sie krank gemacht hatte. Mit dem Tod all ihrer Großenkel, sah sie keinen Sinn mehr für sich um weiter zu leben – so, dass sie lediglich nur darauf wartete zu sterben.

Eines Tages während dem Essen, hatte Jungshi kaum mehr als ein paar Löffel voll von Haferschleim, bevor sie plötzlich versuchte ihren schwachen Körper hoch zu stemmen. „Sohn! Tochter! Ich habe euch etwas zu sagen, solange ich noch die Kraft und den Verstand dafür habe." Sie winkte zu Yungup und Hangum.

„Tochter! Erinnerst du dich noch daran was du damals an dem Tag, als wir die Kinder begraben hatten, zu mir gesagt hattest? Wieso hat der Himmel diese jungen Zweige abgehackt, ehe sie die Möglichkeit dazu hatten, zu wachsen?" Jungshi fokussierte ihre schwachen Augen auf Hangum, die still mit ihrem Kopf nickte.

„Wenn diese Kinder die kleinen Zweige waren, was seid ihr zwei dann? Ihr seid das Fundament des Stammes! In den letzten paar Tagen habe ich erkannt, dass nach all dem meine Gebete nicht fruchtlos waren. Trotzdem ist das Fundament des Stammes stark geblieben. Ihr könnt noch ein weiteres Kind gebären, nicht wahr? Was wenn die

Zweige nur dann überleben, wenn das Fundament tot ist? Am Ende sterben die Zweige. Das wäre das Ende von allem. Aber ihr zwei seid der Boden des Stammes und seid immer noch gesund. Wie glücklich! Es ist eine Tragödie, dass all die Kinder fort sind, doch Kopf hoch! Ihr seid immer noch jung! Und ich würde gerne gehen, um mit meinem Mann wieder vereint zu sein. Wie einsam müssen unsere Großenkel im Himmel doch nur ohne ihre Großmutter sein. Wie du sagtest, sie sind immer noch junge Zweige. Denkst du nicht, ich sollte gehen und nach ihnen schauen?"

„Mutter! Was redest du denn da? Ich habe all meine Kinder verloren und wenn du auch noch gehst, weiß ich nicht wie ich noch weiter leben soll. Sag so etwas nicht! Du solltest deine Kraft zurück erhalten! Onkel Samgyul ist zwei Jahre älter als du, doch er ist wohl auf, obwohl er nun viel schwächer als früher ist. Er blieb während der Epidemie gesund, erinnerst du dich daran? Bitte erlang deine Kraft zurück!", flehte Hangum sie an.

Yungup erhob absichtlich seine Stimme, als würde er seine Mutter schimpfen wollen, doch er wurde schnell mutlos. Er erkannte, dass seine Mutter ihren Sinn zum Leben, der darin bestand Yungup's Familie in Frieden und Glück zu sehen, verloren hatte. Während er ihre Hand hielt ließ Yungup seinen Kopf fallen, als er spürte wie ihr Puls langsam verschwand.

Das Haus schien ohne die Anwesenheit von Jungshi und den Kindern verlassen. Es waren mehrere Monate vergangen, nachdem Yungup die Apotheke geschlossen hatte, doch er hörte nicht auf sein Geld zu verdienen, indem er das fünfundzwanzig Acre großes Feld zu Nutze machte und dieses für den Reisanbau verwendete. Obwohl viele Leute im letzten Sommer gestorben sind, waren die Ebenen in Kimhae im großen Maße fruchtbar. Die Felder die während dem Ausbruch der Epidemie nicht gepflegt wurden, reiften im Herbst außerordentlich gut und die überlebenden Bauern ernteten den Reis.

Nach Jungshi's Tod zog Samgyul in ein kleineres Haus und Yungup lebte alleine mit Hangum in dem größeren. Yungup ließ die Apotheke den ganzen Winter über geschlossen. Er erinnerte sich an Mentor Kim, welcher das Dorf Donsang vor einer sehr langen zeit verlassen hatte.

Plötzlich verspürte er das Verlangen das Dorf hinter sich zu lassen. Sein ganzes Leben lang blieb er im selben Ort. Als der Frühling sich näherte wurde sein Herz rastlos. Er betrachtete seine Frau, welche während dem vorherigen Jahr erheblich gealtert ist.

„Wie alt bist du nun? Da ich jetzt einundvierzig Jahre alt bin, solltest du nun siebenunddreißig Jahre alt sein, richtig?", fragte er sie. Hangum sagte nichts und sah bloß ihren Ehemann an.

„Wir heirateten als ich einundzwanzig Jahre alt war und seit der Hochzeit und seit wir angefangen haben gemeinsam zu leben, sind nun zwanzig Jahre vergangen. Ich habe dich während dieser ganzen Zeit nicht verlassen. Warst es nur du? Meine Mutter war ebenso immer an meiner Seite. Ich war nie außerhalb von Kimhae. Was hat uns meine Mutter gesagt, bevor sie gestorben ist? Sie sagte uns wir wären der Boden des Baumstammes. Sogar meine Mutter, die hässlich und ungebildet war, hatte ein tiefes Herz und einen weisen Verstand. Obwohl die jungen Zweige vom Wind hinfort geweht wurden, sind wir trotz all dem am Leben, nicht wahr? Sollte es dafür nicht einen Sinn geben? Nach zwanzig Jahren dieser Ehe sind wir die einzigen die übrig geblieben sind.", er sah ihr tief in die Augen. „Meine Frau, vertraust du mir?"

Wortlos sah Hangum überrascht hoch zu Yungup.

Er setzte fort: „Mein Herz ist kurz davor zu zerplatzen. Den ganzen Winter lang schwankten meine Gedanken zu Mentor Kim hinüber. Nun denk ich, dass ich es weiß, weshalb er hierher kam um in unserem Haus zu verweilen, nur um uns dann ohne ein einziges Gefühl zu verlassen! Ich bin früher von seiner Kälte beim Abschied verletzt gewesen, doch nun verstehe ich wieso. Er wollte keine sentimentalen Gefühle in dieser Welt und sonst auch nirgendswo lassen. Mein ganzes Leben lang habe ich meine Emotionen und Gefühle zu frei ausgedrückt. Hatte ich denn nicht immer meine Mutter an meiner Seite? Ich gab mich zu sehr meinen sentimentalen Gefühlen gegenüber ihr, genauso wie zu dir. Ich würde gerne all dies eines Tages verlassen. So wie es Mentor Kim damals getan hatte."

Hangum war geschockt und rückte näher an Yungup. Ihre Augen füllten sich sofort mit Tränen. „Was hast du gerade gesagt? Verlassen?

Wirst du mich hier lassen, damit ich alleine in diesem großen Haus lebe?“

„Bist du nicht das Fundament des Baumstammes, welches dem brutalen Wind stand gehalten hat? Ich werde zurück kehren, nachdem ich gesehen habe, was in dieser Welt geschieht. So viele Dinge verändern sich. Ich kann nicht einfach sitzen und in der Apotheke warten, während mein Herz beinahe zerplatzt. Bitte lass mich gehen!“ Yungup plädierte und ging dem Anblick der Tränen seiner Frau aus dem Weg.

„Ich weiß nichts über Baumstämme. Ich weiß gar nichts!“ Hangum warf sich auf Yungup und begann zu heulen.

Als der gefrorene Bach schmälzte und der Frühling im vollen Gange im Jahr 1880 war, verließ Yungup das Dorf Dongsang. Seine Frau weinte um ihn, so wie er es damals vor vielen Jahren bei Mentor Kim getan hatte. Nun am Hohepunkt seines Mannesalters, verlor er sieben seiner Kinder und seine Mutter und ließ seine Frau hinter sich.

Als er jünger war, war er aufgeregt, als Mentor Kim zu ihm sagte, er würde ein Licht in sich tragen. Sein Meister wurde später, aufgrund von seinem Glauben an den Katholizismus, verfolgt. Später Träumte Yungup vom Licht, welches unbesiegbar war und er begann in die Richtung des Weges seines ehemaligen Meisters zu gehen.

Yungup näherte sich der Provinz von Kimhae. Der vor kurzem getaute Boden zeigte Anzeichen davon, dass dieser durchackert wurde. Dies ist wie das Leben ist, dachte er. Wieso musste er leben? Als er die Kraft des Frühlings in der Morgensonne spürte, wollte er umkehren um Hangum zu sehen. Doch aus irgendeinem Grund stoppte er nicht, sondern ging weiter ohne zurück zu schauen.

KAPITEL 10

„Vaters Heimatstadt"

DIE DONGHAK REVOLUTION litt stark unter der Ermordung ihres Gründers Choi Jaewoo. Mit der Kreation der zweiten Generation unter Choi Cihyoung gelang es ihr allerdings weiter in die Provinzen Gyungsang, Chungcheong und Jeolla vorzudringen. Das Hauptquartier, auch Bubso, lokalisiert in Chungju, verwaltete die anderen Unterquartiere, die Doso, welche noch einmal in Jops unterteilt waren. Jeder Jop hatte eine verantwortliche Person, die Jopju.

Das Bubso in Chungju wurde von adligen Mentoren geleitet. Son Jinsa, der Eigentümer des Gasthauses, in welchem sich Yungup aufhielt, war einer von ihnen. Der Mann war sprich das Herz von Donghak.

Als Yungup Chungju erreichte, hatte er nicht erwartet seinen früheren Diener als solch einen renommierten Führer vorzufinden. Yungup konnte sich nicht vorstellen, wie der Mann, der sich so gerne bewegte lange an einem Ort verweilen konnte.

Zuvor, als er Chungju erreichte, hatte er von dem Gasthaus gehört. Als er auf dieses zulief, bemerkte er einen alten Diener welcher sich vom Gasthaus zum Hauptgebäude bewegte. Er trat näher, da ihm etwas an dem Diener bekannt schien, und tatsächlich erkannte er den alten Mann, er war der frühere Führer der Bettler und hatte in seiner Apotheke gearbeitet.

Als er Yungup nach seiner Familie zu Hause fragte wurde er auf Erfahren der Nachricht, dass alle Kinder verstorben seien sprachlos. Er fing sogar an zu weinen als er hörte, dass Yungups Mutter, Jungshi, verstorben war.

Anschließend überreichte er Yungup ein Buch mit dem Titel Dong Gyeong Dae Jeon. Es hatte chinesische Schriftzeichen und befasste sich mit den Lehren des Donghak.

Yungup blickte dem Mann hinterher als er in die Dienerquartiere verschwand und sich zurück ins Gästehaus begab.

Das Gästehaus, welches am vorherigen Tage noch überfüllt und voller Aktivität war, lag nun friedlich und leer im Nachmittag.

Die untergehende Sonne wurde von dem melodischen Zirpen der Grillen begleitet, dessen Tempo sich Yungups Herz anzuschließen schien. Etwas überkam ihn und plötzlich vermisste er Hangum, er sehnte sich danach in ihrem Schoß zu schlafen. Auch die Kinder und seine Mutter, welche nun nicht länger unter den Lebenden weilten, vermisste er.

Das Glühen des roten Himmels sank in das leere Zimmer des Gästehauses, während Yungup seine Hand auf seine Brust presste und seine Augen schloss.

Yungup saß am Ende der Veranda im Garten von Son Jinsas Haus und blickte hinunter auf eine Strohmatte voller Paprika. Die grell roten Paprika glitzerten im Sonnenlicht wie Blut. Das Rot erinnerte Yungup an Hangums Hochzeitsrock.

„Was schauen sie an Herr?", fragte der frühere Führer der Bettler. Trotz der Tatsache, dass er ein Mann niederer Geburt war, grüßte er Yungup doch stets respektvoll.

„Ich schaue nicht. Ich schaue tatsächlich auf rein gar nichts. Die Paprika sind so rot, dass mir schwindlig wurde."

Der alte Mann lachte still und nahm auf der Veranda neben Yungup Platz.

„Vermissen Sie vielleicht Ihre Frau? Es ist nun sechs Monate her, dass sie ihr zu Hause verlassen haben, nicht wahr?". Yungup errötete. Trotz des respektvollen Umgangs mit Yungup verhielt der alte Mann sich als wäre er Yungups Vater. Sechzehn Jahre waren nun vergangen, seit er sich während der Donghak Revolution (auch Bauernrevolution oder östliche Lernrevolution genannt) in Yungups Apotheke versteckt hatte. Damals war der Mann in der Blütezeit seines Lebens, doch nun war er alt.

„Ist dies das erste Mal, dass Sie Ihr zuhause verlassen? Dann ist es normal sich so zu fühlen. Aber Sie sind zu einer traurig herzigen Person geworden seit Sie ihre Frau verlassen haben, nach all den Tragödien."

„Wie können Sie meine Gedanken lesen?“, antwortete Yungup. „Doch Sie liegen falsch. Es ist nicht wie Sie denken! Ich habe nicht über die Heimat nachgedacht, ich habe darüber nachgedacht, wie sehr es mir leid tut hier so lange zu verweilen. Ich habe erwägt diesen Ort zu verlassen.”

Der alte Mann blickte Yungup an und lachte dann. Es war normal das Yungup sein zu Hause vermisste, es war immerhin das erste Mal, dass er dies in seinen vierzig Jahren Lebenszeit je getan hatte. Er dachte vermutlich vermisst Yungup auch die physische Gesellschaft seiner Frau. Er tat jedoch so als wüsste er dies nicht und hustete einige Male bevor er antwortete.

„Ist dies nicht das Hauptquartier von Donghak? Viele Leute kommen und gehen. Als Arzt sind Sie hier für Akupunktur, dafür den Puls der Kranken zu nehmen und um dringend nötige Medizin zu verschreiben. Denken Sie nicht sie wären eine Last für dieses Haus oder dass Ihre Arbeit nicht lobenswert wäre.”

„Das ist es nicht, ich bin einfach zu ungeduldig. Ich will als Mann hinaus und mir die wahre Welt ansehen. Ich mach es mir hier zu gemütlich!”

„Dann sollten wir uns wohl bei Gelegenheit die wahre Welt ansehen. Lassen Sie uns nach Hanyang, dies wird eventuell eines Tages die Hauptstadt Seoul.”

„Nach Hanyang?“, fragt Yungup überrascht. Seine Augen leuchteten beim Gedanken an Hanyang, einer Stadt, von der er bisher nur gehört hatte, auf und sein besorgtes Herz beruhigte sich ein wenig.

„Ja! Son Jinsa hat mir aufgetragen dort einige Besorgungen für ihn zu erledigen. Keiner ist für eine solche Aufgabe so gut gemacht wie ich, seit meiner Jugend bin ich immer unterwegs. Manchmal frage ich mich wie meine Gewohnheit ständig mit den Bettlern zu reisen sich ändern konnte, ich verspüre geradezu den Drang fort zu kommen!”

Der Mann war alt und dennoch sah er um einiges energetischer aus als Yungup, welcher einen schmächtigen Körper hatte. Yungup blickte auf den Mann und seinen kräftigen Körper und nickte langsam.

„Mit Ihnen wäre ich sicher. Ehrlich gesagt weiß ich nicht wie ich die wahre Welt allein erkunden würde. Deshalb habe ich meine Heimat verlassen und bin nach Chungju gekommen. Natürlich wollte ich her kommen, da Chungju die Heimatstadt meiner Ahnen ist. Aber viel wichtiger war mir, dass Mentor Kim und Sie hier sind.

Mentor Kim war für mich eine größere Vaterfigur als mein leiblicher Vater, welchen ich aufgrund seines frühen Todes kaum kannte. Ich hörte, dass Mentor Kims Familie während der Strafverfolgung von Katholiken umkam. Ich hatte vor einen Nachfahren von ihm zu finden, doch es scheint mir sinnlos." Yungups Augen tränten bei der Erwähnung seines geliebten Mentors.

„Das stimmt. Er hätte verschwinden können, wenn er gewollt hätte, ich denke er wollte sterben. Das war seine Art, nicht wahr?"

„Naja, meine Anreise scheint bis auf den Fakt sie hier getroffen zu haben recht zwecklos. Es gibt keine Überbleibsel von dem Haus in welchem mein Großvater lebte. Ich hörte es wurde verlassen und später zerstört. Das ist nun allerdings bereits achtzig Jahre her. Als meine Mutter noch lebte erzählte sie mir stets die Geschichte wie eine Legende, doch nun ist alles vergessen. Nun bin ich nicht einmal mehr der Ahne eines Adligen. Wer würde mir schon glauben? Ich bin nichts als ein gewöhnlicher Arzt, welcher an der Grenze von Kimhae lebt."

Der alte Mann atmete tief ein während Yungup vor sich hin murmelte.

„Herr! Eine Welt, in welcher jegliche Klassenunterscheidung völlig weg fällt, ist auf dem Weg zu uns. Wen interessiert es ob sie adlig sind oder von gewöhnlicher Geburt? Ich war an einem Punkt in meinem Leben nichts weiter als ein Bettler. Nun bin ich Teil von Donghak, hier werde ich nun tatsächlich wie ein Mensch behandelt. Ich bin nun sogar die rechte Hand von Son Jinsa!

Nicht mehr lange und wir werden alle gleich sein. Unsere Donghak Revolution ist weit verbreitet in den südlichen Provinzen, jedoch noch nicht allzu sehr in Hanyang. Auch dies ist ein Grund, weshalb ich Hanyang vermutlich besuchen werde. Wir brauchen Geld, um eine Sekte in Hanyang zu gründen und die finanziellen Ressourcen von Donghak kommen von Seiten Son Jinsas. Sobald er also von unseren zahlreichen Kontakten genug erhält können wir aufbrechen."

So wie er sprach strahlte der alte Mann Kraft und Energie aus. Sein durchdringender Blick fiel auf Yungup, bevor er sich erhob und in die äußeren Dienerquartiere verschwand.

Yungup dachte, dass selbst als er der Anführer der Bettler war, das Auftreten des Mannes immer würdevoll gewesen war. Nun war er tatsächlich die rechte Hand des Anführers von Donghak.

Später diesen Herbst zog Yungup aus dem Gästehaus in das Haus der Apothekenklinik der Stadt, wo er den Winter damit verbrachte, den Puls von Patienten statt des alten Arztes Kim zu nehmen, welcher sich nur noch schwer bewegen konnte. Sowie der Frühling kam, war Yungup bereit mit dem alten Mann nach Hanyang zu reisen.

Der alte Arzt Kim sah Yungup zu wie er seine Koffer verstaute.

„Ich nehme an es wird viel Zeit vergehen bis wir uns wieder sehen! Ob ich wohl noch leben werde, wenn Sie zurück kommen? Bitte versprechen Sie mich noch zu besuchen bevor Sie in die Heimat zurück kehren!"

„Sicher, ich werde Chungju noch einmal besuchen bevor ich zurück nach Hause kehre. Die rechte Hand von Son Jinsa sollte hierher zurück kehren, Chungju ist immerhin seine Heimatstadt, nicht wahr?"

„Ich hörte die Wurzeln ihrer Familien seien hier in Chungju, obwohl Sie in der Gyungsang Provinz geboren wurden und aufgewachsen sind. Stimmt das?"

„Ja! Mein Vater erzählte mir davon seit ich ein kleiner Junge war. Allerdings konnte ich hier keinerlei Überbleibsel entdecken."

„Ich bin nun siebenundsiebzig Jahre alt. Es gibt eine Legende über die Pai Familie, welche aus der Stadt Chungju verschwunden ist. Ich denke sie könnten ein Nachfahre von ihnen sein. Nichts davon ist schriftlich fest gemacht, alles bloß eine Geschichte, welche mir vor langer Zeit mündlich beliefert wurde. Doch selbst wenn sie ein Nachfahrer der Pais sind bringt ihnen dies jetzt nicht mehr viel. All ihr Reichtum wurde vom Bezirksamt konfisziert und Ehefrau und Ehemann der Pai Familie wurden getrennt. Wären sie einer ihrer Nachfahren wäre ich allerdings sprachlos! Ein Nachkommen welcher nach achtzig Jahren zurück in die Heimatstadt seiner Familie kehrt als völlig gewöhnliche Person. Sie können von Glück sprechen, dass Sie kein Sklave oder ähnliches sind."

Der alte Mann blickte auf Yungup welcher gegen eine Wand gelehnt saß.

„Das ist natürlich nun alles in der Vergangenheit. Die Leute sagen, dass es früher oder später keinen Unterschied mehr zwischen einem Adligen und einem Bauern geben wird. Wird es nicht sogar eine Zeit geben, in welcher das gewöhnliche Volk, welches der herrschenden Klasse zahlenmäßig überlegen ist, die Welt regieren wird?"

Der alte Mann lachte über Yungups Antwort.

„Sind Sie auch ein Mitglied des Donghak? Wissen sie wer die Leute in Donghak leitet? Sind das gewöhnliche Leute? Nein. Die Leiter und Anführer sind Aristokraten mit viel Geld. Alles im Leben benötigt Geld, wussten sie das nicht? Die wahre Bedeutung von Donghak hat sich über die Zeit hinweg verändert. Nicht mehr geht es um die Hoffnung der Menschen in ihre Superkräfte, es ist nun nichts mehr als ein von Adligen geleiteter Mechanismus, welcher ihren Reichtum stärken soll. Wussten Sie das?"

Yungup verfiel in tiefe Gedanken über die Worte des alten Arztes, hörte für eine Weile auf seinen Proviantbeutel zu packen. Ein Schauer lief seinen Rücken hinunter, obwohl er sich dieser Tatsachen bereits bewusst war. Statt zu antworten seufzte er tief.

„Mir ist es dank meines hohen Alters möglich, die ganze Welt klar zu sehen. Es wird alles nur noch chaotischer werden. Gehen Sie nach Hanyang und sehen Sie für sich selbst, dann werden Sie wissen, wovon ich rede.", fuhr der alte Mann fort.

Im Frühling 1881, ein Jahr nachdem Yungup aus dem Dorf Donsang in den Kimhae Distrikt aufgebrochen war, machten er und der alte Mann sich auf den Weg nach Hanyang. Auf dem Weg prüften sie jedes jopso in den Distrikten Chungcheong und Jeolla. Im Sommer 1881 erreichten sie schließlich endlich Hanyang.

Auf Anforderung Son Jinsas suchten sie dort nach dem Quartier des Donghak welches von Choi Cihyoung geleitet wurde, um diesem das Geld zu überreichen welches sie auf dem Weg als Spende der einzelnen jopso angesammelt hatten.

Im versteckten Hauptquartier, getarnt als Privathaus, traf Yungup zum ersten Mal auf Choi Cihyoung.

Mit seinen fünfundfünfzig Jahren sah er aus wie ein gewöhnlicher Mann mit ausgeprägten Wangenknochen, einer runzeligen Stirn und einem weißen Bart, welcher sein Gesicht halb zu verdecken schien. Seine tief eingesunkenen Augen schienen sich auf nichts Bestimmtes im Raum zu fokussieren, als würde sich Choi Cihyoung stattdessen auf alles andere in der Welt konzentrieren. Yungup erschauderte beim Anblick seiner seltsamen Augen.

Er und sein Reisepartner aßen in Hanyang zu Abend und liefen dann in die Dunkelheit, um sich in einem anderen Haus niederzulassen. So wie sie in die Nähe des Ounhyun Palastes kamen, liefen sie an einer Gruppe Japanern vorbei, einer von ihnen rülpste laut als er neben den beiden stand. Es war das erste Mal, dass Yungup Japaner sah und er konnte nicht anders als hin zu sehen.

„Was schauen Sie?"

„Da, diese Japaner. Ich habe Gerüchte gehört, dass sie in Chosun wie sie wollen kommen und gehen können, aber dies ist das erste Mal, dass ich sie tatsächlich sehe! Ihre lockere Kleidung macht, dass sie aussehen wie Leute von niederer Geburt. Warum dürfen sie hier so frei herum laufen?", fragte Yungup.

„Das fragen sie mich! Wir in Chosun toben vor Wut! Weststaatler, Chinesen und Japaner versuchen alle unser Land weg zu nehmen. Wussten sie denn nicht, dass der königliche Hof gespalten ist? Eine Gruppe will das Land mithilfe ausländischer Kräfte entwickeln. Die andere Gruppe findet allerdings, dass die traditionelle konfuzianische Kultur verbleiben und gestärkt werden sollte.

Sie sagen es wäre alles nur für das beste des Landes, aber sehen sie nicht, dass sie bloß ihre eigene Macht stärken wollen? Schlussendlich sind es wir gewöhnliche Bürger, die darunter leiden werden. Eines Tages werden sowohl die Gaehwa Partei (Unabhängigkeitspartei) als auch die Wejungchuksa Partei (Traditionelle Partei) kollabieren, doch Donghak wird da sein, um die Welt zu stabilisieren!". Die Augen seines Partners leuchteten im Dunkeln während er dies triumphal verkündete.

„Dann würden sie also nicht sagen, dass Donghak eine List einiger weniger Adligen ist, welche die Leute für ihre eigenen Zwecke ausnutzen? Das hört man zumindest so.", antwortete Yungup mit einem sarkastischen Unterton.

Der alte Mann lief rot an vor Wut.

„Wer hat das gesagt? Sagen Sie, wer hat das gesagt?"

Yungup dachte an die Worte des alten Arztes in Chungju, doch er entschied sich dies für sich zu behalten. Er lief weiter und sein Partner nahm sich einige Sekunden, um sich zu beruhigen, bevor er ihm folgte.

Einige Momente vergingen, bevor Yungup wieder in die Dunkelheit sprach.

„Was auf Erden ist schon richtig? Wenn Katholiken verfolgt und gefangen wurden, dann werden die Leute die Donghak unterstützen ihr Schicksal sicherlich teilen. Jene Leute, die das Land Fremden gegenüber öffnen wollten, lagen falsch, aber auch jene Leute, welche das Land schließen wollen, tun dies. Dann sagen Sie mir, was ist richtig? Ich weiß nichts. Gar nichts! Tatsächlich beneide ich sie. Ich beneide sie in ihrer Überzeugung, dass Donghak die richtige Seite ist."

Der Vollmond schien vom dunklen Himmel hinunter und die Schatten der beiden Männer tanzten entlang den Mauern des Ounhyun Palastes.

Nicht lange nachdem Yungup und sein Partner sich in Angukdong niederließen, erfolgte die japanische Intervention in Chosun. Es war Juni im Jahre des Pferdes. Aufgrund der offenen Regeln des Landes befand sich die neue japanische Armee in einer privilegierten Position, während die alte Chosun Armee nicht einmal richtig entlohnt wurde. Die Unzufriedenheit der Soldaten führte dazu, dass sie sich den Protesten und Randalen der armen Leute aus Wangshimni und Itaewon anschlossen. Die einzigen Leute, die von diesen offenen Regelungen profitierten, waren Regierungsbeamte und Kaufleute. Da die meisten Waren nach Japan exportiert wurden, stieg der Preis für Reis in Chosun enorm an, was Bauern und andere arme Leute am härtesten traf.

Nachdem der Aufstand der Armee Lord Min Kyungho, den Kriegsminister, welcher sich mit japanischen Offizieren verbündet hatte, attackierte, überfielen sie die japanische Delegation.

Yungup stand am Ende einer Gasse und sah zu wie Leute panisch davon liefen. Gekleidet in nichts mehr als alten Lumpen nahmen die

Armen die Straßen ein. Obwohl ihre Gesichter und Stimmen voller Wut waren, fand Yungup, dass ihre abgemagerten Körper und ihre hungrigen Augen von ihrem ausgehungerten Zustand zeugten. Trotz des Verlustes all seiner sieben Kinder hatte er in seinem Leben keinen Tag gehungert.

„Viele Menschen auf diese Welt haben Hunger! Wen interessiert das westliche Wissen, oder jenes von Donghak, wenn man Hunger hat? Was trennt die Japaner von den Weststaatlern? Diese Leute greifen nur die Reichen an, und sie laufen herum wie verrückt, alles bloß, weil sie Hunger haben!"

Tränen bahnten sich in Yungups Augen sowie er diese Worte vor sich hin murmelte.

König Kojong dankte ab und übernahm die Verantwortung für die japanische Intervention. Er überließ Sir Daewon seinen Tron. Nun hatte die konservative Bewegung, welche während der Wejungchuksa Revolution verbannt wurde, freie Bahn, um die Kontrolle im königlichen Hof an sich zu reißen und die Autonomie von Chuson zu erhalten.

Laut dem Jaemulpo Vertrag musste Chuson Vergütung an die Japaner zahlen und der japanischen Delegation sowie den Kaufleuten wurden spezielle Positionen verliehen. Schließlich verschlechterte sich sowohl die politische als auch die wirtschaftliche Lage.

„Bastarde! Sie versuchen unser Land einzunehmen! Diese Bastarde!", fluchte der alte Mann. Er war darauf bedacht Choi Cihyoung zu überzeugen im Namen von Donghak so bald wie möglich einen Aufstand zu starten, um die Kontrolle über die Welt zu übernehmen. Doch auch innerhalb von Donghak gab es Probleme.

Die Mitglieder aus der Chungcheong Provinz, welche größtenteils versetzte Adlige waren, die trotz allem ein relativ stabiler Lebensstandard genossen, wollten nicht das Donghaks Lehren über religiöse Lehren hinaus gehen. Ganz anders die Mitglieder aus der südlichen Jeolla Provinz, die meisten von ihnen waren Farmer, welche für Kontrolle und bessere Umstände kämpfen wollten. Dazu kam dann noch, dass Donghak in Hanyang noch nicht einmal völlig etabliert war.

Yungup wurde aufgrund seiner Fähigkeiten als Arzt ein lebenswichtiges Mitglied von Donghak in Hanyang, wo er sich um kranke Mitglieder kümmerte.

Krieg brach im Dezember 1884 aus, dem Jahr des Affen.

Yungups Ruf als guter Arzt verbreitete sich schnell in der Gyungsang Provinz. Nun hatte er sich nicht mehr bloß um die Mitglieder Donghaks, sondern auch viele andere Patienten, die von ihm hörten, zu kümmern. Die Leute in Hanyang waren ehrfürchtig vor seinem Akzent aus der Gyungsang Provinz und er antwortete auf diese Ehrfurcht mit Ehrlichkeit. Yungup machte sich Sorgen, dass er Hanyang nicht verlassen können würde, denn er hatte zahlreiche Patienten, die in täglich aufsuchten.

Fünf Jahre war es her, dass er seine Heimat verlassen hatte. Er musste an Hangum denken, wie sie allein in dem leeren Haus war. Er hatte sich bei ihr durch seinen Partner gemeldet, hatte ihr versichert, dass es ihm gut ginge; und doch schmerzte ihn der Gedanke daran, wie sie ganz allein dort alt wurde. Die Leute, die seine Geschichte nicht kannten, rieten ihm dazu sich eine neue Frau zu suchen, doch er weigerte sich.

Warum dachte er in der Blütezeit seines Lebens nicht an Frauen? Manchmal würde er und sein Partner Nächte mit Prostituierten verbringen, doch am nächsten Morgen fühlte er sich nie erfrischt, irgendetwas stimmte immer noch nicht. Er wollte seinen wandernden Lebensstil aufgeben und zurück ins Dorf Dongsang kehren. Zu Beginn war er nach Chungju gekommen, um seine Wurzeln zu finden, doch alles was er fand war die Heimatstadt seines Großvaters, nichts dort war ihm vertraut oder nah.

Die erste Post in Chosun wurde im November 1884 etabliert und in Woojungkuk begannen sie Briefmarken herzustellen. Am vierten Dezember wurde ein Bankett zum Ehren der Eröffnung gehalten, doch ein Haus in der Nähe wurde angezündet. Später nannten sie dies den Aufstand den Jahren des Affen. An jenem Abend wurde Yungup von Fremden entführt.

„Ist das der begabte Arzt aus dem Süden?“, war alles was er von ihnen hören konnte.

Yungup dachte sich bereits, dass er es mit Soldaten zu tun hatte, denn sie waren trainiert und stark, doch sie trugen gewöhnliche Kleidung. Die Fenster waren zugestellt und er hatte keine Mittel herauszufinden, wo sie waren oder wo sie ihn hin bringen würden. Nervös überlegte er, ob nicht vielleicht jemand ihn und seine Verbindung zu Donghak verraten hatte. Oder wusste vielleicht jemand, dass sein Großvater, Sowoo Pai, ein Katholik war? Wenn nicht da, dann wussten sie eventuell, dass er ein Schüler des Mentor Kims war, welcher im Jahre des Tigers strafrechtlich verfolgt und gerichtet wurde.

Sowie er diese ängstlichen Gedanken hatte, kamen sie an einem wunderschönen Ziegel bedachtem Haus an. Die Fremden schubsten ihn in einen Raum tief im Herzen des Hauses, wo um die sechs Leute geschäftig herumliefen. Einer von ihnen verließ den Raum mit einem nassen Baumwolltuch in den Händen.

Dies war der Moment, in welchem Yungup einen blutüberströmten Mann bemerkte, welcher auf dem Boden lag. Ohne zu zögern kniete sich Yungup zu ihm nieder und nahm seinen Puls. Obwohl dieser sehr schwach war, war der Patient dennoch noch am Leben. Die Person neben ihm sah Yungup an, als wäre er ein Landsmann, bevor er realisierte, dass er es mit einem berühmten Arzt zu tun hatte. Yungup vermutete, dass es sich bei dem Patienten um einen hohen Offizier handeln musste.

„Ein Aufstand! Es gibt einen Aufstand!", hörte Yungup mit halbem Ohr, während er den Mann verarztete.

„Lord Min, bitte öffnen sie ihre Augen! Lord Min!"

Yungup hielt das Handgelenk seines Patienten, als ein Mann mittleren Alters hinein strömte und den Namen seines Masters rief. Es wirkte so, als wäre der Mann ein hingebungsvoller Diener des Patienten.

„Wer würde das Lord Min antun? Mein Gott! Kim Ockyun, du Bastard! Ich werde dich zertrümmern! Ich hätte es wissen sollen als du angefangen hast Japan ständig zu besuchen. Du hast ihnen unser Land verkauft, und nun das!"

Es schien als würde der Mann weinen. Der vorher ohnmächtige Patient riss seine geschwollenen Augen auf, um den anderen Mann anblicken zu können. Es wirkte, als ob er etwas zu sagen hatte, doch dann schloss er seine Augen, als wäre es zu schwer für ihn zu sprechen.

Yungup sah sich Lord Min Youngik an, auf welchen mindestens sieben Mal eingestochen worden war.

„Lord Min Youngik, ist er nicht der mächtigste Mann im Land?"

Yungups Hand schnellte vor seinen vor Staunen geöffneten Mund. Er war bloß ein gewöhnlicher Arzt aus dem Land. Warum wurde er hier her gebracht, um einen so wichtigen Mann zu verarzten? Während der eine Mann um seinen Meister weinte, wurden einige anderen Männer, welche alle Ärzte zu schein schienen, in den Raum gebracht. Einige von ihnen waren klar vorgesehene Ärzte des königlichen Hofes, während andere wie Yungup völlig gewöhnlich aussahen, auch sie wurden vermutlich aufgrund ihres Rufes aus ihren Dörfern an jenen Ort entführt.

Während ein Arzt die Wunden des Patienten reinigte, trug eine andere Bandage auf, um die Blutung zu stoppen. Daraufhin brachten einige andere Heilkräuter und wiesen ihre Lehrlinge an spezielle Medizin anzufertigen. Lord Min Youngik schrie auf und es hatte den Anschein als würde er jeden Moment aufhören zu atmen.

Die Tür schnellte auf und enthüllte eine Figur, die einem riesigen Biest glich. Nachdem sich Yungup vorerst vor der Figur erschrak, bemerkte er schnell, dass es sich hierbei nur um eine sehr seltsam aussehende Person handelte. Der enorme Mann schluchzte leise. Die tanzenden Flammen der Herzen entblößten seine strahlend blauen Augen und seine eng anliegende Kleidung, ganz anders als die lockeren Gewänder, welche die Leute in Chosun üblicherweise trugen.

„Oh nein!"

Der Mann sprach in einer Sprache welche Yungup nicht verstand und trat an den Patienten heran. Er führte alle bis auf Yungup, welcher für ihn bloß wie ein Diener aussah, hinaus.

Der riesige Weststaatler zog Metallwerkzeuge heraus und begann den Patienten zu verarzten. Zuerst nahm er all das Bitumen aus der Wunde, welches zuvor von den anderen Ärzten aufgetragen wurde. Dann reinigte er die Wunde mit einer seltsam riechenden Flüssigkeit und weichte seine Werkzeuge in kochendem Wasser ein. Yungup saß still in der Ecke und beobachtete die erste westliche Operation, welche jemals in Chosun stattgefunden hatte.

Der Riese nähte die Wunde als wäre sie ein Stück Stoff, jedes Mal, wenn die Nadel in die Haut und aus der Haut hinaus fuhr, fuhr ein Schauer entlang Yungups Rücken. Wie konnte jemand einen Menschen mit einer Nadel durchbohren? Lord Min Youngik würde bei solch einer Behandlung sicherlich bald sterben. Jedes Mal, wenn die Nadel durch seine Haut fuhr zuckte Min Youngik, jedoch wurde er schon bald ohnmächtig, was die Prozedur zu erleichtern schien. Yungup sorgte sich in diesem Moment um das Leben des Offiziers und verspürte den Drang seinen Puls zu messen, doch er hielt sich zurück.

Stattdessen beobachtete er die ganze Sache einfach sehr aufmerksam. Jedes Mal, wenn der Riese die Haut durchbohrte, trug er eine rote Flüssigkeit auf und rollte ein Stück Stoff in die vernähte Wunde. Als die Operation beendet war und Yungup bemerkte, dass niemand ihm großartig Beachtung schenkte, verließ er den Raum ruhig.

Ganz im Gegensatz zu der stille im Raum war der Garten voller Leute, die sich energisch unterhielten.

„War das der westliche Arzt Allen?“, fragte jemand leise im Mondschein.

„Er ist Arzt, aber er ist auch gekommen, um irgendeine Art von Religion zu verbreiten. Scheinbar ähnlich zum Katholizismus, aber doch eben nicht ganz Katholizismus.”

„Was denn dann?”

„Der Mann ist noch nicht lange hier. War es Herbst als er ankam? Aber er war auf jeden Fall mächtig genug, um den König zu treffen.”

„Aber wird Lord Min in Ordnung sein?”

„Das wissen wir noch nicht. Ich hoffe deretwegen, dass es ihm gut geht, denn wir wurden aus dem Raum geworfen. Wenn der Lord stirbt dann werden diese Weststaatler mit Sicherheit aus dem Land verbannt!”

„Allen- was ein seltsamer Name!“, murmelte Yungup zu sich selbst während er langsam im Garten herum lief. Er wusste nicht, wo er war, doch er spürte, dass er weit weg von seinem Wohnsitz in Angukdong war.

Vorhin hatte Kim Ockyun einen Aufstand verursacht, doch nun waren die Straßen ruhig. Zwei Frauen mit hellen Kerzen und langen Tüchern welche ihre Gesichter verdeckten liefen an Yungup vorbei. Ihr Geruch wehte in seine Nase, was eine besondere Leidenschaft in ihm rührte. Wann war das letzte Mal, dass er die Nacht mit einer Frau verbracht hatte? Vermutlich war es letzten Frühling im Hausierer Gasthaus.

Die eine der Frauen schien in ihren Dreißigern zu sein. Sie war nicht besonders schön, doch sie war kurvig und es wäre nicht allzu schlecht eine Nacht mit ihr zu verbringen, dachte er. Yungup stand da, während seine Leidenschaft immer mehr brannte, doch dann urinierte er auf die Wand. Er lachte.

Die einzige Frau, die ihn seit zwanzig Jahren kannte, war seine Ehefrau Hangum und er schlief nur mit ein paar Frauen, seit er seine Heimatstadt verlassen hatte. Anfangs fühlte er sich dafür schuldig, dass er mit jemanden anderen statt seiner Frau geschlafen hatte, doch nun fühlte er gar nichts mehr. Er dachte, dass Hangum und der Rest der Frauen, einfach nur die selbe Frau wären.

Yungup ging auf das Gasthaus für Pendler zu, welches er im vorherigen Jahr besucht hatte, doch hielt dann doch an. Aufs Neue lachte er laut. Er hatte Geld, um dieses für eine Prostituierte auszugeben. Sein Geldbeutel wurde niemals leer und es gab vielerlei Patienten, die Yungup's Pharmazieklinik unterstützten. Er änderte seine Richtung und begann zurück zu seinem Zuhause zu gehen.

„Es gab einen Aufstand in Hanyang. Und der mächtigste Mann, Herr Min Youngik, wurde mehrere Male erstochen. Doch ich überlege mir in das Gasthaus zu gehen, um meine sexuellen Leidenschaften frei zu lassen.“, dachte Yungup, als er sich an Allen's glasige Augen und seine gigantische Statur erinnerte. Diese Augen hatten den Anschein, als würden sie eine Art leuchtendes Licht besitzen, welches von innen kam. Er konnte nicht glauben was er in dem Zimmer gesehen hatte, als der Riese die Wunden des Patienten zusammen nähte, doch er vertraute der Wärme und der Aufrichtigkeit, welche sich in den Augen des Riesen wiederspiegelten. Seine Leidenschaft ließ allmählich nach und er eilte unter dem dimmen Mondscheinlicht nach Hause.

Als der Winter vorbei war, fand Yungup später heraus, dass Herr Min sich wieder erholt hatte. Es gab ebenfalls Gerüchte über Kim Ockyun und seine Gruppe, die in ihrem Putsch scheiterten und ins

Exil nach Japan geschickt wurden. Die Stimmung der Menschen wurde immer unruhiger, je mehr Zeit verging.

Yungup wollte wieder nach Hause kehren. Er hat gesehen wie die Welt war: in Hanyang, ging es nur um das Ringen für die Macht der Leute, die schon die Macht haben und nicht darum, den einfachen Mann zu befähigen. Diese machtgierigen Führer versuchten entweder sich einen Nutzen aus der Selbständigkeit von Chosun zu machen oder die Hilfe von Ausländern zu ergattern um mehr Macht zu erlangen. Währenddessen starben viele Menschen. Donghak war nicht anders, dachte er.

Im Frühling 1885, packte Yungup seine Reisetasche. Es sind fünf Jahre vergangen, seit er Hangum zurück gelassen hatte. Er wusste nicht wie lange er brauchen würde um von Hanyang zurück nach Kimhae zu reisen, doch er hatte jede Menge Geld bei sich. Auf seinem Rückweg plante er Chungju zu besuchen. Yungup dachte, dass sein Partner nun in Chunju angekommen sein muss, nachdem sich ihre Wege in Hanyang getrennt hatten. Dort wollte er sein Versprechen halten und den alten Mediziner besuchen. Er war neugierig ob der Mediziner immer noch am Leben war. Falls er noch lebte, wollte Yungup ihm alles erzählen was er in Hanyang gesehen hatte.

Yungup reiste am frühen Morgen ab nach Kimhae.

KAPITEL 11

„Der selbe Boden"

AUF DER BAUMKRONE des Jujuben Baumes rief eine Zikade mit viel Lärm. Nun zurück zuhause in Kimhae, schloss Yungup sacht seine Augen und fühlte sich schläfrig. Er ließ seine Apotheke offen, doch da die meisten Dorfbewohner damit beschäftigt waren auf ihrem Bauernhof zu arbeiten, besuchten die Patienten ihn zu solchen Zeiten eher selten. Außerdem wurde es für sechs Jahre leer stehen gelassen. Obwohl er im letzten Frühling zurück gekehrt ist, dachten manche Leute, dass der Laden immer noch geschlossen wäre.

In seiner Abwesenheit befand sich das Haus in einem Durcheinander. Überall auf den Dachziegeln wuchs Moos und der Garten war dick mit Gras zugewachsen. Sehend, dass sie all ihre sieben Kinder verloren hatte und von ihrem Mann allein gelassen wurde, war Hangum nicht in der Gefühlslage sich um das Haus zu kümmern. Obwohl Samgyul versucht hatte ihr zu helfen, war er doch nun über achtzig Jahre alt und sein Körper wurde schwächlich. Mit dreiundvierzig Jahren sah Hangum nicht viel besser aus. Sie wurde sehr dünn und es hatte den Anschein, als wären ihr Leben als Frau zu einem Ende gekommen.

Da er nun wieder zuhause war, versuchte Yungup wieder mit seiner Frau zu schlafen, doch es war keine Anregung vorhanden. Ihre Brust war nicht mehr voll und ihr Atem roch sauer. Eines Nachts, als seine Versuche mit Hangum zu schlafen fehlschlugen, holte Yungup seine Tabakpfeife heraus und ging in die Ecke des Zimmers.

Hangum stöhnte: „Wieso hast du mich so lang alleine gelassen? Über die Zeit habe ich alles über meine Kinder und sogar über dich vergessen. Ich habe nur gelebt weil ich noch nicht tot war. Ich hatte mehrmals den Gedanken gehabt mich umzubringen. Du kamst zurück zu mir, doch nun bin ich nichts Besseres als ein toter Körper. Ich denke, dass ich nicht mehr eine Frau bin. Solltest du nicht dennoch Kinder haben? Wieso suchst du dir keine Konkubine?“

Yungup sah Hangum überrascht an, während er im Stillen rauchte. In seinen Augen befanden sich Tränen. Schnell drehte er seinen Kopf weg und begann erneut zu rauchen.

„Wir haben keine Schwierigkeiten damit unseren Lebensunterhalt zu verdienen, da du als ein Mediziner arbeitest, also hol dir eine Konkubine bevor er für dich zu spät wird.“ Hangum legte sich hin, nachdem sie mit ihrem emotionalem Ausbruch fertig war. Sie war in den Zeiten, als Yungup sie alleine ließ, sehr einsam, doch nun fühlte sich ihr Körper an wie Holz.

Im Frühling 1885 zuvor, ist Yungup in das Dorf Dongsang zurück gekehrt. Auf seinem Weg war er in Chungju, da er geplant hatte sich mit seinem alten Freund oder dem alten Pharmazeuten Kim zu treffen, doch beide Männer waren nirgends zu sehen.

Es gab viele neue Gesichter in Son Jinsa's Gasthaus. Nachdem er Son Jinsa begrüßt hatte und sich eine kurze Pause nahm, verließ er sofort für Gilman. Auf seinem Rückweg nach Hause verfolgten die Augenpaare von drei Leuten, die er auf seiner Reise antraf, seine Gedanken. Diese drei Leute waren der alte Kim aus der Apotheke in Chungju, der Chef in Donghak, Choi Cihyoung und Doktor Allen, der Arzt aus dem Westen, der den Herrn Min Youngik, während der Aufstände, heilte.

Obwohl sie alle individuell verschiedene Persönlichkeiten und Hintergründe hatten, waren sie für Yungup dennoch gleich. Der alte Kim hatte, trotz seinem andauerndem Husten, die Augen von jemanden, der in die Welt hinein sieht. Choi Cihyoung schien auf alles oder auch auf nichts mit seinen gesunkenen Augen zu schauen. Die hellblauen Augen von Allen waren ihm fremd, doch auf irgendeiner Weise recht warm.

Yungup konnte es nicht erklären, doch er hatte das Gefühl, dass er all diese drei Leute in sich selbst wiederfand. Was er in den letzten sechs Jahren gelernt hatte war, dass die Augen dieser Menschen nach etwas blickten, dass weit hinaus über der sichtbaren Welt war. Vor allem die warmblauen Augen von Allen gruben sich in Yungup's Herz tief hinein.

Als er im Dorf Dongsang ankam, konnte er nichts weiteres tun als beim Anblick von seinem alten Haus und seiner alten Frau in Tränen auszubrechen, doch er sah weder seine Kinder, noch seine Mutter. Als die Tage vergingen, konnte er spüren, dass etwas in ihm kämpfte. Es war ein unbeschreibliches Gefühl, wie eine Mischung aus Hoffnung für ein neues Land, einer tiefen Einsamkeit oder einem unerträglichen Leid.

Mit Samgyul's Hilfe schaffte sich Yungup einen klaren Kopf und eröffnete wieder die Apotheke. Er kümmerte sich um seine Arbeit, doch er spürte, dass er sich als Person vollkommen verändert hatte. Obwohl es die Apotheke gab, als Jubu noch am Leben war, fühlte er wie eine fremde starke Macht ihn umgab. Er schaute öfters in die Ferne, doch üblicher Weise sah er in der meisten Zeit nichts. Nachdem er sich zurückzog um die Blätter in der Ferne oder das strahlende Sonnenlicht anzuschauen, verstand er, dass er seinen Blick von den drei Männern die er traf imitierte. Es war so, als würde er nach einer friedlichen Welt dürsten. Die Einsamkeit erdrückte ihn.

Das Schrillen der Grillen stoppte und es schien, als würde jemand in Richtung Apotheke gehen. Samgyul, der in der Ecke der Apotheke lag, setzte sich vorsichtig aufrecht hin. „Du bist endlich da!" Yungup wusste nicht was Samgyul meinte und starrte bloß den alten Mann an.

„Redest du über deine Konkubine? Hat sie nichts gesagt?"

Erst dann erkannte Yungup das weinende Gesicht, welches schwächlich im Mondschein schien, der dünne Körper drehte sich mit einem Seufzen. Die Zeit schien zu fliegen. Hangum, die einst jung und hübsch war, war nun alt und verblasst.

„Ich nahm nie eine Konkubine."

„Brauchst du mein Einverständnis? Hangum weiß, dass sie zu alt ist um ein Kind zu gebären. Glaubst du, dass es für eine Frau in ihrem Alter leicht wäre jemanden zu gebären? Und dieses Haus ist zu bedrückt. Denkst du nicht, dass wir eine Familie brauchen? Bevor ich sterbe ist es mein Wunsch ein neues Mitglied in unserer Familie und ein im Garten laufendes Kind zu sehen. Erinnerst du dich nicht, wie viele deiner Kinder ich begraben hatte?"

Yungup konnte sich nicht mehr zurück halten und schrie: „Onkel, hör auf dies zu sagen! Wozu bringt es, sich ständig an die Zahl der toten

Kinder zu erinnern?“ Samgyul war kurz davor etwas zu sagen, doch dann drehte er sich um und legte sich wieder hin.

„Komm her! Ich muss dir etwas sagen!“, sagte Hangum mit einer leisen, zittrigen Stimme. Yungup öffnete mit einem Schwung die Tür und ging hinaus in den Hof.

„Was ist denn?”

„Bitte komm für eine Weile in das Hauptzimmer.”

„Wozu? Was ist denn?”

„Erinnerst du dich nicht? Ich habe dir vor paar Tagen darüber erzählt. Sie ist jemand den du kennst.”

Yungup schaute hinauf in den Himmel. Das Schrillen der Grillen schien wieder zurück zu kehren. Er folgte Hangum, die sich Richtung Hauptzimmer bewegte. Neben dem Eingang lagen ein Paar alter ausgenutzter Schuhe. Als Yungup den Raum betrat, standen geschwind zwei Frauen auf, die ihm sehr bekannt vorkamen und verbeugten sich tief vor ihm.

Als sich jeder wieder hinsetzte, öffnete Hangum ihren Mund.

„Du kennst sie. Das ist Junmrae's ältere Schwester und diese Frau hier ist Junmrae's jüngere Schwester.“

Erst dann erinnerte sich Yungup an das Baby, welches sich in den Armen ihrer Schwester befand. Die neun Jahre alte Junmrae suchte nach dem Medizingefäß für ihre kranke Mutter und die Frau im mittleren Alter, Junmrae's ältere Schwester, trug das kleine Kind. Nach einiger Zeit starben Junmrae und ihre gelähmte Mutter. Nun saßen ihre zwei Schwestern vor Yungup.

„Junmsoon ist jetzt einundzwanzig Jahre alt. Als Sie kamen um meiner kranken Mutter zu helfen, war sie noch ein Baby. Meine Mutter wurde nach der Folter krank, also war ich diejenige, die sich um sie kümmern musste. Obwohl Junmsoon nicht so hübsch aussieht wie Junmrae, ist sie dennoch sehr gut mit ihren Händen. Sie hat ebenso einen sehr gesunden Körper und wird im Stande sein ein Kind zu gebären. Wenn Sie sie als ihre Konkubine wählen…“, die Stimme der älteren Tochter wurde leise, als Junmsoon's Backen vor Scham leuchtend rot wurden.

„Ich habe mir gewünscht den Wünschen meiner Eltern nachzugehen und mich dem Sohn Gottes hinzugeben, deshalb heiratete ich nicht. Ich konnte ebenfalls nicht heiraten, während meine Mutter und meine Schwester krank waren. Es wurden mir keine Heiratsanträge angeboten, da ich aus einer solch armen Familie stamme. Doch ich will, dass Junmsoon ein besseres Leben als ich führen kann.", erklärte Junmsoon's Schwester, „Wenn Sie meine Schwester akzeptieren, dann kann ich Kimhae verlassen. Ich hörte, dass von nun an der Staat einen nicht verhaften kann, sogar wenn man Katechismus studiert. Ich hörte über einen Ort neben Hanyang, wo sich Leute wie ich versammelten. Ich würde gerne dorthin gehen.", sagte sie, „Wenn Sie doch nur meine Schwester Junmsoon annehmen.

Sie konnte ihren Satz wieder nicht beenden und nahm nur Junmsoon's Hand, während sich ihre Augen mit Tränen füllten. Yungup hatte nichts zu sagen, als nur mehrere Male zu husten, als er Junmsoon ansah. Ihre Stirn glich der von Junmrae. Das Ereignis mit der hübschen Junmrae, Yungup's jüngster Tochter und dem tollwütigen Hund geschah elf Jahre zuvor. Sieben Jahre danach starben Junmrae und all seine Kinder.

Endlich sprach Hangum mit einem hartem Blick in ihren Augen: „Es gibt keinen Grund Zeit zu verschwenden. Junmsoon's Familie ist zu arm um sich Essen leisten zu können. Lass sie heute Nacht hier bei uns. Sie kann bleiben und dann können wir uns alle kennenlernen. Da sie noch nie verheiratet war, denkst du nicht wir sollten das mit wenigstens einer Schüssel Wasser feiern?"

„Macht es so wie ihr es wollt. Ich gehe zurück in die Apotheke." Yungup verließ das Zimmer.

„Ich, ein siebenundvierzig Jahre alter Mann, soll eine einundzwanzig Jährige heiraten?", murmelte er vor sich hin. Yungup fühlte sich mulmig bei dem ganzen Arrangement. Obwohl Junmsoon sehr schön war, sah sie dennoch schäbig in ihrer ausgefransten Kleidung aus. Sie hatte eine wunderschöne Haut, eine rundliche Stirn und eine spitze Nase. Obwohl sie viel dünner war als Junmrae, hatte sie trotzdem eine starke Ähnlichkeit zu ihrer gestorbenen Schwester. Es war für ihn hart, seiner Männlichkeit zu widerstehen, wenn Hangum ein solch inniges

Stück Holz war. Er konnte nichts anderes tun, als zu seufzen. Er hatte Allen's warm blaue Augen in seinem Herzen, dennoch konnte er seine männlichen Verlangen nicht ignorieren.

Während dem Sommer 1886 trat Junmsoon der Familie bei und half Hangum mit den Hausarbeiten. Sie jäte Unkraut aus dem Garten und putzte das Hauspfosten mit Bohnen Öl. Sie entfernte die Spinnennetzte, die nicht einmal Yungup sauber machen konnte. Hangum, die einst ihren Willen zum Leben verloren hatte, begann gemeinsam mit der jungen Junmsoon das Haus zu dekorieren.

Mit einem Lächeln auf seinem Gesicht, saß Yungup in der Apotheke und sah zu wie die Frauen fleißig arbeiteten. Er musste kurz mit seiner Arbeit aufhören, um die Gefühle, die stark in ihm heran wuchsen, zu beruhigen. Etwas was er seit langem nicht mehr gespürt hatte. Das letzte Mal, als er so glücklich war, war es als Hangum noch jung und hübsch war und das ganze Haus voll mit kleinen Kindern war.

Doch nun fühlte er eine neue Art von Glück. Obwohl er am selben Ort geboren, erzogen und geheiratet hat, wurde dieser Ort zu etwas Neuem für ihn. Zum ersten Mal gab es Hoffnung, als er langsam über die Trauer, die der Tod seiner Kinder gebracht hatte, hinweg kam.

In dem frühen Herbst, hatten Junmsoon und Yungup eine einfache Hochzeitszeremonie. In wunderschönen Hochzeitskleidern angezogen, saßen die beiden vor einander. Die Gäste waren Samgyul, Junmsoon's ältere Schwester und ein paar der Frauen, welche ihnen mit dem Essen geholfen hatten.

Hangum entschuldigte sich, indem sie den anderen sagte, sie würde bei dem Essen aushelfen, doch aus der Ecke beobachtete sie wie Junmsoon und Yungup sich verbeugten. Hangum seufzte, als sie Junmsoon betrachtete, welche genauso wunderschön wie jede andere reiche Braut aussah.

„Wer kennt sonst noch das Gefühl, eine neue Konkubine in sein Haus einzulassen? Außerdem gibt es den Spruch, dass sogar Buddha den Konkubinen seinen Rücken kehrte."

Sie machte ihre Hand zu einer Faust und schlug sich auf die Brust. „Oh! Gott! Wenn du doch nur meine Gefühle kennen würden, bitte segne dieses Haus mit vielen Kindern! Oh Gott! Oh Gott!“ Hangum wischte sich Tränen mit ihrem Rock aus den Augen.

In dieser Nacht machte sie sich das Bett, indem früher ihre Schwiegermutter geschlafen hatte. Sie zerriss die Decke, welche sie gekauft hatte, entnahm die Baumwolle und machte gemeinsam mit Junmsoon ein neues Bett aus Seide. Hangum's Hände zitterten, während sie die Bettdecke auf dem warmen Boden ausbreitete. Plötzlich dachte sie an ihre Hochzeitsnacht. Sie spürte wie neue Tränen ihre Wange runter rollten.

„Oh! Gott! Segne dieses Haus mit vielen Kindern, wenn du weißt wie sehr mein Herz gebrochen ist! Oh! Gott!“ Hangum fiel mit ihrem Gesicht auf das Bett und weinte. Wie die Zeit doch so schnell vorbei geflogen ist! Sie erinnerte sich zurück an einen traumhaften Mann, der angelehnt an der Wand ihres Hauses schlief.

Yungup, der einst ihr Herz zum Schlagen brachte, lebte für sechsundzwanzig Jahre mit ihr, doch nun heiratete er eine neue Frau. Sie schaute runter zu ihren faltigen Händen. Dann schüttelte sie ihren Kopf und begann wieder das Bett zu richten. Sie brachte ebenso einen Tisch voll Alkohol und Essen und vergaß dabei nicht das Wasser, welches sie an die Kopfseite platzierte. Nachdem sie ihr Werk vollendete, trat sie aus dem neuen Zimmer und biss sich auf die Unterlippe. Das Licht war immer noch außerhalb des Hauses zu sehen. Beim Erdgeschoss, tranken Samgyul und Yungup. Im Zimmer saß Junmsoon mit ihrem gesenkten Kopf bei Kerzenlicht.

Hangum murmelte erneut zu sich: „Oh, Gott! Segne dieses Haus mit vielen Kindern! Bitte segne dieses Haus mit vielen Kindern!“

Hangum ging um Yungup und Junmsoon zu rufen.

Nachdem Junmsoon und Yungup gemeinsam ihre Hochzeitsnacht verbracht hatten, machte sich wie geplant Junmsoon's ältere Schwester auf den Weg zu Hanyang. Jede Nacht weinte sie wegen ihrer Schwester in Yungup's Armen, da diese für sie wie eine Mutter war. Während Yungup aus dem Dorf Dongsang weg war, hat er auf seiner Reise mit mehreren Frauen geschlafen, doch nun konnte er sein Verlangen an der jungen Junmsoon raus lassen. Doch das Gefühl, welches er nun empfand, glich sich nicht dem aus seinen jungen Jahren. Er fühlte nicht nur das körperliche Verlangen das in ihm erblühte, sondern auch das Gefühl, dass er schon immer nach etwas gesucht hatte, was außerhalb der sichtbaren Welt lag.

„Was könnte es sein? Was fehlt hier?“, fragte er sich öfters. Wie als würde er von einer unsichtbaren Macht hingezogen werden, spazierte er am Strand, welches sich paar Meilen weiter weg vom Dorf Dongsang befand. Die starken Wellen, die sich dem Ufer näherten, erinnerten ihn an eine legendäre Person.

Allen! Erinnerte sich an Allen's blaue, transparente Augen und an die Kraft, welche er in ihnen trug, die den Anschein hatten, als würden sie alles aus dieser Welt reflektieren. Auf einmal kam ihm die Zeit in den Sinn, als sein Lehrer ihm sagte, er hätte in seinen eigenen Augen ein Licht. Mentor Kim sagte zu ihm, dass das Licht zu jeder Generation seines Großvaters Soowoo Pai und seines Vaters Kwangkuk weiter gegeben wird. Er spürte, dass das Pochen in ihm eine kleine Revolution seines Lichts war.

Doch er wusste nicht was er mit dem sich bewegenden Licht machen sollte. Er fühlte sich bei dem Anblick seiner eigenen Reflektion in den platschenden Wellen einsamer. Es gab etwas, was ihn mit Einsamkeit überwältigte. Er blickte endlos in den Ozean.

Im Frühling 1888, brachte Junmsoon eine Tochter zur Welt. Es waren schon eineinhalb Jahre vergangen, seit sie zu seiner Konkubine wurde. Hangum konnte ihre Enttäuschung und verbergen, als die Hebamme bekannt gab, dass das Kind ein Mädchen statt einem Jungen sei.

Yungup schlief gelegentlich neben ihr, doch da er sich an Junmsoon's jungen Körper gewöhnt hatte, schaute er Hangum nicht einmal an. Jedes Mal wenn so etwas geschah, konnte Hangum nichts weiteres tun, als ihre bitteren Tränen den Hals runter zu schlucken, als sie an die Zeiten dachte in denen Yungup mit Junmsoon schlief.

Sie dachte, dass all ihr Leid und ihre Opfer es wert waren, wenn Junmsoon einen Sohn gebären würde. Oder besser, sie könnte Yungup vorschlagen sich davon zurück zu halten zu Junmsoon zu gehen, wenn sie endlich einen Sohn bekommen würden und zu erkennen, dass es danach keinen Bedarf mehr an Junmsoon gäbe. Sie seufzte, sie das Geschreie des Babys hörte, welches die Stille des Hauses durchbrach.

„Geh rein. Ein sehr intelligentes Mädchen wurde geboren. Die Art und Weise wie sie schreit ist anders als die von jedem anderen Jungen."

Die Hebamme kam mit einem Messingbecken aus dem Zimmer, welches sie dafür verwendet hatte um das Baby zu waschen. Nachdem sie die dicken Pobacken der Hebamme angestarrt hatte, ging Hangum langsam in das Zimmer hinein. Junmsoon richtete sich schnell auf, als sie Hangum sah.

„Das ist in Ordnung! Leg dich hin. Du hast gute Arbeit geleistet. Ich bin ein wenig enttäuscht, dass es ein Mädchen ist, doch da du noch jung bist, kannst du noch weitere Kinder gebären.", ermutigte Hangum Junmsoon.

„Es tut mir Leid! Ich hätte einen Sohn gebären müssen." Junmsoon's Stimme war sehr schwach.

„Leg dich ins Bett.", sagte Hangum zu Junmsoon. Mit einem Lächeln auf dem Gesicht, half sie ihr sich hinzulegen. Sie konnte Junmsoon's Schulter unter der durchgeschwitzten Kleidung spüren. Sie drehte sich um und blickte schnell zum Kind.

„Okay! Lass uns unser Kind anschauen! Nach so einer langen Zeit bist du die Nachkommin der Pai Familie."

Das schlafende Baby bewegte bei Hangum's Berührung dessen Lippen und begann zu weinen, als wäre es hungrig. „Oh nein! Die Milch deiner Mutter ist noch nicht fertig. Du bist jetzt schon hungrig? Schau dir dieses Kind an. Es wird nicht gewöhnlich sein. Wie sie aussieht! Unser starkes Baby! Schau wie stark!"

Während sie das Kind hielt, war Hangum voll von Freude. Sie konnte die Fröhlichkeit eines kleinen und warmen Lebewesen spüren, welches sich in ihren Armen bewegte. Obwohl sie kein Kind mehr gebären konnte und sie ein Kind von einer Konkubine erhalten mussten, dachte sie an das Kinderlachen, das sich im Haus verbreiten wird. Sie dachte zurück an all die verstorbenen Kinder. Ihr Herz füllte sich bei dem Gedanken daran, dass ein Kinderlachen wieder ihre Leben erfüllt, mit Hoffnung. Tränen fielen von Hangum's lächelndem Gesicht.

„Unser starkes Baby! Bist du so hungrig? Willst du, dass ich dir etwas zu essen gebe? Du solltest auf die Milch deiner Mutter warten! Wie ungeduldig du doch bist!“

Hangum legte das Kind wieder runter und ging in die Küche. Es wurde schon Zeit, dass Yungup von seiner Reise in ein nahegelegenes Dorf, wo er sich um einen Patienten gekümmert hatte, zurück kehrte. Also blickte Hangum erwartungsvoll zum Tor. Nur ein Straßenhund rannte an der weit offenen Tür vorbei. Hangum rannte auf einmal in Richtung Apotheke.

„Onkel! Onkel! Komm schnell raus!”

Samgyul kam verschlafen von seinem Nickerchen aus dem Zimmer raus.

„Junmsoon hat eine Tochter zur Welt gebracht! Sie ist so gesund! Bitte binde einen goldenen Faden!“

„Wieso eine Tochter und kein Sohn?”

„Oh, Onkel, denkst du man kann es sich aussuchen? Wir können nächstes Mal einen Sohn haben. Binde schnell den goldenen Faden. Es ist fast an der Zeit, dass der Vater des Kindes zurück kehrt. Denkst du ihm wird es nicht gefallen, den Faden zu erblicken?“

Los gehend um einen wässrigen Haferschleim mit einer Faust voll rohen Reis für das Baby vorzubereiten, hielt sie den Flaschenkürbis und ging zum Brunnen um etwas Wasser zu holen. Hangum warf den Eimer in den Brunnen, der neben dem war, in welchen ihr Sohn gefallen und gestorben ist. Sie biss ihre Lippe, als sie den Eimer wieder aus dem Brunnen zog.

Hangum kam wieder mit einem Eimer voll Wasser in die Küche und kochte den Haferschleim, welchen das Kind danach eifrig aß. Sie bereitete ebenso Algensuppe für Junmsoon. Als sie dabei war Junmsoon's Essen in das Zimmer zu bringen hielt sie kurz an, als sie Yungup's Schuh sah. Yungup war schon in Junmsoon's Zimmer eingetreten und sie konnte ihre Konversation mithören.

„Du hast das sehr gut gemacht. Was wenn sie eine Tochter ist? Sie ist dann genauso schön wie du!“, rief Yungup.

„Gerade eben hat Hangum gesagt, dass das Kind den Anschein hätte, als würde es einen standhaften Charakter besitzen und nannte sie stark.", erwiderte Junmsoon.

„Na dann, werden wir sie so nennen bis wir uns einen Namen für sie überlegt haben."

„Ich denke, dass Hangum das Kind sehr gern hat. Sie mag sie wirklich."

„Ja! Das sollte sie. Es ist eine lange Zeit vergangen, seit wir ein Kind hatten. Sei gut zu ihr. Sie ist genauso alt wie deine Mutter, richtig?"

„Ja, das werde ich!" Hangum spürte wie ihr Herz brannte, als sie diese Worte vernahm. Sie dachte: „Sogar wenn dieser Mann mich nicht mehr erblickt, wird dennoch mein Herz weiter für ihn brennen!"

Nachdem das weinende Kind eingeschlafen ist, trat Yungup in das Hauptzimmer ein. Neben Hangum, die im Dunkeln lag, war Yungup's Bett schon vorbereitet. „Bis Junmsoon sich wieder erholt hat, schlaf bitte im Hauptzimmer. Ein angenehmer Schlaf wird der Mutter helfen, nächstes Mal leichter ein Kind zu bekommen. Nächstes Mal wird es ein Sohn sein.", sagte Hangum.

Yungup beeilte sich zu Bett. Der fast volle Mond schien in das Zimmer hinein. Irgendwo schrillten die Grillen im Dunkeln. Yungup starrte die beleuchtete Reispapiertür an. Er konnte spüren wie Hangum ihren Körper unter der Bettdecke drehte. Yungup fühlte wie sein Herz kleiner wurde. Es lag nicht nur daran, da er Hangum's Einsamkeit spürte, während sie der Konkubine diente, oder sogar die Freude für das Geschrei seiner Tochter. Er spürte die Einsamkeit in sich selbst.

Plötzlich hatte er den Drang wieder das Meer zu besuchen. Er schloss vorsichtig die Augen. Er konnte sich den blaufarbigen Ozean, die Wellen und die völlig blauen Augen des ausländischen Doktors vorstellen. Das Ding, welches er wirklich vermisste, war nicht die ausländische Person, sondern die Welt welche sich in seinen Augen reflektierte. Diese mysteriöse Welt. Als er versuchte schlafen zu gehen, drückte er seinen Kopf in sein Kissen. Von irgendwo konnte er fast den Klang der Wellen, die sich mit dem Schrei des Babys vermischte, hören.

„Vielleicht ist das Kind wach. Was soll ich machen? Die Mutter braucht ihren Schlaf.“, murmelte Hangum in ihrem halbwachen Zustand. Bald fiel Yungup in einen tiefen Schlaf. Doch in seinem Herzen platschte der blaue Ozean immer weiter und weiter.

KAPITEL 12

„Begegnung"

JUNGMYUNG, DIE TOCHTER von Yungup und Junmsoon, wuchs zu einem starken Mädchen heran und trug den Spitznamen „Yamuraegi". Hangum hatte sie zuerst mit diesem Spitznamen getauft, als das neugeborene Baby sofort anfing zu jammern, als dieses aus dem Bauch der Mutter kam. Schon bald bezeichnete das ganze Dorf Yungup's Pharmazieklinik als „Yamuraegi's Haus". Sogar vor ihrem ersten Geburtstag, konnte Jungmyung schon gehen und füllte das Haus mit ihrer starken Persönlichkeit und ihrem lauten Geschrei.

Doch all dies bedeutete nichts für ihren Vater, Yungup, der ihr hinterher schimpfte. Doch wenn er hörte, wie sein Baby ihn „Dada" nannte, zauberte ihm dies ein Lächeln auf sein Gesicht und ließ ihn über seine tragische Vergangenheit vergessen. Allerdings, inmitten dieser Freude, konnte er nicht anders als sich zu fürchten, dass das alles ein Ende haben könnte.

Mit fünfzig Jahren hatte er davor Angst, wie der Rest seines Lebens ausgehen würde. Als er seine Tochter fest umarmte, fing er an Junmsoon immer mehr zu lieben, während sie in ihrer Schönheit erblühte. Während er Hangum's zärtliche Sorgfalt bei Jungmyung beobachtete, fiel ihm plötzlich die verunsicherte Art auf.

In der Pharmazieklinik sitzend, schaute Yungup aus dem Fenster hinaus. Da es Mitte Herbst war, schwangen die reifen Khakifrüchte schwer vom Baum gegen den saphirblauen Himmel. Das kontrastierende Spiel der Farben blendete seine Augen. Doch er konnte seinen Blick nicht abwenden.

„Hey, siehst du dir wieder etwas komisches an?", fragte Samgyul, der von seinem Nickerchen in der Ecke der Pharmazieklinik aufwachte. „Es hat den Anschein, als würde das zu einer Gewohnheit werden!

Woran denkst du so konzentriert? Oder schläfst du einfach mit offenen Augen?“

Yungup schmunzelte bevor er ihm eine Antwort gab. „Eigentlich weiß ich es selber nicht so wirklich. Jedes Mal wenn ich raus schaue ist es so als würde ich mich außerhalb der Welt befinden.“

„Nachdem du so lange gewandert bist, bist du durch ganz schon eigenartige Veränderungen gegangen. Vielleicht ist ein Art Geist in dich gefahren! Zu weit weg von seinem Zuhause zu reisen ist nicht normal! Wach auf und schau dir stattdessen die niedlichen Possen deines Babys an! Es wird kein Elend, wie damals, mehr geben. Du bist immer noch geschockt und hast Angst dein Kind zu verlieren.“

„Onkel, du kannst Gedanken lesen!”

„Ich denke mal, dass das Alter dich weise macht und du somit die Gedanken der anderen besser verstehen kannst, richtig?. Bist du immer so besorgt?“

„Ich kann nicht sagen, dass ich es nicht bin. Nach so einem Leben, voll von Tragödie, habe ich vor der Zukunft Angst. Doch das ist nicht alles. Ich weiß es wirklich nicht, wieso ich mich so verhalte.“

„Deine Frau kann eine weibliche Schamanin rufen. Währenddessen solltest du deine Tochter gesund erziehen und das Zimmer von Junmsoon öfters besuchen, damit du bald einen Sohn haben kannst. Wer weiß? Hangum könnte in ihrem Alter auch schwanger werden. Was wäre besser, als dass deine eigene Frau einen Sohn, statt deiner Konkubine, gebäre. Es sind schon große Wunder vollbracht worden!“

In den Tagen schweifte Samgyul immer mehr und mehr umher. Yungup verstand, dass dies ein Zeichen des Älterwerdens war und so gab er vor, dass er interessiert zuhören würde.

„Onkel, sprich nicht noch einmal so! Jedenfalls, zurzeit gab es weniger Patienten, die zu unserer Apotheke gekommen sind. Die Menschen bezahlen üblicherweise mit dem Geld, welches sie bei dem Verkauf ihrer Ernte verdient haben, die Medizin, doch nach der Dürre im letzten Sommer wurde die Ernte kläglich und die Leute haben weniger Geld welches sie in dieser Saison ausgeben können.“

„Das ist in der Tat besorglich. Wie sollen wir die nächste Gerstenkrise überleben?“

„Ja, wir werden den Hunger auf einer gewissen Art und Weise miterleben. Doch worüber ich mir Sorgen mache ist das bekannte Gefühl trist zu werden. Ich hoffe, dass es keine Revolution für politische Veränderungen oder dergleichen geben wird.“

Während er sprach erinnerte sich Yungup an die Zeit, in der er in der Hanyang Stadt (der alte Name von Seoul) war, als der Aufstand der Imo Soldaten stattfand. Er konnte nicht vergessen, dass die Anführer der Rebellion Mitglieder der alten Armee waren, welche unzufrieden mit dem Staat des Landes waren, obwohl es die armen Massen waren die sie unterstützten. Er zitterte nur bei dem Gedanken daran.

„Es wird gesagt, dass der König nichts wegen der Hungersnot unternehmen kann!“ Yungup sprang auf einmal hoch.

„Wohin gehst du?“, fragte Samgyul mit geweiteten Augen Yungup.

„Nur um einen Spaziergang zu machen. Hier ist keiner in der Apotheke.”

„Okay, pass auf dich auf. Ich werde hier sitzen und mir darüber Gedanken machen wie ich sterben soll, wie du sagtest. Dieser alte Mann hatte ein langes Leben. Ich weiß nicht wieso ich so lange am Leben bin.“

Yungup verließ den Raum ohne Samgyul weiter zuzuhören.

Wahrscheinlich schlief Yamuraegi tief und fest, da das Hauptzimmer so still war. Ganz gewiss, als Yungup in den Raum spähte, sah er eine idyllische Szene – zwei schlafende Frauen mit dem Kind in der Mitte. Hangum und Junmsoon sahen viel mehr aus wie Mutter und Tochter, oder sogar Schwiegermutter und Schwiegertochter.

Obwohl Hangum versuchte großzügig zu Junmsoon zu sein, kämpfte sie dennoch, wie Junmsoon es auch tat, mit Eifersucht. Yungup erkannte, dass er die Liebe von zwei Frauen, genauso wie die eines liebevollen Babys hatte, doch es war eine sehr unstabile Freude.

Yungup ging langsam den vier Kilometer langen Spaziergang zum Strand und durchlief die Ebenen von Kimhae. Jedes Mal wenn er zum Ozean ging, fühlte er sich danach immer energiegeladen. Er musste nicht einmal für einen Moment an sein langweiliges von einem tag auf den andere laufendes Leben in der Pharmazieklinik denken.

Obwohl er diesen Spaziergang schon seit ungefähr drei Jahren machte, gab es dennoch jedes Mal etwas neues zu fühlen oder zu sehen.

Trotz der schlechten Ernte in dieser Jahreszeit, haben paar der Felder es geschafft zu überleben und hatten eine leuchtend goldene Farbe, reif um gepflückt zu werden. Hinter den Feldern hatten die Bäume, mit ihren kaminroten Blättern, erste Anzeichen des Herbstes.

Als er den Weg entlang schlängelte und all die wunderschönen Anblicke, die ihn umgaben, genoss, kam Yungup am Strand an als schon die Sonne unterging. Während er die blauen Wellen, welche auf ihn zu kamen beobachtete, fühlte er sich bei dem Gedanken an die süßen Possen seiner Tochter und Junmsoon's schönem Lächeln überglücklich.

Mit jeder verebbenden Gezeit fingen diese Bilder an zu verblassen und wurden ersetzt durch philosophische Gedanken, wie tief zum Beispiel der Ozean wäre. Letztendlich kann es keiner wissen, dachte er. Ein paar Fischerboote lungerten immer noch auf der Oberfläche des nun rotfarbenen Meeres.

Seine Augen öffnend, schaute Yungup zum Horizont. Er verspürte ein Plötzliches Verlangen in das Meer zu springen und so weit zu schwimmen wie das Auge sehen konnte. Was ist das Leben? Obwohl er so viel Tragödie in seinem Leben überwunden hatte und die Dinge ihren üblichen Lauf nahmen, konnte er nicht das Gefühl von Melancholie, welches ihn überwältigte, aufhalten. Er zitterte unaufhörlich.

Auf irgendeine Weise spürte er, dass der Ozean ihn rief und er hatte einen unerklärlichen Drang zu sterben, indem er hinein sprang. Sehr langsam setzte er einen Fuß nach dem anderen ins Wasser. Die weißen Wellen die doch vom weiten so wunderschön ausgesehen hatten, wandelten sich plötzlich um in tigerähnliche Fangzähne die immer näher und näher heraufzogen. Auf einmal wurde sein blindes Verlangen zur Angst.

„Hey! Hey, Sie!"

Drei Leute, die in der Nähe spazierten, kamen ihm entgegen.

„Hey, Sie! Warten Sie!"

Am Rande der Wellen stehend, sah Yungup hinauf und musterte das Aussehen der Leute, die zu ihm näher kamen. Die eine Person trug einen weißen, wie der von Yungup, Überzieher aus Baumwolle und einen Hut, während die zweite Person, die einen Strohhut und eine koreanische Jacke trug, wie dessen Sklave aussah. Yungup konnte das außergewöhnliche Aussehen des dritten Mannes nicht feststellen. Größer als die anderen, war seine Hose eng anliegend und sein Hemd war kürzer als seine Hüfte. Doch wie ungewöhnlich seine Bekleidung auch war, hatte Yungup das Gefühl als hätte er die dritte Person schon einmal gesehen.

Wenn er kein Mensch ist, dann müsste er ein Geist aus dem Meer sein, dachte Yungup, während er da stand und starrte.

„Hey! Versuchen Sie etwa ins Wasser zu springen?" Der erste Mann lief ihm entgegen und sein weißer traditioneller Mantel wehte im Wind.

„Werden Sie sterben?", fragte er Yungup erneut. Er schien im mittleren Alter zu sein, während sein Diener so um die zwanzig Jahre alt war. Hinter ihnen folgte langsam ein seltsamer großer Mann mit rötlichen Backen. Endlich kam er direkt zu Yungup. Wie ein alter Freund, lächelte er ihn an. Seine klar blauen Augen reflektierten die rötlich schimmernden Wellen.

„Was ist passiert?", fragte er mit einem komischen koreanischen Akzent.

„Das ist Allen, ein Missionar. Er hat Sie eine lange Zeit beobachtet. Er meinte wir sollten hier her kommen, da er dachte Sie würden sich ins Meer stürzen wollen. Wir brachten ihn den ganzen Weg von der Stadt Busan bis hier hin."

„Allen." Yungup formte das Wort mit seinen Lippen und ließ es auf seiner Zunge weilen, während er sich den Kopf zerbrach. Es klang ihm so vertraut.

„Ich bin Horace Allen.", er lächelte, als er etwas zu ihm sagte was Yungup nicht verstehen konnte. Er war groß mit langen Beinen und runden Augen die so blau wie das Quellenwasser waren und darüber eine hohe Nase die wie ein Berg aufstieg. Yungup spürte etwas wie Wärme, die sich beim Anblick des Lächelns von dem fremden Mann in seinem ganzen Herzen verbreitete.

„Al-len. Allen?" Nachdem er den Namen mehrmals wiederholt hatte, erinnerte sich Yungup endlich an den merkwürdigen Ausländer, der Herrn Min Youngik's Wunde, während der Revolution des Gapsin Putsches, zusammen genäht hatte.

Yungup trat von den Wellen weg und blickte hinüber zum ersten Mann. „Ich frage mich wie viele Jahre vergangen sind. Ich habe diesen Gentleman einmal in Hanyang getroffen. Er ist derjenige. Sein Name war Allen. Das war in der Nacht der Revolution. Er hat die Wunde von Herr Min Youngik zu genäht, als dieser verletzt war!"

Der erste Mann sagte etwas zu Allen, was Yungup nicht verstehen konnte. Allen nickte bloß mit seinem Kopf und bot ihm mit lächelnden Augen seine Hand an. Yungup wusste nicht wieso er ihm seine Hand ausstreckte, also starrte er ihn bloß zurück an.

„Im Westen sagen die Leute Hallo, indem sie ihre Hände schütteln. Geben Sie Ihre Hand."

Verwirrt streckte ihm Yungup, wie es ihm gesagt wurde, beide seiner Hände aus. Allen griff Yungup's rechte Hand mit seiner eigenen großen Hand und sagte etwas in einer anderen Sprache.

„Er sagt, dass er sich nicht genau an Sie erinnern kann, da es in dem Zimmer viele Koreaner gab. Er hat gefragt ob wie ein Doktor seien."

„Ja, das bin ich. Zu der Zeit war ich nur für eine Weile in Hanyang. Ich wurde entführt und man brachte mich in das Zimmer des Herrn Min. Allen hat die Haut der Person zusammen genäht, also dachte ich zunächst er wäre ein westlicher Metzger. Mir wurde später gesagt er hätte das Leben von Herrn Min gerettet. Aber wieso ist er jetzt in Kimhae?"

„Er ist ein Missionar."

„Was ist ein Missionar?"

„Allgemein betrachtet hilft er den Leuten an Jesus zu glauben. Erinnern Sie sich an die Katholiken, die gestorben sind, da sie an Jesus geglaubt haben? Das ist der selbe Jesus. Doch man sagt, dass die Art und Weise zu glauben ein wenig anders wäre. Dieser Mann kommt aus einem fernen Land, namens Amerika. Von Busan angefangen, ging er zu Hangyang um dort eine Anhängerschaft zu gründen. Es fügte sich, dass er zufälliger Weise auf seiner Reise hier gelandet ist."

Während Yungup sich mit dem Übersetzter unterhielt, beobachtete Allen die beiden mit seinem Lächeln auf seinem Gesicht.

„Eigentlich hörte ich, dass diese Nation sich nicht mehr darum kümmert ob jemand an das Übernatürliche glaubte oder nicht. Verbreitet dieser Mann die Botschaft, an Jesus zu glauben, in der Öffentlichkeit?"

Yungup kochte vor Wut, als er sich an die japanischen Gangs erinnerte, die in den Straßen umher stolzierten. Heutzutage waren es nicht nur die Japaner und die Chinesen, doch nun auch die westlichen Leute, die auf einmal überall in Chosun zu sehen waren. Beim Anblick von Yungup's verändertem Gesicht, sagte Allen etwas zu seinem Übersetzer.

„Er fragte mich, ob Sie tatsächlich versucht haben in den Ozean zu springen, und wenn ja dann weshalb?"

Bei den Worten des Übersetzers drehte Yungup seinen Kopf zum Meer. Die zur Hälfte untergegangene Sonne färbte das Wasser in eine düstere rote Farbe.

„Um ehrlich zu sein, weiß ich es selber nicht. Ich will einfach nur sterben. Alles scheint so sinnlos und vergeblich." Yungup seufzte. Allen's Augen füllten sich mit Sorge.

Yungup murmelte weiter vor sich hin. „Jesus ist nicht fremd für mich. Um ehrlich zu sein, bin ich ein Kind Jesu. Vor einer langen Zeit glaubte mein Großvater an Jesus und verließ seine Heimatstadt um nach Kimhae zu verreisen. Mein Vater starb kurz nachdem ich in dieses fremde Land geboren wurde. Ich habe keine Erinnerungen an ihn. Nun ist dieser Ort mein Zuhause. Für einige Zeit hatte ich keine Sorgen. Doch ich habe die Gabe erhalten Medizinische Fähigkeiten zu verfügen und wurde mit einem hervorragenden Lehrer gesegnet, welcher mich sehr gut unterrichtet hatte. Ich hatte sieben Kinder aus meiner Ehe. Der erste Sohn war eine Todgeburt, der zweite Sohn fiel in einen Brunnen und starb nach seinem ersten Geburtstag. Nach ihnen hatte ich zwei Töchter und zwei Söhne, doch die jüngste Tochter wurde von einem tollwütigen Hund zu Tode gebissen. Ich dachte, dass dies das Ende meines Kummers wäre, doch ich habe den Rest meiner Kinder aufgrund einer Krankheit verloren.

Das ist zehn Jahre her. Nachdem ging ich von zuhause weg und wanderte für sechs Jahre. Als ich wieder zurück kam, bekam ich eine Tochter mit meiner Konkubine und ließ mich nieder, doch meine

Gedanken wandern immer noch. Der Anblick des Meeres gibt mir das Gefühl, dass das Leben nichts wäre und, dass es keinen Grund mehr zum Leben geben würde."

Als Yungup flüsterte übersetzte der erste Mann Allen jedes Wort leise, währen dieser mit einem Verständnis nickte. Mit verschränkten Armen dachte Allen eine Weile nach und nahm behutsam Yungup's Hand. Er sagte etwas was Yungup nicht verstehen konnte, doch die Art und Weise wie er sprach hatte eine Kraft in sich.

„Glaube an Jesus! Dann wirst du und deine Familie die Ewigkeit erleben!"

Die Stimme des Übersetzers strahlte Kraft und Macht aus. Auf einmal spürte Yungup wie eine Art blitzartige Kraft in seinem Körper anstieg, also erhob er sich. Er schloss seinen Mund für einen Moment und blickte zurück zu Allen, der ihn anlächelte. Yungup's Sorgen lösten sich auf und wurden durch ein Gefühl von Frieden ersetzt.

„Sie sagten, dass meine Familie und ich die Ewigkeit erleben könnten, wenn wir an Jesus glauben?"

Der Übersetzer und Allen nickten gemeinsam gleichzeitig mit ihren Köpfen.

„Wie kann ich dann an Jesus glauben?", fragte Yungup schnell. Wenn er Glück ohne die Angst empfinden könnte, dann wollte er an diesen Jesus glauben.

„Deswegen sind wir hier. Um an Jesus zu glauben, muss man Jesus erstmal kennen. Es gibt eine Hausversammlung, zu der die Leute kommen um über seine Geschichte zu hören. Deswegen sind wir nach Kimhae gekommen. Allen muss schon bald wieder zurück nach Hangyang. Doch nicht allzu bald, nachdem er verlassen wird, kommt eine weitere Person zurück. Tatsächlich versuchen wir eine Basis in Busan gründen, doch uns sind ein paar Hindernisse über den Weg gekommen, welche der Grund sind, weshalb wir nach Kimhae gekommen sind. Vielleicht haben Sie und Allen eine Verbindung, ein vorliegendes gottgeweihtes Treffen. Verraten Sie uns ihren Namen."

„Ich bin Yungup Pai, welcher hier im Dorf Dongsang in Kimhae aufgewachsen ist, doch dessen Familie ursprünglich aus Chungju kommt. Ich bin der einunddreißigste Pai."

Allen nickte mit seinem Kopf.

„Wenn es der Wille Jesu ist, dann werden wir uns erneut begegnen. Leider haben wir keine Bücher, die wir Ihnen geben könnten, doch wir werden dies tun wenn wir Sie wieder sehen werden." Der Ozean war mit der Dunkelheit der Nacht bedeckt und die Stimme des Übersetzers vermischte sich mit dem Klang der Wellen.

Die drei Männer verließen Yungup, welcher da stand und sich an den Namen „Jesus" erinnerte. Er realisierte, dass er viele Gründe zum Leben hatte, wie zum Beispiel seine Tochter und seine zukünftigen Kinder und die Aussicht auf ein langes Leben. Nach wie viel mehr kann eine Person fragen? Wenn die Freude mit dem Glauben an Jesus garantiert ist, dann schien es einen Versuch wert zu sein. Nachdem das Trio nicht mehr zu sehen war, ging Yungup zurück nach Hause.

Mit dem Ozean zu seinem Rücken gewandt und die Berge vor sich, ließ der Klang der Wellen allmählich nach. Doch als sie schwächer wurden, konnte er schwören, dass er „Jesus, Jesus" gehört hatte. Yungup spürte wie die Energie in seinem ganzen Körper stärker wurde.

In dieser Nacht ging Yungup nicht sofort in Junmsoon's Zimmer, wie er es damals üblich tat, sondern machte sich auf den Weg in das Hauptzimmer, welches er früher mit Hangum geteilt hatte. Nur in ihrer Unterwäsche angezogen, da sie sich für den Schlaf vorbereitete, sah ihn Hangum überrascht an.

„Was ist passiert? Wieso bist du nicht in Junmsoon's Zimmer?" Hangum versuchte ruhig zu bleiben, doch sie konnte Freude nicht verstecken, da sie sehr froh war ihren Mann bei sich im Zimmer zu sehen.

„Ich wollte dir etwas erzählen." Yungup hielt ihre Hände und setzte sich neben sie auf das Bett. Im Kerzenlicht schien sein Gesicht rot vor Aufregung, so als wäre er betrunken. Hangum dachte daran, dass er genauso aussah, wie bei ihrer Hochzeitsnacht.

„Ich habe jemanden getroffen! Eine sehr wertvolle Person!", versuchte Yungup zu erklären.

„Wer lässt dich so aufgeregt fühlen? Es ist schon eine Weile her, dass ich dich so sehe!", rief Hangum aus.

„Ich habe eine sehr noble Person getroffen. Sein Name ist Jesus!"

„Jesus? Ist Jesus nicht…“, ihre Stimme wurde leiser. „Sind die Katholiken nicht gestorben, weil sie an Jesus glaubten? Du hast diese schreckliche Person getroffen, die so viele Menschen umgebracht hatte? Ist Jesus am Leben? Ist er nicht ein Geist?“ Hangum’s Stimme klang immer besorgter und verwirrter.

„Ich weiß es auch nicht, weshalb ich so aufgeregt bin! Es fühlt sich wie das erste Mal an, als ich dich sah. Ich weiß nicht ob Jesus lebt oder nicht. Doch ich hörte heute, dass wenn man an ihn glaubt, dass meine Familie und ich die Unendlichkeit haben werden! Nun können du, Yamuraegi, Junmsoon und ich glücklich leben. Wie einfach ist denn das! Wenn wir einfach nur an Jesus glauben.“ Die Stimme von Yungup zitterte.

„Es ist ein Fakt, dass es nicht mehr illegal ist an Jesus zu glauben. Ich frage mich was das Schicksal ist. Vor einer langen Zeit war dein Großvater doch auch ein Katholike? Als deine Mutter noch am Leben war erzählte sie mir die Geschichte, dass du von adeligem Blute stammest und wie Junmsoon die Tochter eines Katholiken wäre. Das ist ein eigenes Wunder. Vielleicht ist nach all dem die Kraft von Jesus doch in unserer Familie.

„Ich weiß es nicht. Ich wollte dir heute Nacht nur über meine Gefühle Bescheid geben. Wenn ich dir dies nicht erzählt hätte, dann wäre mein Herz geplatzt!“

Hangum lächelte bloß, als sie in Yungup’s Gesicht sah. Sie umarmte ihren Ehemann, während ihr leise die Tränen von ihren Augen fielen.

Es ist eine lange Zeit vergangen, seit sie die Wärme vom Körper ihres Mannes fühlt. Nachdem Junmsoon zu seiner Konkubine wurde, hat Yungup Hangum für die letzten drei Jahre nicht mehr wie eine Frau behandelt. Jedes Mal, wenn er ab und zu in ihr Zimmer kam, behandelte er sie, als wäre sie seine Schwester oder seine Mutter.

Als er bemerkte, dass Hangum weinte, legte Yungup seine Hand um ihre Schultern. „Weinst du? Ich weiß. Ich habe dir schlechte Dinge angetan.“

Er wischte ihr die Tränen mit seinem Handrücken weg. Sie nahm den Geruch von pflanzlicher Medizin war. Er blickte in ihr verwittertes Gesicht. Obwohl sie keine körperliche Intimität mehr mit ihrem

Ehemann erleben konnte, versuchte sie ein wenig Freude zu verspüren, indem sie die kleine Jungmyung auf erzog.

Während Yungup sie aufmerksam anschaute, wurden Hangum's Backen rot. Plötzlich bemerkte Yungup wie wunderschön seine vierzigjährige Frau doch war. Er hielt sie in seinen Armen und sie lagen gemeinsam im Bett. Das Kerzenlicht schwankte in der Dunkelheit.

„Du und ich, lass uns gemeinsam an Jesus glauben und ein glückliches Leben führen. Wir haben immer noch jede Menge Tage zu leben.", flüsterte er zu seiner Frau, welche zurück nickte. Draußen hinter der Tür sangen die Grillen in der Herbstnacht ihr Lied.

KAPITEL 13

„Eine weitere Begegnung“

IM FRÜHLING 1890, im Jahre des Tigers, stand Yungup ein weiteres Mal an der Küste des Kimhae Meeres. Nach der schicksalhaften Begegnung mit Allen, kehrte er an diesen Ort öfters zurück. Immer wenn er zum Ozean blickte, erinnerte er sich sofort an Allen’s tief blaue Augen und an die Wärme, welche von denen ausging.

Nach diesem Treffen geschah in Yungup eine solch außergewöhnliche Umwandlung. Yungup fing an Hangum erneut wie eine Frau zu behandeln. Jedes Mal, wenn er ein Bett mit seiner Ehefrau teilte, erinnerte er sich zurück an die glücklichen Erinnerungen seiner Vergangenheit. Es fühlte sich wie ein Zuhause an. Während er sie ihn seinen Armen hielt, träumte er von seiner unaufhörlichen Hoffnung. Hangum war überglücklich und äußerst zufrieden mit ihrer Wiederherstellung als eine Frau.

Aufgrund der Dürre und der schlechten Ernte im letzten Herbst, war das Dorf von Dongsang verarmt und es kamen nur einige Patienten zu Yungup’s Pharmazieklinik. Manchmal kamen verzweifelte Patienten, die am hohen Fieber litten zu ihm, damit er sie umsonst behandeln konnte. Yungup’s Familie hatte es besser als die meisten Leute im Dorf, doch auch für sie wurde es immer schwieriger zu überleben.

„Doktor, die Dürre ist nicht meine Schuld! Ich habe so hart auf meinen Feldern in diesem Jahr gearbeitet. Bitte lassen Sie meine Familie nicht verhungern!“

Yungup, der nicht im Stande war die Bitte seines Pächter Bauern abzulehnen, gab ihm die Hälfte der Ernte. Obwohl Hangum und Junmsoon ihm sorgenvolle Blicke zuwarfen, war es ihm egal. Stattdessen verspürte er Freiheit, indem er die Hälfte seiner Ernte demjenigen, der weniger Glück als er hatte. Trotzdem war das Essen in diesem Winter für Yungup's Familie heilig.

Als Yungup im warmen Frühlingslicht am Meer stand, fühlte er sich so, als würde er auf jemanden warten. Jedes Mal wenn er so stand, fühlte er sich nah zu dem Jesus, über welchen Allen ihm erzählt hatte. Aus irgendeinem Grund dachte er, dass nur wenn er so zum Ozean ging, der Namen Jesus für immer in seinem Verstand eingeprägt sein würde. Von seinen Gefühlen geleitet, rief er zu den blauen Wellen: „Jesus, Jesus! Gib mir Segen! Segne mich!"

Sein Schrei versank in den kommenden Wellen. Yungup blickte auf den Sand herab, der selbe Sand auf dem Allen an dem Tag gegangen ist. Als er seine Augen schloss, versuchte er seine Erinnerung an die gleiche Szene im letzten Herbst wieder hervorzurufen, fühlte es sich für ihn wie ein Traum an.

Während er seine Augen ein wenig öffnete, bemerkte er drei Männer aus der Ferne die auf ihn zu kamen. Der eine war der Übersetzter mit seinem weißen Umhang und dem Hut und der zweite Mann hinter ihm trug einen Strohhut. Der andere sah jedoch sehr merkwürdig aus. Yungup rieb sich mit dem Handrücken die Augen. Da sein Herz so verzweifelt war, sah womöglich Dinge die gar nicht da waren. Doch die drei Männer gingen immer weiter auf ihn zu.

„Doktor Pai! Wie geht es Ihnen? Wir wussten, dass Sie hier wären. Sie haben uns nicht vergessen, nicht wahr?"

Der Übersetzter lachte, während er seine Augen im Sonnenschein zusammen kniff. Er schien älter als im letzten Herbst. Hinter ihm trug sein Diener einen Reisebeutel. Bei der dritten Person vermutete Yungup, dass es sich um Allen handelte. Obwohl er ebenfalls wie Allen, eng anliegende Kleidung trug, war er dennoch kleiner und hatte ein rötliches Gesicht. Als er sich näherte, lächelte er Yungup wie einen alten Freund an.

„Wie kann es sein, dass ihr hier seid? Ich hätte nie gedacht, dass ich euch wiedersehen würde!" Yungup's Stimme verriet seine Gefühle.

„Seit dem ersten Mal, als wir uns getroffen haben, wusste ich, dass es sich hier um eine außergewöhnliche Beziehung handeln würde. Dieser Ausländer bei mir ist Davis, welcher nach Allen hier her kam.

Er kommt aus einem fernen Land, namens ‚Australien'. Er ist ein solch leidenschaftlicher junger Mann, welcher hier her gekommen ist um Orte für den Gottesdienst an Jesus zu errichten, indem er nach Seoul, Geyonggido, Chunchcheongdo und in die Gyeongsangdo Provinzen gereist ist. Er war auf seinem Weg nach Busan, doch ich bat ihn hier zu verweilen, da ich mich an Sie erinnert habe, Dr. Pai. Entschuldigen Sie, dass ich Ihnen das letzte Mal nichts mitgeben konnte."

Der Übersetzter nahm etwas aus der Reisetasche seines Dieners heraus. Es war ein dickes Buch.

„Das sind Jesus' Worte. Ich hoffe, dass Sie durch dieses Buch zur Wahrheit kommen können. Davis versucht sich in Busan nieder zu lassen. Er ist ein Pfarrer – eine Person, die betet und die Lehren von Jesus studiert."

Während er den Worten des Übersetzers zuhörte, blickte er zu Davis. Als sich ihre Augen trafen, lächelte Davis ihn an. Er sah wie eine vertrauenswürdige Person aus. Yungup hielt die Bibel fest an seine Brust. Davis' Lächeln wurde großer und er sagte etwas zu seinem Übersetzer.

„Er sagte mir, dass er Sie gerne wiedersehen würde, Dr. Pai. Wenn er sich in Busan niederlässt will er, dass Sie ihn besuchen kommen. Er hofft ebenfalls, dass Sie ihm helfen könnten dort Kirchen zu errichten, Dr. Pai. Bitte kommen Sie zu Besuch."

Davis blickte mit seinen strahlenden Augen zurück zu Yungup. Er schien viel stärker und energievoller als Allen. Yungup nickte mit Verständnis seinem Kopf. Davis reichte Yungup seine Hand, welcher sich daran erinnerte, dass es die westliche Sitte des Händeschütteln war, welche ihm mit Allen schon einmal begegnet ist. Die große, starke Hand nahm Yungup's kleine Hand. In dem kurzen Moment, als sie sich ihre Hände schüttelten, spürte Yungup wie sein Herz bei der Enormität dieses Versprechens klopfte.

Vor dem Verlassen, versprachen die drei Männer, dass sie für Yungup ans Meer zurück kehren würden. Er blieb stehen, während ihre Figuren in Ferne verschwanden. Während er sich an die Worte von Jesus mit seinen Armen festklammerte, fühlte sich Yungup, als würde er eine Handvoll Gold mit nach Hause durch die Berge tragen. Nur bei dem Gedanken an den Namen von Jesus, fühlte es sich an als würde sein Herz explodieren. Er fürchtete sich vor nichts. Nun fühlte er sich so, als könnte er endlich in Freude mit Hangum, Yamuraegi und Junmsoon leben.

Zuhause wieder angekommen, las Yungup während seiner Freizeit in der Pharmazieklink die Bibel. Die nun zwei Jahre alte, Yamuraegi fing an zu sprechen und lief im Haus herum. Eines Tages meldete Hangum, dass es ihr nicht so gut ging. Sofort überprüfte Yungup ihren Pils und war sehr überrascht, als er noch einen zweiten spürte.

„Liebling, hattest du in diesem Monat deine Menstruation?"

Hangum's Gesicht wurde vor Scham rot bevor sie darauf antworten konnte: „Denkst du ich wäre nun eine Art Großmutter? Es ist letzten Monat auch ausgefallen. Wieso?"

Yungup schaute sich das Gesicht seiner Ehefrau an, welches für ihn wunderschön trotz ihren Falten aussah.

„Ich kann einen zweiten Puls fühlen. Ich denke du bist schwanger! Wann hat deine Übelkeit angefangen?", fragte Yungup sofort.

„Was? Ich habe ein Baby? Willst du mich auf den Arm nehmen? Die ganze Zeit habe ich darauf gewartet, dass Junmsoon mit Yamuraegi's kleinen Bruder schwanger wird!"

„Ich bin mir sicher, dass du schwanger bist!", freute sich Yungup.

Hangum's Gesicht verbleichte auf einmal. „Kann das wahr sein?" Yungup nickte stolz mit seinem Kopf.

„Vielleicht segnet uns Jesus. Denkst du nicht?"

„Du hast Recht! Liest du nicht Jesus‘ Worte für Tag und Nacht? Jesus kannte von den Verlangen deines Herzens. Wie sonst hätte diese alte Frau ein Kind haben können?" Zuletzt brach Hangum in Tränen wegen Freude und Unglaubwürdigkeit aus. Yungup umarmte seine weinende Frau.

„Es gibt da eine Geschichte in Jesus Worten. Ein Mann namens Abraham hatte kein Kind gehabt bis er alt wurde. Doch Gott versprach ihm einen Sohn. Abraham wartete und wartete, doch er dachte, dass er Gottes Versprechen missverstanden hätte und hat einen Sohn durch seine Dienerin empfangen. Dennoch wurde Abraham's Frau Sarah schwanger, obwohl ihre Periode schon aufgehört hatte.

Abraham glaube danach, dass Gottes Versprechen echt war. Ist das nicht dieselbe Geschichte wie unsere? Obwohl Gott uns nicht versprochen hat – nein! Vielleicht hat er das. Als er unsere sieben Kinder von uns nahm, hatte er mir womöglich versprochen – mich nicht zu sorgen, da er uns ein sehr wertvolles Kind gab. Nur war ich nicht weise genug es zu verstehen. Es ist wahrhaftig ein wertvolles Kind, nicht wahr?“

„Bin ich wirklich schwanger? Wirklich?“ Hangum sank in Yungup’s Brust zusammen.

Als sie mit Yamuraegi an der Hand vorbei ging, hörte Junmsoon Hangum’s Weinen und stand draußen vor der Tür. In diesen Tagen litt sie an Einsamkeit, da Yungup nicht mehr ihr Zimmer bei Nacht aufsuchte.

„Es ist wahr! Du wirst ein Baby haben. Du solltest aber lieber vorsichtig sein, da du nicht mehr so jung bist wie früher.“ Yungup’s Stimme war liebevoll und süß.

„Was? Schwester hat ein Baby?“, murmelte Junmsoon vor sich hin. Sie fühlte sich, als würde kaltes Wasser durch ihren Körper hindurch fließen. Aus plötzlicher Eifersucht hielt sie Yamuraegi’s Hand noch fester.

„Mama, das tut weh! Aua!“

Junmson eilte hinaus, während sie ihr Kind hielt. Sie stieß auf Samgyul, der draußen mit seinem, aufgrund seines hohen Alters, gekrümmten Rücken spazierte. Um Yungup’s konstantem Genörgel, dass er ständig in der Pharmazieklinik sein Nickerchen macht zu entgehen, begann er jeden Morgen im Dorf herum zu spazieren. Mit ermüdeten Augen, blickte er zu Junmsoon und dem Kleinkind.

„Was? Stimmt irgendetwas nicht? Du siehst nicht so gut aus.“

Junmsoon’s Gesicht wurde völlig blass, als würde sie in jedem Moment in Tränen ausbrechen.

„Hangum hat ein Baby. Hangum hat…“

„Nun, sind das nicht gute Neuigkeiten? Wie wundervoll das doch ist!“

„Natürlich. Das sind gute Neuigkeiten.“ Junmsoon konnte kaum sprechen, als plötzlich Tränen aus ihren Augen fielen. „Es gibt keinen

Grund mehr, dass ich in diesem Haus bleibe. Wenn Hangum einen Jungen zur Welt bringt, was wird dann aus unserer Yamuraegi?"

„Sag doch sowas nicht! Wieso solltest du nutzlos sein? Nun hast du mehr Arbeit zu verrichten. Denk doch daran wie schwer es nun für Hangum sein wird ein Kind in ihrem Alter zu gebären! Von nun an, wirst du dich mehr um den Haushalt und um Yungup kümmern müssen. Das ist alles Gottes Wille. Falls du eifersüchtig sein solltest, ist das gegen seinen Willen. Bist du nicht die Tochter eines Katholiken, der an den Gott im Himmel glaubte? Weine nicht, sondern denk an das Gute. Er wird dich nicht verlassen."

Junmsoon hörte auf zu weinen, als Samgyul sie behutsam tröstete. Ohne zu wissen was gerade passierte, schlief Yamuraegi in den Armen ihrer Mutter ein.

Am 21. März 1891, brachte Hangum, zwölf Jahre nachdem all ihre Kinder aufgrund der Krankheit starben, einen Sohn zur Welt. Mit einer breiten Stirn geboren, voraussagten die Dorfbewohner, dass er genauso groß wie seine Mutter sein würde und zu einem Mann mit einem standhaften Charakter heran wachsen wird. Yungup gab dem Kind den Namen „Manbock", welcher bedeutete: „ein Leben voller Segen und Freude zu haben".

Vor Manbock's hunderttagiger Feier, verstarb Samgyul in einem Alter von siebenundachtzig Jahren. Nachdem er den Hafer bis Mitte dreißig säte, kam er zufälliger Weise zu Jubu's Pharmazieklinik um zu helfen und beerdigte alle sieben Kinder von Yungup. Obwohl er einige Zeit ein Anhänger von Donghak war, hörte er während seiner letzten Tage Yungup's Geschichten aus der Bibel zu. Mit dem Namen Jesus auf seinen Lippen, starb Samgyul in Frieden. Über allen Dingen glaubte er daran, dass Manbock kein Leid in seinen zukünftigen Tagen erleben wird.

Nach Samgyul's Beerdigung, machte die Familie Pai Pläne, um den hundertsten Tag seid Manbock's Geburt zu feiern. Als er seinen lächelnden Sohn in den Armen hielt, dachte Yungup über sein Treffen mit Davis im letzten Frühling nach. Er erinnerte sich daran, dass Davis ihn zu sich nach Busan einlud und Yungup glaubte daran, dass er dank dem Treffen mit Manbock gesegnet wurde.

„Sollte ich nicht zu ihm gehen und ihm erzählen wie Gott mich mit so einem wunderbaren Sohn gesegnet hat? Nun da wir den hundertsten Tag seit seiner Geburt feiern, sollte ich ihn zu uns einladen!"

Yungup stellte fest, dass es viel einfacher wäre Davis in den Straßen von Jeoja in Busan zu finden. Er war fest entschlossen Davis und seine Freunde auf die Feier einzuladen. Sogleich schloss er die Pharmazieklinik und packte seine Sachen. Er gab Hangum und Junmsoon Bescheid ein einzigartiges Festmahl für wichtige Gäste vorzubereiten und verließ sie um nach Busan zu vereisen.

Die Sommerstraßen von Jeoja waren überfüllt von Menschen. Yungup versuchte herauszufinden wo Davis wohnte, doch ohne eine genaue Adresse konnte er ihn nicht finden. Er dachte, dass es einfacher wäre Davis in der Menge auszumachen, da er ein Ausländer war. Trotzdem suchte er einen halben Tag lang, doch ohne Vergebens.

Während er durch die heißen Straßen schlenderte, setzte er sich an den Rand und seufzte. Er glaubte daran, dass er Davis so einfach wie beim letzten Mal treffen könnte. Er wollte Davis seinen gesunden Sohn, Manbock, zeigen und ihm mitteilen wie er die Gnade von Jesus' Worten bekam. Um sich abzukühlen, holte Yungup einen Fächer aus seinem Ärmel hervor. Ein alter Mann, welcher ein wenig weiter weg saß, beobachtete ihn träge.

„Es ist sehr heiß.", meinte der alte Mann.

„Ja, das ist es wirklich. Ich bin schon seit Stunden hin und her gelaufen und alles was ich zeigen kann ist dieser ganze Schweiß!"

Die Augen des alten Mannes funkelten, als er Yungup anlächelte. Obwohl er schäbige Kleidung trug, hatte er das Lächeln eines noblen Mannes. Er durchsuchte seine Sachen und nahm einen runden Keks heraus, welchen er Yungup anbot.

„Hier, nehmen Sie einen Bissen."

Der Keks war flach und dünner als Yakgwa, ein koreanischer Reiskeks. Yungup war so hungrig, dass er sofort den ganzen Keks in seinen Mund steckte. Der eigenartig ausschauende Keks schmolz in seinem Mund und schmecke süßlich. Er fand keine Worte, die weiche Textur und den Geschmack zu beschreiben.

„Was ist das? Es ist so lecker! Ich habe noch nie einen solch leckeren Keks gegessen."

Yungup wollte mehr. Der Mann lächelte ihn bloß an.

„Das ist ein westlicher Keks. Ist es so lecker? Doch ich kenne etwas weit aus besseres, als dieser Keks. Wissen Sie was das sein könnte?"

„Es gibt etwas Besseres als das? Was ist es? Ist es ein Reiskuchen aus dem Westen? Ich bin so hungrig. Bitte geben Sie mir ein wenig, um es zu probieren."

Der alte Mann sah noch einmal unter seinen Tisch. Was er heraus nahm war kein weiterer Keks, sondern ein Buch. Das selbe Buch, welches Yungup für ein ganzes Jahr mit sich trug – Jesus' Wort, die Bibel!

„Es existieren hier drinnen Worte, die viel süßer sind als der Keks. Wie können Sie das mit einem Keks vergleichen?"

„Wie haben Sie dieses Buch bekommen? Falls Sie über Jesus' Worte sprechen, dann habe ich diese auch. Deswegen bin ich hier um ihn zu finden."

„Wen?"

„Er kommt aus einem westlichen Land. Sein Name ist Davis, ein gesunder junger Mann, welchem ich im letzten Frühling aus Versehen am Meer von Kimhae begegnete. Er gab mir dieses Buch. Seitdem trug ich es immer bei mir. Meine alte Frau hat einen Sohn gebärt! Wir wollen seinen hundertsten Tag feiern, also kam ich hier her um diesen Gentleman einzuladen. Verstehen Sie?"

Der alte Mann legte seine Bibel hin und überlegte.

Yungup sprach erneut: „Wo kann ich ihn treffen? Er sagte mir, er würde sich in Busan niederlassen und lud mich ein ihn zu besuchen."

Endlich sprach der alte Mann. „Der Gentleman ist gestorben!"

„Was?"

„Im letzten Herbst litt er an Pocken und verstarb hier in Busan. Wie schade."

„Was haben Sie gesagt? Davis hatte Pocken? Oh nein! Was ist dann mit dem Übersetzter geworden, der bei ihm war?"

„Ich weiß es nicht. Falls er an derselben Krankheit litt, dann könnte er tot sein. Oder vielleicht ist er an einen anderen Ort gegangen, ich weiß es nicht. Jedenfalls ist der junge Mann, Davis, aus dem Westen verstorben. Doch es gibt weitere Ausländer hier. Würden Sie sie gerne kennenlernen?“

Yungup verbeugte seinen Kopf und antwortete dem alten Mann: „Nein, danke. Ich bin hier um Davis zu treffen. Ich brauche nicht jemanden weiteres zu treffen. Oh, es ist so schwer mit seinem Tod klar zu kommen. Er hat mir das Leben gegeben – wieso ist er gestorben? Wenn du an Jesus glaubst, dann bekommst du den Segen. Doch wie kann es sein, dass derjenige der zu mir kam und mir ein neues Leben gab nun tot ist? Wieso?“

„Es ist Gottes Wille. Das Leben des jungen Mannes zu nehmen und das Leben des alten zu lassen ist alles der Wille Gottes. Wie können wir bedeutungslose Kreaturen Seinen Willen verstehen? Dennoch ist dein Wunsch in Erfüllung gegangen. Viele Menschen sind aus dem Land des jungen Mannes hier her gekommen, nachdem sie von seinem Tod hörten. Also war sein Tod nicht sinnlos.

Es gibt einen Spruch der sagt, dass eine Person den Weg macht, doch die andere ihn geht. Davis machte den Weg, doch nun sind hier andere, die ihn gehen werden. Wie wäre es damit? Würden Sie gerne die neuen Besucher kennenlernen? Ein junges Paar und zwei Frauen sind hier. Einer starb, doch vier sind angekommen, also ist es so besser für uns.“

Yungup faltete seinen Fächer und stand auf.

„Nein danke. Ich will sie nicht treffen. Ich bin nur wegen Davis hier. Ich wollte ebenso den Übersetzter wiedersehen, doch keiner weiß ob er tot oder noch am Leben ist. Jedenfalls, danke ich Ihnen, Herr. Wären Sie nicht hier gewesen, dann wäre ich bis, keiner weiß wann, durch die heißen Straßen umhergewandert. Vielen Dank.“

Yungup verbeugte sich würdevoll und eilte hinfort. Er wollte nicht mehr in Busan bleiben. Er war so froh gewesen Davis von seinem Sohn erzählen zu können, doch nun war all das verschwunden und hinterließ ihm ein leeres Gefühl in sich. Er konnte sich noch an Davis leuchtende Augen und an sein vertrauenswürdiges Lächeln erinnern.

„Ich wollte ihm verkünden, dass ich einen Sohn habe, so wie Abraham! Eine Person macht den Weg, die andere geht ihn. Wenn er derjenige war, der den Weg frei machte, was bin ich dann? Bin ich die bedeutungslose Person, die die Steine bricht ehe ich den Weg frei mache? Ist das der Grund, weshalb all meine sieben Kinder starben? Muss dann mein Sohn, Manbock, sich eine Straße aus den Steinen, welche ich zerbrach, machen? Nein! Nein! Mein Sohn muss derjenige sein, der diesen Weg geht, nicht der der es macht. Ja! Ich werde lang genug leben, um einen Weg für ihn zu machen, damit er einen besseren Weg gehen kann."

Yungup eilte zurück nach Kimhae, mit der Vorstellung von dem lächelnden Gesicht seines Sohnes, welches ihn nach Hause lockte.

„Damit du einen besseren Weg gehen kannst, werde ich dir diese Straße machen. Ich bin für dich schon über alle Hindernisse gegangen. Du musst wissen wie sehr deine Mutter und ich deinetwegen gelitten haben. Das wird dir nie wieder passieren. Manbock, Papa kommt zu dir! Warte auf mich. Du musst einen besseren Weg gehen. Papa wird dir dabei helfen!"

Schweiß und Tränen vermischten sich auf Yungup's Gesicht, als er auf sein Haus zu lief.

KAPTITEL 14

„Die weiterführende Beziehung"

AN EINEM SONNIGEN Tag in 1894, spielten drei Kinder im Garten, während der lächelnde Yungup, der nun Sungdu hieß, sie dabei beobachtete. Er vergaß niemals seine Bibel zu lesen, welche Davis ihm vor vier Jahren gegeben hatte. Er schloss sich die Worte tief in sein Herz und sie veränderten ihn von innen nach außen. Obwohl er über den Tod von Davis und darüber, dass er ihn nicht noch einmal treffen konnte traurig war, führte Sungdu trotzdem seine Arbeit in der Pharmazieklinik fort, doch nun mit seiner neuen Gewohnheit die Bibel jeden Tag zu lesen.

Das erste was er tat, nachdem er zurück kehrte, war es seinen Namen von dem buddhistischen „Yungup" zu „Sungdu" umzuändern. „Sung" bedeutete heilig und „Du" hieß Schüssel. Zusammen ergab „Sungdu": die heilige Getreideschüssel. In der ländlichen Seite von Kimhae, assoziierte man das Getreide mit dem Leben. Sungdu glaubte, dass seine Namensänderung angemessener war um sein neues Leben zu reflektieren, da er nun ein heiliges Leben vor Gott führen wollte.

Zur selben Zeit änderte Sungdu den Namen seines Sohnes von Manbock zu Dongsuhk. „Dong" bedeutete Osten und „sukh" bedeutete leuchtend, also hieß der Name, dass der Osten leuchtender wurde. So wie die Sonne aus dem dunklen Himmel im Osten aufging, so stieg auch ein heiliges Kind aus der Dunkelheit der Vergangenheit von Familie Pai herauf.

Sungdu änderte ebenso Hangum's Namen zu Hannah, wie die Mutter von Samuel aus der Bibel. Als er die Bibel las, erkannte er die Ähnlichkeiten zwischen seiner Frau und Hannah, da sie beide mit Tränen für einen Sohn gebetet haben. Was für ein Wunder es doch ist ein Baby zu haben, nachdem er seine sieben Kinder verloren hatte! Wenn

Hannah ein solch Wunder durch Gottes Fürsorge erfahren hatte, dann könnte das selbe auch bei seiner Frau geschehen, dachte er. Er wollte ebenso, dass sein Sohn mit seinem neuen Namen Dongsuhk getauft wird, damit er zu so einem rechtvollen Mann wie Samuel aufwachsen könnte.

Die Herbstsonne schien auf seinen vier Jahre alten Sohn und seine siebenjährige Tochter hinunter. Bald nach Dongsuhk's hundertster-Tag-Feier, gebar Junmsoon ihr zweites Kind, Changsuhk.

Sungdu erinnerte sich an den selben Garten, wo vor vielen Jahren seine jüngste Tochter von einem tollwütigen Hund zu Tode gebissen wurde. Zu der Zeit waren seine Mutter Jungshi und die liebevolle Junmrae novh am Leben und der Hinterhof war erfüllt vom fröhlichen Geplapper der kleinen Kinder. Er dachte daran, wie glücklich er in der Zeit gewesen ist.

Nun spielten andere Kinder in Hinterhof und seine Frau war in Jungshi's Alter. Die Zeit schickte vielerlei Dinge hinfort, doch ersetzte diese durch neue.

Sungdu konnte nicht genau sagen, ob er glücklich war, doch er hatte keine Angst mehr.

Eines Tages könnten ihm die Kinder weggenommen werden oder seine Frau könnte sterben, doch er fürchtete sich nicht mehr vor solchen Dingen. Stattdessen legte er seine Schätze und Kostbarkeiten in die ewige Welt. Seine Seele strahlte ein Selbstbewusstsein aus, welche demjenigen gehörte der von Gott geliebt wurde.

Als er seine Kinder beobachtete, wusste Sungdu, dass er seinen Kindern beibringen musste Gott zu lieben. Seine Frau und Junmsoon teilten nun diesen Glauben, doch dies war nicht genug. Über seinen Kindern hinaus, fühlte er sich dazu veranlasst die Botschaft mit seinen Nachbarn zu teilen. Er stand blitzschnell auf.

Doch wie konnte er das ausdrücken was er fühlte? Im Dorf von Dongsang waren viele Menschen nicht dazu fähig zu lesen, deshalb brachte es ihnen nicht viel die Bibel zu lesen. Obwohl das Missionarspaar, welches nach Chosun durch Busan kam, nun im Dorf Dongsang waren, versuchte Sungdu nicht diese Leute zu kontaktieren. Vielleicht war er immer noch von Davis' Tod überwältigt.

Wenn er dem Paar aus dem Westen zu nahe kommen würde, dann fürchtete er sich davor, dass sie gehen könnten. Als er die Bibel alleine las, fühlte er sich zufrieden und erfüllt. Doch zur selben Zeit dachte er, dass es an der Zeit wäre in die Welt hinaus zu gehen und den anderen von Gott mitzuteilen. Doch wie könnte er das anstellen?

Als die Herbstsonne am Horizont unterging, setzte sich Sungdu auf den hölzernen Boden. Mit Samgyul's Tod gab es niemanden mehr, der ihm in der Pharmazieklinik helfen könnte. Wenn Samgyul noch da gewesen wäre, dann hätte Sungdu ihm die Pharmazieklinik anvertraut, während er hinaus in die Welt gehen würde um die Botschaft zu verbreiten. Während dieser notleidenden Zeit, ertrugen viele Leute so gut es ging ihre Krankheit, deshalb wurde die Arbeit sehr knapp. Dennoch konnte er seine Arbeit nicht völlig unbeaufsichtigt lassen.

Plötzlich vermisste Sungdu Samgyul, welcher einen solch friedlichen Gesichtsausdruck zeigte, als er genau vor seinem Tod an den Namen Jesus überzeugt glaubte. Mit der Donghak Revolution, war das Land in einem rastlosen Zustand. In der Joellado Provinz entstehend, verbreitete sich auch schon bald die Revolte nach Chungcheongdo, wo General Jeong Bongjune die Leute führte. Es gab viel Widerstand, obwohl die Revolution letztendlich beendet wurde.

Sungdu dachte an Jjaekpe, der Anführer der Bettler. Nun wäre er um die siebzig Jahre alt. Ich frage mich wo er ist, überlegte er. Mentor Kim und Onkel Samgyul verstarben, doch die beiden älteren Männer hatten einen enormen Einfluss auf Sungdu's Leben.

Mentor Kim brachte ihm schulisches und medizinisches Wissen bei, während Samgyul ihn sein ganzes Leben beschützt hatte. Jjaekpe kam wie der Wind in und aus seinem Leben. Doch er war ein großer gesunder Mann und es gab die Wahrscheinlichkeit, dass er immer noch am Leben sein könnte und in der Donghak Revolution teilnahm.

Sungdu verband Jjaekpe mit Choi Shihyong, der Gründer von Donghak, welchen er in Hanyang getroffen hatte. Choi Shihyong hatte ein gewöhnliches Gesicht, doch lieblich leuchtende Augen, welche ohne jegliches Leid schienen. Er fühlte sich so, als würde er nun den Glimmer in diesen Augen verstehen. Es war der Blick einer Person, welche ihr Leben der Ewigkeit anvertraut hatte. Sungdu hatte nun den selben

Schimmer in seinen eigenen Augen. Als er seine Augen schloss und die Erinnerung an Choi Shihyong's Augen genoss, dachte er daran, dass er ihn gerne mal wiedersehen würde.

Als die warme Sonne hinter den Bergen verschwand, wehte ein kalter Wind ins Haus.

„Mein Changsuhk könnte sich eine Erkältung holen. Lass jetzt rein gehen." Junmsoon kam aus dem Hauptzimmer heraus um das Kind in ihre Arme zu nehmen und nahm Dongsuhk's Hand. „Schau mal! Dein Bruder geht auch rein, richtig? Dongsuhk achte darauf, dass du deine Hände wäschst wenn du wieder drinnen bist."

Obwohl Changsuhk ihr Sohn war, versuchte Junmsoon so gut wie möglich auch auf Dongsuhk aufzupassen, vor allem da er der älteste Sohn war somit den Besitz der Pai Familie erben würde.

„Mama, wir wollen noch ein wenig weiter spielen. Es ist immer noch hell genug." Yamuraegi, die nun zu der älteren Jungmyung aufgewachsen ist, zog am Rock ihrer Mutter.

„Sei leise! Du bist die älteste hier. Willst du etwa, dass deine jüngeren Brüder krank werden, weil sie im kalten Wind spielen? Hätten sie nicht schon längst drinnen sein müssen, bevor ich raus gekommen bin?"

Verängstigt vom Geschimpfe ihrer Mutter, sah Jungmyung hilfebittend zurück zu ihrem Vater. Sungdu wank mit seiner Hand und zeigte mit seinem Kopf zu dem Haus um darauf hin zu weisen, dass sie ihrer Mutter hinein folgen sollte. Bald hörte er den Klang von platschendem Wasser, als die drei Kinder sich ihre Hände wuschen. Der Herbsthimmel wurde schnell dunkel.

Sungdu stellte die Medizin zusammen, ehe er die Pharmazieklinik verließ. Als er raus ging, war es schon völlig dunkel. Aus irgendeinem Grund empfand er das Gefühl von Aussichtslosigkeit. Seufzend sah er hinauf in den Himmel, bevor er sich in Richtung Hauptzimmer bewegte. Nach ein paar Schritten hörte er etwas und stoppte. Er sah sich um, doch da war nichts. Womöglich ist es der Wind gewesen, der die Blätter wehte, doch der Herbstwind hatte schon aufgehört.

Er ignorierte es und Sungdu ging einen weiteren Schritt, doch dann vernahm er erneut ein Geräusch. Es wurde lauter als davor. Dann realisierte er, dass es die Stimme einer Person war, die ihm zuflüsterte.

Langsam ging er in die Richtung, woher das Geräusch kam. Er befand sich neben der benachbarten Scheune.

„Hey! Hey!“ Jemand rief nach Sungdu. Er stand still vor dem leeren Stall und starrte hinein.

„Wer ist das? Ist jemand hier?“

Drinnen, sah er weiße Kleidung und hörte eine bekannte Stimme. „Doktor Pai, ich bin es! Der Anführer der Bettler, Jjaekpe!“

Der Mann trat aus dem Dunkeln heraus.

„Wie...? Jjaekpe! Sie sind es wirklich!“

Bevor Sungdu seinen Satz beenden konnte, eilte Jjaekpe zu ihm um ihn zu umarmen.

„Glauben Sie es oder nicht, ich habe heute an sie gedacht! Darüber, wie schön es wäre Sie wiederzusehen. Und dann tauchen Sie wie ein Traum auf! Lassen Sie mich Sie im Licht ansehen. Wie lange ist es schon her? Vielleicht zehn Jahre? Nein, mehr als das.“ Sungdu's Stimme wurde gefühlserfüllt immer lauter. Jjaekpe tat einen Finger auf seine Lippen, damit er wieder still wurde.

„Eigentlich werde ich verfolgt. Ich war nun seit einiger Zeit in Dongsang. Ich schaute um zu sehen, ob es sicher wäre bei Ihnen zuhause zu bleiben. Als die Tür sich diesen Nachmittag öffnete, kam ich in den Stall und machte ein langes Schläfchen.“

„Sie werden verfolgt? Wegen Donghak?”

„Wegen was sonst?“

„Dann lassen Sie uns nicht hier darüber reden. Lassen Sie uns rein gehen. Wir wollten gerade zu Abend essen.“

Als er Jjaekpe zum Hauptzimmer führte, warf er einen besseren Blick bei Mondschein auf das schäbige Aussehen. Die einst breiten Schultern wurden deutlich schmaler und seine Augen schienen schwächer. Was ihm auch immer zugestoßen ist, er hat womöglich gewaltig gelitten, dachte Sungdu.

Als sie drinnen waren, stopfte sich Jjaekpe so das Essen in seinen Mund, als hätte er tagelang nichts gegessen. Als er fertig war, schaute er sich die einundfünfzig jährige Hannah an.

„Die Zeit ist wirklich schnell vergangen. Früher sahst du aus wie eine Blume.“

Hannah schaute bei Jjaekpe's Worten auf. „Worüber reden Sie? Meine Hochzeit? Das war vor einer sehr langen Zeit." Hannah lächelte.

Jjaekpe, Sungdu und Hannah redeten die ganze Nacht. Es gab so vieles mitzuteilen, wie die Geschichte von Junmsoon, Hannah's Sohn und die Umwandlung welche Sungdu erlebt hatte, damit wie er seinen Namen und den seiner Familienmitglieder änderte. Doch als er von Samgyul's Tod erfuhr, wurde Jjaepek's Gesichtsausdruck traurig.

„Nun er war alt und hat ein langes Leben gelebt. Ich sollte lieber aufhören zu wandern und nach einem Ort suchen wo mein Körper begraben werden könnte, wenn ich tot bin. Ich bin siebzig Jahre alt und habe keine Kinder, doch ich bin immer noch am Wandern. Die Donghak Revolution ist fehlgeschlagen. Nun bin ich nichts mehr als ein Davonläufer."

„Ich weiß nicht wie ich es Ihnen sagen soll, aber was wenn Donghak wirklich eine Religion ist, ich denke nicht, dass es einen Bedarf für eine Revolte gibt. War es letztendlich nicht nur ein Hilfsmittel für diejenigen mit der Kraft für Veränderungen? Wenn es eine Religion wäre, würde es seine Anhänger nicht zuerst lehren, wie man ein guter Mensch sein sollte, richtig?"

Jjaekpe's schwachen Augen wurden auf einmal scharfsinnig, doch verloren wieder an Kraft, als er zu sich murmelte: „Ich weiß nicht mehr was richtig und was falsch ist. Ich verbrachte meine ganze Jugend damit, Donghak zu folgen. Vielleicht war es besser gewesen über Donghak zu lernen, statt der Anführer von Bettlern zu sein. Was ist der Glaube? Ein Mensch wie ich, der keine Möglichkeit dazu hatte aus der Armut und der Ignoranz zu entkommen, könnte von Donghak genutzt werden um unsere soziale Gesellschaft neu zu erfinden.

Nun bin ich alt. Jeder der Anführer von Donghak sitzt nun im Gefängnis und ich selbst bin ein Flüchtling. Wenn mehr Zeit vergeht, vergessen sie vielleicht, dass sie auf der Suche nach mir sind. Ich kann dir so wie damals wieder in der Pharmazieklinik helfen. Wenn ich gewusst hätte, dass ich so mit meinem Leben enden würde, dann hätte ich einfach eine arme junge Frau geheiratet um als Farmer hier leben zu können."

Sungdu schaute sich Jjaekpe's altes Gesicht an und lächelte ihm zu. „Es ist eigenartig. Wissen Sie noch wie ich vor kurzem über sie nachdachte? Nun, ich habe mich gewundert wer mir in der Pharmazieklinik helfen könnte, da nun Samgyul und Mentor Kim verstorben sind. Ich habe mir gewünscht, dass Sie noch am Leben wären. Und nun sind Sie hier, in meiner Scheune schlafend!"

„Dr. Pai, Sie müssten womöglich übernatürliche Kräfte haben, da Sie an diesen Geist Jesus glaubten.", lachte Jjaekpe.

„Wenn es das ist was Sie denken, wollen Sie dann an ihn glauben?", fragte ihn Sungdu mit einer ernsten Stimme. Jjaekpe hörte auf zu lachen.

„Du wirst nicht sterben, wenn du an Jesus glaubst? Ich bin sehr alt und somit ist es mein einziger Wunsch in meinen letzten Tagen noch ein gutes Leben zu führen."

„Natürlich. Sogar die Toten werden eines Tages wieder zurück ins Leben kommen wenn man an Jesus glaubt."

„Was? Zurück ins Leben kommen? Das ist das merkwürdigste was, ich je zu hören bekommen habe."

„Das stimmt, es ist merkwürdig. Doch ich glaube daran."

Sie blieben für ein paar weitere Stunden wach und redeten in die Nacht rein. Als Hannah, die neben dem schlafenden Dongsuhk nähte gähnte, stand Jjaekpe auf um ins Bett zu gehen. Als er vor hatte zu gehen, blickte er hinunter zu Dongsuhk's langen Beinen.

„Oh, er hat so lange Knochen! Obwohl er noch so jung ist, hat er lange Beine und Arme, so wie seine Mutter. Da er ein kostbarer Sohn ist, wird er zu einer großartigen Person aufwachsen."

„Natürlich, das muss wahr sein!" Hannah wollte vor Freude weinen, als sie Jjaekpe's Worte hörte.

„Weißt du, dass du übernatürliche Kräfte besitzt, obwohl du noch nicht an Jesus glaubst? Wie sonst hättest du gewusst, dass er zu einem großen Menschen wird? Ich wusste es schon.", Sungdu scherzte und alle lachten.

Doch nachdem Jjaekpe ins Bett gegangen ist, konnte Sungdu nicht sofort einschlafen.

„Was ist los? Wieso kannst du nicht schlafen? Machst du dir Sorgen, dass jemand Jjaekpe fest nimmt?", fragte Hannah.

Sungdu stöhnte. „Das ist es nicht worüber ich mir Sorgen mache. In Gyungsang sind ihnen die Anhänger von Donghak egal, nicht wahr? Die Revolte startete in Jeollado. Wer würde eine solch alte Person verdächtigen? Wir können ihnen sagen, dass er ein entfernter Verwandter von uns wäre. Wer ist alt genug um sich bei ihm an den Anführer der Bettler zu erinnern? Es ist so lange her, ich mache mir darüber keine Sorgen. Ich denke über etwas anderes nach."

„Was ist es? Es gibt etwas anderes?" Hannah richtete ihren Körper zu Sungdu.

„Es ist nichts, worüber man sich Sorgen machen sollte. Weißt du worauf ich mich in den letzten Tagen freue?"

„Es ist der Himmel, nicht wahr? Wohnt nicht der Herr Jesus im Himmel?"

„Sagst du mir, dass nur ich an ihn glaube?" Sungdu schaute in der Dunkelheit zu Hannah.

„Wieso fragst du das? Natürlich glaube ich auch an ihn. Wie könnte ich nicht an etwas glauben an was du glaubst? Doch nur ich? Nein, Jungmyung's Mutter glaubt ebenso an Jesus. Sie hat womöglich einen tieferen Glauben, da sie aus einer katholischen Familie kommt. Wie kann ich nicht daran glauben? Dieser Glaube hat uns mit unserem Sohn, Dongsuhk, gesegnet. Er wurde dank dir geboren."

„Nein, es ist dank dem Heiligen über uns geschehen."

„Jedenfalls bin ich dankbar. Worüber machst du dir dann Sorgen?", fragte seine Frau. Sungdu seufzte tief, bevor er seiner Frau antwortete: „Es gibt nichts um sich Sorgen zu machen. Nun will ich einfach nur jedem über Jesus mitteilen. Mein einst so leeres Herz ist nun erfüllt von Jesus‘ Worten. Ich will anderen auch über ihn erzählen.

Es gab da einen alten Mann, den ich in Busan traf, der anderen auch über Jesus erzählen wollte. Nun kann ich seine Perspektive nachvollziehen. An manchen Tagen habe ich das Gefühl, dass mein Herz für andere schlägt, um zu wissen was ich weiß und um zu erleben was ich erlebt habe. Doch ich weiß nicht genau, was ich sagen sollte. Vielleicht muss ich die Botschaften allmählich lernen. Hast du über dieses westliche Paar im Dorf Dongsang gehört? Ich will sie so bald wie möglich treffen.“

Hannah blieb schweigsam. Sie wollte etwas sagen, doch sie konnte nicht genau die Erfüllung, über die ihr Ehemann sprach, verstehen. Sie war einfach nur dankbar, dass ihr Sohn Dongsuhk gesund aufwuchs und dass es nichts gab, an was es ihnen mangeln würde.

„Wenn das dein Wille ist, dann mach dies. Letztendlich ist Jjaekpe nun hier um dir in der Pharmazieklinik auszuhelfen. Du hast ziemlich viel Glück, weißt du? Als du jünger warst hattest du Herr Jubu, dann Mentor Kim und Onkel Samgyul. Kurz nach Samgyul’s Tod ist Jjaekpe wie aus einem Traum aufgetaucht, richtig? Mach das was getan werden muss. Wenn er sich an die Arbeit gewohnt hatte, dann kannst du vielleicht erneut nach Busan reisen.“

„Ja, das ist das worüber ich nachgedacht habe zu machen. Bevor wir Dongsuhk’s hundertsten Lebenstag feierten, war ich so erschüttert zu hören, dass Davis tot war, dass ich das westliche Missionarspaar gar nicht mehr sehen wollte. Ich war nicht bereit dazu. Kannst du glauben, dass seitdem drei Jahre vergangen sind? Ich frage mich, ob der alte Mann in Busan immer noch am Leben ist. Dass alte Leute sterben ist natürlich, doch das s Davis in seinen jungen Jahren gestorben ist, hat mich schockiert. Ich hatte wieder Angst zu leben. Ich war so glücklich, nachdem Dongsuhk geboren wurde, dass ich mich wieder davor fürchtete, dass etwas schreckliches wieder passieren könnte. Doch ich habe keine Angst mehr. Meine Gedanken sind ruhig. Worüber habe ich Angst? Das Leben und der Tod sind Gottes Wille. Es gibt einen Grund für alles. Wenn ich zurück in die Vergangenheit blicke, kann ich nun erkennen, dass alles aus einem Grund geschehen ist. Das Sterben meiner Kinder, der Tod meiner Mutter, meine Wanderungen, dein Warten auf mich, als wärst du ein Geist gewesen. Das sind alles die Proben, auf welche uns Gott stellt, damit wir an Jesus glauben können.“

Hannah antwortete nicht, da sie eingeschlafen ist, als sie den Worten ihres Mannes zuhörte.

Die aufsteigende Sonne schien durch das östliche Fenster am Morgen. Aufgeregt von der gestrigen Nacht, schlief Sungdu nicht einen einzigen Augenblick. Hannah wachte bei dem Krähen des Hahnes auf.

„Ja, du hast recht. Tu das was getan werden muss. Geh heute nach Busan." Hannah lachte zu sich, als ihr diese Worte aus dem Mund kamen. Was um Himmels Willen sagte sie da?

Als sie sich ihre Haare machte, gähnte Sungdu und schloss seine Augen mit einem freundlichen Lächeln auf seinen Lippen. Er konnte die Morgensonne spüren, wie sie seine Augenlider wärmte. Als er einschlief, träumte er über ein Licht, welches die ewige Dunkelheit erleuchtete – das Licht der Hoffnung aus der Wahrheit.

KAPITEL 15

„Pfarrer Ross"

IM FRÜHLING 1895, saß Sungdu vor Pfarrer Ross, dessen koreanischer Name Noh Seyoung war. Bald nachdem er Kimhae verließ um nach Busan zu reisen, traf Sungdu auf einen weiteren amerikanischen Missionar, Reverend Beard, dem er von seinem Aufruf ein Missionar zu werden erzählte.

Nachdem Reverend Beard fort ging, kam Pfarrer Ross nach Busan und freundete sich mit Sungdu an, welcher ihm dabei half sein Leben in Busan herzurichten. Er konnte koreanisch sprechen, was hieß, dass er keinen Übersetzer brauchte. Seit dem letzten Herbst, engagierte sich Ross dazu in das Dorf Dongsang einmal wöchentlich zu gehen um Sungdu's Familie die christliche Lehre beizubringen. Obwohl er Busan am frühen Morgen verließ, wurde es schon Abend, als Pfarrer Ross im Dorf Dongsang ankam. Nachdem er das Abendessen aß, welches ihm Hannah vorbereitet hatte, fing Ross an die Lehren von Jesus auf Koreanisch dem Rest der Familie beizubringen.

Sungdu's Tochter Jungmyung setzte sich ebenso für die Lehren hin, konnte jedoch nicht aufhören zu gähnen. Die anderen zwei Kinder, Dongsuhk und Changsuhk, schliefen schon längst auf dem Schoß ihrer Mutter. Unter den Erwachsenen war Junmsoon die schlauste Schülerin. Obwohl sie aufgrund ihrer armen Familie zu einer Konkubine wurde, erkannte sie, dass alle Ereignisse in ihrem Leben Gottes Wille waren.

Während er beobachtete wie Junmsoon ernst dem Pfarrer Ross zuhörte, lächelte Sungdu. Er war stolz darauf, dass sie Hannah pflichtbewusst mit dem Haushalt und der Erziehung der Kinder half. Doch mehr als das war er stolz darauf, dass sie ihren Glauben, mehr als Hannah es tat, teilte.

Als Sungdu ins Zimmer kam, schaute er Jjaekpae an, dessen Kopf tief verbeugt war. Sungdu hustete ein paar Mal laut und weckte den alten Mann auf. Nach dem Niederschlag der Donghak Revolution, versteckte sich Jjeakpeae in der Pharmazieklinik. Bisher verdächtigte ihn niemand im Dorf Dongsang, dass er irgendwelche Verhältnisse zu Donghak hätte. Ganz im Gegenteil, da Jjaekpae ebenfalls von dem westlichen Missionarspaar dazu lernte, dachten die Dorfbewohner, dass er derjenige war der vor Sungdu an Jesus geglaubt hatte.

Als erstes brachte Pfarrer Ross der Familie bei sich das Gebet des Herren zu merken. Vom frühen Morgen bis zur späten Nacht wiederholten sie die Worte immer und immer wieder. Letztendlich fing Sungdu an sich schläfrig zu fühlen und sogar Junmsoon's funkelnden Augen wurden matter. Hannah beeilte sich, um das Bett für die Rosses im Hauptzimmer vorzubereiten.

Obwohl es dunkel war, ging das Ross Paar hinüber zum Brunnen, um sich den Mund und die Hände vor dem Schlafengehen zu waschen. Das erste Mal, als sie das taten, war Jjaekpae über ihr Verhalten äußerst verwirrt.

„Wozu waschen sie sich ihren Mund und ihre Hände?"

„Das ist was die Leute aus dem Westen machen. Vielleicht denken sie deswegen, dass wir Koreaner schmutzig sind. Wir waschen unser Gesicht nur am Morgen.", antwortete Sungdu.

Immer wenn die Rosses dort die Nacht verbrachten, schliefen Sungdu gemeinsam mit Jjaekpae in der Pharmazieklinik, während Hannah Dongsuhk mit in das Zimmer von Junmsoon nahm.

In der ersten Nacht hinterließ Hannah den Rosses, während diese sich draußen wuschen, einen Nachttopf damit sie Mitten in der Nacht auf die Toilette gehen konnten. Als sie den Nachttopf fanden, wunderten sie sich wofür der gut war. Es war leer und rund wie ein Topf. Sie dachten, dass Hannah es für sie her brachte, da sie Wasser rein tun wollte, es doch nicht konnte weil sie am Brunnen waren.

Als er zurück mit seinen Frau zum Brunnen ging, füllte Pfarrer Ross den Topf mit Wasser und trank, gefolgt von seiner Frau, daraus. Sie brachten den halb gefüllten Topf zurück in ihr Zimmer, falls diese in der Nacht durstig wurden.

Zur selben Zeit hörte Hannah wie Geräusche vom Brunnen kamen. Sie realisierte plötzlich, dass sie vergessen hatte etwas in das Gästezimmer zu tun. Die junge Junmsoon war schon längst mit Jungmyung und Changsuhk eingeschlafen. Sie eilte hinüber zur Küche und platzierte verbrannten Reis Tee in eine Teekanne und deckte diesen mit Stoff ab. Mit einen kleinen hölzernen Teller mit der Kanne obendrauf tragend, ging Hannah zu deren Zimmer hinüber. Bei ihrem Eintritt lächelte Pfarrer Ross. Die Rosses hielten den Nachttopf in ihren Händen, welcher zur Hälfte gefüllt mit Wasser war, das im Mondschein schien. Hannah konnte nicht verstehen, weshalb sie den Topf zum Brunnen mitnahmen.

„Pfarrer, ich habe vergessen Jarikki (Wasser für die Bettzeit) in euer Zimmer zu bringen."

Ross schaute bei Hannah's Worten verwirrt. „Jarikki? Jarikki..."

„Oh, das ist das Wasser was ihr trinken könnt, falls ihr mitten in der Nacht durstig werdet."

Hannah zeigte ihnen den hölzernen Teller mit der Teekanne. Ross schaute zurück zu dem Topf in seinen Händen und dann erneut zu der Teekanne, die Hannah bei sich hielt.

„Was ist das dann? Ist das nicht die Wasserschüssel?" Er schüttelte den Nachttopf. Hannah's Gesicht wurde blass, als sie verstand was los war. „Oh nein! Das ist dafür da, falls ihr urinieren müsstet! Das ist ein Yogang!"

„Yogang? Hier, zum urinieren?"

Frau Ross runzelte ihre Stirn. „Oh meine Güte! Oh meine Güte!", rief sie als Herr Rosses verwirrtes Gesicht zu einem Lächeln wurde.

„Es war so sauber und glänzend, dass wir dachten, es wäre ein Topf zum Trinken. Ich habe mich gewundert, weshalb da kein Wasser war. Richtig! Meine Frau und ich haben schon ein wenig Wasser daraus getrunken!"

Beschämt öffnete Hannah ihren Mund, doch sie konnte nichts sagen. „Es tut mir so schrecklich Leid! Ich hätte es ihnen davor sagen sollen."

Während er Hannah's Entschuldigung zuhörte, wurde Herr Rosses Lächeln größer. „Ha! Ha! Das ist in Ordnung. Es liegt daran, dass wir aus einem anderen Land kommen. Das ist nicht Ihre Schuld, machen Sie sich da keine Sorgen."

Frau Ross lächelte ebenso. „Das ist wahr. Es ist nicht Ihre Schuld, also müssen Sie sich nicht entschuldigen. Das ist okay. Wir haben kein Urin getrunken. Heute haben wir etwas neues gelernt – was ein Yogang ist. Tatsächlich ist es unser erstes Mal, dass wir außerhalb von Busan schlafen. Also ist es gut neue Erfahrungen zu sammeln."

Hannah erkannte, dass ihnen der Fehler wirklich nichts ausmachte. Dennoch konnte sie ihren Kopf vor Scham nicht hoch heben, als sie wieder nach draußen ging. Plötzlich wollte sie anfangen zu weinen.

„Wer ist das Jesus, der diese Menschen in ein für sie fremdes Land schickte, damit sie dann später aus einem Yogang trinken würden? Und ihre Gesichter sind so engelsgleich."

Hannah wischte sich ihre Tränen weg. Sie vernahm drinnen das leise Schnarchen von Junmsoon und ihren Kindern. Bevor sie die Tür öffnete, sah sie hinauf in den Himmel. In der Dunkelheit erblickte sie einen Schatten auf dem hell leuchtenden Mond. Im Nu sah es aus wie das Gesicht eines Mannes. Der volle Mond hatte eine Ähnlichkeit zu einem menschlichen Gesicht! Aus Furcht griff Hannah nach ihrem Kragen. Es fühlte sich an als würde jemand auf sie herab schauen. Plötzlich war ihr Körper in Frieden und ihre Angst verschwand.

„Jesus! Bist du hier? Beobachtest du mich? Weißt du Bescheid über meine Kinder und wie sie vor vielen Jahren gestorben sind? Kennst du meinen Dongsuhk und Changsuhk? Kennst du meinen Sungdu, welcher dich so sehr liebt?

Ich bin keine geizige Person. Ich frage nicht nach viel, außer nach dem, dass ich meine Kinder gesund aufwachsen sehen kann. Segne Sungdu und mich damit wir gemeinsam glücklich und mit guten Wohlstand leben können. Das ist alles worum ich dich bitte."

„Pfarrer! Es ist schon eine Weile her, seit Sie mein Zuhause im letzten Herbst besucht haben."

Von der hellen Frühlingsonne blinzelnd, drehte sich Pfarrer Ross zu Sungdu. Er war kurz davor etwas zu sagen, bis er sich an etwas so lustiges erinnerte, dass beim lachen seine Schultern schüttelten.

„Ja, es ist so wie Sie es sagten. Es ist schon eine Weile her, seit meine Frau und ich im letzten Herbst aus dem Yogang tranken!"

Sungdu's Gesicht wurde leuchtend rot. „Ich habe von der Geschichte von Dongsuhk's Mutter zu hören bekommen."

„Ist das nicht witzig? Was normal ist, ist so ungewöhnlich für uns, da wir in einem fremden Land sind und uns noch nicht genau mit der Kultur auskennen."

„Dennoch tut es mir Leid. Dongsuhk's Mutter war so gerührt von ihrem gnädigen Verhalten und so neugierig wie sie eine solche Demütigung und so eigenartige Bräuche ertragen können. Nun hat sie die Kraft von Jesus' Liebe erlebt."

Das lächelnde Gesicht vom Pfarrer Ross wurde ernst.

„Oh, Sungdu! Ich habe seit längerem darüber nachgedacht, dass wir den Namen unseres Herren richtig aussprechen müssen, vor allem wenn wir hinaus in die Welt gehen um den anderen über ihn zu erzählen. Sein Name ist nicht „Yasu", es ist „Yesu". Sagen Sie „Yesu"."

„Ye, su. Ye, su. Yesu!"

„Ja, das ist richtig! Sein Name ist Yesu, der Nazarener, da er in Nazareth geboren wurde. Zu der Zeit haben die Menschen den Namen ihrer Heimatstadt als ihren Nachnamen verwendet. Zum Beispiel, wenn Sie im Dorf Dongsang geboren wurden, dann wäre ihr Name „Sungdu Dongsang"."

Sungdu nickte mit seinem Kopf.

„Bis jetzt habe ich Sie über die Erwartung von Yesu's Geburt als Messiah und über seinen Tod gelehrt. In erster Linie will ich, dass Sie sich mit seiner Wiederauferstehung auseinandersetzten. Denken Sie darüber nach. Was denken Sie, wovor sich die Menschen am meisten fürchten? Der Tod. Es gibt niemanden, der dem Tod entkommen kann. Jesus ist der einzige, der die Kraft über den Tod hat. Den Tod zu überwinden heißt die ganze Welt zu erhalten."

Sungdu nickte erneut. Monatelang haben die Lehren des Pfarrers Ross einen tiefen Eindruck in seinem Herzen hinterlassen.

„Es gibt kein Ende für das Lernen aus der Bibel. Wenn Gottes Liebe in Ihrem Herzen ist, dann übermitteln Sie so bald wie möglich die Botschaft an andere Menschen. Zuallererst ist die Liebe Gottes das wichtigste für Sie. Also kommt die Botschaft der Wahrheit nicht von da, wo Sie es kennen – sondern kommt es aus Ihrem Herzen. Lassen Sie uns, uns darauf konzentrieren, wenn wir die Bibel studieren."

„Ja, lassen Sie es uns so machen! Ich denke immer noch, dass ich viel zu lernen habe, wenn sie es so sagen." Sungdu's Stimme war entschlossen.

„Nun können Sie das Glaubensbekenntnis der Aposteln und das Gebet des Herren aufsagen, nicht wahr? Um ehrlich zu sein denke ich, dass ihre jüngere Frau diese besser aufsagen kann, als Sie!"

„Meinen Sie Changsuhk's Mutter?" Lächelnd schaute Sungdu zurück zum Pfarrer Ross. Die Frühlingssonne erleuchtete die Falten auf seinem blassen Gesicht. Sungdu setzte fort: „Es gibt einen Grund, weshalb ich sie als meine zweite Frau zu uns nahm. Erinnern Sie sich daran, als ich Ihnen von all den Kindern erzählt habe, die vor einer langen Zeit gestorben sind?"

„Oh nein, ich habe versucht zu verstehen, weshalb sie zwei Frauen haben. Ich weiß, dass es in den östlichen Kulturen üblich ist. Ich wollte Ihnen Bescheid geben, dass ihre jüngere Frau sehr clever ist!"

„Ah, ich verstehe! Vielleicht liegt es daran, dass sie aus einer katholischen Familie stammt."

„Oh, das macht Sinn. Nun haben Sie jemals an die Bedeutung hinter dem Glaubensbekenntnis des Apostels nachgedacht, wenn Sie es jedes Mal wiederholt aufsagen?"

„Ja!"

„Obwohl es wie ein Haufen Wörter aussieht, haben sie dennoch eine tiefere Bedeutung. Das Glaubensbekenntnis des Apostels ist eine tiefe Konfession an den Glauben an Jesus, Seine Geburt, Sein Leben, Sein Tod und an Seine Wiederauferstehung. Das Gebet des Herren beinhaltet alles was wir brauchen wenn wir beten. Sollen wir es gemeinsam aufsagen, nicht nur mit unseren Lippen, sondern auch mit unserem Herzen? Gott hört allem zu."

„Ja!"

Hinter seinen freundlichen Augen schien Pfarrer Ross seriös. Sungdu machte aufrichtig bei dem Gebet mit.

„Vater unser im Himmel!"

Als Sungdu begann, schloss Pfarrer Ross seine Augen und sprach leise auf Englisch. Sungdu spürte wie er in ein anderes Land transportiert wurde.

„Geheiligt werde dein Name. Dein Reich komme. Dein Wille geschehe, wie im Himmel, so auf Erden."

Während sie das Gebet aufsagten, fügte Sungdu noch sein eigenes Gebet in sein Herz hinzu:

> *„Bitte erlaube unserer Familie ein heiliges Leben zu führen!" „Unser tägliches Brot gib uns heut." „Bitte, lass meine Familie, meine Kinder nicht verhungern." „Und vergib uns unsere Schuld, wie auch wir vergeben unseren Schuldigern." „Ich tat vielerlei schlechte Dinge. Bitte vergib mir. Lass mich niemanden hassen." „Und führe uns nicht in Versuchung." „Lass mich nicht weiterhin in der Sünde verweilen." „Sondern erlöse uns von dem Bösen!" „Halte mich fern von sündhaften Gedanken und Taten!" „Denn dein ist das Reich und die Kraft und die Herrlichkeit in Ewigkeit. Amen."*

Nachdem Sungdu das Gebet des Herren vollendet hatte, murmelte Pfarrer Ross weiterhin Worte, die Sungdu nicht verstehen konnte. Er wartete darauf, dass Pfarrer Ross fertig war und öffnete seine Augen. Hitzewellen strömten aus dem warmen Boden herauf. Neben dem Hinterhofzaun begannen gelbe Forsythien Blumen zu blühen. Plötzlich stellte Sungdu fest, dass sich in den Blumenknospen ein kleines Kind befand. Nein, nicht nur eines, sondern viele Kinder. Er blinzelte vor Unglaubwürdigkeit und öffnete seine Augen.

Erfüllt von einer unbeschreiblichen inneren Wärme, war Sungdu's Herz nicht mehr vor Trauer von dem Verlust seiner sieben Kinder gebrochen. Er erkannte nun, dass er nur durch das Bekenntnis im Gebet und durch nichts anderes, was ihm die Welt zu bieten hatte, Frieden empfinden konnte. Der tragischste Moment in seinem Leben transformierte sich in eine wundervolle Fantasie und das alles nur durch die Kraft des Gebets.

Als Pfarrer Ross aufhörte zu beten, war ein plötzlicher Krawall zu hören, der von draußen kam. Jjaekpae brach, mit einem verzweifelten Gesichtsausdruck, durch die Tür. Sungdu machte sich Sorgen, dass der alte Mann als Mitglied der Donghak Revolution aufgeflogen wäre.

„General Jeon Bongjune wurde letztendlich getötet! Es wird gesagt, dass der Gründer Choi Shiyoung verhaftet und immer noch am Leben gelassen wurde. Es wurde zu nichts, absolut gar nichts!"

Jjaekpe fiel auf seine Knie und begann laut zu weinen.

Sungdu erinnerte sich daran, wie Jjaekpae damals genauso vor dreißig Jahren geweint hatte, am selben Tag als sein einjähriger Sohn in den Brunnen fiel und zu Tode ertrank. Das war ebenso der Tag, an dem der Gründer von Donghak, Choi Jaewoo, hingerichtet wurde. Mit seinem weißen Haar, dass sein verweintes Gesicht bedeckte, weinte der robust gebaute Mann wie ein Baby. Um den einst so starken Mann herum war ein Gefühl von Schwäche, doch Sungdu's Herz blieb in Frieden, da er genau wusste was zu tun war.

Als er aufstand, näherte Sungdu sich an Jjaekpae und hielt seine Hand.

„Jjaekpe! Ich kenne dich nun für eine so lange Zeit. Ich habe dich nur zwei Mal weinen gesehen. Beim ersten Mal konnte ich nichts tun um dir zu helfen. Doch heute kann ich es."

In Stille hörte der ältere Mann auf zu weinen und blickte hoch.

„Bitte, setzt dich hier hin." Sungdu zeigte auf den hölzernen Boden. „Jaekpae, erinnerst du dich an das Gebet des Herren, welches uns Pfarrer Ross beibrachte? Nun, Pfarrer Ross und ich sind damit fertig es aufzusagen. Wir sind bereit dazu, mit dem Glaubensbekenntnis des Apostels anzufangen. Willst du es gemeinsam mit uns tun? Pfarrer Ross brachte mir bei für die Dinge zu beten, die du dir wünscht. Würdest du es gerne versuchen?"

Als er Sungdu's Plan verstand, konnte Pfarrer Ross nicht anders als zu lächeln.

„Ich weiß über Donghak Bescheid, doch denk darüber nach. Wenn Gott die Religion nicht segnet, dann wird diese nicht für lange anhalten. Jedoch wird die richtige Religion alle Hindernisse und Schwierigkeiten überwinden. Denk darüber nach was nun weg ist und was jedoch blieb." Sungdu sah dem alten Mann in die Augen. „Lass uns das Glaubensbekenntnis des Apostels gemeinsam aufsagen."

Als die Stimme von Pfarrer Ross den Raum erfüllte, hörten Jjaekpae's Schultern allmählich auf zu zittern. Nun beruhigt, machte er bei Sungdu und Pfarrer Ross mit und hielt ihre Hände, als sie ihre Augen schlossen. In seiner Jugend wanderte er als Bettler durch viele Berge und Flüsse. Der nun gebrechliche Mann kniete sich bescheiden für das Gebet hin. Es fühlte sich so an, als wäre er sein ganzes Leben lang gewandert nur um diesen Moment zu erreichen um nach Hause zu kommen.

„Ich glaube an den Gott, den Vater, den Allmächtigen, der Schöpfer des Himmels und der Erde."

Dieses Mal sagte Pfarrer Ross das Gebet mit Jjaekpae auf Koreanisch auf.

„Und an Jesus Christus, seinen einzigen Sohn, unseren Herren."

Die Stimmen der drei Männer erfüllten die Luft im Hinterhof der Pharmazieklinik.

„Empfangen durch den Heiligen Geist, geboren von der Jungfrau Maria."

Bei dem Gebet hatte jeder der drei Männer den selben Ausdruck von Frieden und Hingabe auf ihren Gesichtern. Als Hannah und Junmsoon vom Spaziergang mit ihren Kindern zurück kehrten, stoppten sie abrupt vor der Eingangstür, da sie Stimmen hörten. Hannah erkannte das Gebet, also gab sie Junmsoon die Kinder und ging leise in das Hauptzimmer hinein. Drinnen sah sie Pfarrer Ross, Sungdu und Jjaekpae, wie sie das apostolische Glaubensbekenntnis aufsagten.

„Auferstehung der Toten und das ewige Leben."

„Oh meine Güte, sieh einer an! Sie sehen aus wie Engel!", murmelte sie zu sich.

„Amen!" Das Trio beendete das Gebet.

KAPITEL 16

„Ein kalter Snack für die drei Pennis"

DIE KALTE WINTER Brise kniff an das Ende von Sungdu's Nase. Er verdeckte sein Gesicht mit einem Baumwolltuch, welches an seinem Nacken hing und rutschte näher an die Seite der Wand mit dem meisten Sonnenlicht. Er hielt eine Handvoll kaltes Grass, welches er für drei Puns, oder drei koreanische Pennis kaufte. Er brachte seine Hände näher an sein Gesicht heran und nahm einen Bissen. Obwohl eine Handvoll Grass leicht zu essen war, machte er sich als ein praktizierender Mediziner Gedanken über das Risiko bei dem Verzehr solcher kalten Dinge. Als das getrocknete Gras seine Lippen berührte, spürte er einen Schauer am ganzen Körper.

Nachdem er den ganzen Tag mit einem so mageren Frühstück gewandert ist, realisierte Sungdu nicht wie viel Zeit vergangen war bis zum Sonnenuntergang, wo sein Magen anfing zu grummeln. In diesem fremden Dorf war es schwer einen Ort zum Essen zu finden. Wer würde außerdem einem Fremden Abendessen servieren, vor allem wenn derjenige über Jesus redet? Die meisten Menschen haben noch nie von Jesus gehört.

Nicht nur hatte er Hunger, sondern seine Füße fühlten sich ebenfalls nach dem vielen Laufen in der Kälte taub an. Sein Herz sehnte sich nach seiner Rückkehr nach Hause. Er hatte eine Taverne am Anfang des Dorfes gesehen, doch er hatte nur noch drei Puns in seiner Jackentasche übrig. Obwohl er mit genug Geld für ein Abendessen aus dem Haus gegangen ist, gab er dieses einem Bettler, der am Eingang des Dorfes saß. Der Mann weinte und bettelte um Geld, da seine Mutter krank war und Medizin brauchte. Er hat früher als ein Tagelöhner gearbeitet, doch seit es Winter war, gab es keine Arbeit und somit auch kein Geld.

Nachdem er ihm das Geld gegeben hatte, ging Sungdu mit dem Bettler zu seiner Hütte um den Puls seiner kranken Mutter messen zu können.

In der Hütte lag eine alte Frau wie eine Leiche. Ein schrecklicher Gestank erfüllte die Luft des kleinen Raumes. Sungdu näherte sich der alten Frau und fühlte ihren Puls. Obwohl sie sehr schwach war, war sie dennoch am Leben. Er blickte zurück zu ihrem Sohn.

„Schau, junger Mann. Ich bin Dr. Pai aus dem Dorf Dongsang. Deine Mutter ist schwach und sie hat nichts gegessen, was der Grund für ihre Erkrankung ist. Doch mach dir keine Sorgen. Hol ihr einfach ein wenig zu essen und komm zurück zu mir, ich gebe dir die Medizin für sie."

Tränen fielen aus den Augen des jungen Mannes, als er wortlos Sungdu danke, indem er seinen Kopf in Dankbarkeit nickte.

„Ebenfalls der Grund, weshalb ich hier bin ist..." Sungdu wollte über Jesus reden, doch er stoppte sich selbst. Für eine hungrige Person ist das Essen das wichtigste was es gibt, dachte er. Diese hungrige Mutter und ihr Sohn brauchen schleunigst Essen, jedoch noch nicht die Worte von Jesus. Sungdu verstand, dass Gott diese Menschen durch ihn segnete.

„Nun, vielleicht das nächste Mal. Sorge dich um deine Mutter. Wenn du zu mir kommst werde ich dir erzählen, dass nicht ich derjenige war, der euch heute geholfen hat, sondern Gott."

Der Sohn wischte sich die Tränen ab und drehte sich zurück zu Sungdu, als hätte er es verstanden. Er nickte erneut bedankend. Als Sungdu aufstand, schaute die alte Mutter ihren Gast lediglich nur an. Nachdem er seine ledernen Schuhe angezogen hatte, erinnerte er den jungen Mann: „Du solltest mich sicherlich besuchen!"

„Ja, natürlich!"

Als er am kalten Grass knabberte dachte Sungdu über das Treffen nach. Er wusste, dass Hunger eines der schlimmsten Leiden auf der Welt war. Trotz der Winterkälte und dem eisigen Grass in seinem Mund, war sein Herz vor Freude erwärmt, als er darüber nachdachte, was er für die

Mutter und den Sohn getan hatte. Er schluckte das gefrorene Grass und wunderte sich wie er die Kälte überstehen konnte. Woher kommt diese Kraft? Nur von der Kraft von Jesus Worten, dachte er.

Im letzten Frühling ermutigte Pfarrer Ross Sungdu ein Missionar zu werden, also reiste er als erstes zu dem Dorf Dongri. Doch als er seinen Glauben teilte, bekam er eine weniger enthusiastische Antwort von den Leuten. Nach Generationen von Glauben an den Animismus und an Aberglaube, war es nicht leicht die Leute von Jesus zu überzeugen. Zu den Tagen und zu der Zeit nahmen die meisten Menschen Jesus als einen Eindringling in ihren Lebensweg, nicht anders als Japan, wahr.

Im August 1895 wurde die Königin Minbee von den Japanern ermordet, deshalb war der Hass gegenüber den Japanern national weit verbreitet. Als ein Versuch Japan zu „modernisieren", passten sich die Japaner den westlichen Bräuchen an, so wie der westlichen Kleidung und kürzeren Haaren, also ist es keine Überraschung gewesen, dass die Leute aus Korea sie als Verräter der traditionell östlichen Kultur sahen.

Sungdu's Nachbarn kannten ihn sein ganzes Leben lang, also war ihnen seine Kindheit und die Schwierigkeiten in seinem Erwachsensein klar: Wie er all seine Kinder verloren hatte und wie er für sechs Jahre gewandert ist. Bei seiner Rückkehr nach Hause, brachte er eine weitere Frau als seine Konkubine mit, was dazu führte, dass seine Nachbarn über seine Familie lästerten und seinen Ruf in seinem Dorf beschmutzten.

„Nach all diesen Schwierigkeiten muss er verrückt geworden sein, dass er an diesen westlichen Geist Jesus glaubt. Doch wieso glaubt er nicht für sich selbst und lässt uns in Frieden? Wir sind viel zu beschäftigt nur um mit kaum etwas zu Essen zu überleben, während er ein leichtes Leben in seiner Pharmazieklinik führt. Und nun sagt er uns, wir sollen an diesen Geist aus dem Westen glauben. Kannst du das glauben?"

Als er diese Art von Antworten von seinen Nachbarn zu hören bekam, war Sungdu schwer enttäuscht. Jedes Mal wenn er am Verzweifeln war, sprach er mit Pfarrer Ross. Während einer ihrer Gespräche, betrachtete Pfarrer Ross, ohne dass er ein Wort sagte, Sungdu's niedergeschlagenes Gesicht. Pfarrer Ross sah sogar viel bedrückter aus als Sungdu.

„Dr. Pai, Jesus hatte die selben Hindernisse. Er predigte von seiner Botschaft der Wahrheit zu den Leuten aus Nazareth, seiner Heimatstadt, doch sie hörten nicht auf ihn, da sie ihn seit er ein Kind war kannten. „Ist er nicht der Sohn von Joseph, dem Zimmermann?", lachten sie. Sie wussten nicht wer er war und beurteilten ihn nach seiner Vergangenheit.

Doch Jesus gab niemals auf. Er empfand ihnen bloß nach und machte dann weiter. „Propheten sind in ihrem eigenen Heimatland nicht willkommen!", sagte er. „Dies ist nicht die Zeit zu verzweifeln. Diese Leute brauchen unser Mitleid. Doch vielleicht ist es an der Zeit zu einem anderen Dorf zu gehen, wo Sie nicht so bekannt für die anderen sind. Und machen Sie sich für deine Taufe bereit.", fügte er noch hinzu.

Bei Sungdu's verwirrten Blick sagte Pfarrer Ross noch: „Ja, habe ich es Ihnen beim letzten Mal nicht erklärt? Es geht darum in Gottes Namen wiedergeboren zu werden. Sie wurden vor einer langen Zeit aus dem Bauch ihrer Mutter geboren, doch ihre Seele gehört Gott. Nun können Sie durch die Taufe demonstrieren, dass Sie wahrhaftig Gottes Sohn sind. Durch diese Zeremonie, sind Sie nicht mehr bloß ein Mann, Sungu, sondern für ewig der Sohn Gottes."

Als Pfarrer Rosses Augen vor Aufregung größer wurden, erinnerte sich Sungdu plötzlich an ein ähnliches Paar Augen aus seiner Vergangenheit. Eine Vision von Allen, welchen er zwei Mal am Meer von Kimhae getroffen hatte und die Erinnerung an Reverend Davis tauchten vor seinen Augen auf. Oder waren es womöglich doch die Augen von jemanden, dem er nicht nie Angesicht zu Angesicht begegnet ist – Jesus. Wie auch immer diese Augen aussahen, schienen sie ihn zu ermutigen die Zeremonie durchzuführen.

„Mein Sohn, werde durch meinen Namen wiedergeboren!"

Als dieser Ruf in seinem Herzen strahlte, griff Sungdu nach seiner Brust und schluckte hart. Er entschied sich. Wortlos nickte er, während er Pfarrer Ross ansah.

Im folgenden Herbst kehrte Pfarrer Ross zurück nach Dongsang um die Taufzeremonie vor Sungdu's Familie durchzuführen. Sungdu war die allererste Person, die in Kimhae Landkreis getauft wurde. Mit Jesus' Blut wurden die fünfundfünfzig Jahre seines Lebens rein gewaschen und er wurde als der privilegierte Sohn Gottes geboren. Obwohl Sungdu immer noch denselben Namen trug und das selbe

Aussehen hatte, fühltet er sich so, als würde er Kraft erlangen und seine Erinnerungen wurden gereinigt.

Nach der Zeremonie begann Sungdu zu den nahegelegenen Dörfern zu wandern. Da es die Erntezeit war, wurde er von den Bauern geschimpft, die zu beschäftigt mit ihrer Arbeit waren, statt ihm zuzuhören. Einmal wurde er sogar vom dreckigen Wasser durchnässt, welches eine rücksichtslose Frau auf ihn geworfen hatte. Während er wanderte, hatte er keine Zeit zu essen und war öfters mit leerem Magen unterwegs.

Als die Zeit verging, fingen Jjaekpae und Sungdu an mit weiteren Gläubigen in der Pharmazieklinik zu beten. Hangum, Junmsoon und die Kinder kamen ebenfalls herein, doch aufgrund der konfuzianischen Beschränkungen, waren sie nicht im Stande dazu mit den Männer zu beten und standen an der Seite, während sie sie beobachteten.

Das letzte Mundvoll Grass kauend, dachte Sungdu an seinen fünfjährigen Dongsuhk, der lernte das Gebet des Herren aufsagen zu können. Obwohl er jung war, nahm er an den Gebeten der älteren Männern teil. Sungdu's Herz war erfüllt von Stolz. Sein zweiter Sohn, Changsuhk, war ein Jahr jünger als Dongsuhk und Jungmyung blieb bei ihrer Mutter. Er fing an über Dongsuhk's Zukunft nachzudenken und an alle Möglichkeiten die vor ihm lagen, einschließlich den Vorteilen des östlichen und des westlichen Wissens. Sungdu selbst hat persönlich beobachtet, wie Doktor Allen die Wunden des Generalen auf einer Art und Weise, die noch keinem koreanischen Arzt bekannt war, behandelt hatte.

„Ja, das ist es! Ich werde Dongsuhk lehren um so wie Doktor Allen sein zu können, damit er Menschenleben retten kann. Die Welt ändert sich. Er kann nicht bloß in der Pharmazieklinik sitzen, den Puls checken und Kräuter für Medizin mischen so wie ich es tue. Niemals! Der Großenkel von Soowoo Pai, dem provinziale Gouverneur, verdient ein besseres Schicksal. Ich werde ihn gut erziehen, damit er den ehemaligen Ruhm der Familie wieder aufbauen kann.

Ist es nicht besser Menschenleben zu retten, statt ein mächtiger König zu sein? Gott weiß und erkennt meine Bemühungen um die

Botschaft von Jesus zu verbreiten. Ich glaube daran, dass Er meinen Dongsuhk mit Changsuhk und Jungmyung segnen wird."

Als er fertig war das Grass zu essen, machte sich Sungdu wieder auf den Weg. Er hatte noch ein Haus vor sich, welches er besuchen musste, bevor er dunkel wurde. Er vertraute darauf, dass die Botschaft, welche er jetzt gesät hatte, eines Tages zu einem großzügigen Baum heranwachsen wird.

„Werden alle Samen, die in die Erde vergraben wurden, es zur Vollendung schaffen? Manche Knospen sterben ab, richtig? Dennoch müssen die Samen jedes Jahr gesät werden. Obwohl wir nicht wissen welche wachsen werden, pflanzen die Bauern immer wieder neue ein, mit der Erwartung auf die Ernte. Dasselbe gilt für mich. Jegliche Unsicherheit und Angst, dass die Botschaft ihren Höhepunkt im Leben der Menschen nicht erreichen könnte, sollte mich nicht davon abhalten diese Arbeit zu verrichten.", erinnerte er sich selbst daran während er ging.

Später in der Nacht kam Sungdu zurück nach Hause. Bis auf die Knochen frierend fiel er auf den warmen Boden. Er konnte nicht aufhören seinen juckenden Körper zu kratzen.

„Oh, je! Du wirst dir einen Hautauschlag wegen dieser Kälte holen! Gott kennt deine Hingabe, doch bitte kümmere dich bei diesem kalten Wetter um deinen Körper. Dein Gesicht ist angeschwollen!" Hannah war nervös und brachte ihrem Ehemann einen Teller mit heißem Essen.

Sie beobachtete Sungdu, während dieser hungrig sein Abendessen verschlang. „Hast du überhaupt bei deiner Wanderung etwas zu Mittag gegessen? Oder lässt du dich selbst verhungern, damit du die Armen wie beim letzten Mal ernähren kannst?"

„Nun, heute habe ich kaltes Gras gekauft, welches drei Puns kostete."

„Was? Du hast diese kalte Paste bei so einem Wetter gegessen?"

„Was ist falsch daran? Es schmeckte süß, da ich mein Essensgeld einem armen, hungrigen Mann gegeben habe. Vielleicht kommt er eines Tages sogar zu uns nach Hause. Ich habe ihm gesagt, dass ich ihn mit Medizin für seine kranke Mutter versorge."

Hannah hörte nicht auf ihn mit Ungläubigkeit anzustarren. „Ist es in Ordnung die Pharmazieklinik einfach so zu verlassen? Wenn es kein Reis auf unserem Feld geben wird, dann wird unsere Familie verhungern. Bitte kümmere dich um dich selbst und denk auch an unsere Familie. Was wenn wir zu solchen Bettlern werden? Außerdem wird der Anblick unserer hungernden Familie die Leute von deiner Botschaft über Jesus abschrecken."

„Wir werden nicht verhungern. Wir essen immer noch gut, nicht wahr? Die Pharmazieklinik bringt uns in letzter Zeit nicht so viel Geld ein, doch Jjaekpae stellt immer noch Medizin her und führt Akkupunktur aus. Es ist eine Erleichterung, dass er immer noch weiß wie all diese Dinge funktionieren. Was sollten wir mehr wollen? Unser Dongsuhk wächst zu einem gesunden Jungen heran und Changsuhk und Jungmyung genauso. Worüber machst du dir so viele Gedanken? Ich tue das was ich machen muss. Jesus wird uns segnen, da wir ihm unsere Leben gewidmet haben."

Sungdu schaute herab zu Dongsuhk, der schon tief und fest in seinem Bett schlief. Sein ältester Sohn war größer und hochgewachsener als die meisten Kinder in seinem Alter und er war sogar stärker als seine ältere Schwester Jungmyung.

„Ich denke unser Dongsuhk ähnelt dir. Wie sonst hätte er so groß werden können? Er könnte vielleicht sogar größer als ich werden, wenn er zu einem Jugendlichen wird. Gott sei Dank! Wie könnte er leben wenn er so klein wie du wäre? Ist es nicht eine Erleichterung, dass er mir ähnlich sieht?"

Hannah kniff ihre Augen zu und zeigte ihrem Ehemann ein neckendes Lächeln.

„Ja, das ist eine Erleichterung. Doch solltest du nicht dankbar sein? Wer sonst würde eine Frau heiraten die größer ist als er?" Sungdu scherzte zurück. Er dachte, dass seine Frau sich schrecklich niedlich benahm.

„Nun, habe nicht ich deine zweite Frau in dieses Haus eingeladen? Das sollte Dank genug sein. Wann war überhaupt das letzte Mal, als du dich zu ihr gelegt hast? Sie sieht so traurig aus. Mache mehr Kinder mit ihr, solange sie noch jung ist. Willst du denn keine große blühende Familie?"

Als er seinen Löffel hoch nahm um weiter zu essen, war Sungdu in seinen Gedanken versunken. Als er seine Missionarsarbeit angefangen hatte, hatte er keine Zeit mehr gehabt Junmsoon in ihrem Zimmer zu besuchen. Zugegebener Maßen sogar seit dem letzten Frühling nicht. Nachdem er den ganzen Tag rum gegangen ist, hatte er einfach nicht mehr die Kraft dazu gehabt sich mit Junmsoon oder Hannah hinzulegen.

„Drei Kinder sind genug. Das einzige was ich nun will ist, dass Dongsuhk zu einem guten und gerechten Menschen, wie Jungmyung und Changsuhk, heran wächst. Dongsuhk wird ein besseres Schicksal als ich haben. Ich werde ihn für eine bessere Bildung außerhalb dieses Dorfes schicken. Er wird zu einem großartigen Mann!"

„Natürlich, was könnte besser sein? Alle Nachbarn sagen zu mir, dass sie auf mich neidisch sind, dass ich in meinem Alter noch einen Jungen gebären konnte!" Hannah's Augen füllten sich mit Tränen, als sie ihren schlafenden Sohn betrachtete.

Nachdem er sein spätes Abendessen beendet hatte, legte sich Sungdu zwischen Dongsuhk und Hannah. Obwohl sein Körper von all dem Gehen am Tag müde war, konnte er aus irgendeinem Grund nicht sofort einschlafen. Er konnte nicht aufhören daran zu denken, was Hannah ihm über Junmsoon gesagt hatte. Während er dem Atmen seiner Frau zuhörte, erinnerte es ihn an seine Mutter Jungshi.

Es gab so viele Gemeinsamkeiten zwischen diesen beiden Frauen, vor allem dann, als Hannah immer älter wurde. Sie erinnerte ihn an sein Zuhause und an Komfort. Doch er musste sich ebenso wie ein Mann fühlen. Sungdu realisierte, dass er der sowohl von Hannah, als auch von Junmsoon der Ehemann war. Er entschied sich dazu Junmsoon's Zimmer in der nächsten Nacht zu besuchen.

In Frieden schloss er seine Augen und versuchte einzuschlafen. Dongsuhk kickte geistesabwesend seinen Vater, womöglich weil der kleine Junge einen Traum hatte. Im Dunkeln lächelnd, fühlte sich Sungdu's Herz zufrieden an, als er dem tiefen Atmen seiner schlafenden Frau und seinem Sohn zuhörte. Schon bald schlief auch er ein.

KAPITEL 17

„Die Apotheken Kirche"

WÄHREND DEM SOMMER des Jahres 1886, fingen mehr Leute an sich in Sungdu's Apotheke zu versammeln um gemeinsam beten zu können. Die Männer saßen drinnen, währen die Frauen sich draußen auf der Veranda befanden. Insgesamt wurden mehr als zehn Männer gezählt. Dongsuhk nahm seinen Platz zwischen den Männern und seinem Vater ein.

„Wer ist dieser schlau aussehender Junge? Seine Augen sind so wachsam und er hat einen so cleveren Gesichtsausdruck!", meinte einer der Männer.

„Ist er erst sechs Jahre alt? Er ist so groß für sein Alter! Er muss wahrscheinlich gesegnet worden sein, da sein Vater einen solch Glauben an Jesus hat! Ich bin fest dazu entschlossen genauso an Jesus zu glauben.", sagte eine junge Frau zu der älteren. „Gnädige Frau, wie sind sie einen so langen Weg hier her gekommen? Leben Sie denn nicht hinter den Bergen?"

„Nun kann ich alles überwinden, nicht nur die Berge. Wussten Sie, dass Doktor Pai mein Leben gerettet hat? Im letzten Winter hat er mir Medizin und etwas zu Essen gegeben. Mein Sohn ist dort drüben. Sein Name ist Chang Sungchul. Letztes Jahr weinte er um Hilfe auf der Straße, da ich krank und am Sterben war und so traf er auf Doktor Pai."

Als die alte Frau auf ihren Sohn zeigte, der neben der Tür saß, drehte er sich schnell um, um seine Mutter und die junge Frau anzusehen. So eilig wie er hinschaute, drehte er sich auch wieder aus Scham zurück.

„Also sind Sie nicht wegen Jesus hier, sondern aufgrund von dem was Dr. Pai für Sie und Ihren Sohn getan hatte?"

„Ist das nicht alles dasselbe? Ich bin so dankbar für die beiden Jesus und Dr. Pai. Dr. Pai half mir dabei an Jesus zu glauben."

„Wirklich? Ich bin hier wegen Dongsuhk, eine Wundergeburt. Ich hoffe darauf, dass ich eines Tages einen Sohn wie ihn haben werde."

„Dann sind Sie hier nicht aufgrund von Jesus, sondern wegen ihren ungeborenen Kindern!" Die alte Frau lächelte.

Als Junmsoon zufällig bei dem Gespräch mithörte, sprach sie die beiden Frauen direkt an. „Jedenfalls ist es wichtig, dass ihr nun gekommen seid. Es gibt einen Grund, weshalb Gott uns heute beisammen gerufen hat – damit er jeden einzelnen von uns segnen kann. Dennoch, wenn wir diese Verantwortung unseren Segen zu erhalten nicht nehmen, dann wird diese vergehen. Wir sind hier um Gnade und den Segen von Gott zu erhalten. Also lasst uns seinem Wort, der Bibel, achtsam zuhören, während uns Dr. Pai diese vorliest."

Die Frauen stoppten sofort ihre Konversation und konzentrierten sich auf Sungdu's Stimme. Als Hannah bei ihnen ebenso mitgehört hatte, lächelte sie zu sich selbst. Da Sungdu so viel Mühe in seine Missionarsarbeit steckte, versuchte sie ihn jedes Mal dazu zu überreden, dass er sich in der Nacht in Junmsoon's Zimmer legte. Trotz der Freude, die sie bei Ihrem Ehemann und Junmsoon verspürte, konnte sie dennoch nicht anders, als sich ein wenig einsam zu fühlen.

„Wenn ich noch ein weiteres Kind bekommen könnte, was würde ich mehr wollen?", murmelte Hannah zu sich, während Sungdu gespannt die Passage in der Bibel erklärte.

Nachdem er zu Fuß zu so vielen fremden Dörfern gereist ist, wurde Sungdu's Mühe, die er sich gegeben hatte, mit einer wachsenden Anzahl an Menschen abgezahlt, die sich bei ihm in der Apotheke versammelten um gemeinsam zu beten. Aus Busan geeilt, kam Pfarrer Ross rüber um dabei zu helfen eine Kirche für die neuen Gläubigen auf zu bauen. Zwei Jahre sind schon vergangen, seit Sungdu's Familie begann in Kimhae zu beten, nun war es an der Zeit einen offiziellen Gebetsort vorzubereiten. Pfarrer Ross kam jeden Sonntag zu der Apotheke und Sungdu lehrte zweimal in der Woche die Bibel.

Sungdu's Glaube wurde so gewaltig groß, dass er sich keine Sorgen mehr darum machte sein ganzes Geld den Armen zu geben. Obwohl sie sich anfangs Sorgen machte, vertraute Hannah letztendlich ihrem Mann. Dennoch glaubte sie mehr an Sungdu, als dass sie es an Jesus tat. Sogar die anderen, die zum Beten kamen, taten das selbe. Es war um einiges einfacher für die Leute als erstes Sungdu und seinem standhaften Charakter zu vertrauen, was dazu führte, dass sie schließlich auch an Jesus glaubten, den Sungdu so sehr geliebt und ihm vertraut hatte.

Unter ihnen war Junmsoon anders. Ihr Glaube stach von den anderen heraus. Immer wenn sie zuhörte wie Sungdu aus der Bibel las, schien sie nicht auf Sungdu konzentriert zu sein, sondern auf die andere Welt. Am Ende der Bibellehre stand Junmsoon leise auf und ging in die Küche um nach der Essensvorbereitung zu sehen. Als sie einen großen heißen Topf gedampfter Süßkartoffel öffnete, stieg der Dampf zu ihrem Gesicht und sie wurde von süßem Aroma überwunden. Plötzlich wurde ihr übel und sie brach auf den Boden zusammen.

„Sind die Süßkartoffeln fertig? Die Leute sind kurz davor zu gehen, wir sollen uns beeilen!" Hannah's Stimme wurde lauter als sie sich der Küche näherte. Sie stoppte kurz bei Junmsoon's Anblick, wie sie sich auf dem Boden übergab. „Oh meine Güte, bist du in Ordnung? Was ist los mit dir?"

„Sch- Schwester! Ich denke, dass ich schwanger bin!"

„Was? Ein Baby? W… wirklich? Nun, das ist… wundervoll.", stammelte Hannah überrascht. „Weißt du was? Ich habe mir Sorgen gemacht, dass Changsuhk einsam ohne einen keinen Bruder wäre. Das ist sehr schön für dich! Ich hoffe, dass es ein Sohn sein wird!"

Obwohl sie erfreut war, als sie diese Neuigkeiten zuhören bekam, konnte Hannah nicht anders, als zugleich auch ein Stechen von Eifersucht zu verspüren. Sie dachte an ihren eigenen älterwerdenden Körper und an ihre hoffnungslose Möglichkeit noch ein weiteres Kind gebären zu können. Sie fing an die gekochten Süßkartoffeln in einen Bambuskorb zu platzieren.

„Oh Schwester, ich mach das!“ Junmsoon stand schnell auf und wollte nach dem Korb greifen.

„Der Geruch der Süßkartoffeln hat dich übel fühlen lassen. Bist du dir sicher? Ich kann das auch machen und du bereitest das Wasser vor.“

Hannah nahm den Korb, während Junmsoon die Wasserschüssel in ihren Händen hielt. „Was denkst du, wann die Geburt stattfinden wird?”

„Womöglich im nächsten April.“

„Was für eine gute Zeit ein Kind zu bekommen! Gott segnet uns. Dass all diese Menschen in unserem Haus beten ist ein gutes Zeichen. Pass auf dich auf!“ Hannah versteckte ihr Leid, als sie Junmsoon freundlich ansprach.

„Danke dir, Schwester. Doch du weißt, dass der nächste Familienoberhaupt Dongsuhk sein wird. Er wächst heran um so clever sein zu können. Ich bin stolz auf dich! Meine Kinder sind nur Dongsuhk's Geschwister, die der Gott zu uns gesandt hat, damit er keine einsame Kindheit haben würde. Ich spreche aus meinem Herzen, liebe Schwester.“ Junmsoon erkannte Hannah's Trauer schnell.

„Danke für deine Freundlichkeit! Dein Baby ist ein Pai, also hoffe ich darauf, dass du einen gesunden Sohn haben wirst!“ Junmsoon lächelte und folgte Hannah mit der Wasserschüssel.

Nun da die Bibellehre zu Ende war, waren die Leute damit beschäftigt mit einander drinnen zu reden. Manche waren nur da um die Süßkartoffeln zu schmausen, welche üblicher Weise nach jeder Gebetszeit angeboten wurden.

Durch die Angriffe von China, Russland und Japan auf Chosun, ist in den letzten Tagen jeder hungrig gewesen. Um das Ganze noch zu verschlimmern floh König Kojon aus dem Land, als die Königin ermordet wurde, aus Angst er könnte ebenfalls von den Japanern getötet werden. Die Männer sprachen miteinander aufgeregt über die letzten Ereignisse.

„Wann kommt der König zurück? Wann wird unser Land endlich wieder friedlich?”

„Wenn der König nach Russland geflohen wäre, würden die Russen nicht dann auch in unser Land eindringen?"

„Nicht nur Russland. Was ist mit China? Suchen sie nicht auch nach einer Gelegenheit unser Land einzunehmen? Unser armes unglückliches Land!"

„So wahr. Was sollen unsere Leute bloß tun?"

Sungdu schloss seine Augen, während er dem Gespräch zuhörte und betete: „Oh Gott, was versuchst du mit unserem Land zu machen? Es gibt nur eine Sache, an die ich glauben kann und das bist Du. Ich vertraue dir!"

Obwohl ihm bewusst war, dass die Zukunft von Chosun dunkel und beschwerlich sein würde, konnte Sungdu jedoch nicht anders als zu lächeln und mit seinem Verstand in Frieden sein.

„Gott ist groß. Sogar wenn graue Wolken über unserem Land schweben, Gott hat einen großen Plan um diese Nation zu erleuchten. Währen diesen schweren Zeiten müssen wir noch viel mehr beten. Mehr Menschen müssen im Namen unseres Landes beten. Wir müssen mehr Leuten von Jesus erzählen, inklusive unseren engen Freunden und Familie. Das ist unsere Mission."

Nachdem Sungdu gesprochen hatte wurden die Männer still. Obwohl ihm die meisten zustimmten, stritten die anderen dennoch.

„Was ist dieses westliche Zeug? Als die Katholiken dieses Land betraten, wie viele von unseren Leuten starben dafür? Sei es Japan oder Russland, jeder versucht uns einzunehmen. Um ehrlich mit Ihnen zu sein, ich bin hier her gekommen und dennoch kann ich Jesus noch nicht zu hundert Prozent vertrauen. Kommt Jesus nicht aus dem Westen?" Jang Seongcheol, ein Mann der mit Chang Sungchul zum Treffen kam, sprach laut zu ihm.

„Wir leiden nun unter Japan, China und Russland. Doch Gott ist nicht der König von einem Land. Er ist der Herrscher der Welt. Egal wie mächtig unsere Gegner auch sein möchten, Er ist größer und viel mächtiger als jeder von ihnen. Alles was wir tun müssen ist Gott zu vertrauen, dass er uns beschützen wird.", antwortete Sungdu mit einer Standhaftigkeit in seiner Stimme, welche sogar ihn überraschte. Er stand auf, betrunken von all den Möglichkeiten einer grenzenlosen Welt in der Ewigkeit.

Als er nach draußen ging, traf Sungdu zufälligerweise auf Hannah, die ihn lediglich nur anlächelte und einen leeren Korb in ihren Händen hielt.

„Was ist?“, fragte er.

„Woher wusstest du, dass ich kurz davor war dir etwas zu sagen?“ Hannah versuchte so zu tun, als wäre sie überrascht.

„Habe ich mit dir nur für ein paar Jahre zusammen gelebt, oder so?“

Hannah lachte. „Richtig! Nach all den gemeinsamen Jahren hast du gelernt meine Gedanken lesen zu können!“

„Also hast du gute Neuigkeiten?“

„Ja, eigentlich schon. Besser für dich, als für mich. Junmsoon ist schwanger!“

„Oh, wirklich? Das ist schön.“, antwortete er nonchalant.

„Redest du über jemanden anderen? Hey du, du bekommst ein weiteres Kind!“, reif Hannah laut aus.

„Ich weiß. Aber Jungmyung's Mutter muss nun für weitere zehn Monate leiden. Sogar du wirst an ihrer Seite leiden. Bitte passt auf euch gegenseitig auf!“ Sungdu drehte sich weg. Hannah war enttäuscht von seiner Antwort und den scheinbaren Mangel an Interesse.

„Bist du aus Holz gemacht? Na gut, ich verstehe. Wie könntest du vor mir glücklich deswegen sein. Ich bin mir ziemlich sicher, dass du vor Junmsoon anders reagiert hättest.“ Hannah murmelte in die Richtung von ihrem Ehemann, während dieser weg ging.

Als Junmsoon's Bauch größer wurde, versammelten sich immer mehr Leute in Sungdu's Apothekenkirche. Manche kamen nur ein bis zwei Mal, doch die meisten kamen getreulich für das Beten und für die Bibellehre. Im April gebar Junmsoon eine Tochter. Sungdu, Hannah und Junmsoon waren enttäuscht, dass es kein Sohn war, doch sie sahen die Geburt dennoch als einen Segen, da es am Anfang der Kirchenkommune in ihrem Dorf passierte.

Nachdem Sungdu sich einen Namen für seine Tochter ausdachte, taufte er sie „Junmrae“. Er suchte sich diesen Namen aus da „Jun“

Himmel bedeutet, doch auch um das Leben und den Tod der Tante des Kindes einzusehen. In jeder Hinsicht lieblich, glich Junmrae ihrer Namenspatronin. Es war als wäre die alte Junmrae wieder ans Leben gekommen.

Im Februar vor Junmrae's Geburt, kehrte König Kojong endlich zurück aus Russland nach Kyeongungung (nun heißt es Deoksugun), nachdem er sich ein Jahr lang versteckt hatte. Am 16. August 1897, verkündete er eine neue Ära, „Kwangmu", als eine Zeit der nationalen Verteidigung. Am 12. September hielt der König eine Zeremonie bei der er Chosun als „das Imperium von Korea" umbenannte. Obwohl sich die Neuigkeiten über diese Umbenennung sogar bis in die tiefsten Orte der ländlichen Gegend verbreiteten, hatten viele Leute eine schwere Zeit sich an den neuen Namen ihres Landes und an die Veränderungen die es mit sich brachte zu gewöhnen.

Im nächsten Jahr 1898, erwarb Sungdu ein Gebäude und hatte den Plan dazu dieses in die allererste Kirche von Kimhae umzuwandeln. Das meiste Geld kam von Sungdu, doch die Kirchenkommune sammelte ebenso welches ein. Die nordamerikanische Presbyterianische Kirche, zu welcher Pfarrer Ross dazu gehörte, versprach ihnen ebenfalls eine finanzielle Unterstützung, doch Sungdu lehnte diese ab. Obwohl er so viel Geld in sein Projekt stecken musste, bereute Sungdu nichts davon; eine Empfindung, welche Hannah und Junmsoon genauso teilten.

Die neue Kirche wurde gemäß dem westlichen Stil, mit der Hilfe von Pfarrer Ross, erbaut. Auf dem Dach strahlte das Kreuz und es gab sogar einen Glockenturm im Hof, welcher jedes Mal läutete wenn der Gottesdienst und die Bibellehre begann. Nun wussten die Leute aus Kimhae welche Zeit es war, wenn sie das Läuten hörten.

In der Kirche drinnen saßen Männer und Frauen in getrennten Bereichen. Die nun elf Jahre alte Jungmyung war schon fast eine junge Frau, also blieb sie bei den anderen Frauen sitzen. Doch als sie immer noch jung waren, spielten Dongsuhk und Changsuhk innen und außerhalb der Vorhänge, die die beiden Bereiche der Männer und Frauen abtrennten.

Als Sungdu's Kinder heranwuchsen, wuchs ebenso die neuerbaute Kirche. Doch die Lage im Land verschlimmerte sich, worüber die Menschen sich viel nach dem Gottesdienst zu erzählen hatten.

„Es gibt ein Gerücht über eine Gruppe, die sich für die Unabhängigkeit zusammenschloss, ist das wahr?"

„Es wird gesagt, dass die Gruppe sogar eine Zeitung produziert hat."

„Das stimmt. Die Zeitung kam vor zwei Jahren heraus. Doch was heißt es unabhängig zu sein? Wurde unser Land etwa eingenommen ohne dass wir es wussten?"

„Nein. Aber keiner weiß welche Macht die Regierung unseres Landes kontrolliert. Könnte es China sein?"

„Ah! Sie bekamen die Hilfe von Russland um die Japaner aus ihrem Land zu drängen, also könnten sie nun ihre Macht über unser Land aufwenden. Was passiert bloß mit unserem Land?"

„Deswegen gibt es diese Bewegung für die Unabhängigkeit. Nicht um von anderen Ländern unabhängig zu sein, sondern auf uns allein gestellt sein zu können. Heutzutage sind in Hanyang nicht nur die Studenten und die Schüler ein Teil dieser Bewegung, sondern auch die Bürgerlichen! Sogar die Frauen!"

„Wirklich? Sogar Frauen? Wow, die Welt hat sich verändert. Was ist mit dem alten Spruch: ‚ein Junge und ein Mädchen sollten nach dem siebten Lebensjahr nicht nebeneinander sitzen'? Sogar in unserer Kirche beten die Männer und die Frauen gemeinsam, doch sie sind mit dem Vorhang getrennt. Vielleicht wird eines Tages dieser Vorhang nicht mehr da sein!"

„Wieso redest du über Männer und Frauen? Wir sprechen über die unabhängige Gesellschaft!"

„Das ist wahr. In Hanyang versucht jeder der Gesellschaft beizutreten. Was wäre wenn wir hier in Kimhae auch eine gründen würden?"

Während er all den Konversationen und der Aufregung der momentanen Ereignisse zuhörte, leuchteten Dongsuhk's Augen auf, als er laut meinte: „Wenn ihr eine Gesellschaft macht, dann zählt mich dazu mit! Ich will auch unabhängig sein!"

Das Zimmer wurde auf einmal still. Sungdu hustete beschämt und lehnte sich hinüber zu seinem Sohn. „Dongsuhk, das ist gerade eine Sache für Erwachsene und nicht für Kinder.“, sagte er leise zu ihm.

„Nein! Ich weiß alles! Ich habe davon gehört. Unser Land verändert sich, nicht wahr?“, behauptete Dongsuhk, während seine Stimme den ganzen Raum erfüllte, „Nun, ich bin auch ein Mann. Ich will die Unabhängigkeit!“

Die Stille wurde durchbrochen, als die Leute anfingen zu lachen.

„Ja, du hast Recht. Doch du bist immer noch ein Kind. Wenn du die Unabhängigkeit für unser Land willst, dann solltest du zuerst erwachsen werden!“ Aus der Ecke des Zimmers sprach Jjaekpae. Die Leute lachten umso lauter. Da die meisten Leute die zum Gottesdienst kamen in einem mittleren Alter waren, waren sie unwissend über die Vergangenheit von Jjaekpae, wie er vor einer langen Zeit der Anführer der Bettler war oder, dass er bei der Donghak Revolution mitgemacht hatte. Sie sahen ihn bloß als einen alten senilen Mann.

Sungdu konnte nicht anders, als sich für den alten Mann traurig zu fühlen, der langsam an seiner Stärke und an seinem Elan verlor. Jjaekpae war früher in seiner Jugend energiegeladen und leidenschaftlich. Da er nie eine eigene Familie gehabt hatte, liebte er Dongsuhk wie einen eigenen Enkelsohn und erwartete von ihm, dass er ein großartiger Mann sein wird und zu einem starken Anführer heranwächst. Womöglich übertrug er seine eigenen unerfüllten Träume auf den kleinen Jungen.

Sungdu nahm die Hand seines Sohnes und brachte ihn in die Ecke der Kirche. In einer tiefen Stimme fragte er ihn: „Dongsuhk! Willst du wirklich unabhängig sein?”

„Ja, Vater!, antwortete er ohne zu zögern oder zu zweifeln.

„Was solltest du dann tun? Du musst wissen was dein erster Schritt sein wird.”

Dongsuhk strengte sich an eine Antwort darauf zu finden, doch er wusste nicht was er dazu sagen sollte.

„Solltest du dafür nicht zuerst lernen? Du solltest deine Grundschule fertig machen, aber das ist kaum genug. Du musst mehr über diese weite Welt erfahren. Stimmst du mir nicht ein? Du musst ebenso die westlichen Kenntnisse lernen. Sollte ich dich in eine Stadt schicken, damit du das alles studieren kannst?"

Plötzlich wurden Dongsuhk's kindlichen Augen groß vor Aufregung. Er nickte sofort. Sungdu hielt die Hand seines Sohnes noch fester. „Okay, dann lass uns das machen."

Sungdu dachte an sein eigenes Leben in Kimhae und an seine Arbeit in der Apotheke. Er war fest dazu entschlossen seinen Sohn zu einem besseren Arzt zu machen, genauso wie Doktor Allen. Er entschied sich dazu Pfarrer Ross um Hilfe zu bitten, ihm später einen Weg zu finden um Dongsuhk nach Hanyang für seine weiteren Lehren zu schicken.

„Du wirst den Ruhm deines Urgroßvaters wiedererstellen! Wenn ich derjenige bin, der dir das Licht in deinem inneren verleiht, dann musst du derjenige sein, der dafür sorgt, dass das Licht in dir wächst. Ich werde hier für dich beten, dass du ein Mensch sein wirst, der ein Licht in dieser Welt sein wird!" Während er zu seinem Sohn sprach, bildeten sich Tränen in Sungdu's Augen. Aus einiger Entfernung, stand Jjaekpae mit großer Mühe auf und wurde aufmerksam bei der Szene. Er seufzte und erinnerte sich an das erste Mal, als er Sungdu gesehen hatte, damals war Yungup ein junger Bräutigam. Wo ist dieser junge Mann hingegangen? Vor ihm stand nun ein sechzig jahrealter Sungdu, der die Hand seines kleinen Sohnes hielt.

„Hm, das Leben ist nun mal so. Du kommst zur Welt, wirst alt und stirbst danach. Jetzt ist Dr. Pai in einem Alter, in dem er die Zukunft seines Sohnes vorahnt. Nur für uns selbst zu leben ist nicht genug. Nun ist die Zeit gekommen die Welt zu verlassen, die sich immer weiter ändert und ändert. Nur Gottes Liebe bleibt gleich. Was für eine Erleichterung, dass ich mit dieser Wahrheit sterben werde! Meine einzige Reue ist es, dass ich nicht früher in meinem Leben daran geglaubt habe! Wenn ich doch nur gewusst hätte, als ich jünger war, dass ich solch guten Dinge in meinem Leben verrichten hätte können.", murmelte er sich wehmütig zu.

Sungdu beobachtete wie er alte Mann aus der Kirche schlenderte. Als er auf seinen Rücken schaute, konnte Sungdu beinahe eine Abbildung von einem Kreuz auf ihm sehen. Er wischte sich seine Augen ab. Das Sonnenlicht schien durch die dekorierten Fenster der Kirche und das Bild eines Kreuzes reflektierte sich auf Jjaekpae's Schulter.

KAPITEL 18

„Der rechtschaffende Dongsuhk"

IN 1905 WURDE Dongsuhk fünfzehn. Nach den zwei Siegen gegen China und Russland, hatte Japan auf einmal die freie Herrschaft und strebte nach immer mehr und mehr Kontrolle über Chosun's Wirtschaft und Politik. Im November nahm Japan Chosun offiziell durch die Elsa Abmachung ein. Protestierend mobilisierten sich die Bürger unter der Anti-japanischen Revolution. Die Leute der Kirche von Kimhae wurden immer sorgenvoller für ihr Land.

Da Dongsuhk mit den ganzen Gesprächen der Erwachsenen über die Politik aufwuchs und über die Freiheit und die Gerechtigkeit von seinem Vater lernte, konnte Sungdu nicht anders als sich um seinen Sohn Sorgen zu machen. Vor allem sorgte er sich darum, dass sein Sohn so leidenschaftlich nationalistisch wurde. Zusätzlich zu seinem guten Aussehen und seinem charmanten Gesicht, hatte Dongsuhk, im Gegensatz zu Jjaekpae, scharfsinnige Augen.

Der nun achtzig Jahre alte Jaekpae blieb öfters in seinem Bett und war sehr zufrieden mit dem enormen Wachstum der Kirche zu einer Gemeinde von über zweihundert Menschen. In seiner Jugend ist er der Anführer der Bettler gewesen und in seinem mittleren Alter der Anführer von Donghak. Nun war er ein alter Mann, der ein ruhiges Leben führte und in der Apotheke arbeitete, damit sich Sungdu auf die Kirche konzentrieren konnte.

Schon siebzehn Menschen der Kirche wurden getauft und fünfundzwanzig bereiteten sich auf die Zeremonie vor. Da die Gemeinde größer wurde, während das Land immer mehr unstabil schien, wurde eine neue Kirche erbaut.

Eines Tages eilte Sungdu nach dem Gottesdienst nach Hause, da er sich Sorgen um Jjaekpae machte, der sich bei dem kalten Winterwetter eine schwere Erkältung geholt hatte.

Während er große Schritte mache, holte ihn schnell sein Sohn ein und neckte ihn: „Vater, du bist vor Stunden raus gegangen und bist erst jetzt angekommen? Wow, du bist ja wirklich sehr langsam!"

Sungdu blickte zurück zu seinem großen Sohn.

„Nun, ich habe kurze Beine. Gut für dich, dass du so groß bist und deinen Vater so einholen kannst!"

„Natürlich hole ich dich ein. Nicht nur auch in der Kirche. Ich werde über die Freiheit und Gerechtigkeit zur ganzen Welt predigen!"

„Dongsuhk, ich glaube daran, dass Jesus der Schlüssel zur Freunde ist. Ich wollte diese Freude mit anderen teilen, also erbaute ich diese Kirche. Das weißt du, nicht wahr? Dein Vater ist ebenso sehr glücklich. Ich wurde ebenfalls von Gott mit dir gesegnet, einem Sohn der so gut aufgewachsen ist und charmant und clever zugleich wurde. Du musst noch nicht in der Stadt über die Gleichgerechtigkeit predigen, versuche es erstmal in unserer Kirche. Zeig ihnen wie clever du bist.", drängte Sungdu.

„Vater, hast du etwa vergessen, dass du mir versprochen hast mich in die Stadt zu schicken, damit ich dort studieren kann? Ich hatte vor auf die Severance Medizinschule zu gehen. Ich will ein guter Arzt werden, genauso wie dieser westliche Doktor, von dem du mir immer erzählt hast. Ist das nicht dein Wunsch?"

„Ja, das ist er. Denk nicht an etwas anderes. Ich weiß, dass dieses Land in einem Aufruhr ist, aber ich will dich nicht in diesem Chaos verlieren. Es geschehen schreckliche Dinge. Fremde Länder kämpfen über unser Land, währen die Menschen in Chosun immer schwächer und schwächer werden. Und nun hat Japan uns eingenommen."

„Ich weiß, ich habe davon gehört."

„Dennoch, denkst du, du könntest sie besiegen?"

„Natürlich. Das Böse kann nicht für immer fortbestehen, solange die guten Menschen ihr Bestes geben um es zu bekämpfen. Und ich will das tun."

„Wie?", fragte Sungdu nach.

„Das ganze Land muss aufstehen. Alle müssen sich erheben!"

Sungdu seufzte bei dem Entschluss seines Sohnes.

„Dongsuhk, es gibt andere Wege zu kämpfen. Manche Leute rebellieren, doch andere leisten ihren Widerstand anders, indem sie ihre Pflichten erfüllen. Es ist unsere Aufgabe zu beten. Es muss Menschen geben, die sich dafür engagieren für unser Land zu beten."

Dongsuhk blieb still währen sie gingen. Als sie bei der Apotheke ankamen, drehte sich Sungdu von seinem Sohn weg. Bevor er gehen konnte sprach Dongsuhk zu ihm: „Vater! Wenn du schon betest, muss ich das dann auch noch tun? Nein, ich werde etwas unternehmen!"

„Schau dir Jjaekpae an. Er hat sein ganzes Leben dazu verwendet die Welt verändern zu wollen, doch was ist passiert? Am Ende führte dies zu nichts, doch er fand seinen Sinn, als er anfing für Gott zu leben. Er realisierte, dass der Mensch allein die Welt nicht verändern konnte. Der Verstand muss sich zuerst ändern, damit der Körper ihm folgen kann. Weißt du wieso die Welt nicht durch eine Revolution verändert werden kann? Weil es von Wut motiviert wird – eine unkontrollierbare Emotion. Der Verstand der Revolutionäre ist nicht bereit. Also müssen wir mit unseren eigenen Gedanken bereit sein um unsere Emotionen zu kontrollieren und um zu beten. Verstehst du das?", drängte Sungdu.

Während er den Worten seines Vaters zuhörte, nickte Dongsuhk und seine Wut ließ allmählich nach. Sungdu nahm seine Hand und drückte diese liebevoll.

Als sie die Worte ihres älteren Sohnes hörte, lief Junmrae nach draußen um sie zu begrüßen. Obwohl sie nun neun Jahre alt war, und somit das jüngste Kind in der Familie war, hatte sie keinen Scham ihren Bruder wie ein Baby zu umarmen. Tatsächlich war Changsuhk mit nur einem Jahr unterschied näher an ihrem Alter, doch sie bevorzugte Dongsuhk mehr, da dieser viel kontaktfreudiger war, als der ruhige und introvertierte Changsuhk.

Während er seine liebliche junge Tochter betrachtete, konnte Sungdu nicht anders als zu lächeln. „Hatte unser Baby heute eine gute Zeit in der Kirche? Sei vorsichtig, sonst zerreißt du die Kleidung deines Bruders. Geh zu deiner Mutter."

Wäre es möglich, dass Junmrae durch ihre Nichte wiedergeboren wurde? Seine Tochter sah ihrer Tante jeden Tag immer ähnlicher, grübelte Sungdu als er in die Apotheke ging. Als er eintrat, wachte Jjaekpae von seinem Nickerchen auf.

„Oh, bitte leg dich hin. Das ist in Ordnung. Wie geht es dir heute?“

Bevor er antworten konnte, hustete Jjaekpae unaufhörlich.

„Ich denke, dass... es schwer sein wird diesen Winter zu überwinden. Mein Ort... Es ist mir egal, also begrab mich irgendwo in den Bergen. Jedenfalls ist es egal wo du mich begräbst. Wenn meine Seele im Himmel ruht, dann macht es mir nichts aus, wenn die Tiere meinen Körper essen werden...“, schweifte Jjaekpae.

„Worüber redest du? Du wirst lange leben. Wer wird sich sonst um die Apotheke kümmern? Ich habe nicht einmal darüber nachgedacht diese an Dongsuhk weiterzugeben. Seine Gedanken sind schon an einem anderen Ort. Ich habe mir überlegt ihn in die Stadt für eine offizielle Ausbildung zu schicken, aber er ist so energiegeladen und leidenschaftlich über die Politik. Manchmal erinnert er mich an dich, als du noch jünger warst.“

Jjaekpae hörte augenblicklich auf zu husten und lächelte.

„Er ist sicherlich kein gewöhnliches Kind. Ich wusste seit er ein kleiner Junge war, dass er etwas besonderes ist. Nachdem du begannst an Jesus zu glauben, wieso hätte er dir ein gewöhnliches Kind gegeben? Er ist in einem Alter wo alles und jedes möglich ist und er hat grenzenlose Energie. Wenn du wartest, dann wird er zu einem großartigen Mann.”

„Was ist der Sinn daran großartig zu sein, wenn dieses Land den Bachrunter läuft? Ich mache mir Sorgen. Was geschieht mit unserem Land? Was wenn unsere Feinde uns völlig einnehmen? In Busan tun die Ausländer schon so, als würde dieser Ort ihnen gehören!“, Sungdu war mit den Problemen seines geliebten Landes beschäftigt, welches diese zurzeit durchhalten musste.

„Wenn eine Nation leidet, dann braucht diese großartige Leute. Dongsuhk wird die Art von Anführer sein, die unser Land braucht. Wie wäre es damit wenn du die Apotheke an Changsuhk weiter geben würdest? Er ist jetzt vierzehn Jahre alt, also solltest du damit anfangen ihn zu lehren. Du wurdest mit solch guten Söhnen gesegnet, trotz den Tragödien in deiner Vergangenheit. Und sieh an wie weit sich die Botschaft von Jesus, dank dir, in Kimhae verbreitet hat! Es ist ein solches Privileg mit dir die letzten paar Jahre gearbeitet und gelebt zu haben. Meine wandernde Seele hörte auf zu wandern, nachdem ich Jesus durch dich kennengelernt habe! Ich habe keine Angst mehr vor dem Tod.", versicherte Jjaekpae Sungdu.

Sungdu konnte den Frieden, während er sprach, in seiner Stimme hören. Tatsächlich war es ein tiefer Frieden, den nicht einmal Sungdu davor erlebt hatte. Es war die Art von Frieden, die nur ein Mann auf seinem Sterbebett, kurz bevor er seinen Schöpfer treffen würde, kennen konnte. Nachdem Jjaekpae seine Augen geschlossen hatte, verließ Sungdu leise den Raum, damit der alte Mann sich ausruhen konnte.

Im Hof lachte Junmrae, während sie auf Dongsuhk's Rücken spielte. Seitab saß Changsuhk still, als er beobachtete wie sein Bruder und seine Schwester spielten. Hannah und Junmsoon waren noch nicht zuhause. Womöglich gingen sie direkt nach dem Gottesdienst zum Markt, dachte Sungdu. Er ging auf seinen jüngeren Sohn zu.

„Bist du heute zur Kirche gegangen?"

„Ja! Mutter und Tante schienen, nachdem der Gottesdienst heute zu Ende war, beschäftigt zu sein, also brachte ich Junmrae danach direkt nach Hause."

„Oh. Weißt du, dass Großvater Jjaekpae schwerkrank ist?"

„Natürlich. Mutter macht sich sehr Sorgen um ihn."

„Ja. Nachdem er gestorben ist, wer wird sich dann um die Apotheke kümmern? Ich bin auch sehr besorgt. Ich bin sehr beschäftigt mit der Kirche, weißt du?"

Ein ruhiger, doch scharfsinniger Junge, Changsuhk blickte plötzlich auf.

„Da ist doch Bruder Dongsuhk, nicht wahr? Jeder spricht davon, wie gut aussehend und clever er ist. Sie sagen mir, dass ich ihm unterlegen bin." Der Junge ließ den Kopf fallen. Sungdu war es sehr bewusst, wie sein zweiter Sohn im Schatten seines älteren Halbbruders auf erzogen wurde, vor allem von seiner Mutter Junmsoon. Körperlich war er kleiner als Dongsuhk, doch er hatte ebenfalls gute Eigenschaften.

„Nein, Changsuhk. Du bist in jeder Art und Weise genauso gut wie dein älterer Bruder. Wer sieht besser aus als du? Dongsuhk ist die Apotheke egal. Er sagt mir ständig, dass er in die Stadt hinaus will. Doch ich bin mir nicht sicher, da er zu schwankend ist. Dennoch kann ich es nicht weiterhin verzögern. Ich werde ihn raus schicken. Nun, macht es dich dann nicht zum denjenigen, der sich um die Apotheke kümmern wird?“, fragte Sungdu.

Changsuhk's Augen weiteten sich. „Ich? Wirklich?“

Sungdu hielt die Hand seines jüngeren Sohnes, die viel kleiner und weicher, als die von seinem älteren, war. Er dachte zu sich: „Dongsuhk's Hände sind zu groß! Er muss womöglich wie sein Urgroßvater Soowoo Pai sein. Doch um ein Licht für ein armes kämpfendes Land zu sein, wird sicherlich Leid mit sich bringen. Was soll ich machen?“ wunderte er sich.

Er seufze und wusste genau was zu tun war – sich auf Jesus zu verlassen.

„Jesus! Bitte beschütze meinen Sohn. Du hast ihn mir gegeben, also mache das, was Du musst. Nicht mein Wille, sondern Deiner wird erfüllt.“

Sungdu ließ Changsuhk's Hand los und stand auf.

„Nicht mein Wille, sondern Deiner. Ich weiß nicht was Du willst. Oh Jesus! Ich fürchte mich vor deinem Willen! Was wenn es zu viel ist, als dass ich damit auskommen könnte? Obwohl ich Angst habe, tue das was Du tun willst!“

In der Mitte des Hofes, spielten seine Kinder immer noch weiter. Sungdu's Herz füllte sich mit Frieden und Freude. Mit der Art, die nur eine Person erfüllen kann, nachdem sie sich dazu entschloss, dem Willen einer höheren Macht zu vertrauen.

So wie der alte Mann es vorhergesagt hatte, überlebte Jjaekpae den Winter nicht und starb im Januar. Nach einem Leben voller Wanderungen, starb er in Frieden und hatte eine von Pfarrer Ross geleitete christliche Beerdigung. Sogar Frau Ross nahm an der Zeremonie teil. Die Rosses erinnerten sich, seit Beginn der christlichen

Gemeinde in Kimhae, an Jjaekpae und waren ihm sehr dankbar, dass er Donghak ablehnte um sich Jesus widmen zu können.

Sungdu begrub Jjaekpae neben den Gräbern seiner sieben Kinder. Während er ihn begrub, verstand er, dass eine Ära endete. Er dachte an sein eigenes Alter. Er war fast siebenundsechzig Jahre alt. Mit einem Kopf voll von weißen Haaren, sah Hannah mehr wie eine Großmutter, statt einer Mutter aus. Sein ältestes Kind, Jungmyung, war achtzehn Jahre alt, ein Alter in dem sie sich vermählen sollte. Sogar Junmsoon war vierzig Jahre alt und wurde zu einer molligen Frau mittleren Alters. Mit einer bewundernswerten Hingebung, arbeitete Junmsoon hart für die Kirche und ihr Glaube war unerschütterlich.

Nachdem die Beerdigung zu Ende war, wandelte sich der Himmel in ein tiefes rot, und warf einen kaminroten Schatten auf ihre weiße Trauerkleidung. Als sie wieder nach Hause gingen, konnte Junmrae ihre Brüder nicht einholen, also klammerte sie sich an ihren Vater fest.

„Papa! Du meintest, dass Großvater Jjaekpae in den Himmel gegangen wäre. Wieso liegt er dann im Boden? Du hast mich angelogen! Er ist in den Untergrund gegangen und nicht in den Himmel!"

Sungdu lachte bei der unschuldigen Frage seiner Tochter, bevor er antwortete: „Nun, Großvater Jjaekpae ist im Himmel, da seine Seele hinauf ging. Ohne die Seele ist der Körper nur eine Hülle. Deswegen begraben wir den Körper. Kannst du das verstehen?"

Der Gesichtsausdruck des kleinen Mädchens sah verwirrt aus. „Also wird das, nachdem ich sterbe, auch mit mir passieren? Wirst du mich dann auch in den Boden vergraben? Nein, Vater! Ich will nicht in den Boden!"

„Nein, nicht du! Du kommst nicht in den Boden. Du bekommst Flügel und fliegst dann hoch hinauf in den Himmel!"

Doch Junmrae hörte nicht auf zu weinen, obwohl ihr Vater sie versuchte mit seinen Worten zu beruhigen. Als er das Weinen hörte, wurde Dongsuhk langsamer bis er neben seiner Schwester her ging.

„Weint meine kleine Lady schon wieder? Liegt es daran, dass ich dich nicht umarmt habe?" Dongsuhk kniete sich hin um sie auf seinem Rücken zu tragen. Obwohl sie auf seinen Rücken hochsprang, hörte sie den ganzen Weg nach Hause nicht auf zu weinen. Hinter ihnen ging Changsuhk gelassen weiter.

Während er seine Kinder beobachtete, seufzte Sungdu und dachte: „Was kann ich diesen Kindern geben? Nur den Glauben. Das einzige, was ihnen helfen kann ist nicht das Geld oder das Land, sondern der Glaube. Dongsuhk wird zu einem westlich-gelehrtem Arzt um das Leben der Menschen zu retten. Changsuhk wird eines Tages die Apotheke leiten und sich um die Gesundheit der Dorfbewohner kümmern.“ Ja, das war wahrhaftig Sungdu's Traum für seine Söhne.

Nachdem Japan die Elsa Abmachung in 1905 aufzwang, brachen die Truppen von Chosun eine Revolution durch das Land auf. Sogar die Menschen im Staat waren in einem Aufruhr und manche begingen sogar Suizid. Lord Min Younghwan, ein hochrangiger Berater des Königs, brachte sich um. Die am meisten aktiven Militärrevolten waren in Chungcheongdo, Jeollado und in den Gyongsandgo Provinzen. Geführt von den Staatsoffizieren, beinhalteten die Revolten arme Farmer und die Anhänger von Donghak, Younghak, Hwajeok und den Hwalbingdang Bewegungen.

Die Nachrichten der Militärs Revolution erreichten Kimhae im Jahr 1906. Der nun sechszehn Jahre alte Dongsuhk hatte ein spezielles Interesse in den derzeitigen Entwicklungen. Schon längst von dem Charakter seines Sohnes wissend, wurde Sungdu immer besorgter, dass Dongsuhk von seiner Leidenschaft überwältigt wird und den Truppen in der Revolution beitritt.

Jeden Sonntag nach dem Gottestdienst, verließ Dongsuhk die Kirche nicht sofort, sondernd trödelte herum, um bei den Gesprächen der Leute, vor allem bei denen über Politik und den derzeitigen Ereignissen, zu zuhören. Sogar wenn die Patienten zur Apotheke kamen, blieb Dongsuhk, hungrig für jede Art von Neuigkeit, drinnen um jedem Wort zu zuhören, falls die Patienten sich dazu entschließen länger zu leiben.

Eines Tages sprach Sungdu seinen Sohn an. „Hör mir zu, ich weiß, dass du eine spezielle Interesse daran hast, was zurzeit so mit den Truppen geschieht.“

Dongsuhk schaute, ohne dass er etwas sagte, zurück zu seinem Vater.

Sungdu sprach weiter: „Weißt du wer all diese Anführer dieser sogenannten Revolution sind? Sie waren einst Regierungsbeamte. Wer sind die wahren Leute, die bis zum Tode unter ihrer Führung sterben? Der einfache Mann, der zu Tode verhungert. Wenn du bei diesen Truppen teilnehmen willst, dann musst du wissen, dass du nicht zu einem Anführer werden kannst, richtig?" Dongsuhk nickte langsam mit seinem Kopf, blieb jedoch still.

„Wenn du also nicht zum Anführer werden kannst, wirst du dann mit Schwertern kämpfen?" Die Augen seines Sohnes wurden mit Erstaunen größer.

„Du bist zu jung dafür. Und du hast noch vielerlei Dinge, die du noch erledigen musst. Was habe ich dir davor gesagt? Bete zuerst und dann wird alles von deinen Gebeten zu dir kommen. Die Menschen die Gott nicht kennen, wissen nicht wie man betet, doch wir schon. Wir kennen Gott. Also müssen wir als erstes beten. Dann müssen wir ruhig bleiben und warten. Bald werden wir wissen was zu tun ist. Dongsuhk, bleib in Frieden und bleib ruhig! Gott wird dir den Weg weisen. Warte noch ein wenig. Bitte?"

Obwohl Dongsuhk immer noch still blieb, übersah Sungdu nicht das Leuchten in seinen Auggen. Der Junge konnte es immer noch kaum erwarten Taten zu vollbringen und bei der Revolution teilzuhaben. Sungdu seufzte.

„Bitte lass den Willen meines Sohnes nicht Deinen überragen, Jesus! Segne ihn. Segne das Leben deines Sohnes. Kontrolliere das Licht in ihm, Herr! So wie du vor deiner Kreuzigung gebetet hast, nicht durch meinen Willen, sondern Deinen! Tu das wie du es willst, Vater!"

KAPITEL 19

„Verlassen der Heimat"

IM FRÜHLING 1906 verließ Dongsuhk seine Heimat, um in Daegu die Kei-Seong Schule zu besuchen, welche vom Schwager des Priester Beard, James E. Adams, gegründet wurde. Es gab zwar in Kimhae einige integrierte Schulen, welche von der Kirche geleitet wurden, doch Sungdu hatte sich entschieden seinen älteren Sohn an einen größeren Ort zu schicken. Er wollte, dass sein Sohn hinaus geht und die weite Welt sieht, was auch Dongsuhks eigener Wunsch war.

Früh am morgen verabschiedete er sich von seiner Familie und machte sich auf den Weg durch das Flachland Kimhaes. Geistesabwesend strich er sich mit der Hand über seinen Nacken, wo er auf kurze strubbelige Haare traf. 1898 wurde es Männern kurzzeitig verboten ihre Haare lang und in einem traditionellen Haarknoten zu tragen. Das Verbot war zwar nur kurzlebig, doch einige aufgeschlossenere Leute hatten sich auch nach der Aufhebung dazu entschlossen ihre Haare kurz zu tragen.

Obwohl es Sungdu selbst als altem Mann recht schwer gefallen war seinen Haarknoten aufzugeben, unterstütze er seinen Sohn Dongsuhk seine Haare modern und somit kurz zu halten.

Dongsuhks Schritt beschleunigte sich bald, was Sungdu aufseufzen ließ und Hannah zum Weinen brachte.

„Wie kann er so kalt sein? Er weiß, dass sein Vater und seine Mutter hier stehen, doch er dreht sich nicht ein einziges Mal um."

„Wie kannst du ihm das verdenken? Er hat gerade zu viel Energie um an einem Ort eingepfercht zu bleiben. Lass uns jetzt rein gehen.", antwortet Sungdu im Versuch seine Frau zu besänftigen.

Doch auch seine Augen verweilten auf der verblassenden Silhouette seines Sohns. Die Situation brachte Bilder vom kühlen Abschied mit

Mentor Kim zurück und plötzlich überkamen ihn auch seine Emotionen schlagartig. Er versuchte seine Tränen zu unterdrücken, doch vergeblich.

„Du sagst mir ich soll nicht weinen, aber schau doch dich selbst an! Du heulst wie ein kleines Kind.", tadelte ihn Hannah.

„Nein das ist es nicht.", versuchte er seiner Frau zu erklären, doch die Worte verließen einfach nicht seinen Mund. Als er die Tür erreichte hatte er sich wieder zusammen gerissen und konnte fort fahren.

„Ich habe nicht bloß wegen Dongsuhk geweint. Nein, ich musste an meinen alten Mentor Kim denken, welche mich vor so vielen Jahren so kalt verlassen hat. Dongsuhk war genauso kalt. Ich mache mir keine Sorgen um unseren Sohn, denn ich weiß Gott wird ihn beschützen."

„Wenn du das meinst, wieso sollte ich mich dann sorgen? Es ist ohnehin besser, wenn ich mich darauf konzentriere, dass unsere Jungmyung bald heiratete. Sie ist nun schon neunzehn.", seufzte Hannah.

„Weißt du, letztens ist jemand in die Apotheke gekommen und hat nach Jungmyung gefragt. Ein junger Mann, er meinte er ist aus der Lee Familie in Kangdong am Fluss, in der Nähe von Kimhae Nakong am Fluss. Er ist ungefähr in ihrem Alter."

„Ich denke er ist schon einige Male in unserer Kirche gewesen, der Bachelor, der am Fluss wohnt.", sowie Hannah sprach erinnerte sich Sungdu daran einen nicht allzu großen Bachelor gesehen zu haben, welcher seine langen Haare in einem Zopf trug.

„Ja ich denke ich habe ihn auch gesehen.", sowie er diese Worte sprach sah Sungdu Junmsoon aus der Küche kommen, als hätte sie die ganze Konversation mit angehört.

„Ich wollte nicht lauschen, aber wenn es um Jungmyuns Hochzeit geht, dann hätte ich etwas zu sagen.", sagte Junmsoon.

„Hast du viel über ihn gehört?", fragte Hannah dringend.

„Ich habe von anderen Leuten gehört, dass er sich am Bein verletzt hat."

„Wirklich?" hinterfragte Sungdu.

„Ich bin mir nicht völlig sicher. Aber was tun wir, wenn es stimmt?", Junmsoon seufzte und blickte zu Boden.

„Ich habe auch so etwas ähnliches gehört.", fügte Sungdu hinzu. „Er hat sich am Bein verletzt, aber es schien nicht so als würde er humpeln."

„Sollten wir besorgt sein, wenn das alles den stimmt?", fragte Hannah.

„Naja, wir müssten uns nicht darum sorgen, dass er sich nicht um Jungmyung kümmern kann, denn er ist reich. Ich habe gehört, dass seine Beinverletzung schon lange her ist, das ganze passierte als er bloß neun Jahre alt war. Eines sehr schwülen Tages in der Schule wurden alle Schüler schläfrig. Der Lehrer machte den Versuch die Schüler wach zu halten, indem er ihnen die Aufgabe gab alle Elstern in einem Baum zu zählen. Und ob man es nun glaubt oder nicht, der Junge kletterte auf den Baum, um die Elstern besser zählen zu können. Allerdings schlief er dann oben auf dem Baum ein und fiel dann zu Boden!"

Als er sah, wie beide ihn gespannt ansahen, fuhr Sungdu fort.

„Die Geschichte ist hier noch nicht zu Ende. Er ging nach Japan, um dort eine Behandlung für sein Bein zu kriegen. Ich bin mir nicht sicher, wie er dort hin kam, vielleicht mithilfe eines Missionars. Wie auch immer, als er dann dort operiert und behandelt wurde begann er an Jesus zu glauben. Es gibt tatsächlich so viele Wege auf denen Gott Menschen zu sich rufen kann! Ich mag, dass er ein Gläubiger ist. Das ist gut für Jungmyung, unsere Tochter ist so lieblich und sie arbeitet so hart, doch manchmal hat sie zu viel Temperament und einen zu starken Willen.", Sungdu musste beim Gedanken an sein ältestes Kind lächeln.

„Du hast recht.", sprach nun Hannah. „Ihre Mutter ist zahm wie ein Lamm, aber wow, die Tochter ist unglaublich temperamentvoll!"

„Na wenn das so ist, dann denke ich das alles sollte recht einfach verlaufen! Sie sollten dann diesen Herbst heiraten, oder nicht?", fügte Junmsoon hinzu, während sie alle lachten.

„Ja. Obwohl sie schon alt genug zum Heiraten ist, sollte sie bis Herbst warten. Wir müssen erst sichergehen, dass Dongsuhk sich gut in der Stadt einfindet. Es ist eine Erleichterung, dass Changsuhk sich so gut macht nachdem er die Apotheke übernommen hat. Zumindest haben wir nun ein sicheres Einkommen."

Entschieden stand Sungdu auf, doch Junmsoons ruhige Stimme hielt ihn noch einmal auf bevor er sich auf den Weg zur Apotheke machen konnte.

„Jeder hat eine unterschiedlich große Schüssel. Dongsuhk war der der dir von Gott gegeben wurde, oder?"

„Ich habe es immer sehr geschätzt, dass du dich all diese Jahre so gut um ihn gekümmert hast.", sagte Sungdu während er sich zu Junmsoon drehte. Er lief hinaus und dachte über ihr gutes Herz nach. Obwohl Changsuhk ihr eigener Sohn war hatte sie Dongsuhk immer priorisiert, da er ein Pai Erbe war.

Jetzt wo die Pai Familie sich entschieden hatte, dass Jungmyung heiraten sollte, schickte die Lee Familie im Frühling einen Kuppler zum Haus der Pais. Die Hochzeit wurde auf den zweiten Oktober gesetzt, gleich nach der Ernte. Des Lees freuten sich aufgrund des guten Rufs der Pais ihren Sohn zu verheiraten. Obwohl Jungymung die Tochter der zweiten Frau von Sungdu war, brachte ihnen die Hochzeit trotzdem noch viele Vorteile. Jungmyung war nichtsdestotrotz nämlich eine direkte Nachfahrin des berühmten Gouverneurs von Chungju, ihr Vater war der erste Gläubige in Kimhae und spielte eine große Rolle bei der Gründung der erfolgreichen Kirche dort. Sungdu hatte nicht nur ein sicheres Einkommen da er eine Apotheke besaß, er war im Dorf auch für seine Großzügigkeit bekannt und dafür, dass er sich um ärmere Bürger kümmerte. Des Lees machten sich nur sorgen, dass die Großzügigkeit ein wenig zu weit ging, da er sich auch um Aussätzige kümmerte.

Hannah und Junmsoon hielten sich mit der Planung der Hochzeit beschäftigt, sie reisten sogar bis nach Busan um Seide, Buamwolle und Blumen zu kaufen. Mit den erlangten Materialien setzten sie sich dann in das Haus hinein und nähten Jungmyungs Hochzeitsbettwäsche.

Junmsoons dünne Finger zitterten während sie die roten und blauen Stoffe zusammen nähte.

„Oh Schwester! Unsere Jungmyung heiratet! Es ist wie im Traum."

„Was meinst du? Sie hätte letztes Jahr heiraten sollen. Sie ist schon spät dran!", Hannah runzelte die Stirn als sie sah wie Junmsoon versuchte einen Faden einzufädeln doch dies ohne Glück.

„Schwester, ruf Junmrae für mich. Ich kann den Faden nicht mehr einfädeln, ich weiß nicht, wie du es mit solcher Leichtigkeit tust."

„Bist du bereits so alt? Was ist los mit dir, du bist doch noch jung! Ich bin diejenige die alt ist."

„Ich bin einundvierzig! Vielleicht altern meine Augen einfach schneller als der Rest meines Körpers."

„Sag sowas nicht. Vergiss nicht, ich habe Dongsuhk bekommen als ich siebenundvierzig war! Du kannst immer noch drei oder vier weitere Kinder kriegen. Mit deinen Augen ist alles in Ordnung.", tadelte sie Hannah während sie ihr die Nadel und den Faden aus der Hand nahm.

„Und warum sollten wir uns überhaupt die Mühe machen Junmrae hinein zu rufen? Ich wette sie hat Jungmyung dazu überredet sie zum Schwimmen zum Bach zu begleiten. Sie ist bereits zehn, wir sollten sie wirklich mehr im Haus behalten. Auch Jungmyung sollte jetzt, wo sie verlobt ist nicht einfach so raus gehen."

Hannah reichte Junmsoon den eingefädelten Faden und blickte hinaus in den Garten. Ihre Stimme wurde wehmütig als sie sprach.

„Ob er wohl genug isst? Söhne haben keinerlei Gefühl für ihre Mütter, er schreibt uns nicht einmal. Ich habe gehört, dass diese westlichen Schulen die Schüler nach Hause schicken, wenn es zu heiß oder zu kalt ist. Ist diese Schule, auf die wir ihn geschickt haben, eine Ausnahme? Er ist so herzlos. Vielleicht vermisst er mich gar nicht.", klagte Hannah.

„Sprichst du von Dongsuhk? Ich vermisse ihn auch. Er sah so gut aus als er uns letzten Frühling verlassen hat. Ist es nicht als würde er, wann immer man ihn sieht das gesamte Dorf erleuchten?"

„Ich hoffe ihm geht es gut."

„Mach dir keine Sorgen Schwester! Unser lieber Gott wird ihn beschützen. Hat Gott ihn euch nicht auch gegeben?"

Zuerst hatte Hannah gedacht, dass Junmsoons Beruhigung was Dongsuhk angeht daher stammt, dass er nicht ihr eigener Sohn ist, wie Changsuhk. Aber sowie sie in ihre Augen sah, bemerkte sie, dass Junmsoon tatsächlich an all das glaubte was sie sagte. Ihre Bewunderung über den unerschütterlichen Glauben der jüngeren frau vertiefte sich. Ungeachtet, dass sie vor zwanzig Jahren hergekommen war um als

Sungdus Geliebte zu leben, hatte Hannah realisiert, dass auch sie Teil von Gotts Plan war.

„Tu was du willst. Dein Wille, oh Gott.“, murmelte sie vor sich hin.

Als sie ihre Näharbeit fortsetze, konnte Junmsoon nicht anders als vorsichtig zu Hannah zu blicken. Das Sonnenlicht schien auf die Stirn der älteren Frau und unterstrich noch einmal jede Falte und jedes graue Haar.

Sowie der heiße Sommer sich in den Herbst abkühlte, reiften die Pflanzen in den Flachländern Kimhaes, was sowohl ein Zeichen für die Ernte war als auch für Jungmyungs anstehenden Hochzeitstag. Die Pai Familie war in einer Aufregung der Aktivität während der Vorbereitung des Festmahls. Der Bräutigam, Youngok Lee, kam häufig vorbei, um Jungmyung zu sehen und Sungdu zu helfen.

Jeden Herbst war die Apotheke überfüllt mit Leprakranken die Medizin von Sungdu brauchten. Es gab zu viel Arbeit für Sungdu und den jungen Changsuhk, also wurde die Hilfe des künftigen Schwiegersohns sehr geschätzt. Youngok war klein, doch er arbeitete hart und hatte einen starken Charakter. Sein verletztes Bein sah für den Betrachter völlig normal aus, das einzige Anzeichen seiner früheren Verletzung war, dass sein rechtes Bein leicht beim Gehen hing.

Nur zehn tage vor der Hochzeit war Youngok auf dem Weg nach Hause, nach einem langen Tag, an dem er Sungdu in der Apotheke geholfen hatte. Er war sowohl physisch ausgelaugt als auch emotional angeschlagen nachdem er an dem Tag so viele Aussätzige gesehen hatte.

„Wie ist es möglich, dass Gott zulässt, dass diese Leute mit einer solch schlimmen Krankheit leben müssen? Ist es wegen unseren Sünden?“, fragte er sich.

Bald erreichte er den Kangdong Fluss, das schwarze Wasser schimmerte im Mondschein. Er konnte nicht glauben, dass er bereits in zehn Tagen heiraten würde! Welch ein Glück, dass er in die respektierte Pai Familie heiratete, dazu noch die liebliche neunzehnjährige Jungymung. Er blickte den Fluss an und seufzte, als er eine plötzliche Bewegung vernahm, welche ihm zum Stehen bleiben und still stehen veranlagte.

„Hey du! Wirst du nicht der Schwiegersohn des Leprakranken? Dein Name ist Lee, du lebst hier, nicht wahr? Dein zukünftiger Schwiegervater hat Lepra, oder?"

Youngok drehte sich eilig zu der Stimme hin. Drei Männer liefen mit bedrohlichen Blicken auf ihn zu, als würden sie bereits bereit für einen Kampf sein. Er ballte die Fäuste.

„Wovon redest du? Mein zukünftiger Schwiegervater ein Leprakranker? Informier dich. Er ist Arzt und er behandelt einige Leprakranke."

„Was? Der Shrimp antwortet frech! Wenn man mit Leprakranken zusammen ist dann ist man Leprakrank. Vielleicht bist du auch einer?"

Der stärkste der drei Männer machte einen Schritt in Richtung von Youngok.

Dieser sprach sie direkt an, denn er wusste, dass er nicht gegen alle drei kämpfen konnte.

„Ihr seid diejenigen die auf den Feldern kämpfen, oder nicht? Was ist so falsch daran arme Kranke zu behandeln? Genug jetzt, ich gehe nach Hause."

Youngok begann sich von der Gruppe weg zu bewegen, doch er hörte eine laute Stimme hinter ihm und eine Hand auf seiner Schulter.

„Hey! Was glaubst du wo du hingehst?"

„Lass los!"

„Heiratest du nicht die Tochter des Leprakranken?"

„Was?", Youngok konnte die Wut nicht aus seiner Stimme verstecken.

„Ich habe deine Braut gesehen. Sie sieht zum Anbeißen gut aus. Was willst du tun? Soll ich vor der Hochzeit einen Bissen nehmen? Ich bin noch nicht verheiratet. Wie wäre es damit, dass du mir deine Braut für eine Nacht ausleihst?"

„Ist das dein Ernst?", voller Wut schlug Youngok ihm ins Gesicht. Blut spritze aus der Nase des anderen Mannes.

„Du Leprakranker! Du bist ein Krüppel, nicht wahr? Oder soll ich dich zu einem machen?", der Mann wischte seine Nase ab und gab den anderen beiden ein Signal, welche direkt auf Youngok zu gerannt kamen. Sie warfen ihn zu Boden und hielten ihn fest, während ihr Anführer sich einen großen Stein holte.

„Hey wie wäre es? Wie wäre es ich mache dich zu einem richtigen Krüppel?"

Er schlug den Stein mit voller Kraft auf Youngoks Bein. Youngok sah Sterne explodieren.

„AAAHHHHH!"

Sowie Youngoks Schreie in die Nacht hallten ließen ihn die Männer los und er rollte sich auf dem Boden. Er spürte, wie sie erbarmungslos seinen Rücken kickten, doch aus irgendeinem unerklärlichen Grund spürte er keinen Schmerz.

„Oh, Jesus!", betete Youngok. Er schloss seine Augen und stellte sich Jungmyungs wunderschönes Gesicht vor.

„Mein Herr, werde ich sterben?", Youngok fiel schnell in Ohnmacht.

Am geplanten Hochzeitstag kehrte Dongsuhk zum ersten Mal nach Hause seit er dieses im Frühling verlassen hatte. Hier wurde er allerdings damit überrascht, dass die Hochzeit auf den nächsten Frühling verschoben wurde. Nachdem die drei Männer ihn angegriffen hatten, fanden Fischer Youngok, dessen Bein gebrochen war und dessen kleiner Körper von blauen Flecken übersäht war.

Das ganze Dorf sprach von nichts mehr als Sungdu und seinem künftigen Schwiegersohn Youngok.

„In diesen sogenannten Jesus zu glauben hat ihnen auf jeden Fall viele Probleme gemacht!"

„Das ist bloß passiert, weil der Schwiegervater all diese schrecklich aussehenden Patienten in seine Apotheke gelassen hat."

„Jesus gibt Gnade? Alles was er ihnen gebracht hat ist ein Angriff!"

Aufgrund von all diesen Gerüchten blieb Jungmyung im Haus, sogar Hannah legte sich den ganzen Tag hin und aß so gut wie nichts. Ihr Sohn Dongsuhk, welcher nach solch langer Zeit wieder zurück gekehrt war, versuchte sie zu beruhigen.

„Mutter, warum bist du so verärgert? Dein Schwiegersohn ist nicht tot, er hat nur sein Bein gebrochen. Die Hochzeit steht noch, wir werden nur bis Frühling warten müssen."

Als sie die Stimme ihres Sohns hörte drehte sich Hannah zu ihm. Sie war stolz auf ihren erwachsenen Sohn. Für den Bruchteil einer

Sekunde schlich sich ein Lächeln auf ihre Lippen, doch dann wurde sie wütend.

„Warum muss unser Schwiegersohn ein Krüppel sein? Es ist nun zu spät die Hochzeit abzusagen. Aber es gibt so viele gesunde Männer in diesem Dorf, warum muss es Jungmyung sein die einen Krüppel heiratet?"

„Mutter, wenn ich ein Krüppel werde, bedeutet das dann, dass ich auch keine Chance darauf habe zu heiraten? Er hat eine Mutter. Versuch dich in sie hinein zu versetzten. Es ist zu spät für Reue, wir sollten versuchen uns die positiven Dinge anzusehen. Obwohl ich nicht anwesend sein werde für die Hochzeit, habe ich nun zumindest die Chance meinen Schwager kennenzulernen. Ich habe jetzt einen älteren Bruder. Ich will ihn kennenlernen!", sagte Dongsuhk lächelnd.

„Mach was du willst, mir ist es egal.", Hannah drehte sich weg.

Junmsoon brachte Hannah Brei ins Zimmer und Dongsuhk verließ still den Raum. Er konnte nicht verstehen wie Junmsoon, Jungyungs eigene Mutter, so ruhig war, während Hannah völlig aufgelöst zu sein schien.

Er dachte daran, dass gerade darin der Unterschied zwischen den beiden Frauen lag. Seine Mutter drückte jede kleine Emotion aus, während Junmsoon ihre Gefühle nie offen zeigte. Trotzdem, Junmsoon musste auch traurig sein. Dongsuhk wusste, dass sie jeglichen Schmerz und jegliche Wut in sich behielt und im Stillen litt.

Draußen im Garten blickte Sungdu zu den weit entfernten Bergen.

„Wohin gehst du?", fragte er seinen Sohn mit geschwächter Stimme.

„Ich gehe meinen künftigen Schwager treffen. Ich werde sobald wie möglich nach Hanyang zurück kehren, da ja nun die Hochzeit verschoben wurde, also habe ich nicht viel Zeit."

„In Ordnung. Wie laufen die Studien? Isst du auch genug?", Tränen bildeten sich in Sungdus Augen.

„Ich habe mehr als genug zu essen und ich schlafe sehr gut. Die Studien sind anstrengend, besonders wenn es Zeiten gibt, in denen ich mir lieber ein Schwert schnappen würde, um diese Japaner, die unser Land besetzen umzubringen als in einem Klassenzimmer zu sitzen.", antwortete Dongsuhk knapp.

„Das schon wieder? Warte und werde stark. Dir westliches Wissen anzugelangen wird die Quelle deiner inneren Stärke sein.", seufzte Sungdu.

„Naja, ich sollte nun wirklich los. Ich bin zurück bevor es dunkel wird.", sowie Dongsuhk los lief kam Sungdu ein Gedanke.

„Hey! Es ist schon Nachmittag. Wenn es dunkel wird dann bleib einfach und schlaf dort. Lauf nicht allein im Dunkeln herum. Wer weiß denn ob die Angreifer nicht schon wieder auftauchen?"

„Okay, ich werde auf dich hören. Aber um ehrlich zu sein habe ich keine angst vor denen."

Seinen erwachsenen Sohn so vor Selbstbewusstsein strahlen zu sehen raubte fast Sungdus Atem. Der junge Dongsuhk war wie eine Glasperle, seiner eigenen Sterblichkeit nicht bewusst.

„Auch dir stehen noch Prüfungen an. Es muss einen Zweck dafür geben, dass ich einen verkrüppelten Schweigersohn habe. Herr, bitte beschütz diesen jungen Mann, meinen eigenen sturen Sohn.

Als Dongsuhk bei Youngoks Haus ankam hatte sich der Himmel in ein tiefes rot gefärbt während die Sonne sich langsam dem Horizont annäherte. Er dachte, dass er vor der Nacht kommen und gehen könnte, wenn er bloß schnell genug lief, doch er hatte die Entfernung deutlich unterschätzt.

In der Nachbarschaft hatte so gut wic kein Haus eine Tür, mit der Ausnahme von Youngoks. Die hölzerne Tür schwang auf und Frau Lee rannte aus der Küche auf ihn zu. Sie hatte Doktor Pais gutaussehenden Sohn anhand der bloßen Beschreibung der anderen Dorfbewohner sofort erkannt.

„Oh, willkommen! Was führt sie hierher? Ich habe gehört, dass sie nach Hause gekommen sind, aber ich hätte nicht gedacht, dass sie hier vorbei kommen.", die Unsicherheit war klar aus ihrer Stimme zu hören. Natürlich war die Frau über das Bild der Pai Familie von ihrem Sohn nun nach dem Unfall besorgt.

„Bitte duzen sie mich Frau Lee. Ich bin bloß ein junger Bachelor."

„Wie könnte ich? Wir müssen höflich zueinander sein. Mein Youngok ist drinnen, dort in diesem Raum. Er hat bloß sein Bein gebrochen. Er isst gut.", schwafelte sie vor sich hin.

„Keine Sorge. Eine Absage der Hochzeit wäre für unsere Familie sogar ein größerer Nachteil als für ihre. Wer möchte eine Jungfrau, die eine Verlobung abgesagt hat? Die Hochzeit wird wie geplant nächsten Frühling statt finden."

„Ich frage mich, wieso alles so geschehen ist. Wir dachten wir hätten sein Bein endlich geheilt als wir das letzte Mal in Japan waren. Vielleicht ist es sein Schicksal deformiert zu sein.", sagte sie während sie sich die Tränen aus dem Gesicht wischte.

Sowie er das zitternde Weinen seiner Mutter hörte erschien Youngok.

„Mutter, hör auf! Wie soll denn dein Weinen meinem Bein helfen?"

Nachdem er seine Mutter getadelt hatte drehte er sich zu Dongsuhk, über welchen er bereits so viel gehört hatte. Youngok lächelte als er Dongsuhk begrüßte.

„Willkommen künftiger Schwager! Darf ich dich duzen?"

Dongsuhk sah Youngok genau an. Er erinnerte sich an sein vertrautes Gesicht, welches er in der Kirche bereits gesehen hatte. Ein wenig Blut schimmerte noch durch das verband an seinem Bein, doch der kleine Mann hatte einen festen Blick.

„Natürlich Bruder! Bin ich nicht dein Bruder?"

Youngok nahm Dongsuhks Hände und führte ihn zur Veranda. Die beiden Männer fühlten sofort den Bund einer Brüderschaft sowie sie bis spät in die Nacht noch miteinander redeten.

Am nächsten Morgen packte Dongsuhk seine Sachen, um Youngoks Haus zu verlassen. Jetzt wo die Hochzeit verschoben wurde, musste er so schnell wie möglich zu Schule zurück kehren. Die unvertrauten westlichen Lehren nachzuholen war sehr schwer deshalb wollte er keine weiteren tage verpassen. Leider bedeutete dies auch, dass er die Hochzeit im nächsten Frühling verpassen würde, doch er war trotz allem froh, dass er seinen künftigen Schwager getroffen hatte. Während er sich also fertig machte erinnerte er sich immer wieder an Bruchteile der Konversation.

„Ich bin nicht traurig, auch wenn ich ein Krüppel bin. Das ist Gottes Willen für mich, nicht wahr? Wenn ich mich beschwere, dann bin ich kein richtiger Christ. Gott war bloß besorgt, dass ich keine Zeit mehr hätte mich auf ihn zu konzentrieren, wenn ich zu viel wandere.

Außerdem habe ich nun ein größeres Herz für Kranke, jetzt wo ich ihren Zustand besser verstehen kann.

Als ich in der Apotheke war und deinem Vater geholfen habe die leprakranken zu behandeln, da habe ich nicht einmal über deren mentalen Zustand nachgedacht, bloß über ihre physischen Mängel. Mehr als einmal habe ich ihnen Stirnrunzelnd ihre Medizin übergeben. Seit meinem Unfall hatte ich nun aber viel Zeit, um nachzudenken. Allerdings konnte ich bisher mit keinem über meine neu gewonnenen Realisationen reden, zumindest bis du hier ankamst. Danke dass du vorbei gekommen bist, um mit mir zu reden. Normalerweise bin ich keine gesprächige Person, kannst du es glauben?", Youngoks Gesicht leuchtete im Mondschein.

Aus irgendeinem Grund konnte Dongsuhk gar nicht anders als ihm zu vertrauen. Immer wenn sein Vater mit ihm sprach hatte er das Gefühl ihm würde eine Predigt gehalten werden, weshalb er immer in stiller Wut zuhörte. Mit Youngok fühlte er sich allerdings wie mit einem alten Freund.

„Bruder, jeder weiß, dass du ein aufrichtiger Mann bist, aber jetzt ist nicht die Zeit für sowas. Geh zurück zur Schule und mache deine Studien gut. Musst du di nicht ohnehin jenes westliche Wissen der Japaner aneignen, um wirklich gegen diese kämpfen zu können? DU und ich sind in verschiedenen Situationen, aber wir sind beide aus einem Grund geboren worden. Es gibt eine Aufgabe, die nur wir allein erfüllen können.

Nachdem ich mein Bein verletzt habe dachte ich an Jakob in der Bibel. Nachdem er sich mit einem Engel gerauft hat wurde er permanent zum Krüppel, aber er wurde auch Gottes rechte Hand und der Vater der von Gott auserwählten Leute. Heute fühle ich mich tatsächlich wie ein Diener Gottes. Es ist seltsam, ich habe diese Gedanken bisher mit keinem teilen können, nicht einmal mit deinem Vater, der jeden zweiten Tag hier vorbei kommt. Aber bei dir kann ich mich gar nicht zurück halten! Als wäre da eine Verbindung zwischen uns!"

Die Erschöpfung überholte Youngok irgendwann und er schlief ein, Dongsuhks Hände immer noch in seinen. Doch Dongsuhk war so geblendet von dem Mondlicht, dass er nicht einschlafen konnte. Sein

Herz hämmerte in reinem Hochgefühl. Er hatte das Gefühl, dass er soeben den besten Freund seines Lebens gefunden hatte.

Das einzige was Dongsuhk davon abhielt sich auf den Weg zurück zur Schule zu machen war der Gedanke an seine weinende gealterte Mutter, welcher sein Herz erschweren ließ.

Die Geschichte von seiner Geburt war wie eine Legende. Er wusste, dass Hannah ihn als wahren Schatz ansah da sie all ihre vorherigen Kinder verloren hatte. Wie würde er die Tränen seiner Mutter wieder ertragen können? Auch der Gedanke daran, wie sein Vater ihm hinterher sah trieb ihm neue Tränen in die Augen.

Er schloss seine Augen, entschied sich dazu sich nicht mehr weiter umzudrehen und sich stattdessen vorwärts zu bewegen.

KAPITEL 20

„Die Kei-seong Schule"

ZWEI JAHRE SIND vorbei geflogen seit Dongsuhk zum zweiten Mal sein Zuhause verließ, um zur Kei-seong Schule zurück zu kehren. Am 24. März 1906 wurde die erste legale Mittelschule in der Gyoengsangdo Provinz mit vierundzwanzig Schülern eröffnet und die Anzahl an Schülern blieb gering. Früher in Pfarrer Beard's Mission in Daegu, hat er fünf Strohdachhäuser und vier Ziegeldachhäuser neben dem Schloss der städtischen Annam-Tür erworben und erbaut. Sein Schwager, Pfarrer Adams, erbaute die Nammunan Kirche. Dank den drei Ziegeldachgebäuden, wurde die Kei-soeng Kirche, genauso wie die Schule und die Studentenwohnheime, errichtet.

Es war der frühe Dezember 1907 und die Wintersonne ging schnell unter und der Himmel war dunkel. In den Studentenheimen schliefen drei oder vier Schüler in einem Zimmer. Am Eingang der Tür von Dongsuhk's Zimmer, war der Boden übersät von Schuhen. Die Schüler trafen sich heimlich drinnen, ohne dass die Lehrer etwas davon mitbekamen. Ihre Augen leuchteten vor Aufregung im Kerzenlicht.

„Ich kann es nicht mehr aushalten! Ich habe gehört, dass die Japaner unseren Imperator Yi-eun als eine Geisel gefangen genommen haben und ihn nach Japan brachten. Er ist erst zehn Jahre alt! Es macht mich so wütend, wie sie es versuchen unser Land einzunehmen. Wie können die es wagen?", sprach Dongsuhk's Mitbewohner, Choi Jaseon, lebhaft. Er war stets über die derzeitigen Ereignisse gut informiert. Tatsächlich ist er an dem Tag davor zum Markt gegangen, also brachte er die aktuellsten Neuigkeiten mit sich.

„Wir können nicht einfach nur rumsitzen und nichts tun. Als die sogenannten Schüler der westlichen Lehren, sollten wir den Japanern dann nicht eine Lektion erteilen?" Jaseon's Stimme war leise, jedoch standhaft. Die anderen Schüler nickten zustimmend, ihre Augen loderten vor Wut. „Lasst uns, uns zusammen schließen und eine starke Vorführung auf dem Markt bieten, damit wir beweisen können, dass Chosun am Leben ist und sich gut fühlt! Sogar auf den Märkten von Daegu, wie viele japanische Netzstromversorgungen gehen ein und aus? Lasst uns Steine auf sie werfen und denen sagen, sie sollen unseren Imperator zurück bringen und aus Chosun raus gehen!"

„Steine werfen?", dachte Dongsuhk zu sich, als sich seine Augen weiteten.

„Das ist das einzige was wir tun können, um eine starke Botschaft zu vermitteln, dass wir, die Menschen aus Chosun, die Japaner in unserem Land nicht akzeptieren werden."

„Ja, ich würde mich besser fühlen, wenn ich meine Gefühle rauslassen könnte!", dachte er.

„Wann ist der nächste Markttag? Ist der nicht übermorgen?", fragte Dongsuhk.

„Ja. Lasst uns an diesem Tag den Unterricht schwänzen und zum Markt gehen. Schaut, dass ihr Steine in euren Taschen trägt. Wie wäre es damit? Ihr kommt doch alle mit, oder?"

Jaseon sah sich im Zimmer um. Die jungen Schüler nickten alle eifrig. Er blickte noch einmal zu Dongsuhk für eine Bestätigung.

„Natürlich. Wenn unsere ganze Schule mitmacht, wic könntc ich mich da weigern? Doch, ist es genug wenn wir nur Steine werfen und gewaltsam vorgehen? Sollten wir uns nicht ein paar Gesellschaftsbeschlüsse ausdenken und eine Botschaft über Ungehorsamkeit, dass sie unseren Imperator wegnahmen, an die Japaner schicken?"

Jaseon lächelte ein wenig. Als sein Zimmergenosse war er mit Dongsuhk's Gerechtigkeitssinn schon vertraut, doch er war ziemlich überrascht, wie aktiv er deswegen wurde.

„Wer sollte diese Gesellschaftsbeschlüsse dann schreiben? Wie wäre es mit dir Dongsuhk?"

„In Ordnung. Ich werde das machen. Ich werde dort all unsere Namen einfügen."

„Okay, dann ist es jetzt entschieden worden. Du schreibst die Gesellschaftsbeschlüsse und ich werde die Pläne für den Markttag vorbereiten." Jaseon packte die Faust von Dongsuhk, da er stolz auf die Hingabe seines Freundes war. Die meisten Schüler im Zimmer waren um die zwanzig Jahre alt, älter als die siebzehnjährigen Dongsuhk und Jaseon, die als die cleversten der Schule galten.

Die anderen gingen zurück und verteilten sich auf ihre Zimmer, nachdem das Treffen beendet wurde. Plötzlich dachte Dongsuhk an seinen Vater Sungdu.

„Vater, ich habe ein Schicksal. Ich brenne zu sehr darauf damit zufrieden zu sein, wie stark ich aufwachse, indem ich die Bibel lerne und studiere!" Als er sich in sein Bett legte, überlegte Dongsuhk was er in dem Gesellschaftsbeschluss schreiben könnte. Da er spürte, dass dies von dem Heiligen Geist kam, betete er zu seinem himmlischen Vater:

„Oh, öffne mich Vater! Bitte gib mir die Weisheit, damit ich diesen Gesellschaftsbeschluss schreiben kann, damit diese das Potential haben die Leute aus Chosun, gegenüber dem Nationalismus, zu wecken und diese Japaner in Schande zu bringen!"

In seinem Herzen glaubte Dongsuhk daran, dass Gott nach seiner Taufe immer bei ihm war. Er schloss, während er betete, seine Augen und schlief danach endlich ein.

Am nächsten Tag schienen die Schüler, als würden sie fleißig am Lernen sein, doch man konnte eine ansteckende Aufregung und Unruhe zwischen ihnen verspüren. Ihre Gesichter strahlten mit einer unaussprechbaren Freude und sie hatten einen eisernen Blick in ihren Augen. Während der Essenszeit versammelte Jaseon die teilnehmenden Schüler auf dem Hügel hinter der Schule, damit sie gemeinsam Steine sammeln konnten. Während sie Steine in ihre Taschen steckten, schrieb Dongsuhk den Gesellschaftsbeschluss der Schüler. Am Ende unterschrieben zwanzig Schüler.

Mit seinem Pinsel in die schwarze Tusche tunkend, schrieb er:

„Wir, die Schüler von Kei-seoun versammeln uns für die Vorsätze, da wir nicht mehr länger in der Anwesenheit der Japaner, die unser Land Chosun beschmutzen, stehen können. Die Japaner attackierten das Chosun Schloss, töteten somit unsere Königin und nahmen unseren Imperator als Geisel hinüber nach Japan. Als Schüler, die das westliche Wissen für die zukünftige Entwicklung unseres Landes studieren, können wir nicht weiter mitansehen wie die japanischen Märkte die Macht unserer Unabhängigkeit übernehmen. Sie drangen in unseren Staat ein und machten es zu ihrem und versetzten somit unser Land in ein Chaos. Sogar am Marktplatz bedrohen sie die Familien von Chosun. Als die Besten und die Hellsten dieses Landes, tragen wir die Verantwortung zu bewachen und die japanischen Endringlinge zu verdrängen. Im Namen unseres Landmannes, fordern wir die Japaner auf, uns unseren Imperator wieder zu bringen und sich aus unserem Land zurück zu ziehen. Unterschrieben von dem Stellvertreter, Dongsuhk Pai."

Später in der Nacht könnten die jüngeren Schüler nicht schlafen. Schließlich kam der Morgen. Dongsuhk, Jaseon und die älteren Schüler, weigerten sich beim Unterricht anwesend zu sein. Dongsuhk hielt den Gesellschaftsbeschluss in seiner Hand, während die anderen die Steine ihn ihren Taschen trugen, als sie gemeinsam zum Marktplatz gingen.

Als sie das Herz des Marktes erreicht hatten, versammelte sich die Gruppe um Dongsuhk, der über einem Sack Reis, als eine Notlösung für ein Podium, stand. Er rollte den Gesellschaftsbeschluss auf und räusperte sich mit dem Papier vor seinem Gesicht. Der kalte Wintermorgen kühlte ihn, doch seine Stimme klang klar und deutlich.

„Wir, die Schüler von Kei-seoun versammeln uns für die Vorsätze, da wir nicht mehr länger in der Anwesenheit der Japaner, die unser Land Chosun beschmutzen, stehen können…"

Als er laut vorlas versammelten sich allmählich immer mehr Menschen um die Schüler herum. Ein Mann, der dreckige Baumwollhosen trug, schaute ihn erwartungsvoll an, während die eine Frau, die einen Korb auf ihrem Kopf trug, stirnrunzelnd stehen blieb.

Dongsuhk hörte nicht auf weiter zu lesen und seine Stimme gewann an Stärke, als immer mehr Leute sich der Menge anschlossen. Sofort nachdem er mit dem Gesellschaftsbeschluss zu Ende war, schrie Jaseon zu den Schülern: „Lasst uns die Japaner aus unserem Land hinausjagen!

Stoppt die Haft von unseren Imperator! Sie werden sich vor Angst der Kraft unserer Leute drücken! Lasst uns sie verscheuchen und unsere königliche Hoheit Yi-eun retten!"

Bei dem geplanten Zeichen, holten alle Schüler der Kei-seong Schule die Steine aus ihren Taschen und zielten mit ihnen auf die japanischen Märkte. Während sie schrien warfen sie ihre Steine auf die Japaner. Die Steine brachen durch die Fenster und hinterließen Glasscherben auf dem Boden. Die Teilnehmer der Menge fingen an bei den energischen Schülern mitzumachen und schmissen Steine auf die japanischen Läden. Ein paar der Japaner vergolten, warfen die Steine zurück auf die Schüler und schwangen ihre Schwerter auf sie. Ein Schüler fiel auf den Boden, als er von einem der Schwerter aufgeschlitzt wurde. Plötzlich hörten die Schüler mit ihrer Attacke auf und eilten hinüber zu ihrem verletzten Bruder, ohne zu wissen was sie tun sollten.

Dongsuhk rief: „Kehrt zurück! Bringt uns unseren Imperator zurück! Ihr Japaner, geht zurück in euer Land!" Er eilte ebenso zu den Japanern. Dongsuhk hielt den Schüler in seinen Armen und beobachtete den blutigen Kampf aus der Entfernung. Das Blut sickerte durch seinen eigenen weißen Umhang. Auf einmal fühlte er sich erschrocken und überwältigt und fragte sich, ob es wirklich richtig war, so etwas zu tun.

Hören sie unsere Stimmen, kennt der Himmel unsere Herzen? Kann diese kleine Macht so ein großes Problem lösen? Dongsuhk wunderte sich, während er seinen blutenden Freund hielt und sah wie weitere Menschen fielen. Als immer mehr Japaner am Kampf teilnahmen, fingen an die Leute aus Chosun und die Schüler an Boden zu verlieren. Schon bald kamen rasch weitere japanische Truppen, pfiffen mit ihrer Pfeife und fesselten die Schüler und die anderen.

Immer noch den Gesellschaftsbeschluss in seiner Hand haltend, schrie Dongsuhk so laut wie er nur konnte.

„Die Japaner müssen uns verlassen! Bringt uns unseren Imperator zurück!"

Als er Dongsuhk's Stimme hörte, blickte Jaseon hinauf, obwohl er von den Truppen gefesselt wurde. Während die zwei Freunde sich gegenseitig ansahen, wiederholte Jaseon den Ausruf: „Die Japaner müssen uns verlassen! Bringt uns unseren Imperator zurück!"

Belebt nahmen die anderen an dem Ausruf teil und sangen: „Die Japaner müssen uns verlassen! Bringt uns unseren Imperator zurück!"

Verwirrt pfiffen die Truppen mit ihrer Pfeife und schlugen die Schüler. Einige Soldaten holten ihre Messer raus und zeigten auf Dongsuhk. Als sie ihm den Gesellschaftsbeschluss wegnahmen und ihn fesselten, wehrte Dongsuhk sich nicht, sondern forderte erneut mit einem harten Blick in seinen Augen. Dieselben Worte entwichen seinem Mund: „Die Japaner müssen uns verlassen! Bringt uns unseren Imperator zurück!"

Dongsuhk und Jaseon miteingeschlossen, wurden alle zwanzig Schüler, mit den zehn weiteren Dorfbewohnern, verhaftet. Der Direktor der Kei-seong Schule, James E. Adams, wurde hergeholt. Der vierzig Jahre alte bärtige amerikanische Missionar hatte einen ernsten Gesichtsausdruck. Er kam 1895 an um über die christliche Botschaft zu predigen und war seit 1897 der Direktor des Daegu Mission Appartements. Als er nach Chosun kam realisierte er, dass die Bildung das dringendste nationale Problem war, da nur die Kinder aus einer höheren Gesellschaftsschicht gelehrt wurden.

Sogar dann wurde nur das klassische Chinesisch bevorzugt, ohne jegliche Bildung der Wissenschaften der westlichen Lehren. Als eine Reaktion darauf eröffnete er die Kei-seong Schule, um jeder jungen Person die Möglichkeit zu bieten gelehrt zu werden. Er änderte sogar seinen Namen von James Adams zu Ahn Eoiwa, da „Ahn" am ehesten wie „Adams" klang, während „Eoiwa" „das Haus wo die gerechten Menschen wohnen" hieß.

Als er Verhörraum, wo die gefangen genommenen Schüler saßen betrat, rief er aus Schock, als er den blutig verletzen Schüler sah.

„Oh nein! Wie konnten sie das den jungen Schülern antun?"

Der Anführer der japanischen Truppe blickte auf Ahn Eoiwa herab, unbekümmert von seinen Tränen.

„Was zum Teufel lehren Sie diese Jungen? Sie haben ihnen Gewalt beigebracht, statt sie über das westliche Wissen zu lehren, nicht wahr? Diese Schüler von Ihnen haben unzählige japanische Läden zerstört! Wie werden Sie, als ihr Direktor, damit auskommen?"

Unerschrocken von den schroffen Worten, hielt Ahn Eoiwa seinen Kopf hoch, während er antwortete: „Diese Schüler sagen die Wahrheit. Was ist falsch daran sein Land verteidigen zu wollen? Ich brachte ihnen bei sich gegenseitig zu lieben. Sie haben nu gezeigt wie sehr sie ihr eigenes Land und die eigenen Leute lieben."

Während er der ruhigen Stimme des Direktor zuhörte, wurde das Gesicht des Anführers der Truppe rot vor Wut. „Was? Liebe? Hey, das ist keine Liebe – das ist Gewalt! Ich will, dass Sie die Verantwortung für diese Schüler tragen und sie von der Schule ausschließen! Als erstes werden wir Dongsuhk untersuchen, der den Gesellschaftsbeschluss vorgelesen hat und Choi Jaseon, der diese Gruppe von Schülern anführte."

Ahn Eoiwa legte seine Hände zusammen als würde er beten wollen und schaute zurück zu dem Truppenanführer. „Ich kann das nicht tun. Obwohl die Schule sich in Chosun befindet, wird diese von der nordamerikanischen Presbyterianischen Kirche geführt. Sie haben keinen Einfluss auf die Vereinigten Staaten. Wenn Sie das tun, dann habe ich keine andere Wahl, als dies bei dem U.S. Staat zu melden."

Als er die Worte „Vereinigten Staaten" hörte, zitterte der Truppenanführer plötzlich vor Angst.

Das Elsa Abkommen in 1905 eröffnete Chosun für den japanischen Einfluss, verweigerte jedoch die komplette Einnahme. Trotz ihrer Modernisierung und ihren Aufschwung als eine Weltmacht, musste Japan weiterhin vorsichtig die diplomatischen Beziehungen mit den anderen Supermächten, wie Großbritannien und die Vereinigten Staaten, pflegen.

Ohne zu zögern stand Ahn Eoiwa auf. Obwohl er eine durchschnittliche Körpergröße für einen Westlichen hatte, war Ahn Eoiwa dennoch größer als der Truppenleiter. „Lassen Sie meine Schüler jetzt frei, genauso wie alle anderen die da teilnahmen und verhaftet wurden! Der Verletze braucht sofortige Hilfe."

„Was? Alle freilassen? Das ist nicht gestattet. Ich kann das nicht machen."

Dongsuhk stand ebenfalls auf und fügte hinzu: „Jeder ist unschuldig. Das war alles meine Idee. Ich schrieb und las den Gesellschaftsbeschluss.

Ich habe alles davon angeführt. Meine Freunde haben nur das befolgt, was ich ihnen sagte, also ist es mein Fehler, dass sie alle verhaftet wurden."

Die Augenbrauen des Direktors erhoben sich überrascht. Dieser große Schüler aus Kimhae hatte früher kaum gesprochen. Die meisten Schüler hatten einen armen Hintergrund. Er hätte nicht gedacht, dass so ein reicher verhätschelter Junge eine solch furchtlose Courage zeigen würde. Doch Ahn Eoiwa erinnerte sich an den Vater des jungen Mannes, Sungdu, und an dessen standhaften Glauben.

Still während dem Austausch, versuchte Choi Jaseon etwas zu sagen, doch Dongsuhk ließ ihn schnell schweigen, indem er ihm einen scharfen Blick zuwarf. Er wusste, dass Jaseon der Sohn eines armen Farmers war. Wenn er aus der Schule geworfen werden würde, gäbe es keine weitere Möglichkeit mehr für ihn sich zu bilden. Als er den Gesellschaftsbeschluss schrieb, hat Dongsuhk schon geahnt, dass sie in eine solche Situation verfallen könnten.

Der Truppenleiter bewertete still den großen hübschen Schüler.

„Also warst du derjenige hinter all dem? Du hast all diese Schüler dazu verordnet Steine zu werfen?" Er überdachte die Situation, denn er wusste, dass der Direktor nicht bluffte. Die amerikanische Presbyterianische Kirche hatte viel Macht. „Dann machen Sie es so wie Sie wollen, Direktor Ahn. Versprechen Sie mir, dass so etwas in der Zukunft nicht mehr vorkommen wird? Ich werde alle Schüler freilassen mit der Ausnahme, dass dieser eine Schüler vom weiteren Unterricht ausgeschlossen wird. Sie sind letztendlich immer noch jung. Doch ich kann nichts wegen den zehn Dorfbewohnern machen. Wir müssen sie untersuchen, da sie sofort an dem Protest gegen Japan teilnahmen und somit gefährliche Verschwörer sein könnten."

Obwohl Ahn Eoiwa's Gesicht strahlte, als er zu hören bekam, dass all seine Schüler zurück kehren konnten, ließ er sofort seinen Kopf fallen, da die gewöhnlichen Leute weiterhin gefangen gehalten würden. Doch um seine Schüler zu retten stimmte er zu und brachte alle Schüler mit der Ausnahme von Dongsuhk zurück in die Schule. Er machte sich Sorgen um Dongsuhk, aber dennoch erleichtert, dass er seine anderen

Schüler nicht verlieren würde, vor allem da die Schule noch nicht allzu lang existierte.

Trotz der Mühe der Schüler, blieb der Imperator immer noch in Japan. Die Japaner behaupteten, dass er dorthin geschickt wurde um zu studieren, doch alle wussten, dass er als eine Geisel gefangen gehalten wurde.

Dongsuhk blieb den ganzen Winter lang im Gefängnis, unter der Behauptung er hätte einen gewaltsamen Angriff der Schüler angeführt. Die zehn Leute wurden letzten Endes freigelassen, doch nicht ehe sie massiv gefoltert und verhört wurden.

Als man von seiner Festnahme hörte, war die Kirche von Kimhae in einem Aufruhr. Sein Vater, Sungdu und sogar die nordamerikanische Presbyterianische Kirche, bemühten sich ihn freizulassen. Doch sie wurden nur erleichtert, dass alle Schüler am Leben waren und die Schule wieder weiterlief.

Nach dem langen Winter verschickte Direktor Ahn Eoiwa, im März 1908, ein geschriebenes Einverständnis, dass Dongsuhk von der Schule ausgeschlossen wird. Am Tag seiner Freilassung eilte Sungdu hinüber nach Daegu. Als er endlich seinen Sohn wiedersah, brach Sungdu in Tränen aus. Sogar nach seinem Leid, wuchs der junge Mann größer, doch ohne gescheite Ernährung, schien er sehr dünn mit seinen dunklen gesenkten Augen und zu lang gewachsenen Haaren. Diese erste Erprobung in seinem Leben, machte Dongsuhk noch entschlossener. Sungdu brachte seinen Sohn zu Direktor Ahn Eoiwa, um sich über seine Zukunft beraten zu lassen.

„Schüler Dongsuhk, du hast große Schwierigkeiten durchlitten. Ich würde es lieben, dich weiterhin als meinen Schüler bei mir haben zu können, doch aufgrund der Umstände deiner Freilassung, können wir dich nicht mehr in unserer Schule aufnehmen. Jedoch haben dein Vater und ich weitere Pläne für dich in Hanyang vorbereitet."

Dongsuhk war sehr überrascht von Hanyang zu hören. Aufregung schlich sich in sein Herz. Der Direktor setzte fort: „Du kannst nie wissen, wohin Gott dich führen wird. Es mag sein, dass dies für dich wie eine Bestrafung scheint, doch es kann ein Weg für einen besseren Ort sein. Dort gibt es eine Schule, die so ist wie die Kei-seong und ebenfalls der nordamerikanischen Presbyterianischen Kirche angehört. Diese heißt die Kyungshin Schule. Ich werde dir ein Empfehlungsschreiben schreiben, damit du der Schule beitreten kannst und somit deine Lehre fortsetzt. Jedoch muss ich dich warnen, dass du nun vorsichtiger sein wirst und dich daran erinnerst, was im letzten Winter geschehen ist. Hanyang ist anders; dort sind viel mehr japanische Truppen stationiert worden und der Chosun Staat wird von dem japanischen Staat überwacht. Es ist ein Problem, welches eine Gruppe von heißblütigen Schülern nicht alleine lösen können. Du musst dich als erstes auf deine Bildung konzentrieren. Das ist der Weg um stärker und viel mächtiger zu werden."

Nachdem Ahn Eoiwa gesprochen hatte, blickte Dongsuhk zurück zu seinem Vater, welcher viel älter und weiser wirkte. Er bemitleidete ihn, doch er konnte seine ungezügelte Leidenschaft, die er für sein Land empfand, nicht abstreiten. Er dachte an Jesus' Anweisung seine Familie zu verlassen um Ihm zu folgen. Innerlich lächeln, antwortete er: „Vater, ich kenne nicht den Grund, weshalb ich in diese Welt hineingeboren wurde. Nur Gott weiß das. Vergebe mir, dass ich dich mit meinem Lebensstil verletzt habe, doch ich spüre, dass ich eine höhere Lebensbestimmung habe. Vielleich ist das ein Teil von Gottes Willen für mich. Ich bin von innen erfüllt mit einer übernatürlichen Stärke. Ich muss zuerst ein Sohn Gottes werden, bevor ich dein Sohn sein kann."

Mit den Transferunterlagen in der Hand reisten Sungdu und Dongsuhk in Richtung Hanyang zu der Kyungshin Schule.

KAPITEL 21

„Kyungshin Schule"

DIE KYUNGSHIN SCHULE wurde von dem amerikanischen Missionar H.G. Underwood im Jahre 1885 gegründet, um neue Anführer und Lehrer aufzuziehen. Anfangs lehrte er, wie in jeder anderen Dorfschule, Koreanisch, Englisch und die Bibel. Doch im März 1886 übernahm Underwood ein Waisenhaus und nannte es die Underwood Schule. Er begann mit bescheidenen zehn Schülern, doch schon bald weitete sich die Schule zu bis zu fast fünfzig Schülern, in knapp weniger als zehn Jahren, aus. In 1901 musste die Schule in ein neues Gebäude in Yunji-dong umziehen und wurde später zur Kyungshin Schule umbenannt.

In der Zeit als Dongsuhk eingeschrieben wurde, bot die Schule Koreanisch, Englisch, Chinesisch, Geschichte, Geographie, Naturwissenschaft, Übersetzen, Musik, Kunst, Sportunterricht, Bogenschießen, Bibellehre und die Geschichte der Kirche an. Er begann bei der Anfangsklasse, mit der potentiellen Möglichkeit bei seinem Abschluss in der höheren Klasse zu studieren.

Als er zum ersten Mal die Schule betrat, starrte Dongsuhk auf das neue Schulgebäude, welches in einem westlichen Stil erbaut worden war, welchen er davor noch nie gesehen hatte. Die Schlafsäle waren in einem Ziegeldachgebäude, welches keine Ähnlichkeit zu der Kei-seong Schule hatte. Er erinnerte sich daran, dass Hanyang der Ort war, durch den sein Vater, während seiner Lebenskrise, schlenderte. Nachdem er seinem Sohn half einzuziehen, setzte sich Sungdu mit Dongsuhk mitten in der Schule hin. Der Berg Namsan, bedeckt mit roten Azaleen und gelben Forsythien in ihrer vollen Blüte, war in der Ferne zu sehen.

„Dongsuhk! Kannst du hier leben, obwohl es so weit von Zuhause ist? Du kannst deine Mutter nicht besuchen kommen, auch wenn du sie vermisst."

„Mach dir keine Sorgen, Vater. Es tut mir Leid, dass ich dir so viele Sorgen bereitet habe, aber ich will den Plan, den Gott für mein Leben hat, folgen. Du warst derjenige, der mich über Gott lehrte, richtig? Nun, ich werde so ruhig leben, wie Ahn Eiowa es mir gesagt hatte. Ich habe viele Schwierigkeiten durchlebt. Obwohl ich in Daegu versagt habe, bereue ich diese Erfahrungen nicht."

Sungdu erfreute sich an der Entschlossenheit seines charmanten Sohnes und fühlte sich schwindelig beim Anblick des Leuchten in Dongsuhk's Augen. Er murmelte sich zu: „Heiligkeit verlangt Hingabe. So wie Jesus heilig war, indem er sein Blut am Kreuz vergoss, so hat sein Sohn nun sein eigenes Kreuz zum Tragen."

Sungdu verließ seinen Sohn auf dem Schulgelände und kehrte zurück nach Kimhae, wo seine alte Frau Hannah, Junmsoon im mittleren Alter, Changsuhk und Junmrae auf ihn warteten. Es gab ebenso noch die Apotheke und die Presbyterianische Kirche. Diesmal fühlte er sich anders, als damals wo er seinen Sohn zur Kei-seong Schule geschickt hatte. Obwohl er ein Stechen von Schmerz und Sorgen um seinen Sohn, den er verlassen hatte empfand, wusste er, dass wenn er seinen eigenen Willen aufgab, er nur noch an Gottes alleinigen Willen glauben musste.

Plötzlich enthüllte sich ihm eine Offenbarung. Seinen Sohn an Gott hinzugeben war die Tat der Heiligkeit! Dongsuhk Gottes Obhut anzuvertrauen, ließ sein Herz an seine Angelegenheiten zuhause und an den Wachstum der Kirche hängen.

Jetzt in Hanyang, wurde Dongsuhk in die aktuellere Neuigkeiten der Ereignisse eingeweiht, als die die er in Daegu erhielt. Als Antwort für das Elsa Abkommen in 1905, erhoben sich im ganzen Land zehntausend Menschen und errichteten die dreizehnte Provinz Changeoi Armee in der Stadt Yangju. Im Januar 1908, organisierten sie vierundzwanzig Kampfformationen und formulierten die Hanyang Angriffsstrategie. Allerdings fielen die dreihundert Truppen von Heowi in Japans Präemptivschlag in der Nähe von Seoul's Dongdaemun (östliches Tor) und als Kommandeur Lee Inyoung verstarb, erwies sich die ganze Angriffsstrategie von Hanyang als ein Fehlschlag.

Die jungen Schüler von Hanyang verfolgten den blutigen Kampf mit einem hingerissenen Interesse. Einer der Schüler war Gapseong Lee, welcher Dongsuhk's Zimmergenosse war und zwei Jahre älter als er gewesen ist. Obwohl Gapseong Dongsuhk ursprünglich als einen reichen Landjungen abstempelte, änderte er schon bald seine Meinung, als er ihn kennenlernte und hörte, dass sein Vater der Gründer der Presbyterianischen Kirche von Kimhae war.

Während die zwei jungen Männer studierten, erreichte die Truppenrevolution ihren Höhepunkt. Mit über zweitausend Gefechten, nahmen achtzigtausend Menschen an der Revolution teil. Siebzehntausend starben und sechsunddreißigtausend wurden verletzt. In der Schule waren die Kämpfe alles, worüber die Schüler miteinander sprachen. Die Wut stieg an, als sie über die Ungerechtigkeit der Japaner gegenüber der Einnahme des Chosun Staates diskutierten.

Gapseong hatte einen standhaften Charakter und einen lebhaften Verstand und wie die meisten Anführer, hasste er es sich auf andere Menschen zu verlassen. Dongsuhk war mit einem hübschen Gesicht und einem feurigen Temperament das Gegenteil. Während sie beobachteten, wie sich die Ereignisse in ihrem Land entwickelten, wartete Gapseong seine Zeit ab, doch Dongsuhk fiel es schwer mit seiner rechtschaffender Wut geduldig zu sein. Wenn Gapseong der Clevere war, dann war Dongsuhk der Reine von den beiden.

In Kyungshin war Dongsuhk schon längst für die Schüler, als derjenige bekannt, der in Daegu gegen die Japaner revoltierte und wurde für seine Zeit im Gefängnis für einen Helden gehalten. Besorgt behielt Underwood den großen jungen Mann vorsichtig im Auge. Als eine von der Kirche gesponsorte Privatschule, hatte die Kyungshin Schule strenge Regeln für ihre Schüler.

Das, kombiniert mit der Ungerechtigkeit der aktuellen Ereignisse, ließ ihnen das Gefühl geben, dass sie in einer unglückseligen Ära erwachsen wurden. Die rebellierenden Truppen wurden gefangen genommen und öffentlich hingerichtet. Ihre toten Körper hingen von Seodaemun (westlichen Tor), damit es alle zu sehen bekommen. Der

Anblick der Körper der Menschen, die versucht hatten sich gegen die Japaner zu erheben, wurden von den nationalistischen Schülern nicht übersehen.

Nachdem er zwei Jahre in Kyungshin gelebt hatte, passte sich Dongsuhk in eine Struktur ein, wo er im Unterricht anwesend sein musste, studierte und letztendlich die oberen Klassen bestanden hatte. Im Herbst 1909 war Chosun eine Nation, wie die Kerze im Wind. Dongsuhk und Gapseong waren am Rande ihres Abschlusses, nachdenkend über ihre individuelle Zukunft.

Dongsuhk entschied sich dazu ein Lehrer zu werden und Schüler in einem dunklen Zeitalter zu erziehen. Während er mit Gapseong lebte, lernte er so geduldig wie sein Zimmergenosse zu sein und in der Zeit wurde Gapseong von Dongsuhk's reinen Gedanken beeinflusst.

In einer Nacht im Herbst diskutierten die beiden Jungen über ihre Zukunft, während sie in der Dunkelheit lagen.

„Ich gehe zurück in meine Heimatstadt um ein Lehrer zu werden. Ich kann dieses ganze gegenwärtige Wissen nicht für mich allein behalten. Es gibt viele Menschen in der Dorfschule, die von diesem Wissen profitieren würden. Wissen ist Macht. Mein Vater hat sein ganzes Leben damit verbracht in der Apotheke zu arbeiten. Er hatte Recht. Er meinte zu mir ich sollte beten und warten, bevor ich meine ganze Kraft aufwende und diese Kraft kommt vom Lernen. Von innen würde ich Macht finden. Doch die Macht, um unser Land zu retten, kommt nicht von mir allein; alle Menschen müssen gemeinsam dafür arbeiten. Deswegen will ich meinen Schülern beibringen die Macht aufzunehmen, um die Kontrolle über unser Land wiedererlangen zu können."

Bevor er antwortete, runzelte Gapseong seine Stirn. „Ich weiß nicht was ich tun soll. Ich will durch das ganze Land reisen und den Truppen beitreten. Doch ich muss im nächsten Frühling heiraten; meine Eltern haben schon alles vorgeplant."

Dongsuhk konnte nicht anders als zu lachen. „Ja, ich habe sowas schon einmal gehört, bevor ich im letzten Sommer nach Kimhae vereiste. Aber ich habe nein gesagt. Ich bin erst neunzehn Jahre alt. Wozu die Eile? Ich bemitleide meinen Vater, der fast fünfzig war, als er mich bekam und ich weiß, dass er sehen will wie ich mich niederlasse, bevor es zu spät wird. Ich muss es für eine Weile verschieben. Aber Gapseong, du bist zwei Jahre älter als ich! Heirate! Es ist gut, nicht wahr? Jede Nacht hast du eine üppige, kurvige Frau, die neben dir liegt. Ich beneide dich!“

Gapseong versuchte seinen Freund zu kicken. „Was? Du magst das wirklich, huh?”

Als Dongsuhk immer weiter über die Situation seines Freundes scherzte, verfielen die beiden Männer in ein lautes Gelächter. Dann ging ein Schatten außerhalb ihrer Tür vorbei. Da sie Angst hatten, dass es der Nachtdienst sein könnte, hörten die beiden auf zu lachen und versuchten wieder normal atmen zu können. Eine Stimme durchbrach die plötzliche Stille.

„Schläft ihr? Falls ihr wach sein, kann ich rein kommen?“

Es war die bekannte Stimme von Hakcheon Kim. Ohne auf eine Antwort zu warten eilte er in ihr Zimmer hinein. Die zwei Mitbewohner setzten sich schnell aufrecht und wunderten sich über den plötzlichen Besuch mitten in der Nacht.

„Was ist los? Du schwitzt ja!”

Dongsuhk prüfte Hakcheon, dessen Umhang mit Schweiß befleckt war. Die meisten Schüler aus der ländlichen Gegend lebten in den Studentenwohnheimen, doch Leute wie Hakcheon, die in Hanyang wohnten, schliefen bei sich zuhause. Dieser Sohn eines Chinesisch sprachigen Übersetzers brachte den anderen Schülern die aktuellsten Neuigkeiten, jedes Mal wenn er zurück von seinem Haus zurück kam. Womöglich war heute einer dieser Tage.

„Du hast etwas wichtiges mitbekommen, nicht wahr? Erzähl es uns!“

Der Hanyang Junge beneidete die zwei Youngnam Jungen, die von den anderen Schülern als Helden angesehen wurden, deswegen besuchte er ihr Zimmer immer als erstes wenn er Neuigkeiten hatte.

In den letzten Tagen machte die Art von Nachrichten, die ihnen weitergegeben wurden, die Schüler rechtschaffend wütender gegen Japan. Japan nahm nicht nur langsam ihr Land ein, kürzlich warteten die japanischen Autoritäten darauf die Truppen in Jeollado zu töten.

Immer wenn sie von Hakcheon von einer solchen Ungerechtigkeit zu hören bekamen, loderte die Wut der Schüler so stark während sie schrien, dass sie von dem Nachtdienst getadelt wurden.

Besorgt von den Nachrichten, schauten Dongsuhk und Gapcheon zu Hakcheon.

Jedoch bildete sich ein Lächeln auf seinem Gesicht. „Ich habe fantastische Neuigkeiten!" Hakcheon lachte herzlich, dass er sogar beinahe auf den Boden fiel.

„Wieso bist du so aufgeregt? Sag es uns doch!"

Er trat näher zu den beiden Jungs heran, bevor er antwortete: „Ihr kennt doch beide den Anführer von Japan, Kommandeur Ito Hirobum?"

Sie nickten beide und waren darauf gespannt was als nächstes kommen würde.

„Er ist tot!"

„Was? Wie?"

„Jemand aus der Hwanghaedo Provinz, in der Stadt Heju, mit dem Namen Ahn Junggun. Er versteckte sich in der Haerlbin Station und erschoss ihn! Er wurde verhaftet, doch die Menschen fingen schon an ihn Dr. Ahn zu nennen! Dieser Mann ist eine Legende! Er hat sein Leben unserem Land hingegeben! Brauchen wir nicht ebenso einen Helden wie ihn unter uns? Ihr beiden, Gapseong und Dongsuhk. Wer ist viel rechtschaffend wütender und leidenschaftlicher als ihr? Ich wollte die spezifischen Details wissen, deswegen bin ich so spät heut Nacht. Aber ich wollte es euch als erstes sagen!" Hakcheon lächelte stolz in der Dunkelheit.

Dongsuhk's Herz raste. Die Leidenschaft, die er unter Kontrolle hielt und sie tief vergrub, als er studierte und betete, brach wieder auf die Oberfläche hervor. Gapseong machte die selbe Reaktion wie er durch.

„Dieser Mr. Ahn ist wahrhaftig ein Held. Wie alt ist er?", fragte Gapseong.

„Es wird behauptet, dass er unter 30 wäre und ein Student ist, obwohl er die westlichen Lehren nicht studiert hatte. Man sagt, dass die Ära in der die Menschen mit ihrem Körper zurück kämpfen zu einem Ende kommt. Jetzt ist die Ära, in der wir mit unserem Wissen kämpfen. Dr. Ahn weihte das ein!"

„Ja, das stimmt. Bis jetzt haben uns diejenigen mit dem meisten Wissen kontrolliert, nicht wahr? Nun leben wir in einer Zeit in der jeder studieren kann. Jetzt können sogar gewöhnliche Bauern mit dem Wissen bewaffnet werden.“ Dongsuhk war selbst von den Worten überrascht, die aus seinem Mund kamen und von der Ruhe in seiner Stimme. Es war so, als würde jemand anderes durch ihn sprechen. Doch er wusste, dass es die Dinge in seinem Herzen gewesen waren, die er lange Zeit versteckt hatte.

„Bist du nicht der Nachfolge der Oberschicht? War dein Urgroßvater nicht der Gouverneur der Chungcheongdo Provinz?“, neckte ihn Gapseong.

„Oberschicht? Ich weiß nur von der fehlgeschlagenen Geschichte meiner Familie. Mein Großvater lebte wie ein armer Mann und mein Vater arbeitet in seiner Apotheke. Was ist so wichtig an der Erblichkeit? Das einzige was mir vererbt wurde ist mein Glauben und die Hingabe meines Lebens für die richtigen Dinge.“

Obwohl Dongsuhk sich selbst gegenüber Gapseong verteidigte, konnte er nicht anders, als zu verspüren, dass er gleichzeitig gegen etwas tief in ihm kämpfte – etwas das drohte hervorzuquellen. Es war nicht die Wut wegen der Angelegenheit seines Landes, oder sogar die Entzückung über den Tod des Kommandeurs. Es war das persönliche Erwachen.

Nachdem Hakcheon das Zimmer verlassen hatte, legte Dongsuhk sich hin und versuchte einzuschlafen. Bald war alles was er hören konnte, das tiefe Schnarchen von Gapseong. Unfähig einzuschlafen, verließ Dongsuhk früh am nächsten Morgen den Schlafsaal und machte sich in Richtung der Kirche neben der Schule. Vor dem Sonnenaufgang wach, war die Umgebung, mit der Ausnahme von einigen vereinzelnden Lichtern, dunkel.

In der Kirche drinnen befand sich nur eine Person. Missionar Allen, derselbe Mann, der nach Chosun kam um zu lehren, grüßte Dongsuhk.

„Schüler, wieso bist du so früh am Morgen wach?”

Dongsuhk’s rasendes Herz beruhigte sich, als er in Allen’s freundliches Gesicht blickte.

„Lehrer, Ich habe von einem Mann aus Hwanghaedo gehört, der den Kommandeur Ito Hirobumi getötet hat!“

„Ich hörte ebenfalls davon. Also wissen die Schüler nun auch davon.”

„Lehrer, ich bin von seinem Tod nicht beeistert. Es ist wie Mr. Ahn es tat, obwohl er wusste, dass er verhaftet werden würde, dass er sterben würde! Ich, ich…“ Es war schwer für Dongsuhk weiter zu sprechen.

Dongsuhk wusste nicht, dass der Mann dem er sich anvertraute, eine lange Geschichte mit seiner Familie, besonders mit seinem Vater Sungdu, hatte. Während der Imo Revolution, begeisterte Allen die Ärzte aus Chosun und Sungdu miteingeschlossen, als er eine Operation an Lord Min Youngik’s offener Wunde durchführte.

Der junge Schüler hatte ebenso keine Ahnung, dass dies der selbe Mann war, der das Leben seines Vaters, noch bevor er geboren wurde, rettete. Als Sungdu versucht hatte in das Meer zu springen, war es Allen, der ihn aufhielt und mit ihm seinen Glauben teilte und somit sein Leben auf ewig verändert hatte. So wie Gott Allen erlaubte das Leben von Sungdu an einem kritischen Punkt zu betreten, so versuchte womöglich Gott das selbe für Dongsuhk zu tun.

Als er in das Gesicht des jungen Mannes sah, realisierte Allen plötzlich, dass er Sungdu’s Sohn ist. Doch er entschied sich weise dazu, sein Wissen in dem Moment noch nicht preiszugeben.

„Wovon sprichst du? Wie beeinflusst dich das Handeln von Ahn Junggun?“

„Nun, ich habe das Gefühl, dass ich so leben muss, aber ich habe Angst. Deswegen konnte ich nicht schlafen und kam so früh hier her, Lehrer. Ich dachte, dass hier sonst keiner da sein würde.”

Allen lächelte. „Du hast die Berufung erhalten. Lass uns rein gehen. Es ist hier kalt.“

Dongsuhk folgte Allen in die Kirche hinein. Als er sich auf den Boden setzte, griff Allen Dongsuhk’s Hand mit seiner.

„Junger Mann! Ihr jungen Menschen lebt in einem schwierigen Alter. Ihr habt so viel zu tun. Als ein Schüler hast du die Verantwortung dazu, das Licht in der Dunkelheit zu sein. Fürchte dich nicht. Du kannst nie wissen, wohin Gott dich führen wird. Vertraue auf ihn und bleibe im Frieden!“

Die Wärme in Allen's Hand entnahm die Kälte aus Dongsuhk's Körper von innen und von außen. Sein Herz beruhigte sich und spürte, dass endlich jemand die tiefen geheimen Dinge in seinem Herzen verstand.

„Lehrer, ich denke, dass Chosun zwei Wegen in die Unabhängigkeit gegenüber steht. Der eine sind die Menschen die es durch Kraft und Macht erlangen wollen, während die anderen studieren und ihr Wissen für die Befreiung verwenden. Nicht all zu lange her habe ich wie die erste Gruppe daran geglaubt. Deswegen wurde ich von der Kei-seong Schule ausgeschlossen und kam hier her. Da ich versagt habe, blieb ich still und war darniederliegend und studierte fleißig an der Kyungshin Schule. Doch als ich heute herausfand, dass Mr. Ahn ein Student gewesen ist, der den Mut dazu hatte etwas so patriotisches zu vollbringen, wurde ich aufgeregt. Aus irgendeinem Grund habe ich das Gefühl, dass es mein Schicksal ist so eine Person zu werden."

Während er der Stimme des jungen Mannes zuhörte spürte Allen, dass es ein Teil von Gottes Plan gewesen ist, was ihn begeisterte. Doch er blieb ruhig und sprach: „Junger Mann, du hast großartige Erkenntnisse. Die Leute die die Kraft nachempfinden, werden Shinminhwe genannt, doch sie werden von den Japanern gestürzt. Die gelehrten Menschen die man Iljinhwe nennt, fangen an pro-japanisch zu werden. Nachdem ich dir zugehört habe, weiß ich, dass du einen weiteren Weg finden wirst. Wenn du Gottes Willen gewählt hast, dann wird er dir auf deinem Weg helfen. Gott ist immer bei uns. Folg Ihm immer. Die Angst kommt nur, wenn du alleine ohne Gott gehst."

Dongsuhk erhob seinen Kopf und schaute Allen an. Die aufsteigende Sonne schien durch die Fenster der Kirche. Als er in die blauen Augen sah, empfand Dongsuhk einen wundervollen Frieden, denselben den sein Vater damals gespürt hatte, als er in die gleichen Augen blickte.

„Bis zu deinem Abschluss solltest du als ein Schüler dein Bestes geben. Danach wird Gott dir zeigen was als nächstes zu tun ist.", riet ihm Allen, während er Dongsuhk's Hand drückte, bevor er aufstand und die Kirche verließ.

Alleine in der Kirche sitzend, blickte Pai Dongsuhk auf das Kreuz, welches durch das Sonnenlicht erhellt wurde. Er spürte wie das Licht in ihm stärker wurde. Er verstand, dass er seinen Weg nicht alleine gehen sollte, ohne davor vorbereitet zu sein und schwor sich eifrig zu lernen.

KAPITEL 22

„Die moderne Wissenschaft und Haerim“

IM FRÜHLING 1910, nach seinem Abschluss, ging Dongsuhk als ein Englischlehrer zu der Yuil Schule in Mokpo, Jeollado. Obwohl er in der ganzheitlichen Schule, die sein Vater gebaut hatte, lehren wollte, stellte ihn Mokpo als erstes ein. Vor seinen Schüler stehend, trug Dongsuhk einen Anzug, hatte seine Haare in dem westlichen Stil kurz geschnitten und sprach fließend Englisch. Verglichen mit dem Schulgebäude in Hanyang, waren die Klassenräume klein und schmal mit einer geringen Anzahl an Schülern.

In dem April kam Terauchi Masatake, als der neue japanische Kommandeur und brachte zwei tausend neue Truppen um die Stadt zu kontrollieren. Japan rang um die Politik, das Militär und die Wirtschaft von Chosun. Es gab schon über 2.200 japanische Landherren in Chosun, die den Menschen der Stadt noch mehr Land wegnahmen. Mit dieser rapiden und stufenweisen Machtergreifung über Chosun, kam der finale Schlag am 29. August, als Japan die Stadt als eine offizielle Kolonie übernahm. Der japanische Gouverneur zwang den Imperator von Chosun einen Rücktretungsbrief zu schreiben. Als diese traurigen Neuigkeiten sich über das Land verbreiteten, schien die ganze Nation darum zu weinen.

Zu der Zeit hatte Dongsuhk zurück zuhause in Kimhae Sommerferien. Die ganze Familie war schockiert. Als Hannah sie zum Mittagessen rief gab keiner eine Antwort. „Was machst du? Du musst immer noch essen.“ Hannah’s Stimme wurde lauter.

Statt zu antworten seufzte Sungdu und nickte schwach. „Ich wusste, dass sie in unser Land eindringen, doch wer hätte denken können, dass Japan es komplett einnehmen würde? Was sollen wir bloß tun?"

„Vater, sag etwas!" Dongsuhk schrie verärgert. „Sollten wir nicht etwas unternehmen?"

Besiegt, schloss Sungdu lediglich seine Augen. Sogar Youngok konnte nichts dazu sagen und der junge Changsuhk senkte seinen Kopf. Nur der schrille Ruf der Zikaden erfüllte den Raum.

Nach einer langen Pause wischte Sungdu sich den Schweiß von seinem Nacken und zündete sich seine Pfeife, mit einem gleichgültigen Ausdruck auf seinem Gesicht, an.

„Es existieren Dinge, die wir als Menschen nicht beeinflussen können. Die Entführung unseres Königs und der Verlust unseres Landes machen mich genauso wütend wie euch junge Leute. Doch es gibt nichts was wir jetzt tun könnten. Es ist schwer die Welt mit nur ein oder zwei Menschen zu verändern. Verschwendet eure Jugend nicht. Macht euer bestes aus den Verantwortungen, die ihr nun trägt.

Dongsuhk, du wirst zurück zur Schule kehren und deine Ehe im nächsten Jahr erhoffen. In Haman hat die Kim Familie nach dir gefragt. Sie sind reich, aber was noch wichtiger ist, ist es dass sie Christen sind. Die junge Lady kann sogar die Tausend chinesischen Schriftzeichen aufsagen, was uns zeigt, dass sie gut gebildet ist. Du musst dich als erstes vermählen, damit Changsuhk als nächstes gehen kann." Nachdem er der tiefen Stimme seines Vaters zuhörte, spürte Dongsuhk wie seine Wut erneut aufstieg, doch es war eine andere Art von Wut, nicht so eine wie die die er bei dem Verlust seines Landes gespürt hatte.

„Changsuhk, du wirst deinen Verpflichtungen in der Apotheke nachgehen. Wie alt bist du jetzt? Sei nicht faul und gib dein Bestes. Und Herr Lee, sind Sie jetzt nicht ein Vater? Machen Sie nichts gefährliches. Wenn Sie zu einem Flüchtling werden, dann werden Sie, aufgrund Ihres gelähmten Beines schnell erkennbar sein. Seien Sie vor allem mit ihrem Verhalten vorsichtig. Helfen Sie zuerst Ihrer Mutter bei der Landwirtschaft und denken Sie darüber nach Ihre Frau und Ihre Kinder zu unterstützen. Das ist alles. Die Familie muss sicher und komfortable sein. Wenn Sie aus der Wut agieren, dann werden Sie alles verlieren. Gottes Wille regiert über allem, deswegen sollten wir unser bestes geben und Ihm gehorchen."

Nach dieser langen Rede, drückte Sungdu seine kurze Pfeife bis zum Ende. Obwohl er, nachdem er zum Christen wurde, aufgehört hatte zu rauchen, fing er wieder mit seiner alten Gewohnheit an, nachdem er von den schlechten Neuigkeiten hörte. Er konzentrierte sich darauf nicht zu zittern um ruhig vor seinen Söhnen und seinem Schwiegersohn zu wirken. Das Beste, was er ihnen vermitteln konnte, war Geduld und die Weisheit die mit seinem hohen Alter zu ihm kam.

Eine plumpere Junmsoon kam mit deren Mittagessen zu ihnen. Die vierzehnjährige Junmrae folgte ihr und brachte Wasserschüsseln hinein. Als sie sahen, wie das unschuldige Gesicht des jungen Mädchens bestürzt von der ernsten Stimmung im Zimmer schien, wurden die Männer lockerer und lachten herzlich. Der siebzig Jahre alte Sungdu konnte nicht anders, als zu lächeln und fast in Tränen auszubrechen. Ganz gleich was in der außenstehenden Welt geschah, jedes Mal wenn er seine Kinder ansah, war Sungdu immer davon erstaunt wie sie wie Blumen blühten.

„Kinder, habt ihr jemals eine Blume gesehen, die nicht dazu fähig war zu blühen, während ein Krieg wütete? Hört der Fluss auf zu fließen? Obwohl die Japaner uns unser Land wegnahmen, blüht unsere Junmrae in ihrer Schönheit und der Rest von euch wird erwachsen! Es wird eine Zeit geben, in der ihr eure Wut gegenüber der Ungerechtigkeit ausdrücken könnt. Doch nun, lasst uns zuerst essen!"

Nachdem der Tisch gedeckt war, saßen sich die Männer zum Essen hin. Während er an seinem Essen kaute, vergaß Dongsuhk schnell über seine künftige Ehefrau in Haman und schluckte seine Wut runter, als er sich erneut an die nationale Erniedrigung erinnerte.

„Was soll ich in dieser Situation machen? Nun da ich nicht mehr jung oder dumm bin, sollte ich etwas unternehmen. Doch was ist der Sinn alleine gegen den Feind zu schreien? Außerdem sollte ich meinen Vater nicht noch einmal verletzten. Na gut, ich werde zurück zur Stadt Mokpo gehen und weiterhin das unterrichten was ich weiß – moderne Wissenschaft, die englische Sprache und Gott. Diese Schüler sollen lernen das Richtige zu tun, statt dem was ich will. Ich muss mich darauf fokussieren was Gott will und niemals meine Geduld verlieren.“, dachte er während er sein Essen kaute.

„Schwager, wie kann es sein, dass du so lange zum Kauen brauchst?”

Youngok's Frage unterbrach Dongsuhk's tiefe Gedanken. Als sich ihre Augen trafen war es so, als könnten sie gegenseitig ihre Gedanken hören.

„Bruder, warte auf die Zeit!”

„Natürlich, Bruder, ich werde warten.” Nach der nationalen Erniedrigung von Japan's Anschluss an Chosun, kehrte Dongsuhk zurück zur Yuil Schule. Mokpo war sogar noch lauter als Kimhae, als die Menschen ihr Leid von dem Verlust ihres Landes ausdrückten. Doch es gab auch diejenigen die schnell pro-japanisch wurden, da Japan nun die Macht ergriffen hatte. Sogar unter den Lehrern, gab es diejenigen die trauerten aber auch ein paar die sich schon angepasst hatten. Dongsuhk beobachtete still seine Schüler und bemühte sich seine Seele in sie einzupflanzen. Er versuchte ihnen dabei zu helfen ihr Leid und ihre Leidenschaft für den Nationalismus auszudrücken, indem sie die englische Sprache lernten.

Als Chosun zu einer japanischen Kolonie wurde, tauchten zwei verschiedene Gruppen unter den Chosun Gouverneuren auf. Anstatt deren Loyalität zu verpfänden und mit den japanische Autoritäten übereinzustimmen, befürworteten die Shinminhwe die Unabhängigkeit und bauten eine Basis in China auf. Diese Gruppe zentrierte sich hauptsächlich auf den revolutionären Anführer Dosan Ahn Changho, der ebenfalls die Heungsadam Partei in den Vereinigten Staaten gründete.

Während er sein bescheidenes Leben als ein Lehrer führte, bewunderte Dongsuhk heimlich die Unabhängigkeitsbewegung und deren Anführer. Sogar als er am Rande stand, konnte er nicht anders, als ein Feuer für die Unabhängigkeit in sich zu spüren, ein Feuer welches weiter brannte. Dennoch konnte er seine Gefühle gegenüber den anderen Lehrern in der Schule nicht ausdrücken. Er achtete nun darauf erst zuzuhören, bevor er antwortete oder etwas tat und benahm sich wie ein vollkommen reifer Erwachsener.

Im Jahre 1911, hatte Japan die restlichen Unabhängigkeitskämpfer im Land im Visier, da sie versucht hatten einen Attentat auf den Gouverneur-General Deriuchi auszuüben. Am Ende wurden 105 festgenommen und für schuldig erklärt. Die ganze Nation befand sich im Aufruhr, aufgrund der Ungerechtigkeit. Als Dongsuhk von den Neuigkeiten mitbekam, war er so überfordert, dass er sich hinlegen musste und seufzte. Während er auf dem Boden lag, versuchte er seine Wut zu verbergen und sich auf seine Energie beim Lehrern zu konzentrieren.

Es war schrecklich einsam nicht im Stande zu sein, seine Gefühle mit den anderen Kollegen zu teilen, da er keinem vertrauen konnte. Genauso wie er waren alle anderen vorsichtig nicht zu offenbaren ob sie pro-japanisch oder pro-unabhängig waren. Während er als ein Lehrer in einem Wohnheim wohnte, war es ein einsames Leben, welches scheinbar die ganze Leidenschaft, die er für das Lehren um das Land zu stärken hatte, runter zerrte.

Die Winterferien näherten sich geschwind, doch Dongsuhk wünschte sich, dass sie schneller kommen würden, damit er zurück nach Hause nach Kimhae gehen könnte. Er wusste, dass er dort herzlich von seiner Mutter, seinem Vater, seinen Schwestern und seinen Brüdern begrüßt werden würde. Er vermisste sogar die Dorfbewohner die ihn seit er ein Junge gewesen ist kannten.

Jedes Mal wenn er nach Kimhae zurück kehrte, sagte er seiner Mutter ständig, dass er nicht heiraten wollte. Doch als er nun von Einsamkeit überwältigt wurde, dachte er daran, dass er womöglich seine Meinung gegenüber der Ehe ändern sollte. Nächstes Jahr würde er zwanzig Jahre alt werden. Mit jedem vergehenden Jahr, gab es für ihn immer weniger Zeit das unausweichliche zu umgehen. Er entschied sich dazu sich der Idee einer Ehe mit einer positiven Einstellung zu nähern.

Das hieß nicht, dass er nicht an das andere Geschlecht dachte. Es gab eine Frau an seiner Schule, die ihn ständig anschaute. Die Tochter des Hauses versuchte ihn sogar zu beeindrucken. Immer wenn er an den Bordellen vorbei ging standen davor bildhübsche Frauen mit einem betörendem Duft von weichem Puder. Obwohl er sich ihnen hingezogen fühlte, hinderte ihn etwas daran die Bordelle zu besuchen.

Er wusste, dass es ein Licht der Wahrheit in ihm gab, welches durch seinen Vater Sungdu und durch seinen legendären Urgroßvater Soowoo Pai vererbt wurde. Als ein Kind des Lichtes, war sein Leben nicht sein eigenes und das schloss das Schlafen mit anderen Frauen mit ein.

Dennoch konnte er in dem Winter nicht aufhören zu zittern. Womöglich war es die Melancholie, da er sich an sein Leben in Mokpo gewöhnte und welches kombiniert mit der Trauer der Kolonialisierung seines Landes wurde. Das war genug um einen Mann begierig für die weiche Berührung einer Frau zu machen.

Als Dongsuhk während den Winterferien nach Kimhae zurück kehrte, sorgte er dafür seinem Vater von seiner Interesse zu heiraten zu erzählen. Sungdu empfing still die guten Neuigkeiten, doch vor allem Hannah konnte ihre Freude nicht verstecken. Nachdem er seinen Wunsch aussprach, wurden die Vorbereitungen schnell durchgeführt. Die Braut war im selben Alter wie Dongsuhk und ihre Familie wurde ungeduldig die Hochzeit abzuhalten, da Dongsuhk ein ausgezeichneter Bachelor war. Was das wichtigste für die beiden Familien war, war es dass sie ihren Glauben teilten.

Dongsuhk besuchte mit seinem Vater das Haus von Chilbukmyeon Haman Kim. Aus dem weißen Schnee erhebend, stach das große Ziegeldachhaus markant von den anderen Häusern heraus. Dieses Haus war so gut wie immer für das Treffen der Gläubigen offen und als eines dieser Treffen stattfand kamen Dongsuhk und Sungdu dazu und wurden von einem Diener hinein geführt. Der Gastgeber, Semin Kim, kam heraus in einem teuren seidenen Unterumhang mit großen Bernsteinknöpfen gekleidet, welche auf seinen finanziellen Status hinwiesen.

Obwohl er nicht groß war, hatte er breite Schultern und eine gebieterische starke Präsenz.

Die Eltern verbeugten sich zuerst gegenseitig. Danach verbeugte sich Dongsuhk vor Semin Kim, der sehr zufrieden damit war, einen so großen jungen Mann in einem Anzug gekleidet zu sehen, der sich respektvoll vor ihm verbeugte. Er dachte daran, wie schwer es doch war einen guten Bachelor zu finden, der ebenso ein Christ war.

Während seiner Suche nach einen zukünftigen Bräutigam für seine Tochter, erzählte ihm jemand von Sungdu's Sohn. Laut ihrem Bericht erbaute ihre Familie in ihrer Gegend die erste Kirche und führten eine Apotheke. Doch bei näheren Untersuchungen über Dongsuk, wurde Semin Kim beunruhigt als er erfuhr, dass der junge Mann eine Revolte in Daegu geführt hatte und dafür im Gefängnis landete. Er machte sich Sorgen, dass seine Tochter Schwierigkeiten wegen ihrem unruhestiftenden Ehemann durchleiden müsste.

Doch die letzten paar Jahren, in denen Dongsuhk seine Zeit als Lehrer verbracht hatte, beglichen seine Hemmungen. Also rief Semin Kim nach einem Ehestifter und erhoffte sich eine Hochzeit im Herbst. Doch es gab keine Antwort von dem Bräutigam und er dachte, dass das ganze im Sand verlaufen würde. Deswegen war es eine wundervolle Überraschung, den Besuch eines gut aussehenden jungen Mannes empfangen zu können, der nun endlich zu seinem Schwiegersohn werden wurde!

Mit verbeugten Knien, lächelte Semin Kim Dongsuhk an. Er sprach Sungdu an.

„Es muss schwer gewesen sein den ganzen Weg hier her zu kommen."

Sungdu war ein wenig eingeschüchtert von der kräftigen Stimme des anderen Mannes, doch um zu zeigen wie stolz er auf seinen Sohn war, lachte er laut. „Nein, erwähnen Sie das nicht. Hochzeiten sind ein wichtiger Teil des Lebens!"

Semin lachte ebenso mit Sungdu. Genauso wie Sungdu hatte Semin seine erste Tochter Bokhnam in seinen Vierzigern bekommen, also waren die beiden Väter im selben Alter.

Die Tür öffnete sich und eine Frau, womöglich die Köchin, brachte den Tisch für das Abendessen, welcher bedeckt mit Gerichten war. Hinter ihr folgte eine wunderschöne junge Frau in einem dunkelblauen Rock und brachte Messingkessel mit Wasser. Anders als die vorherige Frau, war ihr Gang anmutig und ihr Haar war in einem Zopf zusammen geflochten, ein Zeichen von einer unverheirateten Jungfrau. Ihre Schönheit anstarrend, fühlte sich Dongsuhk's Brust auf einmal eng an.

Boknam spürte den Blick des jungen Mannes und ihre Wangen wurden rot, was ihre hübschen Züge nur betonte. Sie ließ den

Wasserkessel neben dem Tisch und ging rückwärts aus dem Zimmer hinaus.

„Was denkst du? Magst du meine Tochter? Natürlich, ich mag meinen Schwiegersohn!“ Semin grinste.

Sungdu winkte mit seinen Händen. „Sie haben ihre Tochter sehr gut auf erzogen. Sie sieht so jung aus!”

„Ihre Mutter starb bei einer Geburt, als Boknam erst neun Jahre alt war, deshalb bin ich sehr traurig, dass sie ohne eine Mutter aufgewachsen ist. Tatsächlich wurde sie für ihre jüngeren Brüder und Schwestern zu einer Mutter.“

„Ja, ich habe davon gehört. Wie Sie wissen sind wir nicht besonders reich, aber wir haben eine große Familie, deswegen wären ihre mütterlichen Fähigkeiten ein Segen für uns!”

Als die zwei Väter weiterhin redeten, war das einzige was Dongsuhk tun konnte, aufmerksam für das Rauschen von Boknam's Rock zu hören.

„Nun, es gibt keinen Grund es zu verschieben, nicht wahr? Die Kinder sind im richtigen Alter, also lassen Sie uns sie im Frühling verheiraten!“, verkündigte Semin.

Sungdu war einverstanden, doch innerlich war er besorgt, da der andere Mann finanziell besser war als er. Andererseits gab es in der Gegend keinen weiteren geeigneten Bachelor als seinen Sohn Dongsuhk.

„Okay. Es gibt keinen Bedarf es zu verschieben. Ich wundere mich, ob Sie mit unserer Familiengeschichte vertraut sind, da Dongsuhk ebenfalls sehr spät in meinem Leben auf die Welt kam? Ich bin ein armer alter Mann, der keine Ekelkinder hat. Meine Frau wartet auf eine Schwiegertochter. Deshalb bin ich sehr dankbar, dass unsere Kinder heiraten werden. Aber brauchen Sie nicht jemanden anderen, der sich nun um ihre Familie sorgen kann, nachdem Boknam Sie verlässt? Oder wollen Sie erneut heiraten?”

Hinter seinem kühnen Gesicht, stockte Semin's selbstbewusstes Lächeln ein wenig. „Nun, das ist etwas worüber man sich später Gedanken macht.”

Folglich heiratete Dongsuhk Pai, ein Schüler der modernen Lehre, Boknam Kim, welche in einer christlichen Familie aufgewachsen ist und für die westliche Kultur offen war. Im März 1912 kamen Sungdu und sein älterer Sohn erneut für das Hochzeitsmahl mit den anderen Familienmitgliedern zu Semin's Haus. Die frühe kühle Frühlingsbrise wehte durch die Luft und die Blumen fingen gerade an zu blühen.

Das Herz der jungen Braut pochte vor Aufregung. Für Wochen erinnerte sie sich zurück an den Blick von Dongsuhk, als sie das Zimmer mit dem Wasserkessel betrat. Obwohl es eine arrangierte Ehe war, spürte sie, dass es jemand sein würde, den sie lieben könnte. Sie dachte glücklich: „Heute werde ich zu einer Ehefrau!"

Gekleidet in ihrem Wonsam, das traditionelle Hochzeitskleid, und mit einem Jjokduri auf ihrem Kopf, begann Boknam durch ihre schwere reiche Kleidung zu schwitzen. Es schien, dass die Familienmitglieder des Bräutigams angekommen wären, doch sie durfte noch nicht raus kommen. Drinnen eingesperrt, hörte sie draußen wie sich die Aufregung allmählich beruhigte, als die Zeit für die Zeremonie immer näher kam.

Als alles bereit war, kam die Köchin und eine Nachbarin herein um sie raus zu bringen. An ihren Armen gelehnt, ließ Boknam schnell ihren Kopf fallen und wandte ihre Augen zu den Boden herab, während sie langsam zur Tür ging. Als die Tür sich endlich öffnete, drehten sich alle Hochzeitsgäste zu der bildhübschen jungen Braut.

„Sie ist so schön! Der Bräutigam sieht ebenso gut aus, aber schaut euch sie an!"

Den Samogwande tragend, ein traditioneller Hochzeitsanzug und Hut, schaute Dongsuhk durch die Halle zu Boknam hinüber.

„Diese Lady ist meine Frau!"

Sein junges Herz begann aufgeregt zu klopfen. Endlich kam die Braut nach vorne und das Paar blickte sich in die Augen. Die Nachmittagssonne schien hell in die Hochzeitshalle hinein und kreierte einen Lichteffekt um die Braut und den Bräutigam herum.

Während sie beobachtete, wie sich die beiden gegenseitig verbeugten, glänzten Hannah's Augen mit den Tränen der Freude. Die fünfzig Jahre, die seit ihrer eigenen Hochzeit mit Sungdu vorbeigeflogen sind, kamen ihr in den Sinn.

Wie schwer ist es gewesen dieses Baby zu haben und dann noch all ihre Kinder zu verlieren, als sie noch jung gewesen ist. Dann, obwohl sie es aufgegeben hatte ihre Fraulichkeit zurückzuerhalten, wurde sie wie mit einem Wunderkind schwanger. Was für eine Begeisterung zu sehen wie groß, gut aussehend und rechtschaffend ihr Sohn doch geworden ist. Zusätzlich, da sie jetzt eine Schwiegertochter hatte, dachte sie, dass sie nicht um mehr hätte fragen können. Als sie ihren Sohn in dem Samugwande gekleidet sah, erinnerte es sie an damals, als sie Sungdu an ihrem Hochzeitstag zu sehen bekam. Obwohl er kleiner war als Dongsuhk, überlappte sich in ihrem inneren Auge das Bild von ihrem Ehemann und ihrem Sohn.

Falls Dongsuhk ihr Wunder war, nachdem sie angefangen hatte an Jesus zu glauben, spürte Hannah, dass all ihre Hingabe es wert gewesen ist. Sie wischte sich ihre Tränen mit ihrem Rock weg. Sogar Junmsoon weinte, da sie ihn wie ihren eigenen Sohn großgezogen hatte und ihm sogar bevorzugte Behandlungen über ihren eignen Kindern gab, da er der Pai Erbe war.

Während er seine beiden Frauen betrachtete, hüpfte Sungdu's Herz vor Emotionen, doch er bemühte sich diese zu verstecken.

Ein Hahn flog durch die Mitte des Hinterhofes, die Gäste riefen vor Feierlichkeit am ende der Zeremonie. Durch Semin's Reichtum gab es jede Menge Essen für das Hochzeitsmahl, also feierten die Gäste den ganzen Nachmittag bis zum Abend weiter.

Als sie aufgeregt auf ihre erste Nacht zusammen warteten, wurden die Gesichter der beiden Vermählten leuchtend rot. Boknam fühlte sich, als würde ihr Herz in jedem Moment kurz davor zu sein zu explodieren.

Ein Gast begann einen lächerlichen Tanz mit einem Kissen auf seinem Rücken. Inmitten dieser Vergnügung, wurde das Brautzimmer vorbereitet, die Ehefrau ging hinein und setzte sich vorsichtig aufs Bett. Die kühle abendliche Brise wehte durch die Lücke in der Tür und erfrischte Boknam durch ihren seidenen Wonsam.

Als das Gelächter im Hinterhof sich beruhigt hatte, öffnete Dongsuhk mit einer schnellen Bewegung die Tür. In dem Samogwande gekleidet, schien er viel größer, während Boknam zu ihm hinauf sah. Er blieb für einen Moment still, sein rotes Gesicht auf sie zurück starrend.

Endlich setzte er sich neben sie. Der Geruch von Likör überwältigte Boknam's Nase und sie setzte sich unfreiwillig zurück.

„Aigo!“, rief sie aus.

Einen heimlichen Blick auf sie werfend, lachten die lauten Gäste. Dongsuhk blies eilig die Kerze aus.

„Aigo!“, kreischte Boknam erneut aus Versehen. Dongsuhk zog seinen Samugwande aus und rückte näher an seine Frau heran.

„Wirst du wieder ‚Aigo‘ schreien?”

Als Dongsuhk nach ihrer Hand griff, versuchte Boknam diese weg zu ziehen, doch vergebens. Die Hand des Bräutigams war zu stark.

„Vielleicht sind wir ein Paar, welches Gott zusammen gebracht hatte. Ich traf dich nur einmal im letzten Winter, doch du scheinst mir so vertraut. Weißt du wie sehr ich dich vermisst habe?“

Während sie seiner starken Stimme zuhörte, fühlte Boknam einen frischen Stich in ihrem Herzen. Als er auf ihre Antwort wartete, blickte sie zurück zu ihm und antwortete: „Es war das selbe für mich. Als ich dich sah, Seobangnim, fühlte es sich an als hätte ich dich schon einmal getroffen. Vielleicht ist es so, weil wir beide an Jesus glauben.”

Dongsuhk lachte, als Boknam ihn „Seobangnim“ nannte, da es ein üblicher Begriff für den Ehemann ist, der von der Frau verwendet wird.

„So hast du es. Danke, dass du mich „Seobangnim“ nennst.”

„Oh meine Güte, habe ich das wirklich gesagt?“ Boknam verdeckte aus Scham ihren Mund mit der Hand.

„Das ist in Ordnung. Wir sind wie ein altes verheiratetes Paar, eh?”

Sie lachten gemeinsam im Dunkeln. Als ihr lachen verstummte, sahen die beiden sich gegenseitig an. Der Geruch von Alkohol erfüllte Boknam's Nase, doch sie war nicht mehr überrascht oder verlegen. Ihre Hände loslassend, nahm Dongsuhk Boknam's Jjokduri ab, welches ihr langes Haar löste. Während ihr Haar ihren Körper entlang fiel, nahm er den Geruch von Kamille wahr. Boknam fühlte sich, als hätte ihr Herz aufgehört zu schlagen. Als sie gemeinsam ins Bett fielen, spürte Dongsuhk einen Komfort, welcher ihn an seine Mutter erinnerte.

Kann eine Frau sich wie ein Zuhause anfühlen, wie eine Mutter? Boknam auf die Lippen küssend, spürte Dongsuhk eine wohlhabende Wärme in ihm. Ohne nachzudenken, entwichen ihm die Worte aus dem Mund:

„Oh! Meine Haerim! Haerim..." Dongsuhk war sich nicht sicher woher dieser Name kam. Womöglich da der Name den Laut „hae" hatte, welcher Gnade bedeutete und „rim" der für die Wälder stand, Wörter die mit dem Komfort, die eine Frau geben konnte, zusammenhängten. Als er den Namen zärtlich aussprach, legte er seine Hände tief in ihre Brust.

„Ich nenne dich von nun an Haerim. Haerim, meine Haerim!"

Dongsuhk atmete schwer und umarmte sie fest in seinen Armen. Was für ein schöner Name, dachte Boknam. Plötzlich spürte sie Tränen in ihren Augen.

KAPITEL 23

„Die Flamme der Yuil Schule"

NACH DER HOCHZEIT in Haman, kehrte Dongsuhk zurück mit seiner Frau zum Dorf Dongsang in Kimhae. Die Hochzeit des Sohnes des Besitzers der Apotheke ließ die Leute um mit zu sehen versammeln. Außerdem waren hinter der Sänfte der Ehefrau zwölf Kühe, die den Waagen schoben. Die Frühlingssonne schien in Kimhae stärker als am Tag der Hochzeit und das junge Paar hielt vor der Tür der Apotheke an. Aus dem Waagen mit einem grünen Oberteil und einem roten Kleid steigend, bemerkte sie, dass deren Haus nicht so reich war wie ihr altes. Natürlich hat sie kein so elegantes Haus wie ihres erwartet, doch es war einfacher und schäbiger, als sie es sich ursprünglich vorgestellt hatte. Sie wollte das Zuhause ihres Ehemannes nicht mit ihrem vergleichen, doch es war offensichtlich, dass die Familie Pai aus einem bescheidenerem Hintergrund kamen, als sie es vorgesehen hatte.

Als sie hinein trat, lag ein scharfer Geruch von Käutermedizin in der Luft und drinnen auf einer Strohmatte, die wie die Unterkunft für die Diener neben dem Eingang aussah, waren Kräuter zu finden. Ein junger Mann der hockte während er in den Kräutern umhertastete, stand schnell auf und verbeugte sich vor Boknam.

„Schwägerin! Willkommen. Es war eine anstrengende Reise für dich, nicht wahr?"

Als sie bei der Willkommensrede des jungen Kerls zuhörte, konnte sie sich schon denken, dass dieser Mann Dongsuhk's Bruder Changsuhk war. Anders als Dongsuhk, hatte der kleine Junge schmale Gesichtszüge, doch seine Augen hatten den Anschein von Güte, jedes Mal wenn er lächelte. Boknam fühlte sich unwohl und schüchtern, als sie ihren Schwager traf und ging in den Hof nachdem sie sich schnell verbeugt hatte.

Im Hof traf sie ihre Schwiegermutter Hannah, die zweite Schwiegermutter Junmsoon und sie war sich sicher, dass das junge Mädchen neben ihnen die jüngste Schwägerin Chunlee war. Das kleine Mädchen mit einem fröhlichem und verspielten Gesichtsausdruck war zugleich niedlich und hübsch.

„Du hattest sicherlich eine beschwerliche Reise hier her. Dieses Haus ist der Ort, wo du von nun an leben wirst. Du bist ein Teil dieses Hauses.", sagte die alte Schwiegermutter Hannah zu Boknam, indem sie ihre bedachte Würde als Schwiegermutter zeigte. Junmsoon lachte bloß. Während Chunlee versuchte etwas zu sagen, öffnete sich die Tür und eine junge Frau, die ein Baby umarmte, kam hinaus.

„Bist du gerade angekommen? Ich konnte wegen meinem Baby nicht zu eurer Hochzeit erscheinen. Ich bin Junmyung, die älteste Tochter dieses Hauses." Obwohl Jungmyung einen freundlichen Ton in ihrer Stimme hatte, gab Boknam ihr dennoch eine Verbeugung, da sie eine Andeutung von Seriosität spürte. Sie hatte nur mitbekommen, dass Junmyung's Spitzname „felsenfest" war und bei dem Aussehen ihrer Ordentlichkeit und standhaften Haltung, passte ihr dieser Name.

Boknam's Heiratsgut wurde in das Brautzimmer neben dem Wohnzimmer gestellt. Als der Nachteinbruch kam zog sie sich eine Schürze an, obwohl sie so einen langen Weg gereist ist, um in der Küche auszuhelfen. Sie betrat die Küche mit einem müden Ausdruck auf ihrem Gesicht, als Junmsoon sie freundlich begrüßte.

„Hör zu mein Kind. Ich habe Dongsuhk so geliebt, als wäre er mein eigener Sohn gewesen. Wenn ich dich sehe erfüllt es mein Herz. Doch wie kann ich nun mit einer Tochter eines reichen Haushalts auskommen? Es gibt keinen anderen Weg. Ganz egal wie gut das Haus des Ehemannes ist, es ist seit dem ersten Tag an schwere Arbeit. Du kannst nicht die Tatsache ändern, dass der Platz einer Frau in der Küche ist."

Junmsoon gab Boknmam absichtlich einen bemitleidenden Gesichtsausdruck als sie sich ihre zarten Hände anschaute. Boknam konnte spüren, wie sich ihre Augen mit Tränen füllten. Ihre Gedanken waren erfüllt von den Erinnerungen ihrer toten Mutter und sie erinnerte sich ebenso, dass Dongsuhk sie in ihrer ersten Nacht Haerim genannt hatte. Ihre Mutter und ihr Ehemann waren die zwei gutherzigsten Menschen die sie je getroffen hatte. Jedoch ist ihre Mutter schon längst verstorben und sie musste nun ein neues Leben mit ihrem Mann im Haus ihres neuen Meisters anfangen.

Anders als die Liebe zu ihrem Ehemann, fühlte sich ihr neues Leben anders und fremd an. Plötzlich vermisste sie ihren Vater, Brüder und Schwestern. Sie wunderte sich ob das Dienstmädchen die Malzeiten gut für ihren Vater vorbereitet hatte und ob ihr Vater sie vermisste. Eine Träne fiel auf den Küchenboden. Obendrein würde Dongsuhk sie am nächsten Tag verlassen um nach Mokpo zu reisen. Es war für sie natürlich sich bei dem Gedanken daran alleine an einem fremden Ort zu sein unwohl zu fühlen.

Nachdem sie in die Dorf Dongsang Apotheke zurück kehrten, blieb Dongsuhk für eine Nacht in seinem Zuhause, bevor er sich am nächsten Morgen auf den Weg zur Mokpo Yuil Schule machte. Sein Vater, Mutter und seine zweite Mutter Junmsoon kamen immer hinaus um sich zu verabschieden und diesmal begleitete sie Boknam.

Er hat nur drei Tage mit Boknam verbracht, doch es fühlte sich für ihn an, als wäre es eine Ewigkeit gewesen. Sie war eine sehr warme Person. Er blickte ihr ins Gesicht, welches einen weichen Ausdruck von der Morgensonne verliehen bekam. Als sie ihre erste Nacht an einem fremden Ort verbracht hatte und Dongsuhk sie nun verließ, sah sie vom Weinen sehr mitgenommen aus. Er hatte Mitleid mit ihr und ging ihr absichtlich aus dem Weg. Nachdem er von den älteren Abschied genommen hatte, begann er zur Zugstation zu gehen.

Beim Beobachten, wie Dongsuhk's große Figur immer weiter unter der Frühlingssonne hinfort ging, erfüllte Sungdu's Herz mit Emotionen. Er hat seinem Sohn eine Frau gefunden und er dachte, er hätte alles als Vater getan was nötig gewesen wäre. Doch er hatte immer noch das Gefühl, dass etwas fehlte. Sein Sohn wuchs zu einem Mann heran, doch ihn in ein fremdes Land zu schicken fühlte sich an, als würde man ein Baby in den Fluss legen.

Er war damals ungefähr in Dongsuhk's Alter, als er den selben Weg entlang ging, nachdem er neugeheiratet hatte und nachdem Mentor Kim verstarb, der für ihn wie ein Vater gewesen ist. Dies war nachdem er all seine sieben Kinder verloren hatte und anfing durch das Land zu wandern. Es fühlte sich an wie gestern, als er seinen sechszehnjährigen Sohn für seine Ausbildung in den neuen Wissenschaften hinfort sandte, doch nun war er schon erwachsen mit einer Frau und verließ erneut das Dorf.

Ihre neue Schwiegertochter begann endlich zu weinen, nachdem sie sah wie Dongsuhk in der Ferne verschwand. Sungdu sah sie freundlich an.

„Liebes, wein doch jetzt nicht. Wird er denn nicht zurück kehren? Du hast hier noch viel mit mir zu tun. Was denkst du weshalb unsere beiden Familien sich sonst für deine Ehe entschieden haben? Denkst du etwa nicht, dass es eine Bestimmung für zwei christliche Familien ist den Glauben zu verbreiten? Die Zahl der Anhänger in unserer Kirche wächst von Tag zu Tag. Es ist eine harte Arbeit, sich um die armen und kranken zu kümmern. Wir brauchen alle Hilfe, die wir kriegen können. Gott hat dich hier her gesandt. Es ist Gottes Wille, Dongsuhk in ein fremdes Land zum Lehren zu schicken und es ist Gottes Wille für dich, den Glauben mit der Pai Familie zu verbreiten. Verstehst du?"

Als sie die leise Stimme ihres Schwiegervaters hörte, schluckte Boknam ihre Tränen runter und blickte zu der Straße, auf der Ihr Ehemann nicht mehr zu sehen war.

Die Behutsamkeit die Sungdu gegenüber seiner Schwiegertochter zeigte, überraschte Hannah und Junmsoon. Hannah lebte schon eine sehr lange Zeit mit Sungdu, doch sie hat noch nie die Zärtlichkeit gesehen, die sie in dem Moment erlebt hatte. Die Freundlichkeit gegenüber ihrer Schwiegertochter war allerdings für die gealterte Frau fremd.

Dongsuhk erreichte Mokpo und widmete sich dem Lehren seiner Schüler, während dem Kurs des neuen Frühlingssemesters. In dem Wohngebäude verweilend, blieb es genauso wie davor, doch er fühlte sich ermutigt, als er sich an seine Frau erinnerte, die jetzt nun in seinem

Zuhause lebte. Es ließ ihn fühlen, als wäre er nicht mehr einsam. Als Dongsuhk nach seiner Hochzeit nach Mokpo zurück kehrte, fühlte er sich unter paar weiblichen Kollegen mulmig und die Tochter des Wohngebäudenbesitzers gab ihm aus Eifersucht die kalte Schulter, doch es kümmerte ihn nicht. Sein Bewusstsein legte sich auf die Lehren fest, da er sich seinen Verantwortungen als Lehrer widmete.

Genau nach dem Anschluss Koreas von den Japanern, schienen die Pro-japanischen Ansichten bedeutender zu werden; allerdings fingen Beamte an nach Manchuria zu fliehen. In 1912, Shin Kyushik, der „Dong Jae Sa" gründete, behielt eine enge Beziehung mit der chinesischen Partei bei, welche ihm einen großen Einfluss auf die Aktivitäten der koreanischen Interimsregierung gab. Inländische und ausländische Neuigkeiten kamen leicht bei den Ohren der Lehrer an, die in den intelligenten Teilbereich der Gesellschaft dazugehörten. Obwohl Mokpo am südlichen Ende von Peninsula lag, kamen die Nachrichten bei den Lehrern der Yuil Schule an.

Die Pro-Japanischen Leute waren schwer von denen für die nationale Erlösung in dem ersten Jahr des Anschlusses zu differenzieren. Als jedoch die Zeit verging, vertiefte sich zwischen den Lehrern der Yuil Schule die Ansicht das Land zu retten.

Als die Studenten der Schule immer zahlreicher wurden, wurden neue Lehrer eingelassen, von denen die meisten Japaner waren. Nachdem sich die Anzahl der japanischen Lehrer an der Schule erhöhte, wurde das Lehrerzimmer allmählich in japanische und koreanische Gruppen geteilt und schließlich kamen die zwei Gruppen zu einer Konfrontation.

Die Anzahl an japanischen Schülern wuchs ebenfalls. Die japanischen Lehrer fingen an ihren Bevorzug offen gegenüber den Schülern aus Japan zu äußern und es gab öfters Zeiten in denen koreanische Schüler grundlos von diesen Lehrern bestraft wurden. Die koreanischen Lehrer, die es anfangs noch duldeten, fingen an ihre Unzufriedenheit zu zeigen und die japanischen Lehrer versteckten ihre unverschämten Worte gegenüber den anderen Lehrern nicht. Gelegentlich fanden währen der Mittagspause im Lehrerzimmer Auseinandersetzungen statt und Dongsuhk hatte eine schwere Zeit sein unterdrücktes Temperament zu verstecken.

Doch es war eine Zeit, in der Dongsuhk nichts machen konnte. Der japanische Einfluss breitete sich tief in Korea aus und die Mächte versuchten das Land, welches überall hin verstreut wurde, zu beschützen. Dongsuhk wusste, dass er geduldig bleiben musste. Er würde nicht rücksichtlos werden und einen Streit mit den japanischen Lehrern anfangen. Außerdem hatte er nun eine Frau die er beschützen musste.

Doch vor dem Beginn der Sommerferien, riss sich Dongsuhk's Temperament los und ließ einen Vorfall entstehen. Ein koreanischer Schüler, der mit einem Schüler aus Japan gestritten hatte, wurde so dermaßen bestraft, dass sein Schienbein gebrochen wurde.

Als man den ganzen Bericht des Streits hörte, stellte sich heraus, dass der japanische Schüler der erste gewesen ist, der den Koreaner gestört und geneckt hatte. Der koreanische Schüler schrie ihn an, dass er aufhören sollte, doch der Japaner spuckte auf ihn und lief danach weg. Der koreanische Junge, der in Wut ausbrach, rannte dem Übeltäter hinterher und schlug auf ihn ein. Der Koreaner wurde von einem japanischen Lehrer, der zuständig gewesen ist, weggezerrt und wurde schwer am Schienbein verletzt. Die beiden Beine des Schülers waren angeschwollen, bluteten heftig und waren ebenso gebrochen.

Die koreanischen Lehrer waren in einem Aufruhr, und hatten die Meinung, dass dieses Geschehen nicht stehen gelassen werden sollte. Die Lehrer versammelten sich um Dongsuhk. Aus irgendeinem Grund wussten sie, dass Dongsuhk während seinen Tagen in der Kei-soeng Schule, der Frontmann bei der Attacke gegen die Japaner war.

Überraschender Weise war es eine Frau, die entschiedener in ihrer Feindseligkeit gegenüber den Japanern gewesen ist.

„Ich kann es nicht mehr länger aushalten. Sogar in der Klasse sehen mich die japanischen Schüler nicht als Lehrerin, sondern als irgendeine Frau an. Wie viele Male habe ich diese Demütigung ertragen müssen? Sogar wenn ich in das Klassenzimmer komme, machen die japanischen Schüler etwas anderes. Sie ignorieren einfach alle gemeinsam die koreanischen Lehrer. Ich habe ihre irritierende Verhaltensweise toleriert."

Ein zwanzig Jahre alter Lehrer, der am Anfang des Jahres erst eingestellt worden ist, wurde rot vor Wut. „Wir müssen denen zeigen, was falsch ist! Wir können nicht einfach daneben stehen und nichts unternehmen!"

Jeder sagte nach der Reihe auf was demjenigen am Herzen lag. Dongsuhk kochte ebenso vor Wut, doch er war sich nicht sicher wie er weitermachen sollte.

„Dann lasst uns doch einen Antrag an den Direktor schreiben, dass keine weiteren japanischen Lehrer eingestellt werden dürfen. Und wenn wir schon dabei sind, dann sollten wir den ganzen Bericht der Ungerechtigkeit, die sie unseren koreanischen Schülern angetan haben, hinzufügen damit die disziplinarischen Maßnahmen eingesetzt werden können. Wir sind immer noch Lehrer und wir können Gewalt nicht einfach mit Gewalt bekämpfen."

Dongsuhk sprach in einem ruhigeren Ton. „Wenn ich die Dinge auf meine Art und Weise hätte, dann würde ich sie fassen und denen paar gute Schläge verteilen. Doch lasst uns lieber das machen, was ich Ihnen vorgeschlagen habe."

Die koreanischen Lehrer nickten um zu zeigen, dass sie Dongsuhk's Idee akzeptierten und entschieden sich dazu, dass er den Antrag schreiben sollte. Wenn er die Chance dazu hätte, das zu tun was er wollte, dann hätte er den japanischen Lehrer genommen, der dem Schüler das Schienbein brach, und ihn verprügeln bis er nicht mehr aufstehen könnte. Stattdessen setzte Dongsuhk sich hin, wo die anderen koreanischen Lehrer ihn sehen konnten und legte die weißen Papiere aus.

Als er seinen Stift in die Tinte eintauchte, erinnerte er sich an die Zeit, als er die Bekanntgabe der Schüler der Kei-seong Schule aufschrieb. Er ist in einem Alter gewesen, in dem er nicht wusste, was durch seine Taten hätte geschehen können. Es war eine Zeit wo er eintauchte um seine Beweggründe der Welt mitzuteilen.

Doch Dongsuhk war nun anders. Was könnte er mit der mickrigen Kraft die er hatte tun, um die Japaner davon abzuhalten das ganze koreanische Land zu verschlingen? Trotzdem musste er zeigen, dass die Koreaner noch am leben waren.

Ganz gleich wie kraftlos sie waren, er musste von der Ungerechtigkeit, die sie durchlebten, mitteilen. Er fühlte sich aufgebracht, da die Patrioten das Land verlassen hatten. Er wusste, dass sie den Rest verließen, damit diese die Zukunft planen könnten, doch ihre Hemmungslosigkeit brachte einen koreanischen Schüler mit einem gebrochenen Bein und diese Realität ließ ihn in Schmerzen, welche in seinem Herzen wie in einer Folterkammer widerhallten.

Dongsuhk's Geist war erfüllt von Gedanken über seine Frau, während er den Antrag schrieb. Ihre hellen Ohrläppchen, die vor ihm glimmerten. Er hoffte, dass seine Frau, die in einem Haus mit einem starken Glauben aufwuchs, seine Leidenschaft das Kreuz zu tragen verstand, um den Klang der Gerechtigkeit zu erklingen.

Obwohl der Direktor der Yuil Schule ein Koreaner gewesen ist, war er pro-japanisch, der sich den sozialen Normen anpasste. Es war offensichtlich, dass er an der Seite der japanischen Lehrer war und er würde womöglich ein paar Leute feuern, die den Antrag mit ihren Namen unterschrieben haben. Dongsuhk würde einer von denen sein, der von seinen Verpflichtungen entlassen werden würde, da er derjenige gewesen ist, der den Antrag schrieb. Er hatte einen bitteren Geschmack in seinem Mund, doch er hatte keine Furcht. Stattdessen fühlte er sich ermutigt, durch dem Gedanken daran bald zuhause bei seiner Frau sein zu können.

Dongsuhk beschrieb detailliert die unangemessene Bestrafung der japanischen Lehrer und die unangebrachten Verhaltensweisen der japanischen Schüler gegenüber den koreanischen Lehrer und Studenten. Er miteinbezog ebenso die Stellungnahme, dass alle koreanischen Lehrer sich weigern würden zu unterrichten, wenn die Probleme nicht bald gelöst werden. Nachdem jeder der koreanischen Lehrer den Antrag unterschrieben hatte, brachte Dongsuhk das Papier zum Direktor, ehe die Tinte noch trocknen konnte.

Der Direktor war der Sohn einer reichen Mokpo Familie, der noch vor der Eingemeindung nach Japan reiste um dort seine Ausbildung zu erreichen. Er hat die Schule hauptsächlich für geschäftliche Absichten erbaut und war sehr damit beschäftigt die zahlreichen Lehrer und Schüler aus Japan herbeizuziehen. Mokpo, als ein Hafen, war ein perfekter Ort für japanische Händler um sich dort niederzulassen, somit füllten allmählich ihre Kinder die Klassenräume.

Als die Anzahl an japanischen Schülern immer größer wurde, brauchte er ebenso japanische Lehrer, für ein Gefühl der allgemeinen Verbundenheit. Doch der Direktor glaubte nicht daran, dass er pro-japanisch war. Er dachte lediglich, dass er das Nötigste für sein bildendes Geschäft tat und einfach der sozialen Ordnung folgte.

Als Dongsuhk in das Direktorat ging, sah ihn der Direktor an als würde er schon ahnen was auf ihn zukommt.

„Mr. Pai, sie sind der hochrangigste Lehrer, der schon seit zwei Jahren an dieser Schule arbeitet. Darüber hinaus, anders als die anderen Lehrer, haben Sie nicht ihren Abschluss in Hanyang erhalten? Bezüglich dem Schüler mit dem gebrochenen Bein, ich werde den Lehrer das verantwortliche Geld für seine Behandlung zahlen lassen. Also lassen sie uns dieses Ereignis vergessen." Er erhob seine Stimme, noch ehe Dongsuhk zu sprechen anfangen konnte.

„Es geht nicht darum. Wir machen einen Appell für all das Falsche, was sich bisher aufgestaut hat. Es ist nicht nur wegen dem Schüler dem das Bein gebrochen wurde. Wir haben unsere Meinungen gesammelt, nachdem wir darüber nachgedacht haben, was unseren koreanischen Schülern in der Zukunft gegenüber steht.

Ich weiß nicht ob Sie überhaupt realisieren, dass die japanischen Schüler uns Koreaner nicht als Lehrer ansehen. Noch schlimmer ist es, dass eine Lehrerin von den japanischen Lehrern verachtet wird. Bitte unternehmen Sie etwas dagegen." Obwohl Dongsuhk seine Stimme senkte, betrachtete er den Direktor mit einem eisernen Blick.

„Lassen Sie es hier und gehen Sie! Mr. Pai, Sie sind ein seltener Lehrer mit hervorragenden Englischkenntnissen. Ich würde es hassen Sie zu verlieren. Es wird mir sehr schwer fallen, jemanden so guten wie Sie zu finden, der Sie danach ersetzten würde. Es ist für die japanischen Lehrer fast unmöglich eine solch hervorragende Aussprache wie ihre zu besitzen. Ich werde so tun, als wäre das hier alles gerade nie passiert, also widmen Sie sich ihren Verpflichtungen als Lehrer."

Er senkte seine Haltung, doch Dongsuhk hab ihm einen noch einen wütenderen Blick. Er schlug den Antrag mit einem scharfen Geräusch auf den Tisch des Direktors und ging nach einer schnellen Umdrehung hinaus.

Es war offensichtlich, dass die Dinge nicht so gelöst werden, wie er es wollte. Die koreanischen Lehrer müssten die Klassen boykottieren, so wie es im Antrag hingeschrieben wurde. Nur dann würde der Antrag der Lehrer ernst genommen werden. Die einzige andere Option wäre Gewalt, was nur zu einer Gefängnisstrafe führen würde und als Lehrer war Gewalt keine Lösung.

Dongsuhk kehrte zurück ins Lehrerzimmer zu seinen anderen Kollegen und berichtete ihnen von der Antwort des Direktors zu dem Geschehen. So wie es alle vorgeahnt haben, erklärte Dongsuhk in einer ruhigen Art und Weise: „Für alle, die eine schwere Zeit haben werden einen Lebensunterhalt zu verdienen wenn sie ihre Arbeit kündigen werden, denen schlage ich vor nicht am Boykott teilzunehmen. Ihr werdet nichts tun können wenn ihr verhungern werdet und so werdet ihr nicht im Stande sein unsere Nation zu retten. Wenn ihr also nicht bereit seid, dann müsst ihr beim Boykott nicht mitmachen."

„Was sagen Sie da? Mit dieser Gelegenheit müssen wir denen beweisen, dass wir Koreaner füreinander da sind und zusammen halten. Nicht eine einzige Person sollte ausgelassen werden.", rief die Lehrerin. Jedoch wusste Dongsuhk, dass sie unverheiratet war und aus einer wohlhabenden Familie stammte. Sie musste keine Familie großziehen und vor allem müsste sie sich keine Sorgen um ihr Einkommen machen.

„Die Einigkeit der Koreaner ist wichtig. Jedoch will ich keine unwissende Courage, bei der das Einkommen einer Familie gefährdet sein könnte. Der Boykott fängt morgen an, bis man mit unseren Forderungen einverstanden ist. Gehen Sie bitte in ihre jeweiligen Klassenräume und erzählen Sie den Schülern von eurem Plan. Sie brauchen ebenfalls ein gutes Urteilsvermögen, wenn der Patriotismus weiter anwächst. Wissen ist nicht das einzige, was wir ihnen ins Gedächtnis geben müssen. Ihnen zu lehren was soziale Gerechtigkeit bedeutet, ist der Patriotismus den wir in dieser Zeit der Kolonialisierung brauchen."

Die koreanischen Lehrer wurden durch Dongsuhk's Worte zum Schweigen gebracht und kehrten der Reihe nach zurück in ihre Klassenzimmer, während sie ihre Anwesenheitsbücher trugen. Nachdem alle den Raum verlassen hatten, ging Dongsuhk zu seinem

Klassenzimmer und stellte sich auf das Podium hin. Es war ihm bewusst, dass dies seine letzte Klasse an der Yuil Schule sein würde.

Er dachte an die Tatsache, dass er womöglich ebenso nie wieder auf einem Klassenpodium stehen könnte. Jedoch könnte er nicht das aufhalten was er schon gestartet hatte. Seine neue Frau und Familie und er, der ein glückliches Leben genoss, als er die modernen Wissenschaften unterrichtete. Dennoch kochte eine Kraft in ihm und ließ ihn in die Irre führen, doch es rief nach Taten, die mit der Gerechtigkeit erklangen.

Er platzierte seine zwei Hände auf seinen Tisch und blickte ruhig zu seinen Schülern hinüber. Mehrere japanische Schüler lasen still seinen Gesichtsausdruck, als ob sie spüren könnten, dass etwas in der Schule passieren würde. Dongsuhk hielt sich davon ab sie zu schimpfen und sprach zu seinen Schülern mit einem Ausdruck voller Mitgefühl.

„Hört mal alle her! Dies ist schon das zweite Jahr, dass ich hier an der Schule Englisch unterrichte. Ich habe diese Schule in mein Herz eingeschlossen und ich habe das Gefühl, dass es das wert gewesen ist. Wie ihr alle wisst, wurde einer von unseren koreanischen Schüler zu einem Punkt verprügelt, an dem sein Bein gebrochen wurde. Es ist egal ob er ein Koreaner oder ein Japaner gewesen ist, wir können von diesem Vorfall nicht weg sehen.

Deswegen haben wir koreanische Lehrer dem Direktor eine geschriebenen Antrag überreicht und uns dazu entschlossen die Klassen zu boykottieren, bis unsere Bitten erhört werden würden. Ich hoffe sehr, dass ihr die Position der Lehrer nachvollziehen könnt und dass ihr euch trotzdem weiterhin auf eure Bildung fokussieren werdet.“ Nachdem er beendet hat wurden seine Augen wässrig.

„Mein Herr! Was ist dein Wille für dieses Land? Was wirst du mit unserer Jugend machen? Was wirst du aus mir machen? Möge dein Wille geschehen.“, betete er, als er sein Buch öffnete, sich umdrehte und englische Grammatik auf die Tafel schrieb. Er erinnerte sich selbst, dass das was er bis zum Ende durchziehen musste es war seine standhafte Haltung beizubehalten.

Am nächsten Tag, als die Lehrer mit ihrem Boykott begannen, nahmen die koreanischen Schüler nicht an ihrem Unterricht teil. Die

Schule wurde mit der japanischen Minderheit zurückgelassen. Jedoch ignorierte der Direktor weiterhin ihren Antrag.

Sie Situation dauerte einige Wochen lang bis schließlich alle koreanischen Lehrer entlassen wurden.

Die Anzahl an den koreanischen Schülern sank drastisch. Obwohl die Schule sich kaum noch über Wasser hielt, bestand der Direktor darauf, dass er sich, während das Land sich in den Händen der Japaner befand, nicht auf die Seite der Koreaner stellen konnte. Es hatte den Anschein, als ob der Direktor denken würde, dass es keine so schlechte Idee gewesen wäre, eine japanische Berufsschule zu errichten, da immer mehr japanische Händler in das Gebiet einzogen, welches die Koreaner verlassen hatten.

Während der Boykott weitergeführt wurde, kamen die Sommerferien und Dongsuhk kehrte zurück nach Kimhae, nachdem er seine Stelle als Lehrer aufgegeben hatte. Zurück in seinem Dorf sprang sein Herz auf, als er vor dem Tor stand. Nun war er arbeitslos, doch er empfand bei dem Gedanken daran, dass es Menschen gab die auf ihn warteten, Frieden. Vor allem seine Frau Boknam—nein, Haerim.

Es war schon Sonnenuntergang, doch die Hitze des Tages blieb und Rauch stieg vom Hof hinauf. Seine Mutter war die erste, die hinaus rannte, als sie ihn sah.

„Ich wusste, dass du in den Ferien zurück kommen würdest, aber wieso hast du uns nicht davor Bescheid gegeben, dass du zurück kehrst? Du hättest es uns wenigstens sagen können."

Die Augen seiner alten Mutter wurden bald mit Tränen erfüllt. Er fühlte sich ein wenig unbehaglich, als er ihre Tränen sah, nachdem er seine Frau vor der Küchentür stehen bemerkte. Sie senkte aus Scham ihren Kopf, doch schaute Dongsuhk trotzdem an. Sie war von einem Verlangen erfüllt, welchen vom Frühling bis zum Sommer verharrte. Obwohl er zu ihr hin laufen wollte um sie zu umarmen, schluckte er hart um sich davon abzuhalten.

Mit Dongsuhk's Rückkehr erfüllte sich das Haus mit Lebenskraft und seine jüngste Schwester Chunlee, die Anzeichen ihrer Fraulichkeit hervorzeigte, war spielerisch im Hinterhof. Dongsuhk war sehr glücklich seine Schwester aufwachsen zu sehen und lächelte.

„Chunlee! Du bist eine erwachsene Frau und dennoch läufst du wie ein Junge herum? Bald wirst du so wie es aussieht heiraten."

Als sie das Wort „heiraten“ hörte, wurde Chunlee so rot, dass es alle in der Nachmittagssonne sehen konnten.

„Bruder! Was sagst du denn da? Ich bin nicht einmal nah dran zu heiraten. Ich werde gemeinsam mit Mutter und Zweitmutter für immer leben. Wenn du so etwas sagst, dann solltest du zurück nach Mokpo gehen!“

Während er beobachtete, wie seine jüngste Schwester zurück zum Hinterhof eilte, erinnerte er sich daran als sie geboren wurde. Es war während der Zeit, als die Kimhae Kirche erbaut wurde. Da das Kind schon eine junge Lady war, war Dongsuhk sich sicher, dass die Anzahl der Besucher der Kirche gewachsen sei.

Als er fortging um an der Kei-seong Schule zu studieren, hat er nicht viel Interesse für die Kirche gezeigt, die sein Vater damals erbaut hatte. Doch da Changsuhk nun mit der Apotheke beschäftigt war und sein Vater viel zu alt wurde um sich alleine um die kirchlichen Angelegenheiten zu kümmern, hatte Dongsuhk das Gefühl, dass er nach Kimhae heimkehren sollte. In der Welt existierte so etwas wie ein Zufall nicht.

Nach dem Abendessen setzte sich Dongsuhk mit seinem Vater, Sungdu, auf die Bank auf dem Rasen hin. Der Rauch des Mücken-Feuers ließ seinen Vater noch älter wirken, doch er behielt über die Jahre den Blick derEleganz. Womöglich lag es an dem, an was sein Vater glaubte.

Nur einen Monat zuvor, wurde Sungdu zum ersten Ältesten in der Kirche von Kimhae. Im letzten Jahr 1911 wurde Sungdu zum Kandidaten gewählt und wurde zur selben Zeit, gemeinsam mit Seo Sung Sook der Masan Bukaljeon Kirche von dem Gyungshang Ro-Hoe Konzil zum Ältesten erwählt. Das Apothekenhaus fing im Jahre 1894 an Versammlungen abzuhalten, welches ein selbstverständliches Ergebnis davon war, nachdem er zwanzig Jahre seines Lebens dem Dienst gewidmet hatte.

Als Sungdu zum Ältesten wurde, kaufte er in der Nähe des Dorfes ein Haus und startete durch Junmsoon einen Familienzweig. Jeder in der Kimhae Kirche wusste, dass er keine Konkubine bei sich hatte da er Frauen mögen würde, doch er hatte das Verlangen einen Familienzweig zu gründen, da er das Bedürfnis hatte ein gutes Beispiel zu zeigen. Junmsoon kannte seine Absichten und fühlte sich nicht verärgert, als es hieß dass sie ausziehen würde. Changsuhk und Chunlee folgten ihrer Mutter, doch Changsuhk arbeitete tagsüber in der Apotheke und Chunlee half in der Küche aus. Jedoch teilte Sungdu nicht mehr das selbe Bett mit Junmsoon, seit sie ausgezogen ist.

Als Dongsuhk mit seinem Vater saß, bemerkte Sungdu etwas im Ausdruck seines Sohnes und wartete darauf, dass dieser sprechen würde.

„Vater, ich habe aufgehört an der Yuil Schule zu unterrichten."

Beim Hören der leisen Stimme von Dongsuhk, hob Sungdu sein faltiges Gesicht still hoch und blickte zu seinem Sohn.

„Der Direktor hat viele japanische Lehrer rein gebracht, was zu einer Auseinandersetzung zwischen ihnen und den koreanischen Lehrern und Schülern führte. Die japanischen Schüler haben uns ebenso nicht als Lehrer anerkannt." Dongsuhk konnte nicht das beenden, was er zu sagen hatte, doch Sungdu nickte verständnisvoll.

Sein Vater fragte keine weiteren Fragen, sondern schaute sich bloß den mit Sternen überfüllten Himmel an. Obwohl Dongsuhk aufgehört hatte zu sprechen, teilten Vater und Sohn ihre Gedanken miteinander aus und saßen auf der Bank. Erst als der Nachtwind kälter wurde, fing Sungdu an zu sprechen.

„Deine Frau wartet womöglich auf dich. Geh zu ihr. Während du weg warst hatte sie eine anstrengende Zeit die ganze Hausarbeit zu verrichten, dennoch war es erstaunlich, wie sie die ganzen Gerichte für die Menschen nach dem Gottesdienst zubereitet hatte. Bohnensprossen anzuwachsen wurde zu ihrer Arbeit. Sie bereitet Bohnensprossen mit Reis für die Familien in der Kirche am Sonntag zu. Geh und sag ihr was für eine gute Arbeit sie doch geleistet hat."

Sungdu stand von der Bank auf und hustete trocken bevor er hinein ins Wohnzimmer ging. Dongsuhk saß alleine, als er sich den Sternenhimmel ansah. Als sein Vater ihn verlassen hatte, fühlte er sich ein wenig beschämt in das Zimmer seiner jungen Frau zu gehen, also blieb er sitzen und fühlte sich beim Anblick des Himmels in Frieden.

Dort saß er für eine Weile bis sich die Tür im anderen Zimmer öffnete und er seine Frau erblickte. Nachdem sie sah wie ihr Mann draußen auf der Bank saß, ging sie wieder zurück. Schon bald danach konnte man den Klang von rauschendem Wasser hören. Es schien als würde sie sich ein Bad nehmen, nachdem sie darauf gewartet hatte, dass die ganze Familie einschlief.

Dongsuhk spürte einen Hauch von Wärme, der durch seinen ganzen Körper strömte, als er hörte wie das Wasser entlang des weichen Körper seiner Frau floss. Er stand von der Bank auf und ging in das Zimmer hinein. Er legte sich hin und wartete auf Boknam, die schon bald kalt vom Wasser rauskommen würde.

Als die raue Decke entlang seiner Haut strich, konnte er nicht länger warten und zog seine Kleidung aus. Das Geräusch des platschenden Wassers stoppte und Dongsuhk hörte wie seine Frau ins Zimmer kam. Sie öffnete die Tür, vorsichtig auf den dreckigen Boden und schmalen Veranda steigend. Er umarmte Boknam, die immer noch nass vom Wasser war. Als ihre Körper sich aneinander streichten, roch er den Geruch von Erde, den Geruch von Müdigkeit.

„Haerim! Ich habe dich so sehr vermisst. Ich denke, dass ich zurück gekehrt bin um die längsten Tage mit dir zu verbringen!“

Er küsste ihre Lippen und gab ihr eine feste Umarmung. Er schmeckte an der Spitze seiner Zunge etwas salziges. Sie weinte. Sie befreite ihr Verlangen, welches sie seit Beginn verspürt hatte, als sie anfing wie eine Dienerin in einem fremden Haus monatelang zu arbeiten, bevor sie in den Armen ihres Mannes versinken konnte. Das junge Paar teilten die intimsten Momente in der Wärme der Nacht.

KAPITEL 24

„Chunlee geht hinfort"

ES WAR DER Frühling 1915 in Kimhae und drei Jahre sind vergangen seit Dongsuhk in das Dorf zurück gekehrt ist. Boknam gebar einen Sohn, welchen sie Daewee nannten und das Baby war schon fast zwei Jahre alt. Nun war sie mit einem weiteren Kind schwanger.

Obwohl das Land von einem anderen Land eingenommen wurde, arbeiteten die koreanischen Leute, so wie sie es schon immer taten, in ihren Feldern weiter. Die Kimhae Presbyterianische Kirche, welche von Sungdu erbaut wurde, war nun im siebzehnten Jahr mit seiner ständig wachsenden Anzahl an Gläubigen. Die meisten die in die Kirche kamen, waren Arme und Verhungernde, doch es gab ebenso Unterhaltungskünstlerinnen.

Es war sehr schwer Spenden von den Armen zu erwarten, also verließ sich die Kirche auf die Beiträge der Unterhaltungskünstlerlinnen und auf die Hilfe der australischen Missionarskirchen. Sungdu musste die Bedürfnisse der Kirche ebenso mit dem Geld abbezahlen, welches er in der Apotheke verdient hatte.

Obwohl die Kimhae Kirche zuerst von der Hilfe der Missionarsarbeit der nordamerikanischen Presbyterianischen Kirche erbaut wurde, wurde die Kirche selbst hauptsächlich von den Händen der Koreaner und durch Sungdu's Privatbesitz gebaut. Die amerikanische Presbyterianische Kirche und die australischen Missionarskirchen verrichteten gemeinschaftlich Missionarsarbeiten in der Gyungsangdo Provinz, indem sie die Region aufteilten. Jedoch entschied sich die nordamerikanische Presbyterianische Kirche im Jahre 1913 dazu, sich von den Busan und Gyungnam Regionen zu entfernen. Deshalb kam die Kimhae Kirche unter den Einfluss und Hilfe der australischen Missionarskirchen.

Während sie angestrengt versuchten die Kirche aufrechtzuhalten, gab es Patienten, die für ihre Medizin nicht zahlen konnten und die Familie Pai in eine schwierige Situation brachten. Manchmal fühlte Dongsuhk sich schuldig, sich auf seinen Vater, ohne jegliches Einkommen, zu verlassen. Er war seiner Frau sehr dankbar, dass sie ihm seinen Sohn gebar und ohne sich zu beschweren ein bescheidenes Leben führte.

Dongsuhk half in der Kirche aus und teilte vielerlei Konversationen mit seinem Vater. Sein Vater sagte ihm, dass er Dongsuhk's Ausbildungsgebühren zahlen würde, egal wie die Lage aussehen würde und Dongsuhk entschied sich dazu auf der Severance Medizinschule anfang des Herbstsemesters zu studieren.

Seit Jahren, seit Sungdu durch den westlichen Missionar Doktor Allen zu einem Christen konvertiert wurde, hatte er Träume für Dongsuhk, dass dieser die westliche Medizin studieren würde. Jedes Mal, wenn Sungdu Dr. Allen's Name erwähnte, hatte Dongsuhk ein eigenartiges Gefühl, dass er diesen Mann kennen würde. Er fragte sich, ob es der Mann gewesen ist, den er bei Sonnenaufgang in der Gebetshalle der Kyungshin Schule getroffen hatte. Falls er dieselbe Person gewesen ist, dann hatte diese sicherlich einen großen Einfluss auf die beiden Pai Männer gehabt, stark genug um ihre eigenen Leben erbeben zu lassen.

Chunlee, die ein Jahr bevor die Kirche erbaut worden wurde zur Welt kam, wuchs zu einer wunderschönen neunzehnjährigen Lady heran. Neuigkeiten über sie verbreiteten sich an vielen Orten und es gab viele Verehrer, die sie als Frau nehmen wollten, doch aus irgendeinem Grund klappten die Dinge für sie nicht. Junmsoon machte sich Sorgen um ihre Tochter.

Am elften Monat des Mondkalenders im Jahre 1902, sind schon fast zehn Jahre vergangen, seit die koreanischen Taglöhner nach Hawaii verkauft wurden, damit diese auf den Zuckerrohrfeldern arbeiten konnten. Die Migration nach Hawaii begann im Jahre 1890 mit Dr. Allen als Gesandter in Korea und unter den Befehlen des Imperators

Kojong. Deshalb hatte Dr. Allen nicht nur Einfluss auf die Pai Familie, sondern ebenfalls auf die koreanischen Menschen.

Es war ein schlechtes Erntejahr was bedeutete, dass viele Menschen eine schwere Zeit durchmachen mussten. Zeitungsberichte über die Ansiedlungen in Hawaii überfluteten das Gebiet. Younghwan Min wurde zum Chef ernannt und ein Projekt, welches man „Sumiwon“ nannte, wurde eingeführt.

Jedoch migrierten die Menschen nicht, da sie nicht viel Ahnung über die Länder, die außerhalb Korea lagen, hatten. G.H. Jones, der der Pfarrer der Incheon methodistischen Kirche gewesen ist, überzeugte die Mitglieder seiner Kirche zu gehen. Infolgedessen waren die meisten, die nach Hawaii umzogen, Christen und die jungen Männer, die dort hin geschickt wurden, waren mittleren Alters und ohne Ehefrau. Deshalb begann die Suche nach einer Ehefrau mit der Hilfe der koreanischen Kirchen.

Diese Methode wurde ebenso in der Gimhe Kirche durchgesetzt und da nun die Außenwelt mit der Zeit für die Koreaner besser bekannt wurde, gab es weniger Gründe die Migration abzulehnen.

Vor der Eingemeindung zogen diejenigen in die Vereinigten Staaten, die die Förderung junger Talente für wichtig hielten und im Jahre 1913 wurde die Nachricht nach Peninsula weitergegeben, dass die „Heungsadam Partei“, die von Dosan Changho Ahn geführt wurde, in einer kulturellen Bewegung involviert war.

Christliche Gläubige neigten mehr als die Ungläubigen dazu ihr Vertrauen in die Hände der Vereinigten Staaten zu legen. Deshalb wurden Fotos von geeigneten Töchtern, nachdem sie das Alter für eine Ehe erreicht hatten, nach Hawaii verschickt.

Es war eine Zeit in der das Machen von Fotos eine sehr ungewöhnliche Sache war, doch ein Fotograf kam in die Kirche von Kimhae und fotografierte der Reihe nach die jungen Frauen. Chunlee war eine von ihnen. Als man ein Foto von ihr machte, hatte sie nicht darüber nachgedacht nach Hawaii zu gehen um zu heiraten. Sie hat es lediglich nur faszinierend gefunden, wie die Kamera knipste und da sie vorher noch nie fotografiert wurde, leuchteten ihre Augen vor Neugierde auf, als ihre Gesichtszüge auf dem Papier verewigt wurden.

Chunlee's Foto wurde mitsamt den Fotos der anderen Frauen nach Hawaii verschickt und eine Nachricht kam in der Apotheke an, dass es einen Bachelor gab der auf sie wartete, um sie zur Frau zu nehmen. Die Familie diskutierte ernst über die Angelegenheit. Mit der Idee, dass ihre Tochter den Ozean nach Hawaii überqueren sollte, fingen Tränen an aus Junmsoon's Augen zu fließen und Chunlee wurde selbst sprachlos, als sie daran dachte in ein weit entferntes Land zu ziehen.

Sungdu sprach zur weinenden Junmsoon: „Wir müssen sie nicht fortschicken wenn wir es nicht wollen. Wer hat gesagt, dass es ein muss ist? Der Fakt ist, dass Amerika besser als ein eingenommenes Korea ist. Ich bin nun sechsundsiebzig Jahre alt. Was würde geschehen wenn ich sterben würde, ohne meine Tochter davor heiraten zu sehen? Wie viele Male habe ich gehört, dass eine Ehe stattfinden wird? Ich meine ja nur, dass es Chunlee's Schicksal sein könnte, den Ozean zu durchqueren um sich mit ihrem Mann zu vermählen."

Sungdu war selbst nicht mit der Idee zufrieden, seine Tochter wohlerzogene jüngste Tochter in ein anderes Land zu schicken. Jedoch war es eine Art von Zeichen, ein Enkelkind in Amerika zu bekommen, da seine Familie an eine Religion glaubte, die aus einer westlichen Herkunft stammte. Chunlee war noch nicht reif, doch mit ihrer starken Neugierde könnte sie es in einem fremden Land gut schaffen.

Junmsoon hielt sich an Chunlee fest, während sie für fast zehn Tage lang weinte. Sie betete ebenso und entschied sich letztendlich ihre Tochter, aufgrund des hohen Alters ihres Vaters, nach Hawaii zu schicken. Sie hatte das Gefühl, dass es ihre Pflicht war, den Wünschen ihres Mannes nachzugehen und letzten Endes wurde sie wegen ihm zu seiner Frau, hatte Kinder und blieb in dem respektablen Apothekenhaus als seine Geliebte.

Er hat sogar eine Kirche erbaut. Da es außerdem schon schwer genug war die Kirche mit einem so niedrigen Einkommen von der Apotheke über Wasser zu halten, würde es heißen, dass es eine noch schwerere Bürde gewesen wäre, Chunlee zu einer nahegelegenen Familie zu schicken.

Wenn Chunlee nach Hawaii fortgeschickt werden sollte, dann müsste sie nur noch sich selbst darauf vorbereiten, da ihr zukünftiger

Ehemann einverstanden war die Kosten ihrer Reise zu bezahlen. Junmsoon wollte sicherstellen, dass der Lebensunterhalt der Familie nicht weiter erschwert werden würde.

Als es entschieden wurde, verlief alles weiter mit einer Lichtgeschwindigkeit. Nachdem das Abreisedatum vereinbart wurde, ging Chunlee mit mehreren weiteren Mädchen aus der Kirche zum Yokohama Hafen um dort ein Boot nach Hawaii zu nehmen. Jemand, der fließend Englisch und Japanisch reden konnte, wurde gebraucht um die Mädchen zum Yokohama Hafen begleiten zu können, also war Dongsuhk derjenige der mitging. Er hatte keinen Grund die Aufgabe seine jüngste Schwester zu begleiten zu verweigern, also wurde es entschieden dass er mitkommen sollte.

In der Nacht vor Chunlee's Abreise, dachte Sungdu an seine Kinder, die er vor einer sehr langen Zeit verloren hatte. Er würde sie nicht mehr wiedersehen können, da sie gestorben sind, jedoch würde er Chunlee ebenfalls nie wiedersehen können, da sie so weit weg in Amerika sein würde. Ja, er schickte sie sehr weit hinfort. Er nähere sich ebenso seinem Sterbealter. Als er sich schlafen legen wollte strömte ein Fluss von Tränen aus seinen Augen heraus. Hannah, bei der er dachte dass sie schon schlafen würde, bewegte sich und drehte sich zu ihm um.

„Weinst du?"

Bei der plötzlichen Frage seiner Frau, wischte sich Sungdu seine Tränen schnell mit seinem Handrücken weg und hustete trocken.

„Ich werde nicht wissen können, wie ich ohne diese Kind leben kann. Ich habe Chunlee nicht selbst zur Welt gebracht aber ich habe unter diesem Dach mit meinen eigenen Händen auf sie aufgepasst. Ich hätte sie sogar vermisst, wenn sie in einen nahegelegenen Ort wegziehen würde, doch nun heißt es, dass ich sie nie wieder sehen werde. Denkst du wirklich, dass wir das Richtige tun? Ich weiß, dass Chunlee's Mutter ihre Tränen verdrängt."

Der Klang von Hannah's Stimme inmitten dieser Nacht ließ Sungdu für einen Moment seine Entscheidungen bereuen. Doch die Entscheidung wurde schon längst getroffen. Es war nichts, was man hätte ändern können und Chunlee war sehr aufgeregt zu einem neuen Ort zu reisen.

Er hustete noch einmal trocken.

„Nun sag doch nichts albernes. Es ist eine gute Entscheidung gewesen. Jemand muss ein Wegbereiter sein, damit unsere Leute sich in andere Länder verteilen können. Wenn diese Arbeit nicht von einer christlichen Familie verrichtet werden würde, von wem dann?"

Sungdu's Phlegma erfüllte Stimme hallte durch das leise Zimmer wieder. Er tröstete nicht nur seine Frau, sondern ermutigte sich ebenfalls wegen seiner Entscheidung.

Letztendlich kam der Morgen in das Apothekenhaus. Junmsoon hatte in der Nacht davor kein Auge zubekommen und mit ihren ungekämmten Haaren, im Licht der Morgensonne, ging sie aus der Küche beschäftigt hin und her. Hannah, die in den Kochkessel Feigen reinwarf, während sie den Reis vorbereitete, war still. Sie hatte ebenso keinen Schlaf gehabt.

„Aus welchem Grund hat er sich dazu entschlossen sie fortzuschicken?" Hannah schnäuzte sich mit dem Ende ihres Rocks.

Der Mai Morgen schüttete in den Garten Balsamblätter unter den Zaun und Sungdu stand da auf die grünen Blätter schauend. Plötzlich erinnerte er sich daran, wie Chunlee früher ihre Fingernägel im jeden Sommer mit Balsamblättern gefärbt hat. Sogar als sein Enkelsohn Daewee geboren wurde, war Chunlee immer diejenige gewesen, die verhätschelt wurde. Unwissend, seufzte Sungdu. „Was wird in diesem Sommer mit diesen Balsamblumen geschehen?"

Weder würde Hannah Junmsoon's Fingernägel färben, noch würde Boknam Daewee die Balsamblätter zerstampfen lassen. Sungdu's Augen wurden rot wegen den Tränen, als er die immer noch grünen Blätter, die noch nicht erblüht waren, betrachtete.

Der Tag kam, an dem Chunlee nach Yokohama abreisen würde. Boknam kam ein wenig später, als ihre beiden Schwiegermütter, raus da sie noch Dongsuhk's Koffer packen musste. Heimlich ging sie ihrem Schwiegervater in der Küche aus dem Weg, während sie ihren vollen Bauch mit einer Schürze bedeckte.

Daewee, der erst vor kurzem angefangen hatte zu sprechen, nannte Chunlee „Tante" und folgte ihr ständig hinterher, doch das Kind in

Boknam, würde keine Möglichkeit haben Chunlee zu treffen. Sie berührte ihren Bauch und wurde bei dem Gedanken traurig.

Ein Tisch wurde in der Halle gedeckt, an den sich Dongsuhk, Chunlee und Sungdu setzten. Chunlee sah aus, als hätte sie in der Nacht Probleme beim Einschlafen gehabt, doch sie war erfreut. Sie war voll von Erwartungen und die neugierige zukünftige Braut hatte keine Ahnung, was das Schicksal für sie bereit hielt.

Nachdem sie mit ihrem stillen Frühstück fertig waren, bereiteten Dongsuhk und Chunlee sich vor zu gehen. Sie würden weitere Reisende vom Dorf Kimhae treffen und gemeinsam mit ihnen nach Busan gehen, wo sie ein Schiff nach Yokohama nehmen würden. Neben dem im Anzug bekleideten Dogsuhk, hielt Chunlee einen Bündel und trug eine pinke Jacke mit ihrem Haar in einem Zopf geflochten. Ihr schwarzer Rock, den ihre Mutter vorsichtig gebügelt hatte, wehte im Morgenwind und entblößte ihre dünne Taille.

„Habt eine gute Reise. Schick uns einen Brief, dass du sicher in Hawaii angekommen bist, in Ordnung?" Sungdu konnte nicht das beenden was er sagen wollte, da seine Stimme rau wurde. Als sie ihren Vater hörte, füllten sich Chunlee's Augen mit Tränen.

„Vater! Vater! Pass bitte auf dich auf. Ich werde ein gutes Leben führen. Pass auf!"

Als sie diese Worte zu ihrem Vater sagte, blickte sie in Junmsoon's Gesicht. Sie sah wütend aus, während sie ihre Tränen zurück hielt und sah einfach Chunlee an.

„Geht, eure anderen Reisenden warten auf euch. Geht!"

Hannah's Backen waren schon längst feucht von den Tränen. Als sie Dongsuhk und Chunlee dazu drang sie zu verlassen, gingen die beiden gemeinsam zum Eingang des Dorfes. Jedes Mal, wenn Chunlee zurück blickte, wartete Dongsuhk auf sie. Der Bruder und die Schwester, die auf einer langen Reise waren, gingen immer weiter vom Dorf weg und Sungdu erinnerte sich an all die früheren Abschiede die er gemacht hatte.

Es war wahr, dass er Chunlee womöglich nie wiedersehen würde. Er war sechsundsiebzig und nach all diesen Schwierigkeiten noch am Leben zu sein, wäre ohne Gottes Hilfe nicht möglich gewesen. Er wusste nicht wie es möglich wäre, dass er seine Tochter noch einmal sehen könnte und als Chunlee weiter wegging, schloss er seine Augen.

„Herr, bitte pass auf dieses junge Mädchen auf. Sie wurde durch deinen Willen geboren und hierher gebracht und sie geht durch deinen Willen an einen neuen Ort hinfort. Bleib bei ihr, da ich ihr Schicksal in deine Hände lege."

Ein friedliches Gefühl strömte aus Sungdu's Herz heraus, als er sein Gebet aufgesagt hatte. Es war eine friedliche Hingabe zu Gottes Wille und nicht ein schmervolles Gefühl etwas verloren zu haben. Obwohl er wegen ihrer Trennung von Trauer erfüllt war, wehte eine kühle Brise leicht über sein Gesicht.

Neben ihm standen Hannah und Junmsoon. Beide waren von seinem friedlichen Ausdruck überrascht, als sie still standen und Dongsuhk und Chunlee nachsahen, die nun zu einfachen Punkten in der Ferne wurden.

Mit ihrem schweren Körper, passte Boknam auf Daewee auf, der noch nicht komplett wach war. Sie war wegen Chunlee's Abschied traurig, doch ebenso da sie erneut von Dongsuhk getrennt wurde und eine Dunkelheit brach über sie herein.

Der helle Mai Sonnenschein schien an dem Tag auf die Pai Familie, als Chunlee sie mit der Gnade Gottes verließ.

Dongsuhk nahm ein Schiff von Busan und erreichte mit seiner Schwester Yokohama. Bald standen sie vor dem Boot, welches Chunlee nach Hawaii nehmen würde. Obwohl Yokohama anfangs eine ein kleines Fischerdorf gewesen ist, eröffnete es im Jahre 1859 mit der Gründung des Landes einen Hafen und wurde nun zu einem weltbekannten Hafen.

Dongsuhk schaute zu Chunlee, welche schon bald nach Hawaii abreisen würde. Dort waren junge Mädchen und sogar Witwen mit ihren Babys. Dongsuhk wurde bei dem Gedanken mulmig, dass diese Frauen den Ozean für ein neues Schicksal überqueren würden, ehe sie das Gesicht ihres zukünftigen Mannes sehen konnten. Die einzige gute Sache war, dass die Männer die über den Atlantik verreist sind, Leute des Glaubens waren.

Nachdem das Boot abreisen wird, würde Dongsuhk den Hafen schnell verlassen, damit er sich für seinen Einstieg in die Severance Medizinschule vorbereiten konnte. Es war seit langem der Wunsch seines Vaters gewesen und nun ist es ebenso zu seinem geworden. Er war nun aufgeregter als er es damals in der Yuil Schule gewesen ist, während er ein normales Leben als Englischlehrer geführt hatte. Er hatte das Gefühl, dass er das tun sollte, wozu er bestimmt war und er glaubte sehr daran, dass das Retten von Leben und das Erlernen der westlichen Medizin seine wahre Bestimmung war.

„Bruder! Woran denkst du gerade?" Chunlee, die bald mit den anderen zukünftigen Bräuten abreisen würde, unterbrach Dongsuhk bei seinen tiefen Gedanken.

„Ich denke nur daran nach Kyungsung (früher Hanyang) zum studieren zu reisen. Ist es nicht das, was Vater will?", antwortete er.

Chunlee lachte ihm freundlich zu, während sie ihren Bündel trug. „Ich bin mir ziemlich sicher, dass mein Bruder zu einem tollen Doktor wird. Du musst es! Ich frage mich ob mein Ehemann genauso gut wie du aussehen wird. Ich bin so neugierig. Was wenn er doch hässlich ist?"

„Wie könnte das sein? Wie könnte der Ehemann meiner wunderschönen Schwester hässlich sein? Ich bin mir sicher, dass er ein gutaussehender Kerl sein wird. Sei du gut. Schreib oft—du hast das schreiben gemeistert, oder?", fragte Dongsuhk.

„Ich bin gut im Schreiben. Hast du mich nicht jede Ferien gelehrt? Ich bin mir sicher, dass ich besser schreiben kann als Chansuhk. Ich werde dir alles von meinem neuen Ehemann erzählen."

Chunlee's Lächeln schien ihre Trauer, genauso wie ihre Schüchternheit, beim Abschied zu verbergen. Plötzlich rief jemand auf Japanisch, dass es an der Zeit war aufs Bord zu gehen. Dongsuhk gab den Frauen Bescheid, dass sie auf das Boot gehen sollten. Die Frauen waren zur einen Hälfte ängstlich und zur anderen Hälfte erschrocken und Chunlee's Hand, die sich fest an Dongsuhk klammerte, zitterte vor Angst.

Letztendlich begann der Einstieg und die Frauen gingen der Reihe nach auf das Schiff. Jede von ihnen wank Dongsuhk mit einem unsicheren Ausdruck zu, während sie sich darauf vorbereiteten in ein fernes Land zu reisen. Dongsuhk's Gedanken wurden gefühllos. Alle von ihnen waren wie Schwestern für ihn. Nachdem er drei Tage und vier Nächte, vor der Ankunft in Yokohama, mit ihnen verbracht hatte, schienen sie nicht weniger als Blutsverwandte.

Die Töchter aus Chosun gingen an Bord, damit sie bei den Zuckerrohrfeldern auf Hawaii eine Familie gründen konnten. Chunlee sollte als letztes hoch gehen.

„Lebe ein glückliches Leben!", sagte Dongsuhk. Er konnte nur ihre Hand halten und nichts weiteres sagen. Wahrscheinlich würde er sie nie wieder sehen.

„Bruder?" Chunlee konnte kein Wort mehr rausbringen und begann Tränen zu vergießen. Die Japaner, die für das Schiff verantwortlich waren, drängten die Passagiere. Als sie endlich hoch ging, blickte Chunlee noch einmal zurück zu ihrem Bruder. Die Freude, in ein neues fremdes Land reisen zu können, verschwand und Chunlee weinte nun wie ein Mädchen, welches an einen gefürchteten Ort gehen würde. Dongsuhk fühlte sich so, als würde sein Herz brechen.

Womöglich ist es eine schlechte Idee gewesen, Chunlee hinfort zu schicken. Hat er und sein Vater, aus dem Grund da sie die Tochter einer Konkubine ist, eine harte Entscheidung getroffen? Dongsuhk hat Chunlee noch nie als eine uneheliche Schwester gesehen, doch in diesem Augenblick durchdrang dieser Gedanke sein Herz. Plötzlich hatte er das Verlangen sie zu halten. Er empfand, dass das nicht der richtige Weg sei, das Mädchen hinaus zu schicken.

„Chunlee! Chunlee! Geh nicht!", rief er seiner Schwester hinterher, die an der Seite des Schiffes stand. „Chunlee! Lass uns zurück gehen! Es ist ein Fehler gewesen!"

Doch egal wie laut er schrie, seine Stimme wurde von dem Lärm des Hafens verschlungen. Währenddessen dachte Chunlee, die hinab auf Dongsuhk schaute, dass ihr Bruder sich verabschiedete, also gab sie ihm ein gezwungenes Lächeln und wank zurück.

„Chunlee! Chunlee! Geh nicht!"

Dongsuhk hörte nicht auf nach ihr zu rufen, doch schon bald begann das Schiff sich zu bewegen. Die Frauen standen eng beieinander an der Seite des Schiffs, während sie wanken und sich ihre Tränen abwischten. Somit fuhr Chunlee immer weiter in die Ferne.

„Chunlee! Chunlee!"

Dongsuhk schrie mit seiner ganzen Kraft, als würde etwas in ihm sagen, dass dies das letzte Mal sein würde, dass er seine geliebte Schwester sehen konnte. Dieses Gefühl wandelte sich zur Wut und verwandelte sein Herz in einen Wasserstrudel. Das Schiff segelte weiter weg und die Leute an Bord wurden schwerer erkennbar. Es fühlte sich an, als hätte er etwas sehr wertvolles verloren und er fiel mit einem benommenen Blick auf den Boden. Er wusste nicht mehr weite und durchlebte dasselbe Gefühl von Wut wie damals, als sein Land von den Japanern verschlungen wurde. Sein Patriotismus ließ seinen Körper erbeben, als er eine Flut von Japanern um sich herum vernahm.

Die ruhige Zeit, die er im Dorf Dongsang verbracht hatte, kam zu einem Ende. Dongsuhk wusste, dass er das Feuer, welches in ihm loderte, nicht mehr lange unterdrücken könnte. Er wurde begieriger Korea von den randalierenden Japanern zu befreien.

Das Boot, welches Chunlee mit sich nahm, segelte weiter in den Ozean hinaus und Dongsuhk konnte sich einfach nur hinsetzten, während er das Schiff am Yokohama Hafen beobachtete. Der Meereswind strich sein Gesicht. Es gab in dem Moment keine weitere Seele auf dem Hafen, doch er konnte sich nicht erklären weshalb seine Fäuste zitterten. Seine Leidenschaft brannte in der Einsamkeit auf dem Hafen eines fremden Landes.

KAPITEL 25

„Choguk Kwangbok Hoe und die Severance Medizinschule"

DONGSUHK RUHTE SICH paar Tage aus bevor er wieder ins Dorf Dongsang zurück kehrte, nachdem er Chunlee nach Hawaii, vom Yokohama Hafen, schickte. Nachdem ein Familienmitglied nun fort war, wurde das Haus stiller und jeder aus der Familie dachte, dass Dongsuhk aus Müdigkeit in seinem Bett blieb. Jedoch wusste nur er allein, dass es daran lag, dass er mit seiner Leidenschaft, die in ihm loderte, nicht mehr weiter umgehen konnte. Er erzählte niemandem, dass er es bereute Chunlee nach Hawaii zu schicken.

Vor dem elften Monat des Mondkalenders, wäre es für Boknam an der Zeit ihr Kind zu gebären. Dongsuhk sagte ihr, dass er einfach nach Kyungsung gehen würde, nachdem sie sich wieder erholt hatte.

Boknam hat gehofft, dass ihr Ehemann noch ein wenig länger bleiben würde, bis sie ihr Kind zur Welt gebracht hätte. Sie schlief mit dem kleinen Daewee in ihren Armen ein, während Dongsuhk die ganze Nacht, mit seinem Kopf voll schwieriger Gedanken, wach blieb. Er dachte ständig an die Studentenbewegung an der Kei-Soeng Schule und wunderte sich, ob seine wagemutigen Taten sein wahres Ich gewesen sind.

Nachdem er von seiner Fahrt nach Yokohame zurück gekehrt ist, neigte sich der Mai zu einem Ende und der Juni kam mitsamt der Sommerhitze. Unter dem Zaun zeigten die Balsamblüten ein rotes Blatt zwischen ihren Kelchblättern und als Dongsuhk die Blütenknospen betrachtete, musste er an Chunlee denken.

Als ob sie versuchen würde, den leeren Platz nach Chunlee's Abschied zu füllen, fing Jungmyung, die nun die Stellung einer verheirateten Frau hatte, an ihr ehemaliges Zuhause öfters als sie es üblicher Weise tat zu besuchen. Eines Tages war der hinkende Younguk davon überrascht wie blass Dongsuhk doch war, als er Jungmyung hinterher ging.

„Schwager! Ich habe gehört, dass du dich nicht mehr wie du selbst fühlen würdest, nachdem du aus Yokohama zurück gekehrt bist. Geht es dir jetzt besser?“

„Nein, ich habe mich nicht krank gefühlt. Es ist nur so, dass ich mich schlecht fühle, da ich meine Schwester in ein fernes Land geschickt habe. Ich habe mich für eine Weile hingelegt und dachte über dies und das nach. Ich hatte vielerlei Gedanken.”

Dongsuhk hörte Youngok geistesabwesend zu, doch der Gesichtsausdruck von Youngok entging ihm nicht. Es war als würden die beiden Männer, während sie zum Hinterhof gingen, ihr Verständnis ohne zu sprechen miteinander teilen.

„Schwager! Es sind schon fünf Jahre seit der Annexion vergangen. Hier und da gab es schon Unabhängigkeitsbewegungen und doch gehst du die neue Wissenschaft studieren?”

Youngok sprach in einer leisen, jedoch starken Stimme und es zündete das schon längst brennende Herz von Dongsuhk an. Dongsuhk versuchte seine Ruhe zu bewahren.

„Was erwartest du von mir, dass ich tun sollte? Ich gehe zu Kyungsung um in die Severance Medizinschule zu gelangen. Ist das nicht der Wunsch meines Vaters?“

„Es hat nichts damit zu tun, dass du zur Severance gehst!“, erwiderte Youngok.

Dongsuhk sah ihn mit einem verdächtigen Blick an. „Was meinst du, dass es nichts damit zu tun hat?”

„Zu studieren ist eine Sache, doch zu handeln ist was anderes.”

„Handeln?“, fragte Dongsuhk. Dongsuhk senkte seine Stimme noch weiter und spürte, dass Youngok ihn über eine geheim gegründete Organisation informierte. „Was für eine Art von Organisation ist das?”

„Es wird eine Art Versammlung im kommenden Julie geben.“

„Versammlung?“ Dongsuhk’s Augen weiteten sich.

„Zwei Jahre zuvor wurde eine Gruppe, die sich ‚Daehan Kwangbok Dan‘ (die Vereinigung der Unabhängigkeitskämpfer) nannte, von den loyalen Soldaten gegründet. Doch es gab keine Gruppe, die ‚Chosun Kook kwon Hoebok Dan' hieß. Der Verband für die Wiederherstellung der koreanischen nationalen Souveränität wurde, bis zum letzten Februar, von einem Mann namens Park Sang Jin geführt. Doch es wird gesagt, dass die beiden sich vereinigt haben. Wird ein so gebildeter Mann wie du nur dabeistehen? Wenn ein junger Koreaner nicht in einer Bewegung involviert ist, ist er dann überhaupt kein Koreaner. Das Datum ist der 15. July, also in einem Monat ungefähr."

Nachdem Youngok fertig war in das Ohr von Dongsuhk zu flüstern, blickte er hinauf zu den weißen Wolken, die durch den Himmel flogen. Als ob davor nichts gesagt wurde, wanderten Dongsuhk's Augen entlang den Himmel. Dort waren die Wolken aus wie die geöffnete Sommerjacke einer Frau verstreut.

Als er von dem Treffen hörte, fing sein Herz an wie damals, als Chunlee ihn verlassen hatte und er in Yokohama unkontrolliert auf den Boden fiel, zu schmerzen. Dongsuhk unterdrückte sein Wimmern. „Dann muss ich einfach an diesem Datum dort hingehen.", flüsterte er zu Youngok.

Youngok lachte ihn an, als Dongsuhk ihm antwortete, ohne dass er seine Augen vom Himmel abwendete. „Nun, geh doch einfach mit mir mit. Ich habe mich im letzten Februar bei Chosun Kook Kwon Hoebok Dan registriert. Ich meine mit Sangjin Park."

„Wieso hast du es mir dann nicht erzählt?"

„Wie hätte ich es machen sollen? Die Familie war rastlos, nachdem ihr Chunlee fortgeschickt habt und du schienst nur an der Kirchenarbeit interessiert zu sein." Youngok gab Dongsuhk einen Seitenblick und lachte.

„Ich habe mich nur lediglich um mich selbst gekümmert, während ich zur Kimhae Kirche ging, doch jetzt nicht mehr. Ich bin mit Leidenschaft erfüllt seit Chunlee uns verlassen hat." Dongsuhk's Stimme wurde aufgeregt. Youngok tat den Finger auf seine Lippen um ihn zu beruhigen. Der Klang von Sungdu's Husten und Daewee's Lachen war im Vorderhof zu hören.

„Keiner weiß, dass ich in dieser Organisation bin. Behalte es als Geheimnis für dich, sogar vor meiner Frau. Wie besorgt wären unsere Familien?“

„Natürlich. Ich werde dieses Geheimnis sogar vor Daewee's Mutter bewahren. Sie würde sich nur Sorgen machen, aber ich denke, dass ich diese Gefühl nicht mehr zurückhalten kann.”

„Ich habe immer gedacht, dass du so ruhig wie ein Lämmchen wärst, doch nun willst du der Gruppe beitreten. Jetzt bist du zu einem Tiger geworden!“, lachte Youngok.

Er war kurz davor etwas zu sagen, als Dongsuhk eilig sprach: „Dann werde ich erst in der Mitte des Monats nach Kyungsung reisen, nachdem ich bei dieser Versammlung gewesen bin. Ich muss die westliche Medizin studieren, da es das ist was mein Vater sich seit langem erhofft hatte. Wird nicht eine Niederlassung bei Kyungsung errichtet, da diese Organisation neugegründet wurde?“

Dongsuhk dachte schon längst an diese Niederlassung. Youngok war von seinem schnellen Denken überrascht und antwortete ihm aufgeregt: „Natürlich. Ich denke, dass es gut für dich wäre wenn du dich darauf fokussierst die Niederlassung in Kyungsung zu machen.”

In diesem Moment rief Jungmyung aus dem Vorhof nach Youngok. „Wo bist du? Was murmelt ihr da hinten so vor euch hin?“ Junmyung rief zu ihnen, als würde sie zum Hinterhof marschieren, jedoch zeigte sie sich nicht. Dongsuhk konnte sich nicht davon abhalten zu kommentieren, als Youngok sich nach links und rechts umschaute. „Wenn die Älteren, Frauen und Kinder davon erfahren, dann wird das alles nur zu einem Chaos und sie werden sich viele Sorgen machen.”

„Natürlich! Aber unsere Unabhängigkeit zu planen ist unsere Pflicht als junge Menschen. Hast du das gehört? Sogar in Hawaii, wo Chunlee nun ist, gründeten Kommisskopp Yong Man Park und ein Mann namens Seung Man Rhee eine Gruppe die sich ‚Kookmin Kun Dan‘ nennt. Da Chunlee nun dort ist, werden wir viele Neuigkeiten mitbekommen können.”

Youngok wusste mehr als Dongsuhk erwartet hatte.

Nachdem Dongsuhk die Yuil Schule in Mokpo verlassen hatte, konzentrierte er sich für drei Jahre auf die Kirchenarbeit und war nun ein wenig beschämt, da er die weltlichen Angelegenheiten so ignoriert hatte. Vielleicht sind es mehr als drei Jahre gewesen. Womöglich hatte er versucht die Flamme in sich auszulöschen, nachdem er eine gewöhnliche und sichere Arbeit an der Schule bekam.

Neben Dongsuhk stehend, schien Youngok in Gedanken versunken zu sein. Er sah aus, als würde er die Wolken anstarren, doch in Wirklichkeit schaute er nichts an. Ohne ein Wort zu sagen, verließ Youngok Dongsuhk im Hinterhof und ging in die Richtung vom Haus. Die Art und Weise wie seine Schultern einknickten, erinnerte Dongsuhk daran wie damals eine Gang auf ihn eingeschlagen hatte, als sie versucht haben Junmyung zur Frau zu nehmen.

Ein Sinn für die Pflicht überkam Dongsuhk. Er hatte das Gefühl, dass er, das was Youngok ihm vorgeschlagen hatte, nicht ablehnen konnte. Youngok war nicht gebildet, doch er war mit dem Glauben ausgerüstet und war älter als Dongsuhk. Er meinte, dass Youngok ihm in vielerlei Ansichten weit voraus war. Obwohl er der Sohn des Mannes war, der die Kirche von Kimhae erbaut hatte, war sein Glaube nicht so felsenfest wie der von seinem Schwager. Stattdessen lebte er einfach durch den Glauben seines Vaters.

„*Allmächtiger Vater, führe mich.*", murmelte Dongsuhk, als er seine Augen auf den Himmel über ihm richtete. Die Wolken sahen aus wie die Jacke einer Frau, welche nun vom Wind verstreut wurde und an einen Atemzug erinnerte. Sein Nacken fing an zu schwitzen, nachdem die Sonne auf ihn runter schien.

Dongsuhk war bei dem Gedanken daran, an der Versammlung im nächsten Monat teilzunehmen, aufgeregt ebenso als er daran dachte, dass er schon bald zur Severance gehen würde. Er hörte, dass ein Freund von ihm, namens Gapsung, bei dem Kommisskopp Office bei der Severance arbeitete. Er entschied sich dazu ihn zu treffen und mit ihm über das Aufnahmeverfahren zu sprechen.

Er fand, dass er nicht mehr darauf warten konnte, dass seine Frau sich von der Geburt erholen würde. Im Winter würde sie ihr Kind gebären, doch er hatte kein Semester, welches er darauf verschwenden könnte. Seine Ungeduld machte ihm zu schaffen, doch er entschied sich dazu seine Familie so bald wie möglich zu verlassen, nachdem er an der Versammlung teilgenommen hatte. Er hatte das Gefühl, dass er solange er das Dorf Dongsang nicht verlassen würde, er keinen Frieden empfinden könnte.

Am 20. Julie 1915, war Dongsuhk im Zug auf seinem Weg nach Kyungsung. Das Wetter war heiß und der Zug war voll. Am Fensterplatz sitzend, genoss Dongsuhk den Windzug, welcher aus dem offenen Fenster kam und beobachtete die vorbeiziehende Provinz von Gyungsangdo. Ein Bild von dem was fünf Tage zuvor bei der Versammlung passiert ist, überlappte mit den grünen Bergen.

Man einigte sich darauf, dass der Name dieses Treffens „Daehan Kwangbok Hoe" sein sollte, die Vereinigung der Unabhängigkeitskämpfer. Deren vorherige Vereinigung „Daehan Kwangbok Dan", wurde vor zwei Jahren in Pungki gegründet, doch der ausgewählte Anführer war ein Mann namens Sang Ji Park, der die „Chosun Kookuk Dan" im Februar gründete.

Er war sieben Jahre älter als Dongsuhk und mit der Ausnahme seiner scharfen Augen, war er ein gewöhnlicher Mann. Er hatte einen kurzgewachsenen Schnurrbart und sein Blick war sicherlich nicht üblich. Er war ein Einheimischer von Ulsan und hatte schon das Juraexamen absolviert und einen Platz an dem Pyongyang Gericht bekommen. Jedoch hat er diesen aufgegeben um an der Unabhängigkeitsbewegung teilzunehmen. Ebenso war er davor ein Mitglied einer Militärgruppe, welche ihn zu einer formidablen Gestalt mit militärischen und mentalen Fähigkeiten machte.

Als würde er von einer unsichtbaren Macht angezogen werden, gab Dongsuk gemeinsam mit Youngok am Eingang seinen Fingerabdruck und wurde somit zum Mitglied der „Daehan Kwangbok Hoe". Früher dachte er daran, dass er abstrakte Gedanken über die Unabhängigkeit hatte, er war ein vollwertiges Mitglied einer Unabhängigkeitsbewegung Gruppe.

Es gab ihm als Mann ein Gefühl von Freude, doch sein Herz fühlte sich schwer an, als er an seinen Vater und an seine Frau dachte. Er konnte seine Schuldgefühle, dass sie immer weiter auseinanderlebten, nicht verstecken. Es war ebenfalls die Angst, dass es einen unbekannten Weg geben würde, den er alleine gehen sollte. Doch wie konnte er nur als ein Sohn und als ein Ehemann leben? Er dachte an erster Stelle daran, dass er ein Kind Gottes ist.

Als der Zug sich bewegte, machte dieser ein lautes Geräusch und der Wind aus den grünen Bergen erfüllte den Waggon, welcher von starken Schweißgeruch umgeben war. Ein älteres Pärchen, welches vor ihm saß, blickte zu Dongsuhk hinüber und eine Frau schlief tief und fest mit ihrem Baby in den Armen neben ihm. Es wäre leicht gewesen ihn und die Frau als Mann und Ehefrau zu verwechseln. Jedoch ist die Kleidung der Frau, im Gegensatz zu Dongsuhk's sauberen Anzug, viel zu dreckig gewesen.

Regelmäßig ging ein Zugschaffner, gefolgt von einem japanischen Militärpolizisten mit einem Schwert, an ihnen vorbei und überprüfte jeden der ihm verdächtig schien. Dongsuhk hatte Angst davor, dass die Nachrichten über „Daechan Kwangbok Hoe" aufgeflogen wären. Er war nicht mehr der älteste Sohn der Apotheke in dem Dorf Dongsang. Nun war er ein Koreaner, der sein Leben für die Unabhängigkeit seines Landes in Gefahr brachte und er war ein Kind Gottes, der für die Gerechtigkeit der Welt kämpfte.

Dongsuhk schlief ein. Er fühlte wie ihn jemand schüttelte, damit er aufwachen konnte und als er seine Augen öffnete erblickte er einen jungen japanischen Militärpolizisten, der seine Kappe bis zu seinen Augenbrauen runtergezogen hatte und ihn anschaute. Es hatte den Anschein, als würde jeder kontrolliert werden, der gebildet schien.

„Von wo reisen Sie?", wollte der japanische Militärpolizist wissen.

Dongsuhk setzte sich schnell wieder in seine Haltung, als er diese gerissene Frage zu hören bekam. „Ich habe diesen Zug von Daegu genommen."

„Daegu?", fragte der Japaner erneut. Der Klang seiner Worte war genauso scharf wie seine Klinge, nachdem er die gähnende Antwort von Dongsuhk bekam. Der japanische Polizeimann fing an ihn über etwas anderes auszufragen, als das dreckige Baby aus den Armen seiner Mutter aufwachte, anfing zu weinen und in die Arme von Dongsuhk krabbelte.

„Papa, Papa!" Das Kind schein aus einem Traum erwacht zu sein, da es versuchte in seine Arme zu gelangen. Die Frau schlief immer noch mit ihrem Gesicht zum Boden gerichtet und Dongsuhk nahm das Kind in seine Arme um dieses zu trösten. Das Kind erinnerte ihn an seinen eigenen Sohn Daewee.

Der japanische Soldat überlegte für einen Moment, während er Dongsuhk betrachtete und ging danach weiter. Dongsuhk atmete vor Erleichterung aus. Das Kind sah aus, als wäre es in den Armen seines Vaters und schlief in Dongsuhk's Nähe sofort wieder ein. Die Mutter des Kindes wechselte ihre Position und schlief gemütlicher weiter.

Dongsuhk wunderte sich, ob es ein Zufall gewesen ist, dass er neben die Mutter und ihrem Kind platziert wurde. Stattdessen dachte er, dass es ein Schutzschild der Gebete seines Vaters sein müsste, welches ihm eine sichere Überfahrt zu einem Ziel gab.

Der Zug führ durch die Hitze und der fünfundzwanzig Jahre alte Dongsuhk fuhr in Richtung Kyungsung, mit einem starken Verlangen, welches in seinem Körper loderte. Obwohl er den Zug in der frühen Stunde des Sonnenaufgangs nahm, war es schon stockfinster als er endlich an seinem Ziel ankam. Er nahm einen weiteren Zug und befand sich später in einem Zimmer in einem Motel in der Nähe von Severance. Die Besitzerin, die eine japanische Frau war, brachte ihn freundlich zu seinem Zimmer. Die Frau brachte ihm ein nasses Handtuch und einen Fächer ins Zimmer und ging zurück, bevor sie die Türe schloss und verschwand.

Danach zog Dongsuhk sein Obergewand aus und wischte sich sein Gesicht und Nacken mit dem nassen Tuch ab. Hunger und Müdigkeit überkamen seinen ganzen Körper, als er sich seine saubere Kleidung rausholte und diese anzog und aus dem Motel ging um sich etwas zu essen zu kaufen. Er studierte davor an der Kyungshin Schule, deshalb waren die Straßen für ihn nicht neu. Dennoch war es sein erstes Mal in der Nähe der Severance Medizinschule, welche ihn sehr aufgeregt machte.

Er fand daneben ein japanisches Restaurant und holte sich eine Schüssel japanischer Nudeln. Danach ging er zur dunklen schrägen Hügel, welcher zur Severance führte. Die Tore wurden von einem Sicherheitswachmann bewacht, doch er ließ Dongsuhk ohne jeglichen Fragen hinein, als dieser sagte er würde bald auf diese Schule gehen.

Neben dem dunklen Fakultätsgebäude stand das Severance Krankenhaus. Plötzlich dachte er an die schwach beleuchtete Apotheke, die seinem Vater gehörte. Sein Vater hat sein ganzes Leben lang in dem kleinen Zimmer damit verbracht um Akkupunktur anzuwenden und Medizin vorzubereiten, dennoch gab es Krankheiten die er nicht heilen konnte.

Immer und immer wieder wurden Leute krank und starben.

Womöglich war es ein Gefühl von Reue, welches Dongsuhk überkam und ihn hier her brachte, wo er nun stand. Er ging einfach den Weg entlang, welcher für ihn vorbereitet wurde. Er kam endlich in Kyungsung an und stand nun vor den dunklen Plätzen der Severance.

Es wurde als erstes mit dem Namen „Kwang Hae Won“ im Jahre 1885 eröffnet und wurde später zu einer staatgeleiteten Institution namens „Wangnip Krankhenhaus angehörige Medizinschule“ geändert. Im Jahre 1899 wurde es zur „Jaejoongwon Medizinschule“ umbenannt, bevor es endlich zum Severance Krankenhaus in 1904 wurde und später eine offizielle Genehmigung des Staates erhielt eine private Institution mit dem Namen „Severance Medizinschule“ sein zu dürfen.

Der pro-Unabhängigkeit Dongsuhk war für die Gründung dieser westlichen Medizinschule, welche erbaut worden ist, da die westlichen Praktiken dem Lande vorgestellt wurden.

Die Kultur eines entwickelten Landes musste akzeptiert werden, während man die Souveränität der Nation beibehalten wurde. Es ist traurig wenn zugleich die Kultur als auch die Herrschaft von jemandem weggenommen wurde.

Dongsuhk hatte vor Gapsung bei Tagesanbruch am nächsten Tag zu besuchen. Er war neugierig über die wahre Person, die in ihm steckte. Es steckte ein Leichtsinn getarnt als ein achtsamer Intellekt in seinen Tagen an der Kyungshin Schule, wo er seine mittelmäßige Büroarbeit leistete.

Gapsung würde die weltlichen Angelegenheiten besser kennen. Wenn er immer noch die Unabhängigkeit seines Landes begehrte, dann würde Dongsuhk ihm von „Daehan Kwangbok Hoe“ erzählen, bei dem er sich eingetragen hatte. Er würde womöglich schon vom Treffen bescheid wissen, welches in Daegu abgehalten wurde.

Plötzlich dachte er an die Tage, als er früher mit Gapsung an der Kyungshin Schule gearbeitet hatte. Es war erst paar Jahre her, aber alles hatte sich so sehr verändert. Dongsuhk war schon der Vater von einem Sohn und ein weiteres Kind würde bald zur Welt kommen. Gapsung war älter als Dongsuhk und eine Ehe wurde schon einmal erwähnt, also gab es die Wahrscheinlichkeit, dass er selbst schon mehrere Kinder hatte.

Die Zikade, die laut gezirpt hat, hörte auf einmal auf. Die Umgebung wurde leise und das einzige Geräusch das noch zu hören war, war der Klang des Windes, welcher durch die Blätter wehte. Als Dongsuhk von seinem Platz aus nach oben schaute, leuchtete das Severance Krankenhaus, welches auf dem steilen Weg stand, wie ein utopisches Land.

Er murmelte sich zu: „Ich muss in die Richtung des Lichts gehen. Die Akademie und die Unabhängigkeit werden das Licht der Welt voranbringen. Ich werde diese beiden annehmen und mit meiner Jugend voranschreiten, bis ich zu einem strahlendem Licht werde. Jetzt ist die Unabhängigkeit eine jugendhafte Begeisterung für mich. Ich wurde aus einem Grund hier her gesandt. Alles was ich tun musste, war es diesen Weg entlang zu gehen."

In der Nacht war der Himmel übersät mit Sternen. Das Sternenlicht wurde mit der wachsenden Dunkelheit der Nacht heller und schien glänzend auf Dongsuhk's junges Gesicht. Die Zikade fing wieder an zu zirpen, doch Dongsuhk hörte dem schwachen Geräusch des wehenden Laubs hinter sich zu, als ob er die Providenz selbst lauschen würde.

Ein junger Mann, dessen Land von einem anderen gestohlen wurde, ergriff die Sterne und stand dort, während die Nacht an der Severance Medizinschule vorbei ging.

KAPITEL 26

„Zwischen dem Studium und der Unabhängigkeit"

IM NOVEMBER 1915, saß Dongsuhk auf einer Bank auf dem Gelände der Severance Medizinschule, kurz bevor er den ersten Brief von Chunlee öffnen würde, welcher an seiner Schule ankam. Chunlee hat den Hafen von Yokohama im Mai verlassen, kam in Hawaii an und war nun am Punkt angekommen, an dem sie lerne wie sie sich an ihre neue Umgebung anpassen konnte.

Als der kalte Wind an seinen Fingerspitzen vorbeiwehte und die angehäuften Blätter hinter seiner Bank verteilte, öffnete Dongsuhk den Umschlag, auf dem die Adresse des Absenders mit blaue Tinte hingeschrieben wurde. Seine Hände zitterten leicht, als er den Brief vorsichtig aus dem Umschlag entnahm. Dongsuhk machte sich über die Neuigkeiten seiner kleinen Schwester Sorgen. Er konnte es kaum erwarten zu hören, ob sie sicher in Hawaii angekommen ist, ob ihr Ehemann ein guter Mensch ist, ob es eine Hochzeit gab und viele weitere Details über ihr neues Leben.

Mehrere Blätter von dünnem weißen Papier zitterten im wehendem Wind, als Dongsuhk die ungeschickte Schrift seiner kleinen Schwester las.

„Bruder!", begann es. *„Ich bin in einem fremden Land namens Hawaii. Ich kam in Hawaii einen Monat später an, nachdem ich mich von Yokohama verabschiedet habe. Das Wetter hier ist heiß und die Sonne brennt. Ich habe jetzt schon eine Sonnenbräune und ich sehe aus wie eine Einheimische. Der Name meines Ehemannes ist Heungbok und er ist ein sehr freundlicher Mann. Aber Bruder! Ich denke, dass ich getäuscht wurde.*

Er ist mehr wie ein Vater, als ein Bachelor, denn er ist zweiundzwanzig Jahre älter als ich.

Er war einer der Bachelor, die für ihre Bräute warteten, als wir in Honululu ankamen. Sie hielten die Fotos bei sich, die wir damals in der Kirche gemacht haben, aber wir konnten nichts an ihnen erkennen, was Ähnlichkeiten zu unseren Landleuten aufzeigen würde. Die Männer trugen eigenartige farbige Hemden und ihre Hosen waren nur bis zu ihrem Knie hoch.

Es war eine Begebenheit und eine hässliche Aussicht, da ihre Knie zu sehen waren. Als sie ihren zukünftigen Frauen begegneten fingen sie an zu lachen und alles was du sehen konntest waren weiße Zähne kontrastierend mit ihrer dunkle Hautfarbe.

Als ich mich umsah, sah ich einen Mann mittleren Alters, der in der selben Kleidung wie sie gekleidet war und auf mich zukam. Er trug einen gelben Hut mit einem Teil seiner Haare heraussteckend. Ich sah Falten auf seinem verschwitzten Gesicht und ich hätte nie erwartet, dass dieses fremde Gesicht mein Ehemann sein würde.

Doch der Mann schmunzelte und fragte mich: „Bist du Chunlee Pai?"

Er sprach mit einem Seoul Kyunggi Akkzent. Er informierte mich, dass er mein Bräutigam sein würde und ich war so überrascht, dass ich zu Boden fiel. Er war vierzig Jahre alt!

Er nahm meinen Bündel und wollte mich zu seinem Zuhause bringen, als ich anfing zu weinen. Ich war schon krank von der langen Reise und hatte Heimweh nach unserem Dorf Dongsang, Mutter, Vater, du, Schwägerin und meinen Neffen. Oh Gott! Vom Schiff zu steigen nur um meinen alten Bräutigam zu treffen. Es war schwer für mich meine Beine zu bewegen und ich weinte nach Mutter und Vater.

Die anderen Paare waren schon weg, doch ich weinte bis die Sonne unterging. Der alte Mann wusste nicht was er tun sollte, also ging er herum und rauchte seine Zigaretten. Ich fühlte mich, als hätte ich eine falsche Reise gemacht, doch es war ein zu langer Weg um zurück nach Hause zu kehren. Ich habe versucht mich zusammenzureißen und Kim sah mir von der Seite aus zu. Sein faltiges und dunkles Aussehen erinnerte mich an unseren Vater.

Er war nicht wie ein Bräutigam, aber ich hatte das Gefühl, dass er sich um mich kümmern würde. Die Sonne war schon längst untergegangen und erst dann ließ ich ihn mich zu ihm nach Hause führen. Ich konnte nirgendswo anders hingehen. Und später wurde ich zu seiner Braut.

Wir hatten unsere Hochzeit mit mehreren weiteren Paaren in der nahegelegenen Kirche. Unsere Zeremonie war in einem westlichen Stil gestaltet, wo die Braut einen weißen Schleier und ein enges Kleid trug. Ebenso bekam ich einen Ring von meinem Ehemann.

Jeden Sonntag gingen die Koreaner hier zur Kirche, wo es einen amerikanischen Pfarrer gibt, der Koreanisch sprechen kann. Der Grund weshalb diese Menschen einen festen Glauben haben liegt daran, dass sie ihre komplette Zeit in den Zuckerrohrfeldern verbringen und nichts weiteres als die Kirche und Gott haben, an dem sie sich festhalten könnten. Jeder trägt seine beste Kleidung am Sonntag wenn sie zur Kirche gehen und die Koreaner versammeln sich und reden miteinander.

In den Feldern hier gibt es ebenfalls viele Chinesen und Japaner. Jeder arbeitet hart, doch für mich hat es den Anschein, dass die Koreaner diejenigen sind, die am schlechtesten behandelt werden. Ich bin an diesen Ort nicht gewohnt und ich habe sogar gehört, dass unsere koreanischen Nachbarn am Rücken geschlagen wurden.

Mein Ehemann Kim ist alt, doch er ist ein freundlicher und lieber Mann. Er gehört ebenso der älteren Altersgruppe unter den Koreanern an. Also mache dir bitte keine Sorgen. Ich werde in Ordnung sein. Mein Mann arbeitet seit Sonnenaufgang und anfangs war ich sehr gelangweilt den ganzen Tag alleine zu verbringen, doch vor kurzem habe ich angefangen die Wäsche an der Farm zu machen. Nun verdiene ich Geld und mir ist nicht mehr langweilig.

Bruder! Ich schicke diesen Brief an die Severance Medizinschule, statt zum Dorf Dongsang, so wie du es bei unserem Abschied in Yokohama gesagt hattest. Ich werde ebenso meine Grüße nach Dongsang schicken. Ich vermisse jeden von euch. Ich hoffe, dass meine Schwägerin sich gut erholt. Ich frage mich ob mein Neffe Daewee sehr viel gewachsen ist und ob er mich nicht schon vergessen hat. Ich vermisse Mutter, Vater, Tante, Changsuhk, Yamuraegi und Schwager.

Bruder! Ich sende dir die Neuigkeiten über mich als erstes, da ich mir dachte, dass du es schneller bekommen solltest. Ich kann nicht aufhören zu weinen, da ich schon am Ende dieses Briefes angekommen bin. Pass gut auf dich auf und schick mir einen Brief zu der Adresse auf dem Briefumschlag. Ich werde aufgeregt auf deine Antwort warten. Chunlee.

Dongsuhk war mit dem Lesen fertig und wischte sich seine Tränen mit dem Handrücken weg. Er konnte es nicht glauben, dass ihr Bräutigam ein Mann im mittleren Alter war. Es war völlig absurd, dass Chunlee, ein neunzehnjähriges Mädchen, mit einem vierzigjährigen Mann verheiratet war.

Doch es ist schon geschehen. Nun lebte sie in einem unvorstellbaren weiten Land und er konnte nichts dagegen tun um die Ehe oder den Vollzug rückgängig zu machen. Alles was er tun konnte war es zu beten, dass Chunlee sich schnell an ihr neues Zuhause gewöhnen würde.

Dongsuhk faltete den Brief zusammen und steckte ihn in das Innere seiner Jackentasche. Er würde es noch einmal lesen, wenn er wieder zurück in seinem Zimmer wäre. Bei Chunlee's Erwähnung über Boknam, schoss der Fakt durch seinen Kopf, dass Boknam's Entbindungstermin schon bald kommen würde. Nachdem er sein Zuhause verlassen hatte, schrieb er mehrere Briefe, welche alle an seinen Vater gerichtet waren. Trauriger Weise war dort keines für seine Frau dabei. Abgesehen davon, dass er sich schuldig fühlte, stellte er sich vor wie seine Frau alleine in ihrem letzten Monat der Schwangerschaft weinte. Als er zur Herbstsonne schaute sehnte er sich nach seiner Frau.

Er war so sehr damit beschäftigt sich an sein neues Leben anzupassen, dass er nur wenig Zeit hatte seine Frau zu vermissen. Das Schulleben war neu und seine nächtlichen Treffen mit Gapsung, in denen sie über die Angelegenheiten des Staates diskutierten, ließen die Zeit noch viel schneller vergehen.

In Gapsung's Fall hat er seine ganze Familie mit sich in die Stadt Kyungsung mitgenommen. Gleich nach seinem Abschluss in der Kyungshin Schule hatte er sich vermählt und bekam zwei Sohne, während er tief in der Bewegung involviert war.

Er hatte sich schon in mehreren Versammlungen registriert und wusste schon längst über „Daehan Kwangbok Hoe“ bescheid, bei der sich Dongsuhk, bevor er nach Kyungsung kam, angeschlossen hatte.

Seit dem wurden Neuigkeiten an Dongsuhk von Park Sang Jin, der Anführer der Daehan Kwangbok Hoe, aus Daegu zugeschickt. Ihnen wurde gesagt, dass sie eine Kyungsung Außenstelle gründen sollten und Dongsuhk besprach das Anliegen mit Gapsung.

Die Sonne fing an schnell unter zu gehen, während Dongsuhk auf der Bank saß. Er stand mit seiner Tasche auf, die ein Buch enthielt. Die schwere Tasche, die über seiner rechten Schulter hing, reflektierte die Last, die Dongsuhk auf seinem Weg ertragen sollte. Er fing an den steilen Schulweg, auf dem die Laubblätter verteilt drauflagen, entlang zu gehen.

Er bekam in der Herberge hinter dem Schulgelände ein Zimmer und passte sich gut an seine Unterkunft an. Er lernte nach seinem Unterricht in der Bibliothek und ging ab und zu in Gapsung's Büro um sich mit ihm zu unterhalten. Gapsung war einst ein flinker junger Mann, doch nun hat er an Gewicht zugenommen und zeigte Anzeichen einer Vaterschaft, während Dongsuhk immer noch sehr jugendlich aussah. Die beiden Männer erinnerten sich an ihre Tage an der Kyungshin Schule und dachten an junge Begeisterung, mit der sie vorhatten ihre Nation zu retten.

In der Nacht gab es eine Versammlung, die in Gapsung's Haus geplant wurde. Fünf Anführer, jeder aus fünf verschiedenen Treffen, wurden eingeladen. Dongsuhk kehrte in seine Herberge zurück und begann zunächst nach seinem schnellen Abendessen in den stillen Straßen. Gapsung's Haus war auf der anderen Seite der breiten Straße der Severance Medizinschule und er bewegte sich vorsichtig, dass ihm keiner folgen würde. Es gab immer die Wahrscheinlichkeit, dass der heldenhafte Dongsuhk und Gapsung von der japanischen Polizei beobachtet wurden.

Gapsung's vorderes Tor war aufgesperrt und es lagen schon mehrere Schuhpaare auf dem erdigen Boden des Zimmers. Die Quartiere der Diener waren in zwei Räume mit einer Erdwand aufgeteilt und die Schuhe die man draußen hinlegte sahen schon fast zu extravagant aus. Welche genaue Art von Menschen waren bei der Bewegung involviert?

Dongsuhk war voll von Neugier. Er war sich sicher, dass dies die Nachfolger reicher Leute waren. Sogar in seinen Tagen, als er an der Mokpo Yuil Schule unterrichtet hatte, waren die, die sich über ihr Einkommen am meisten Sorgen machten diejenigen, die beim Unterschreiben der Petition sehr zögerten.

Die wohlhabende Frau war die einzige die bei der Petition aktiv gewesen ist und Dongsuhk musste die Führung, wegen seiner Leistungen an der Schule, übernehmen. Doch sogar er war sich wegen seinem Vater und seiner Frau nicht sicher.

Dongsuhk atmete tief durch um einen Atemzug vor der Tür des Zimmers zu holen. Er war ein wenig nervös, sich vor den Unbekannten zu zeigen. Er hustete trocken um anzukünden, dass er angekommen sei, zog seine Schuhe aus und ging die schmale Veranda entlang. Mit diesem Zeichen öffnete Gapsung ihm die Tür und ließ ihn herein. Dongsuhk ging in das Zimmer hinein und Gapsung's Frau kam schnell aus der Küche heraus.

„Willkommen, Kamerad Pai!" Gapsung sprach ihn zum ersten Mal als „Kamerad" an und stellte ihn den anderen vier Männern vor, die schon Platz eingenommen haben. Es sollten eigentlich fünf da sein, doch der eine hatte einen Termin und konnte bei der Versammlung nicht dabei sein. Die vier klar geschnittenen Männer sahen aus als wären sie in ihren späten Zwanzigern oder frühen Dreißigern. Dongsuhk spürte vage, dass die Männer dieses Hauses sich ab und zu trafen um über die Annexion ihres Landes durch Japan zu trauern. In einer Zeit, in der es schwer war Macht zu erlangen oder einen Lebensunterhalt zu verdienen ohne dafür pro-japanisch sein zu müssen, hatte Dongsuhk den Verdacht, dass ein oder zwei von ihnen ein Nachkomme eines pro-japanischen Bürgers sein müsste.

Jeder von ihnen stellte sich kurz vor und schüttelte Dongsuhk's Hand.

„Wir haben uns dazu entschieden, dass wir mit Ihnen als das Zentrum arbeiten werden. Nun da Sie, Kamerad Pai, uns angeschlossen haben, wollen wir unsere Plane über die Daehan Kwangbok Hoe mit Ihnen teilen. In Wahrheit haben wir Ideen, doch wir haben diese nie umgesetzt. Wenn wir es können, wollen wir in etwas so großem wie Jung Kun Ahn's Ermordung von Ito Hironumi involviert werden."

Der Mann der einen grauen Anzug trug sah wie der Älteste unter ihnen aus und laut Gapsung war er der Oberstufenschüler an der Kyungshin Schule.

„Das heißt, dass Daehan Kwangbok Hoe's Kyungsung Außenstelle so anfangen wird. Hinter diesen vier werden die anderen Menschen folgen. Jedoch denke ich, dass nicht alle von ihnen den ganzen Charakter von Daehan Kwangbok Hoe kennen müssen. Wenn es zu vielen Menschen preisgegeben wird, wird es für die japanische Militärpolizei einfacher werden uns ausfindig zu machen. Wir müssen uns gut organisieren und auf Park Sang Jin's Anweisungen für den ersten Schritt warten."

Als er Gapsung's entschlossene Stimme hörte, gab Dongsuhk ihm ein Lächeln der Zufriedenheit seiner Energie. „Lehrer Park's Anweisungen, um die Kyungshin Außenstelle zu formieren, wurden schon gegeben."

„Was meinen Sie damit?" Als Dongsuhk's Stimme leise durch das Zimmer hallte, leuchteten die Augen der fünf Männer, inklusive Gapsung, auf.

Der Mann mit dem grauen Anzug fügte eilig hinzu: „Es ist nur so, dass jede Organisation eine Finanzierung braucht. Es wäre einfacher hier in Kyungshin Geld für das Militär einzusammeln, statt dies im Landgebiet zu tun. Doch es ist nicht die Zeit uns selbst her zu zeigen, stattdessen sollten wir uns auf unsere Stärken fokussieren um als erstes eine Armee in Manchuria gründen zu können. Der Plan ist es so zu tun, als wäre im Hauptland nichts geschehen und dann auf den richtigen Moment zu warten. Kurz zusammengefasst, unsere erste Anweisung ist es Geld einzusammeln um unsere Truppen in Manchuria zu stärken."

„Je schneller desto besser, doch das Zeitlimit kann nicht geändert werden. Mit der Treue an die Außenstelle in Kyungshin, muss jemand das Geld nach Manchuria bringen."

„Also meinen Sie, dass das Geld rüber nach Manchuria zu bringen ebenfalls unsere Mission ist?", fragte Dongsuhk.

Keiner hatte etwas, außer der Mann im grauen Anzug, hinzuzufügen. „Ja. Die Daegu Hauptverwaltung expandiert sein Netzwerk von selbst und unterstützt ein verstecktes Militär in den Kyungnam, Honam und

Chungcheong Regionen. Deshalb muss die Außenstelle in Kyungsung die Kräfte in Manchuria unterstützen.

Bis jetzt gab es Geld, welches hier und dort eingesammelt wurde und nach Manchuria verschickt wurde, doch es hat niemals eine eindeutige Macht gegeben, welches die Finanzierung vermittelt hatte. Indem wir die Finanzierung strukturieren und dessen Grund definieren, während wir das Programm für das Geld standarisieren, werden wir im Stande sein eine finanzielle Sicherheit zu ermöglichen."

Dongsuhk dachte über die Inhalte der Briefe, welcher er mit Sangjin Park ausgetauscht hatte, nach und sprach: „Dann sollten wir ein Zeitlimit, statt einer unbestimmten Frist, einführen. Manchuria hat ein kaltes Wetter und es wäre sehr schwer im Winter dorthin zu reisen, lasst uns deshalb die Finanzierung im März nächsten Jahres verschicken. Lasst uns entscheiden wer zum nächsten Treffen kommen wird und sich regelmäßig trifft damit derjenige uns die Fortschritte mitteilen kann."

Jeder nickte bei diesem Vorschlag. Die Daehan Kwangbok Hoe Kyungsung Außenstelle wurde errichtet und bekam seine erste Mission.

Jedoch konnte sich weder Dongsuhk noch Gapsung es leisten die Finanzierung zu bezahlen. Gapsung erhielt einen geringen Anteil an Geld von seiner Arbeit bei der Severance Kommisskopp Office, gerade mal genug um seine Familie von vier Leuten zu ernähren, während Dongsuhk nicht einmal seine Studiengebühren für das nächste Semester garantieren konnte.

Laut Changsuhk's Brief aus dem Dorf Dongsang, wurde die Lebenskraft seines Vaters von Tag zu Tag immer schwächer und deshalb konnte er viele Patienten nicht besuchen. Dazu war Changsuhk nicht allzu sehr vertraut mit der Medizin um die Patienten selbst zu besuchen.

Sungdu wollte, dass Dongsuhk die westliche Medizin studiert, doch er wollte nicht, dass sein Sohn von ihrer Armut erfährt, die der Familie Schwierigkeiten brachte. Doch Dongsuhk wusste, dass er entweder für seine Studiengebühren für das nächste Semester zahlen würde oder sein Studium abbrechen müsste. Sofort kam ein Gedanke in seinen Sinn. Er könnte sein Studium verschieben, doch die Unabhängigkeit konnte nicht warten.

Die Ära des Unglücks hatte sich schon entfaltet, während sein Zorn sich vertiefte. Dongsuhk empfand, dass die Tat, die er für seine Nation leisten musste, etwas war was nicht weiter aus irgendeinem Grund aufgeschoben werden konnte. Ohne einen Zweitgedanken, sprach Dongsuhk zu den versammelten.

„Ich werde nach Manchuria gehen!" Dongsuhk's entschlossene Stimme überraschte jeden im Zimmer. „Die Details über unsere Organisation darf niemand außer die fünf Leute hier kennen. Leider müssen wir unseren Kameraden, der heute nicht bei uns erscheinen konnte, ausschließen. Deshalb muss derjenige, der nach Manchuria geht, einer von uns sein.

Ich weiß nichts über den Rest von euch, aber für Kameraden Gapsung und mich gibt es nichts was wir für den Krieg ersparen könnten. Gapsung muss seine Familie mit seinem Einkommen den er verdient unterstützen und kann deshalb seine Arbeit nicht verlassen, doch ich habe eine Frau die bei meinen Eltern lebt, daher kann ich gehen."

„Was ist dann mit deiner Schule? Ich habe gehört, dass du ein Student bei der Severance bist?", fragte der Mann im grauen Anzug mit einer undeutlichen Stimme.

Dongsuhk unterdrückte sein Lächeln, welches einen Stich von Trauer hatte. „Man kann die Bildung verschieben, doch unter keiner Bedingung sollte man die Unabhängigkeit vernachlässigen. Wie könnte man, wenn der Körper von Korea in Schmerz verrottet?"

Im Zimmer wurde es still.

„Sie sprechen so wie ein wahrer Medizinstudent sprechen sollte, Kamerad Pai! Ich bewundere Sie sehr!" Wie üblich war es der Mann im grauen Anzug, der die Stille durchbrach. Er packte Dongsuhk und zeigte ihm sein emotionserfülltes Gesicht. „Korea ist krank und schreit und es verlangt nach Eile. Wir müssen zu Ärzten werden um diesem Land bei seiner Rettung zu helfen bevor dessen Leid sich verschlimmern wird. März! Es muss im März geschehen! Lasst uns alles tun was wir nur können!"

Die Männer nickten, als der grau gekleidete Mann aufgeregt sprach.

In diesem Moment gab es etwas anderes, was durch Dongsuhk's Gedanken schweifte. Es war ein Bild des vollen Bauches seiner Ehefrau und der Schrei eines neugeborenen Kindes. Ja, er wäre im Stande die Geburt seines Babys miterleben zu können.

Dongsuhk's kränklicher Vater hat seinen Sohn nach Kyungsung fortgeschickt und machte sich um die Studiengebühren des nächsten Semesters Sorgen, also wollte Dongsuhk seinen Vater beruhigen. Aus irgendeinem Grund waren seine Augen mit Tränen erfüllt. Sein Land, seine Familie, das Studium und die Unabhängigkeit; Dongsuhk konnte keines von denen wegwerfen.

Doch wie könnte er sich um jedes einzelne davon kümmern? Er fing an sich zu wundern, ob er den Rest aufgeben könnte um das allerwichtigste davon zu erfüllen.

Gapsung's Frau, die darauf wartete, dass die Männer ihr Gespräch beenden würden, brachte einen bescheidenen Trinktisch, während man das laute Geschrei ihrer Kinder hören konnte. In Dongsuhk's Gedanken vermischte sich das Schreien mit dem von Daewees im Dongsang Dorf Apothekenhaus, gemeinsam mit dem Geschrei des neugeborenen Babys.

Er hob sein Glas und schluckte den Wein runter, den Gapsung ihm angeboten hatte.

„Geh, wenn der Winter wieder kälter wird, zurück zu deinem eigentlichen Zuhause. Verbring diese lange Winterzeit mit deiner Frau, deinen Kindern und Eltern, da du auf eine lange Reise gehen musst wenn der Frühling dann anbrechen wird. Vielleicht kommst du dann nie wieder zurück. Dennoch musst du gehen.", ermutigte ihn Gapsung.

Die Atmosphäre des Zimmers wandelte sich mit dem Gelächter der Männer in eine frohe Stimmung und schon bald wurden ihre Gesichter rot. Unter der Lampe glänzten Dongsuhk's Augen voll Tränen.

KAPITEL 27

„Wieder zurück Zuhause"

ALS DIE WINTERFERIEN am Ende Dezember des Jahres 1915 anfingen, war Dongsuhk erneut auf seinem Weg nach Hause. Er hatte sich schon entschieden und mit Gapsung besprochen, dass er eine Pause von seinem nächsten Semester nehmen würde und war nun auf dem Rückweg nach Kimhae. Dongsuhk fühlte sich erleichtert aber auch zugleich traurig.

Er schaute aus dem Fenster des Zuges auf seinem Heimweg hinaus und erblickte die Berge, die mit einer Schicht weißen Schnees bedeckt waren. Als der Zug nach Kimhae führ, lehnte Dongsuhk seinen Kopf auf das kalte Glasfenster und nahm den zweiten Brief von Chunlee aus seiner Jackentasche heraus.

Im letzten Herbst hat Dongsuhk seine Antwort verschickt, als er den ersten Brief bekommen hatte, doch es schien als wäre der zweite Brief früher bei ihm angekommen, als sein Brief es bei ihr tat. Er öffnete den Umschlag mit dem Brief, welchen er schon mehrere Male gelesen hatte und las ein weiteres Mal ihre schräge krakelige Schrift.

„Bruder! Ich schreibe dir erneut. Zuhause hat womöglich der Herbst schon angefangen, doch an diesem Ort bleibt der Sommer. Viele Tage sind schon vergangen, seit ich hier her gekommen bin und obwohl es anfangs ein fremdes Land für mich gewesen ist, fange ich an mich an diesen Ort zu gewöhnen. Die koreanischen Frauen machen hier die Wäsche, so wie ich es bei der Farm tue, doch es gibt hier einige die an der Seite der Männer mitarbeiten. Wir treffen uns Sonntags in der Kirche und reden miteinander. Ich habe viele Dinge dazugelernt, nachdem ich sie getroffen habe.

Ich habe geweint, als ich gehört habe, dass sogar mein alter Ehemann ein paar Mal geschlagen wurde. Als eine Neuverheiratete bin ich immer noch schüchtern und habe seinen Körper noch nicht gesehen. Doch nachdem ich von den Schlägen in der Kirche gehört habe, entschied ich mich dazu den Rücken meines Mannes anzusehen. Als er sein Hemd auszog habe ich einige Narben gesehen, die vor einer langen Zeit gemacht wurden.

Bruder! Ich habe mich an seinen Rücken gelehnt und habe geweint. Ich habe mich wegen den zukünftigen Tagen hilflos gefühlt. Weißt du was das Tageseinkommen ist, wenn man vom Sonnenaufgang bis in die Nacht arbeitet? Bruder, ich weiß nicht ob du es fassen kannst wie viel das in der japanischen Währung umgerechnet ist, aber die Zahlung für einen Tag sind neunundsechzig Zent. Es wird gesagt, dass der Meister aus Puerto Rico seine Peitsche schleudert, wenn er sich beschwert, dass die Koreaner langsam wären.

Der Besitzer der Farm ist anscheinend ein Weißer. Der Meister kommt aus einem Land namens Puerto Rico und obwohl er wie ein weißer Mann aussieht ist seine Hautfarbe dunkler als unsere. Er reitet den ganzen Tag ein Pferd und es wird behauptet, dass er die Menschen gnadenlos peitscht. Ich hörte, dass schon fast jeder Koreaner von ihm hier geschlagen wurde. Obwohl er in diesem Land ein Ausländer ist, darf er die Koreaner peitschen, da er ein wenig Englisch sprechen kann. Im vergleich zu den koreanischen Menschen hier, die kaum Englisch reden können, kann er das sehr gut machen. Das ist eine sehr traurige Sache!

Bei den Koreanern dazu gibt es viele thailändische und japanische Leute hier. Obwohl sie alle in den Feldern arbeiten, erhalten weder die Thailänder noch die Japaner eine solch schlechte Behandlung wie wir. Da sie hier in der Überzahl sind und schon für eine längere Zeit hier leben, bevorzugen die Weißen sie eher bei der Arbeit als uns Koreaner.

Bruder! Damals im Dorf Dongsang bin ich sehr kindisch gewesen und ich habe dir und unseren Eltern viel Ärger bereitet. Doch nun, da ich in einem anderen Land bin, verstehe ich die Trauer über den Verlust unseres Landes. Wir werden vernachlässigt, da wir unser Land verloren haben. Jetzt weiß ich weshalb du so aufgeregt warst wenn man das Wort „Unabhängigkeit" in deiner Gegenwart erwähnt hatte. Bruder, du bist wie das Licht unserer Familie! Ich hoffe, dass du die Unabhängigkeit unseres Landes mit deinem Wissen und deiner Stärke wiedererlangen wirst.

Jedes Mal wenn wir uns hier versammeln, reden die Männer und Frauen über die Unabhängigkeit. Sie sagen, dass der Wunsch danach eine Pflicht der Koreaner wäre. Vor einem Jahr fand ich heraus, dass eine Gruppe namens „Kookmin Kun Dan" gegründet wurde.

Es gibt um die zweihundert bis dreihundert Menschen unter den Koreanern die als Soldaten ausgebildet wurden. Alle Männer werden ganz aufgeregt, wenn sie über die „Kookmin Kun Dan" sprechen und die Frauen sparen alles dafür. Sie alle denken, dass es nur ein Grund ist um alles zurückzuholen, was für die Nation hart erarbeitet wurde.

Bruder! Ich denk, dass ich seitdem ich hier bin zu einer Koreanerin wurde. Ich fange an zu weinen, wenn ich höre wie die ganzen Menschen über die Unabhängigkeit sprechen. Der Kommisskopp Yongman Park und Dr. Seungman Rhee sind die ältesten, die die Kookmin Kun Dan hier leiten. Ich habe noch nicht die Möglichkeit dazu gehabt sie zu treffen, doch die Leute hier behaupten sie würden aus einer angesehenen Familie stammen. Da sie intellektuelle Menschen sind, sind sie hier das Licht der Koreaner. Das heißt, dass wir von ihnen lernen müssen.

Im Übrigen kann mein Ehemann der Kookmin Kun Dan nicht beitreten, da er schon recht alt ist. Es ist ein wenig peinlich dir dies zu sagen, aber ein weiterer Grund weshalb er dorthin nicht gehen kann ist, dass er das Lesen nie erlernt hatte. Er lebte als ein armer Bauer und heiratete, doch verlor seine Frau ohne jegliche Kinder haben zu können. Er nahm ein Schiff hierher und hatte nicht die Möglichkeit dazu gehabt das Lesen und Schreiben zu lernen, da er Tag und Nacht arbeitet.

Er findet es interessant wenn ich Briefe schreibe. Es ist eine so gute Sache, dass ich gelernt habe zu lesen und zu schreiben, während ich noch bei dir war und es ist wunderbar, dass ich dir erzählen kann was in diesem fernen Land geschieht.

Hier gibt es eine Schule, die von Doktor Seungman Rhee erbaut worden ist, wohin die Kinder zum Unterricht gehen. Doch es gibt viele Erwachsene die, aufgrund ihrer langen Arbeitsstunden, nicht lesen und nicht schreiben können. Sie sind fast wie Tiere, da sie ihre Hände und Füße dazu benutzen müssen um mit dem Vorarbeiter kommunizieren zu können. Sie sind dunkel gebräunt und ihre Körper gebrechlich, welcher einer der Gründe ist, weshalb der Vorarbeiter die Koreaner peitscht. Es wird gesagt, dass sogar die Frauen manchmal geschlagen werden. Der Vorarbeiter kann womöglich die Frauen und Männer nicht einmal unterscheiden. Er sieht sie als arbeitende Tiere.

Bruder! Ich kann solche Dinge nicht nach Dongsang schreiben. Ich erzähle nur dir so etwas, also bitte sag Mutter und Vater nichts über die Ereignisse die hier geschehen können.

Es gibt ein paar Frauen die mit mir hier her gereist sind und nun schwanger geworden sind. Da wir gemeinsam nach Hawaii gekommen sind, haben wir immer paar gute Unterhaltungen wenn wir uns treffen und manchmal reden wir über dich. Wie können wir jemanden vergessen, der uns den ganzen Weg nach Yokohama begleitet hat? Für eineinhalb Monate haben wir zueinander gehalten und viele Tränen gemeinsam vergossen. Ich konnte über unsere Schwierigkeiten nicht im ersten Brief vermitteln. Die Koreaner blieben im unterersten Deck und als die Leute anfingen krank zu werden, konnte ich den Gestank nicht mehr aushalten. Manchmal bin ich zum Deck gegangen um mich zu übergeben und ich habe viele Male um Mutter und Vater geweint.

Ich habe all diese Schwierigkeiten überstanden und bin in Hawaii angekommen nur um schockiert herauszufinden, dass ein alter Mann auf mich wartete. Aber Bruder! Jetzt nicht mehr. Mein Mann ist ein sehr warmherziger Mensch und er behandelt mich gut.

Wie sehr habe ich mir gewünscht, dass mein Mann so gebildet und gutaussehend sein werden würde wie du es bist. Doch mir ist es bewusst, dass dies der Wille Gottes gewesen ist mich in dieses ferne Land zu schicken. Wessen Tochter bin ich? Bin ich nicht die Tochter von Sungdu Pai, der Älteste der die Kimhae Kirche erbaut hatte? Sind unsere Vorfahren nicht diejenigen gewesen, die nach Kimhae gekommen sind, da sie für ihren Glauben verfolgt wurden?

Deshalb solltest du dir, geliebter Bruder, keine Sorgen machen. Ich werde die Sprache, die sie hier sprechen, lernen und ich werde jede Gewalt gegen die Koreaner aufhalten. Ignoranz und nationslos zu sein ist der Preis den wir bezahlen. Es ist wahrhaftig eine Ungerechtigkeit und viele sind sehr aufgebracht. Ich erzähle dir von der Situation hier, da du ein sehr weiser Mann bist.

Pass bitte auf dich auf bis ich dir erneut schreiben werde.

Von Chunlee"

Dongsuhk's Hand zitterte, als der Zug rappelte und seine Tränen tropften auf den Brief. Seine verwöhnte kleine Schwester an einen schwierigen Ort zu schicken war ganz allein seine Schuld gewesen und es ließ sein Herz schmerzen. Doch was könnte getan werden? Sie gewöhnte sich schon allmählich an den neuen Ort. Wie sie gesagt hatte, alles wurde durch Gottes Willen vollzogen. Sie wusste genau, dass der himmlische Vater nicht immer den Menschen die besten Dinge gibt. Gott gibt einem eine schwierige Zeit für eine bessere Zukunft—für einen Grund.

Tatsächlich war Chunlee's Beschreibung der Koreaner in Hawaii neu für ihn. Sie wurden schlechter behandelt und waren in einem schlimmeren Zustand, als er es realisieren konnte. Dass es Ältere gab die, die Armee organisierten, war die Bestätigung, dass der Elan für die Unabhängigkeit auch dort und nicht nur in China und Amerika existierte. Er steckte den Brief zurück in seine Jackentasche und machte seine Hände unbewusst zu Fäusten.

Der Zug führ die Winterlandschaft entlang und Dongsuhk fühlte sich schläfrig. Er verschränkte seine Arme und lehnte sich zurück in den Sessel. Obwohl die Heizung an war, fühlte sich das Innere immer noch kalt an. Es war die kälteste Zeit im Winter. Er machte sich Sorgen um seine Frau, die an einem Tag wie diesen ihr Kind in den Bergen gebären würde.

Er schloss seine Augen und fing an einzuschlafen und als er an seine Frau und Daewee dachte, lächelte Dongsuhk. Er wunderte sich wie sehr sein Sohn schon gewachsen ist und wie voll der Bauch seiner Ehefrau mit dem nächsten Kind war.

Er hatte das Gefühl, dass er seine Frau und seinen Sohn viel zu sehr vernachlässigt hätte. Er hat für seine Familie kein Geld verdient, seitdem er seine Arbeit an der Mokpo Yuil Schule aufgegeben hatte und er bedauerte es seine Frau, die aus einer wohlhabenden Familie stammte, bei seinen Eltern gelassen zu haben.

Er sah ein flimmerndes Bild seiner Frau, die schüchtern vor ihm lächelte. Er würde sie umarmen und sie Haerim nennen, wozu er sich schon bei ihrer ersten gemeinsamen Nacht entschieden hatte. Plötzlich fühlte er wie sein junger Körper heiß wurde. Doch dann erinnerte er sich enttäuscht, dass seine Frau im letzten Monat ihrer Schwangerschaft war. Er schlief ein.

Jemand rüttelte ihn um ihn wach zu kriegen und als er es tat, sah ein japanischer Militärpolizist mit einem scharfen Blick auf ihn herab. Als die Tage vergingen wurden die Inspektionen mit den verbreiteten Informationen über die koreanische Unabhängigkeitsbewegung gründlicher. Dongsuhk setzte sich eilig wieder aufrecht hin und blickte zu dem Militärpolizisten.

„Kommen sie aus Kyungsung?", wollte der Officer wissen.

„Ja. Ich bin auf dem Heimweg, da nun die Ferien begonnen haben.", erwiderte Dongsuhk.

„Also sind Sie ein Student? Lassen Sie mich ihren Studentenausweis sehen."

Dongsuhk sprach undeutlich, damit es so schien als wäre er noch nicht völlig wach geworden, doch der Blick des Militärpolizisten änderte sich nicht. Langsam nahm er seinen Severance Medizinschul Ausweis aus seiner Jackentasche. Der Japaner schaute auf das Foto des Ausweises und dann auf Dongsuhk. Schnell schrieb er sich die Inhalte des Ausweises in seine Akte rein. Für einen kurzen Moment spürte Dongsuhk ein nervöses Gefühl. Früher oder später wird es ihnen gelingen seinen Namen zu finden. Sie könnten ihn mit sich nehmen und ihn befragen, wenn sie ihn dazu verdächtigten, dass er in der Unabhängigkeitsbewegung involviert sein könnte, wenn sie Kyungsung und Daegu gemeinsam verbinden würden.

Er fühlte sich nervös, doch er nahm seinen Studentenausweis ruhig zurück und steckte ihn in seine Tasche. Seine Hand spürte beim reintun den Brief seiner Schwester. Falls der Brief in die Hände der japanischen Militärpolizei gekommen wäre, hätte er es nicht mehr lebend zurück geschafft und dieser Gedanke ließ seine Handflächen schwitzen.

Der Japanische Officer drehte sich mit seinem Schwert um und begab sich zum nächsten Sitzplatz. Dongsuhk schaute auf den Rücken des Polizisten und steckte langsam seine Hand wieder raus.

Der Plan direkt nach Kimhae zu fahren, ohne einen Zwischenstopp bei dem Daehan Kwangbok Hoe Hauptquartier in Daegu zu machen, erwies sich als eine gute Entscheidung. Sang Jin Park gab die Anweisungen, um eine Kyungsung Außenstelle aufzubauen, durch einen Brief via dritte Partei weiter. Er würde Dongsuhk nicht persönlich treffen, da er Angst davor hatte enthüllt zu werden. Laut seinem Stellvertreter waren es hauptsächlich Lehrer, Studenten und konfuzianistische Schüler die in der Umgebung von Daegu wären, obwohl die Anzahl der Mitglieder von Daehan Kwangbok Hoe ständig anwuchs.

Außerdem gab es neben den Neulingen Leute, die dem Buddhismus, Gott-Humanismus und der Cheondo Religion angehörten. Der Wunsch nach der Unabhängigkeit fing bei denen an, die eine Absicht hatten. Andererseits, wer würde sich nicht nach der Unabhängigkeit sehnen? Sogar die verwöhnte neunzehnjährige Chunlee, die nun in Amerika lebte, redete davon. Die Idee der Unabhängigkeit begann bei den Intellektuellen im Zentrum, doch es weitete sich bis zu einer bürgerlichen Bewegung aus. Nein, die Ausbreitung war eine unvermeidliche und wichtige Sache.

Dongsuhk schaute zum Ende des Zugs, an dem der Polizeimann einen Passagieren überprüfte. Er unterdrückte ein Grinsen und murmelte: „Die Koreaner sind noch am Leben. Es mag den Anschein haben, als würden wir von euch überschattet werden, doch bald werdet ihr die heiße Lebenskraft der Koreaner erleben!"

Dongsuhk kam in der späten zweiten Nacht im Dorf Dongsang an. Er verbrachte seine erste Nacht in einem Gasthaus in Busan und befand sich im Waggon der am nächsten Morgen in Richtung Kimhae fuhr. Als er sein Zuhause erreichte, stand er mit seinem frierendem Körper steif und beobachtete das Apothekenhaus in welchem ein Lampenlicht schien. Das Licht war im Dienerquartier aus, also müsste es aus dem Hauptzimmer kommen. Er öffnete das Zweigentor und eilte in den Vorderhof, wo er das Licht sah, welches aus dem Zimmer seiner Eltern und seiner Frau kam. Sie warteten ungeduldig auf ihn.

„Mutter! Vater! Ich bin Zuhause!", rief er zuerst in die Richtung des Wohnzimmers. Doch die Tür wurde als erstes vom gegenüberliegendem Zimmer geöffnet. Er sah vage wie seine Frau mit dem vollen Bauch aus dem Zimmer kam, als die Tür aus dem Hauptzimmer sich öffnete und seine Mutter in einem Gewand gekleidet hinaustrat.

„Oh meine Güte! Du bist zurück!" Hannah's Stimme war laut. Er konnte, ohne es zu sehen, wissen, dass seine Mutter Tränen in ihren Augen hatte.

„Ich bin ein wenig spät.", antwortete Dongsuhk in einer leisen Stimme und verbeugte sich vor seinem Vater, der mit einer Lampe raus kam. Obwohl es trüb war, konnte er sehen, dass sein Vater gebrechlicher aussah und sein Rücken gebeugter war.

„Komm rein, es ist kalt. Steh nicht draußen.", sagte sein Vater.

Allerdings hatte die Kälte Dongsuhk's Körper so steif gemacht, dass es ihm sehr schwer fiel auf den hölzernen Boden zu klettern. Als Dongsuhk auf die schmale Veranda stieg seufzte Sungdu tief.

„Lass uns morgen gescheite Grußworte austauschen. Es ist spät und dein Körper kann sich nicht gescheit verbeugen. Geh in dein Zimmer und ruh dich aus. Es ist gut, dass du angekommen bist, da deine Frau das Kind sehr wahrscheinlich morgen zur Welt bringen wird."

Bevor Dongsuhk antworten konnte nahm Sungdu Hannah's Hand und ging zurück in ihr Zimmer. So bald die Tür zuging wurde das Licht ausgemacht. In dem Dunkeln auf der Veranda stand seine Frau Boknam, die Dongsuhk ausdruckslos anschaute. Die Kälte durchdrang Dongsuhk's ganzen Körper. Sobald sein Vater weg war, nahm er die Hand seiner Frau und ging in ihr Zimmer.

Unter dem schwachen Licht war sein Sohn Daewee in einem tiefen Schlaf. Obwohl nur paar Monate seit dem Sommer vergangen sind, ist sein Sohn gewachsen und seine Wangen wurden molliger. Er musste seiner Frau helfen sich hinzulegen, da sie zu schwer war um es selbst zu tun und danach fing er an seine Kleidung auszuziehen. Als sein frierender Körper aufzutauen begann, kehrte die Wärme zurück.

Nachdem er eine lange Distanz gereist ist, hätte er sich üblicherweise vor dem Schlafengehen gewaschen, doch er war zu erschöpft um dies zu tun. Er wollte einfach nur noch neben seiner Frau liegen und ihren Duft einatmen, während er in einen tiefen Schlaf verfallen würde. Er ließ seine Frau auf ihrer Seite liegen und umarmte sie.

„Du hattest sicherlich eine anstrengende Zeit so ganz allein, nicht wahr?" Als Dongsuhk leise vor dem Ohr seiner Frau sprach, kam ein

Dampf aus seinem Mund. Statt einer Antwort fing Boknam an zu wimmern und zu weinen.

„Es tut mir Leid Haerim!“, sagte er während er Boknam bei ihrem geliebten Namen nannte. Mit Dongsuhk's leiser Stimme wurde Haerim‘s Weinen lauter.

„Weißt du wie sehr ich deinen Namen rufen wollte? Harim, meine Haerim!"

Seine Frau drehte sich mühsam um und legte ihr Gesicht auf Dongsuhk's Brust. „Es ist ein Glück, dass du wenigstens jetzt wieder da bist. Ich hatte keine Angst, als ich Daewee gebar, da ich damals nichts gewusst habe. Doch nun fürchte ich mich so sehr, da ich weiß wie es sich anfühlen wird. Ich dachte, dass ich dich nicht sehen werde. Deswegen weinte ich jede Nacht."

Dongsuhk seufzte tief und gab ihr eine Umarmung. Sie war in ihrem letzten Monat der Schwangerschaft und ihre angeschwollenen Brüste pressten sich gegen Dongsuhk's Bauch.

„Jetzt gerade ist die Lage unserer Familie nicht gut. Vaters Augen werden trüb und er kann die Akkupunktur nicht mehr so gut durchführen wie davor und Changsuhk ist noch nicht bereit dazu das zu machen. Seine Patienten haben angefangen zu dem japanischen Mediziner in der Stadt zu gehen. Dazu wird die Arbeit in der Kirche größer, während die Spenden sich nicht erhöhen. Vater steckt sogar das Geld, welches wir nicht haben, in die Kirche rein.

Vater war sehr traurig, als du in deinem Brief erwähnt hattest, dass du dein Studium abbrechen würdest. Er wollte, dass du schnell zu einem Arzt wirst und den Menschen im Dorf Dongsang hilfst, indem du ihnen eine gescheite medizinische Versorgung ermöglichst, ohne dass sie dafür in die Stadt fahren müssen."

Boknam war wie ein brechender Damm, als sie Dongsuhk in seinen Armen weiterhin durch die Nacht bis zum Morgengrauen zuflüsterte. Während er ihr zuhörte, wurde Dongsuhk's Herz schwerer. Sein Vater wurde älter und die Familie hatte viele Schwierigkeiten. Chunlee war weit weg, wo die weißen Menschen sie schlecht behandelten. Um das ganze noch zu verschlimmern, ging sie die Ehe mit einem alten Mann ein und der wenig intelligentere Changsuhk war noch nicht bereit die

Apotheke zu übernehmen. Es gab mehr als nur eine Sache, um die man sich Sorgen machen konnte.

Dongsuhk legte seinen Kopf auf dem Arm seiner Ehefrau und starrte die Decke an. Der Sonnenaufgang fing an durch das Zimmer zu scheinen. Boknam streckte sich und schlief ein. Dongsuhk legte seine Hand auf ihren vollen Bauch. Es bewegte sich im Rhythmus ihres Atems und er spürte wie sich etwas darin bewegte. Das Baby kickte, als würde es seinem Vater seine Existenz zeigen wollen. Einmal, zweimal und dann hörte es auf. Dongsuhk lächelte und ging schlafen.

Es war der fünfte Tag nachdem er im Dorf Dongsang angekommen ist, als Boknam's Wehen antraten. Hannah blieb an ihrer Seite und griff nach Boknam's Beinen während Junmsoon damit beschäftigt war das Wasser für die Algensuppe in der Küche zu kochen.

Dongsuhk hielt sich die ganze Zeit im Vorderhof auf, da es langsam Zeit wurde, dass Changsuhk mit der Hebamme zurück kommen sollte. Die Sonne begann im kalten Wind unterzugehen und bald wurde es dunkel. Der letzte Tag des Mondkalenders stand vor der Tür und der Mond nahm die Form eines geschnittenen Stücks Birne an. Es zeigte sein Gesicht in der Dunkelheit, während die winterliche Nacht immer kälter wurde.

Boknam's Jammern wurde zum Geschrei, welches in Hof wiederhallte und Sungdu, der alleine beim Eingang der Apotheke saß, öffnete die Tür und fragte: „Ist Changsuhk noch nicht zurück?"

Als Sungdu's raue Stimme im Zimmer hallte, kam Changsuhk, mit der Hebamme bei sich, in den Hof hergeeilt.

„Wird es für das zweite Kind nicht einfacher?", fragte er.

Die alte Hebamme brachte ihren Bündel mit sich, welcher eine medizinische Ausstattung beinhaltete und trat geschwind in das Zimmer ein wo Boknam schrie. Die Geburtawehen gingen bis in die späte Nacht weiter.

Da Dongsuhk nicht die ganze Zeit draußen in der Kälte stehen konnte, betrat er die Apotheke, in der sein Vater und Changsuhk sich befanden. Wie immer gab es Kräuter die an der Wand hingen, die der Apotheke einen deutlichen Eigengeruch verliehen. Sein Vater ist womöglich müde geworden, während er auf die Geburt des Kindes wartete, da er nun auf dem unteren Teil des Bodes einschlief. Als der große Dongsuhk sich neben seinen Vater hinlegte, der auf seiner Seite mit eingezogenen Beinen schlief, bemerkte er wie klein sein Vater schien. Seine Schulterknöchel bewegten sich langsam auf und ab und Dongsuhkk hörte seinem Vater beim Atmen zu.

Er verstand, dass sein Vater nicht mehr viele Tage zum Leben übrig hatte. Sein Vater war über siebzig Jahre alt und durchlitt vielerlei Schwierigkeiten, während sein Sohn noch keinen Beruf hatte. Das ganze machte ihn traurig.

Als er anfing einzuschlafen, während er seinen gebrechlichen Vater beobachtete, spürte er wie jemand zur Richtung Apotheke rannte. Dongsuhk versuchte seine Augen zu öffnen, doch seine Lider schlossen sich immer wieder. Auf einmal wurde die Tür aufgerissen und aus der Dunkelheit zeigte Junmsoon ihr Gesicht. Dongsuhk stand schnell auf und er bemerkte wie der Körper seines Vaters sich umdrehte. Er sah wie das Licht aus dem Zimmer Junmsoon's Gesicht beleuchtete und Ähnlichkeiten zum Mond aufwies.

„Es ist ein Sohn! Ein Sohn!", schrie sie. Junmsoon lächelte und nicke, während ihr weißes Haar um ihre Stirn wirbelte.

Dongsuhk und Sungdu schauten sich gegenseitig an und lachten erfreut. In dem Moment wachte Changsuhk von der Wand auf, auf der er sich hin gelehnt hatte. Irgendwo im Dorf krähte der Hahn. Das Morgenlicht schien über Junmsoon's breite Figur, als sie die Tür offen ließ und hastig wieder zurück ins Haus ging.

Dongsuhk's zweiter Sohn, Yoowee, wurde im elften Monat des Mondkalenders am 3. Januar 1916 geboren.

KAPITEL 28

„An einem Frühlingstag stehend"

EINE SCHWALBE BAUTE ihr Nest unter dem Laub, bevor einhundert Tage nach Yoowee's Geburt vergangen sind. Dongsuhk blieb den ganzen Winter lang in seinem Haus, damit er seine Kraft für die Reise nach Manchuria sparen konnte.

Laut seinem Schwager Youngok ist die Organisation, nach mehreren Reisen nach Daegu, erst vor kurzem mit der Gruppe aus Manchuria in Kontakt getreten. Gapsung sammelte die Finanzierung in Kyungsung ein und überlieferte die Nachricht in einem getarntem Brief, in welchem er ihm vermittelte, dass das Geld recht leicht eingesammelt werden konnte. Das Einsammeln der nötigen Finanzierung war keine Tat, von der viele Menschen etwas wissen durften. Jedoch hat anscheinend ein sehr wohlhabender Mann in Kyungsung einen großen Betrag an Geld gespendet.

Dongsuhk wartete auf detailliertere Anweisungen von Park Sangjin, der Daehan Kwangbok Hoe, bevor er sein Dorf Dongsang für die Reise verlassen würde. Seine Ehefrau, die nicht die geringste Ahnung von seinen Plänen hatte, spielte fröhlich mit ihrem neugeborenen Kind und Sungdu war sehr zufrieden damit, seinen ältesten Sohn im Haus haben zu können. Die einzige Sache die Sungdu besorgte war es, dass Dongsuhk sich eine Pause von seiner Schule, aufgrund der Studiengebühren, nahm. Dongsuhk wartete auf den richtigen Moment, damit er seinem Vater von seiner Reise nach Manchuria erzählen konnte.

Sungdu war siebenundsiebzig und obwohl sein Körper alt war, galt das nicht für seinen Verstand. Dongsuhk kam kurz bevor Yoowee geboren wurde nach Hause, doch Sungdu spürte, dass etwas nicht stimmte, da sein Sohn wegen etwas nervös schien. Er wurde immer misstrauischer jedes Mal wenn er sah wie Dongsuhk und sein Schwager

Youngok in ein Zimmer gingen und miteinander flüsterten, wenn sie sich begegneten.

Sungdu beobachtete den kommenden Frühling im Garten erblühen, als er das Licht auf seinen Körper scheinen ließ. Unbewusst ließ er einen Seufzer raus. Er fühlte sich immer noch ein wenig eigenartig und fing an im Garten hin und her zu gehen. So wie er es geahnt hatte, bereute er es Dongsuhk nichts über die Arbeit in der Apotheke beigebracht zu haben. Wenn er Dongsuhk statt Changsuhk die Arbeit gezeigt hätte, dann konnte er nun in Ruhe in die Rente gehen.

Changsuhk ist womöglich zart gewesen, doch er war zu langsam um die Dinge zu verstehen und seine Hände waren nicht schnell genug. Er fragte sich ob er nicht einfach den wagemutigen Geist seines Sohnes vermeiden wollte, indem er ihn an einen fremden Ort geschickt hatte. Doch er tat dies, da Dongsuhk als ein kleiner Junge sehr schlau gewesen ist und Sungdu dachte, dass er hätte erfolgreich werden können, wenn er für sein Studium in die Stadt gegangen wäre. Doch Dongsuhk hat die Dinge für Sungdu, seit seinen Tagen an der Kei-Seong Schule, erschwert. Er dachte, dass nachdem Dongsuhk seinen Abschluss an der Kyungshin Schule gemacht hatte und in Mokpo lehrte, sein Sohn ein gewöhnliches Leben führen würde, doch daraus wurde nichts. Trotzdem fand Sungdu, dass es gut war, dass das Ereignis nicht schlimmer endete als es nun war. Jedoch hat er nicht erwartet, dass sein Sohn aufgrund ihrer Armut aufhören würde die westliche Medizin zu studieren.

Sungdu hievte einen tiefen Seufzer. Als er in seinen Gedanken versunken war, fühlte sich etwas nicht richtig an. Chunlee war in Hawaii und hat ihnen einen Brief geschickt, in dem sie ihnen berichtete, dass es ihr gut gehen würde, doch er hat sie nicht gesehen und machte sich Sorgen um die ganzen Schwierigkeiten die sie durchmachen musste. In diesem Jahr musste Sungdu ebenfalls eine Frau für Changsuhk finden, doch das Geld für Dongsuhk's Studiengebühren zu verdienen war nun eine wichtigere Aufgabe. Es war das richtige, was ein Vater für seinen Sohn tun würde, damit dieser sein Studium vollenden könnte.

Er dachte an früher nach, als er vor dreißig Jahren im Meer ertrinken wollte. Er erinnerte sich immer noch daran, wie er die Sinnlosigkeit des Lebens empfunden hatte und nicht mehr länger leben wollte. Das war die Zeit in der er jemanden am Strand getroffen hatte, der zu ihm sagte: „Du und deine Familie werdet die Erlösung empfangen."

Sungdu erinnerte sich an die exakten Worte, als hätte er sie vor einem Moment erst gehört. Er wollte wahrhaftig erlöst werden und so wie jeder Mann es wollte—ein gutes Leben führen zu können. Er hielt sich an diesen Worten fest und lebte weiter. Was auch immer er verdient hatte, er fing an es der Konstruktion der Kirche zu geben und fühlte sich dabei nicht unwohl in Armut zu leben.

Es waren schon zwanzig Jahre vergangen, seit er die Kirchengemeinde mit seinen eigenen Händen erbaut hatte. Er tat alles was er konnte mit allem was er hatte für seinen Vater. Doch als er erfuhr, dass seinem Sohn das Geld für die Gebühren nicht reichte und somit eine Pause von seinem Studium nehmen musste, fing er an seine Zweifel zu haben. Er hat ebenso den anderen Ältesten der Kirche vorgeschlagen ihre Töchter nach Hawaii für die Ehe, so wie er es mit seiner eigenen Tochter gemacht hatte, zu schicken. Sein Herz wurde am nächsten Tag schwer, nachdem er von seiner Tochter geträumt hatte.

Er versuchte die Situation zu reflektieren. Was hat Gott ihm gegeben? Sogar als er Gott bat, hatte er das Gefühl, dass er viele Hürden zum Überwinden im Leben gehabt hatte. Dennoch waren seine Segen zahlreich; seine Schwiegertochter gab ihm zwei starke Großenkel und seine zwei alten Frauen stritten sich nie, während sie für mehrere Jahre mit ihm zusammen gelebt haben und gut mit dem Haushalt umgehen konnten. Die Kirche wuchs ebenso bis zu hundert Menschen an. Nach wie viel mehr hätte er fragen können?

Der Fuß des Berges, welchen man über dem Zweigzaun sehen konnte, war für Sungdu's Augen verschwommen. Er fragte sich ob es an den Hitzewellen oder an seinem schlechten Sehvermögen lag, als er jemanden hinter sich spürte.

„Vater! Wahrhaftig ist der Frühling nun da, nicht wahr?" Als Dongsuhk da stand, schaute ihn Sungdu lediglich nur an. Sein sechsundzwanzig Jahre alter Sohn sah in der Frühlingssonne gutaussehend aus und war nun ein Vater von zwei Kindern.

„Nun! Das Sonnenlicht hat meinen Rücken gewärmt, während ich hier stand. Ich hätte eigentlich nie gedacht, dass ich hier für eine so lange Zeit stehen würde."

„Dennoch, wieso gehst du nicht rein? Der Wind ist immer noch kühl.", meinet Dongsuhk.

Sungdu entging die Emotion, die sich in den Augen seines Sohnes widerspiegelte, nicht. „Hast du etwas auf deinem Herzen, was du mir gerne sagen möchtest?"

Statt eine Antwort zu geben nickte Dongsuhk nur.

„Na gut, lass uns rein gehen.", schlug Sungdu vor.

Sungdu ging als erstes in das Haupthaus. Dongsuhk's Herz fühlte sich schwer an, als er dem dünnen Rücken seines Vaters folgte. Er wusste, dass er seinen Vater womöglich nie wieder sehen würde, falls er es nicht sicher zurück aus Manchuria schafft. Als er an seine Mutter, seine junge Frau und an seine beiden Söhne dachte, bekam er plötzlich Angst. Er war verwirrt und wunderte sich, ob es das Richtige, in Anbetracht seiner Familie, gewesen ist.

Als sie den Sitzraum betraten, setzte sich Sungdu auf den unteren Teil des Bodens und wartete darauf, dass sein Sohn sich dazu setzt. Dongsuhk faltete seine Beine und Sungdu bemerkte, dass sein Sohn eine längere Zeit für diesen Moment gewartet hat.

„Nur zu. Was hast du dieses Mal angestellt?", begann Sungdu, während er mit seinen kleinen faltigen Augen seinen Sohn beobachtete.

Dongsuhk's Augen glänzten. „Ich reise nach Manchuria."

„Manchuria?", antwortete Sungdu überrascht.

„Ja!"

„Wieso?"

„Ich habe ein paar Dinge die ich erledigen muss." Da, es war raus!

Das Zimmer versank in Stille, nachdem Vater und Sohn die kurze Konversation ausgetauscht haben. Sungdu drehte sich auf seine Seite. Es war nicht der Fall, dass Sungdu nicht etwas erwartet hätte, doch dieses Mal wusste er, dass sein Sohn etwas sehr wichtiges vorhatte zu machen. Er war zutiefst bestürzt und ließ einen großen Seufzer raus.

„Was meinst du damit? Geht es immer noch um die Unabhängigkeit?"

Dongsuhk antwortete nicht mit einer ganzen Erklärung und schüttelte bloß seinen Kopf.

Er hatte das Gefühl, dass sein Vater zu alt und zu erschöpft wäre um die ganze Wahrheit verstehen zu können.

„Wie lange wirst du weg sein?“; fragte Sungdu in einer leisen Stimme, als hätte er schon alles aufgegeben. Sein Gesicht war ausdruckslos.

„Ich werde in diesem Jahr wieder zurück sein und ich habe mir vorgenommen im nächsten Frühling wieder mit meinem Studium anzufangen. Ich weiß, dass unsere Familie gerade finanziell eine schwere Zeit durchmachen muss, also habe ich mich dazu freiwillig gemeldet damit ich meine eigenen Gebühren abbezahlen kann.“

„Du hast dich freiwillig gemeldet?” Sungdu war fassungslos.

„Ja.”

„Hast du nicht einmal an deine Frau gedacht?“ Sein Vater erhob seine Stimme und Dongsuhk blickte den alten Sungdu an. Das Gesicht seines Vaters war rot.

„Vater! So ist das nicht. Es ist nicht etwas, was irgendjemand hätte tun können.“ Dongsuhk fing an die Ereignisse kurz zu erklären. Er erzählte seinem Vater, dass er im letzten Sommer, bevor er das Dorf für die Severance verlassen hatte, bei der Daegu Daehan Kwangbok Hoe teilnahm, genauso wie von der Errichtung einer Außenstelle in Kyungsung nachdem er mehrere Männer getroffen hatte. Er berichtete seinem Vater davon wie aufgeregt die Menschen über die Unabhängigkeit waren und wie die Bewegung, laut Chunlee’s Brief, in Hawaii stattfand.

„Sogar wo Chunlee ist?“, fragte Sungdu.

Seine Einstellung gegenüber dem Thema schien sich zu lockern, als Dongsuhk mit seiner kurzen Erklärung weitermachte.

„Denkst du, dass es hier endet? In Amerika organisiert mein Kyungshin Oberschüler namens Changho Ahn eine Gruppe mit dem Namen ‚Heung Sadan‘. Überall, Vater, wünschen sich die Koreaner verzweifelt die Unabhängigkeit. Sollte ein Mann sich nur wegen seiner Frau zurückhalten?“

Sungdu schaute seinen Sohn ausdruckslos an. „Ist das der Grund, weshalb Gott mir dich als Sohn gegeben hat? Gottes Wege sind manchmal wirklich schwer nachzuvollziehen, so scheint es mir.”

„Wie kannst du das sagen, wenn du alleine die Kirche von Kimhae erbaut hast und nun der Älteste dieser Kirche bist?"

„Ich weiß es nicht. Zurzeit ist alles schwierig."

Er bemerkte wie der Ausdruck seines Vaters düster wurde, als das Licht durch das Fenster schien. „Es tut mir Leid."

„Nein, es ist in Ordnung.", murmelte Sungdu nachdem er seufzte und seinem Sohn einen zustimmenden Blick zuwarf. „Mein Sohn! Wann können wir jemals wissen was der Wille Gottes ist? Es gibt viele Prüfungen, doch wir wissen nicht was Er uns geben wird.

Ich erinnere mich daran wie Gott dich in meinen abfallenden Jahren zu mir gesandt hat und all das war Sein Grund. Ich denke, dass es dein Schicksal ist überall hinzuwandern, während ich in dieser Dorfapotheke lebe. Vollbringe Gutes in der Welt. Wenn es schon entschieden ist, dann wünsche ich dir eine sichere Reise. Doch weiß deine Frau von all dem?"

Dongsuhk schüttelte seinen Kopf. „Nein, das tut sie nicht. Ich muss es ihr nach einiger Zeit sagen."

„Gib ihr bescheid und geh. Sie hilft ihren beiden Schwiegermüttern, doch wie können wir wissen wie sie sich fühlt? Natürlich, du wirst ohne jegliche Schäden wieder heil zurück kommen!" Sungdu sagte nichts mehr.

Seine Augen waren mit Tränen erfüllt. Er fragte sich ob die Reise seines Sohnes nach Machuria heißen würde, dass dieser nie wieder zurück kommen wird und er ihn nicht wiedersehen könnte. Plötzlich spürte er wie sein Glaube verblasste. Er fragte sich wohin sein ehemaliger Glaube verschwunden sei, da er sich nun auf seine Familie verließ.

„Du kannst Mir nicht folgen ehe du dich und deine Familie verlässt." Diese Wörter aus der Bibel tauchten in seinem Verstand auf. Sein junger Sohn lehnte seine persönlichen Gefühle ab und er hatte das Gefühl, dass es sein hohes Alter war, welches ihn so schwach machte.

„Vater! Mach dir nicht so viele Sorgen! Es ist etwas was jemand tun muss und ich fühle mich sehr geehrt dies machen zu können."

Sungdu nickte bei den ausdruckstarken Wörtern seines Sohnes. Dongsuhk verließ langsam den Raum, während sein Vater immer noch in seine Gedanken versunken war. Der Klang der klappernden Teller in der Küche signalisierte ihm, dass das Essen vorbereitet wurde, während Daewee alleine neben der Küchentür spielte.

Dongsuhk umarmte seinen Sohn. Seine Frau schaute mit Yoowee auf ihrem Rücken aus der Küchentür nach draußen und gab ihm ein strahlendes Lächeln. Yoowee's Kopf bewegte sich, als seine Mutter sich bewegte und lächelte, als er seinen Vater erblickte. Die Feier des hundertsten Tages seines Sohnes war in ungefähr einem Monat. Dongsuhk empfand, dass er wenigstens Yoowee an diesem Tag sehen sollte.

Es würde seine erste Reise sein, die eine sehr lange Zeit dauern würde und er wird ebenso im Kontakt mit der Militärgruppe bleiben. Es war ihm sehr bewusst, dass es eine gefährliche Reise werden würde. Dongsuhk rieb sein Gesicht an Daewee's weicher Haut und schloss seine Augen. Die Frühlingssonne leuchtete auf den Vater und seinen Sohn, als Daewee bei der hellen Sonne in seinen Augen zuckte.

In der Küche konnte Dongsuhk hören, wie seine Frau ihr Neugeborenes beruhigte. „Warte noch ein wenig mein liebes Kind. Ich werde dich bald füttern. Warte noch eine Weile mein kleiner Prinz!"

Yoowee's Schreien konnte über die Stimme seiner Mutter gehört werden. Währenddessen stand Dongsuhk still mit geschlossenen Augen unter dem Frühlingssonnenschein.

Es war April, kurz nach der Hunderttagefeier von Yoowee und Dongsuhk stand früh auf um sich fertig zu machen, damit er das Dorf Dongsang erneut verlassen konnte. Er hat davor schon viele Male sein Zuhause verlassen, doch an diesem Tag fühlte sich sein Herz besonders schwer an. Yoowee's Backen wurden molliger und als er seinen Vater erblickte, lachte er während seine Hände und Füße zappelten. Boknam legte Dongsuhk's Kleidung in den Koffer und fing letztendlich an zu weinen. Die traurige Atmosphäre war in ihrem Zimmer spürbar.

Dongsuhk schaute sich seine heulende Frau an. „Habe ich dir nicht gesagt, dass ich zurückkehren werde? Wozu all diese Tränen?"

Boknam schniefte und drehte sich um damit sie Dongsuhk sehen konnte. „Wie konntest du dich für einen solch gefährlichen Auftrag freiwillig melden? Hast du nicht an mich gedacht? Alles an was ich denke ist du."

„Alles war in Ordnung, bis ich euch jetzt nun verlassen will, wieso solltest du dir dann jetzt Sorgen machen? Das ist alles der Wille Gottes.“; antwortete Dongsuhk.

„Gottes Wille? Sag so etwas nicht! Das ist dein Verlangen, wie könnte es der von Gott sein? Gott ist nicht so jemand. Er ist jemand der uns gemeinsam glücklich leben lässt. Doch du?“

Boknam vergrub ihr Gesicht in Dongsuhk's Knien und klagte. Dongshk seufzte und konnte einfach nur den Rücken seiner Frau streicheln. „Es gibt hier eine wichtigere Aufgabe als unser Glücksein. Willst du einen dummen Ehemann der nur über dich denkt? Oder willst du einen Mann der bei vielen etwas Gutes bewirkt?"

Boknam hob ihren Kopf nachdem sie Dongsuhk's ruhigen Wörter hörte. Ihr Gesicht war voll Tränen nass. „Ich würde lieber einen dummen Ehemann haben wollen. Geh nicht! Bitte nicht!"

Dongsuhk griff nach ihren Schultern und brachte sie näher zu sich heran. „Nun hör mir jetzt zu. Pass auf unsere Eltern und Kinder auf. Wenn eine Frau so weint, dann kann ein Mann nicht das tun was er machen muss. Wenn du die Kraft dazu hast zu weinen, benutz es lieber dafür um für mich zu beten."

Boknam vergrub ihr Gesicht noch tiefer in die Brust ihres Mannes und hörte nicht auf zu weinen.

An diesem hellen Frühlingstag am Eingang des Dorfes Dongsang, wurde ein weiterer Abschied genommen. Der gebrechliche und leicht vorgebeugte Sungdu stand mit der weißhaarigen Hannah und Junmsoon im mittleren Alter da, beide von ihnen weinten. Boknam war mit dem Rücken weggedreht und ließ mit Yoowee in ihren Armen den Kopf hängen. Hinter ihnen stand Changsuhk, der mit einem bedrücktem Gesichtsausdruck auf Daewee aufpasste. Sungdu erinnerte sich daran wie sein Sohn schon viele Male von diesem Ort aus fortgesandt wurde und immer wieder sicher zurück kam.

„Das ist wahr! Er wird sicherlich wieder zurück nach Hause kommen.“, dachte Sungdu. Er schloss seinen faltigen Mund. Es gab jemanden, der nie wieder zurück gekehrt ist. Vor einer sehr langen Zeit war es Mentor Kim. Sungdu konnte sich immer noch klar und deutlich an den Tag erinnern, welcher vor fünfzig Jahren stattfand. Der Abschied hat sich tief an sein junges und leichtsinniges Herz festgeklammert.

Es wurde gesagt, dass sein Lehrer gepeinigt worden ist, doch er konnte immer noch den starken Schmerz spüren, als würde es wie eine scharfe Klinge auf ihn einstechen. Es fühlte sich wie ein Lichtstrahl an, doch es schmerzte ebenso. Er wusste nicht weshalb er sich nun an diesen Abschied mit seinem Mentor an dem Tag erinnerte, wo sein Sohn ihn nun verlassen würde. Wieso vermischten sich die Bilder seines Mentoren mit dem Rücken seines Sohnes?

Sungdu war alt, doch er war das Oberhaupt der Familie. Er musste die Frauen beruhigen und seine Stärke zeigen. Er hustete und spuckte auf den Boden. Sungdu schaute zu Hannah und Junmsoon und sprach gelassen zu ihnen: „Lasst uns wieder zurück nach Hause gehen. Dongsuhk geht nicht zu seinem Tod, weshalb weint ihr dann?"

Das waren Sungdu's Worte, doch Boknam entgingen nicht die wackligen Schritte des alten Mannes. Sie flüsterte sich zu, als sie ihrem Schwiegervater mit ihrem Sohn auf dem Rücken folgte: „Ich werde jeden Tag für dich beten. Jeden Tag, jeden Tag, also bitte komm gesund und sicher wieder zurück."

Mit Boknam's Flüstern schlief Yoowee auf dem Rücken seiner Mutter ein, während die Frühlingssonne noch stärker auf sie drauf leuchtete.

KAPITEL 29

„Manchuria"

WÄHREND DONGSUHK DEN Winterlang in Kimhae verbrachte, hielten die Anführer mehrere Versammlungen ab und wurden sehr eng miteinander. Sie würden am frühen Abend anfangen zu trinken und betrunken werden wenn die Nacht schon sehr spät wurde. Die leisen Stimmen wurden lauter und der älteste von ihnen, Dongsuhk's Kyungshin Oberstufenschüler, murmelte in einem betrunkenen Ton: „Verdammte Welt! Weißt du? Ich habe gehört, dass die Japaner vor dem Kyungbok Palast ihr Regierungsbüro aufbauen wollen, damit sie unsere Bemühungen blockieren können. Wusstest du das? Huh? Sie werden schon bald damit anfangen. Scheiße!"

Jeder schaute ihn an, als wäre das das erste Mal, dass sie sowas hören würden.

„Ein pro-japanischer Sohn ist ein Unabhängigkeitskämpfer? Ist das nicht zum Lachen?"

Der Mann lachte als er von seinem Becher trank. Sein Vater war ein reicher Mann aus Hyoja Dong, doch es hatte den Anschein, als wäre sein Vater durch sein pro-japanisches Verhalten zum Geld gekommen. Anscheinen waren die Neuigkeiten über die neue Konstruktion durch seinen Vater weitergegeben. Jemand, der sich in den Schatten der pro-japanischen Bürger befand, würde wahrlich viele Informationen bei sich haben.

Dongsuhk dachte als erstes, dass der Vater seines Oberstufenschülers derjenige war, der sich persönlich an der Finanzierung beteiligte, doch jemand der so sehr damit beschäftigt war der japanischen Regierung nach zu jubeln, hätte so etwas nicht getan. Jedoch war es nicht nötig herauszufinden wer der anonyme Spender war. Alles was Dongsuhk machen musste war es das Geld an die Kräfte der Unabhängigkeit nach Manchruia zu überbringen.

„Bastarde! Sie wollen die Energie zerstören, die aus dem Chosun Palast kommt. Lass sie es versuchen. Die denken, die könnten unseren Geist brechen?“ Gapsung machte eine Faust, als er seinen Becher hoch hob. „Mein Vater sagte einst, dass wenn ein Mann sein Eigentum verteidigen müsste, dass der einzige Weg es wäre pro-japanisch zu werden. Ist es deshalb, wieso ich hier nach der Unabhängigkeit rufe, während ich in einem Anzug gekleidet bin und trinke?“

Der Sohn des Hyoja Dong Mannes lachte erzwungen. Als Dongsuhk zu dem Mann aus Hyoja Dong schaute, der nun in einer unangenehmen Situation war, dachte er an seinen Vater. Sungdu war ein Dorfapotheker, der weder das Eigentum noch die Bildung hatte, doch Dongsuhk schätzte es sehr, dass sein Vater seine Aufgabe verstand. Dongsuhk hatte das Gefühl, dass der Mann aus Hyoia Dong sehr einsam war, da er jemand war, der nicht mit seinem pro-japanischen Vater darüber reden konnte, was sich in seinen Gedanken verbarg.

„Gottes Bestimmung siegte in den Zeiten der Verfolgung!“, rief Dongsuhk und überraschte sogar sich selbst. Jeder drehte sich zu ihm. Sie wunderten sich worüber Dongsuhk sprach.

„Egal wie sehr die Japaner versuchen werden die Steuerung aus dem königlichen Palast zu blockieren, egal wie pro-japanisch der Vater unseres Kameraden aus Hyong Dong ist, Unabhängigkeit ist Unabhängigkeit. Je mehr sie versuchen werden uns Koreaner zu verfolgen, desto stärker wird unsere Unabhängigkeitsbewegung!“ Die Stärke in Dongsuhk's standhafter Stimme ließ alle mit dem Kopf nicken.

„Das stimmt! Je mehr die Japaner versuchen uns zu verfolgen, desto stärker werden wir! Stärker, stärker sage ich!“ Gapsung hob seinen Becher als er sprach.

Die Nacht ging weiter und als Dongsuhk von dem ganzen Alkohol schläfrig wurde, versuchte er sich vorzustellen wie Manchuria aussehen würde. In seinem Kopf war das unbekannte Land unaufhörlich. Doch er hatte keine Angst. Stattdessen pochte sein Herz schnell. Sein Herz brannte und wartete darauf an einen unbekannten Ort zu laufen.

Im Mai 1916, reiste Dongsuhk zu einer Militärtrainingsseite in Manchuria's Sogando Region um sich mit der Militante zu treffen, welche Sangjin vorgesehen hatte. Die Organisation war eine *Shinheung Kangseupso,* eine Militärtrainingsschule.

Die meisten Unabhängigkeitskämpfer in den Gando und Yonhae (Vladivostok) Regionen waren extreme Nationalisten, die Gott Humanisten waren. Sie machten Gando in Manchuria zu ihrer Basis für die Unabhängigkeit in der Hoffnung das alte Land von Koguryo und Balhae zurück zu erobern, welches ursprünglich das Land von Korea gewesen ist.

Eine Bildungs- und Militärstätte wurde erbaut und eine Gewerbsanlage wurde geplant. Jedoch war ihr Hauptziel die Unabhängigkeit durch die Militärkraft, welche die Bewegung der loyale Armee vor der Annexion vorangehen würde.

Dongsuhk nahm den Zug ohne etwas von der Situation in Gando zu wissen und stieg anschließend in die Kutsche. Er fürchtete um sein Leben, da die japanische Militärpolizei strikte Inspektionen durchführte, bevor er den Yalu Fluss überquert hatte. Doch nachdem er den Fluss durchquert hat, minderte sich die Präsenz der Japaner und er verstand nun, weshalb die Unabhängigkeitskämpfer Manchuria zu ihrer Basis für die Operationen gemacht haben.

Egal wie sehr der japanische Staat versucht hatte die Region mit deren faschistischen Methoden zu kontrollieren, sie konnten sich nicht alle Regionen in Gando unter den Nagel reißen. In *Shinheung Kangseupso,* Huiyoung Lee, Shihyoung Lee, Dongnyong Lee und Sangyong Lee, welche alle von ihnen Gott Humanisten waren, spielten als die Elternorganisation und gründeten eine autonome Organisation namens „Kyunghaksa" in Sogando Samwonbo.

Ein Mann mit dem Rang eines Kommisskopps bei den *Shinheung Kangseupo* führte Dongsuhk in das Blockgebäude hinein wo ein glattrasierter Mann mit einem Schnurrbart schon auf ihn wartete. Hinter seinem Stuhl befand sich ein Gemälde von Dangun, welcher eindeutig den Ursprung ihrer Religion repräsentieren sollte.

Der Gründer des Gott Humanismus war Dangun und er betete Hanulnim an, eine Kombination aus den drei Göttern: Hwanwoong der Kyohwa Gott, Hwangum der Chihwa Gott und Hwanin der Chohwa Gott.

Der Mann mittleren Alters, der elegant vor dem Bild von Dangun saß, war Huiyoung Lee. Er war einer der Anführer die, die Gando Region leiteten und nach *Shinheung Kangseupso* kam um sich mit Dongsuhk zu treffen.

„Du hast deine ganze Mühe hineingesteckt und bist so weit her gekommen." Huiyoung stand von seinem Stuhl auf und streckte seine Hand aus. Verwirrt schüttelte Dongsuhk ihm die Hand. Obwohl diese groß und warm war, war sie dennoch dick und rau, welche die Beschwernisse aufwies, die er während seiner Zeit in diesem fremden Land durchleben musste.

„Sie meinten ihr Name wäre Kamerad Dongsuhk. Sie sind wahrhaftig durch große Erschwernisse bei diesem Weg hier her gekommen."

Leicht sichtbare Falten waren auf Huiyoung's Stirn zu erkennen wenn er lächelte. Dongsuhk dachte, dass dieser Mann jemand mit freundlichen Eigenschaften war und versuchte sein Alter zu erraten. Er hatte gehört, dass dieser Mann fünfzig Jahre alt sein soll. Jedoch sah Huiyoung auf irgendeine Art und Weise älter aus.

„Ich habe gehört, dass Sie ein Schüler an der Severance warst. Sie sind ein sehr gutaussehender Kerl.", sprach Huiyoung, als wäre Dongsuhk sein jüngerer Bruder. „Es ist mir eine Ehre Sie hier endlich zu treffen."

Dongsuhk errötete, was Huiyoung laut zum Lachen brachte. „Ihr Dialekt verrät mir, dass Sie aus Youngnam stammen. Kaum zu glauben dass Sie, ein Student, den ganzen Weg hier her gereist sind! Was ist mit ihrem Studium?"

„Nun, ich habe mir vorgenommen eine Pause davon zu nehmen. Meine Familie war in einer schwierigen Situation und ich hatte nicht das Geld für meine Studiengebühren.", erwiderte Dongsuhk.

Huiyoung war still und versank tief in seine Gedanken, bevor er sich mit seinem Rücken gerade hinsetzte, nachdem er an seinem Stuhl gelehnt war und schaute Dongsuhk ernst an.

„Die Bildung ist etwas, was Sie nicht aufhören dürfen. Wir haben uns hier in einem fremden Land versammelt um militärisch zu kämpfen, doch darunter liegt die Bildung, was etwas ist, was ich nie vergessen habe. Sogar hier hat unsere Gott Humanismus Basis vor fünf Jahren eine Schule errichtet. Dazu haben Chaeho Shin und Eunshik Park viele Biografien von großartigen Menschen übersetzt und die Bücher wurden veröffentlicht und von vielen Koreanern hier gelesen. Die Kraft allein wird die Unabhängigkeit voranbringen." Eine große Stärke befand sich in Huiyoung Lee's mächtigen Blick.

„Kraft und Bildung—das sind die Dinge über die ich immer nachdenken werde.", antwortete Dongsuhk.

„Natürlich, das müssen wir. Jedoch müssen wir ebenso unsere Köpfe verwenden. Das jetzige Einpflanzen von Samen der Bildung in diesem Land ist für die Zukunft. Sicherzustellen, dass junge Männer wie Sie ihr Studium nicht abbrechen ist ebenfalls für die Zukunft. Doch es gibt keine Zeit für mich." Huiyoung gab einen tiefen klagenden Seufzer.

„Es kann nicht geholfen werden, obwohl wir sogar die Unterstützung der hier lebenden Koreaner erhalten. Es ist einfach nicht genug damit wir die Gruppe alleine führen können. Letztendlich müssen wir in unserem Heimatland um Hilfe bitten, doch den ersten Schritt zu wagen war das schwerste. Zu dieser Zeit gibt es zahlreiche geheime Organisationen die in den Penisula geformt werden, doch es fehlt an Kommunikation. Wenn diese verschiedenen zerstreuten Untergrundgruppen und die Überseegruppen sich vereinigen könnten, dann würden wir zu einer beeindruckenden Macht werden!"

Dongsuhk erinnerte sich plötzlich an Chunlee's Brief. „Meine jüngere Schwester hat in Hawaii geheiratet. In ihren Briefen spricht sie von einer Gruppe namens Kookmin Kun Dan, die sich nun an einem Militärtraining beteiligen."

Huiyoung lächelte und sein Ausdruck veränderte sich. „Ah, Hawaii! Deine Schwester ist dort? Also kommen Sie aus einer christlichen Familie?"

„Ja! Aber woher wissen Sie das?" Dongsuhk war ein wenig verwirrt.

„Gott Humanisten wie ich kamen nach China hier her und organisierten eine Gruppe und die meisten, die nach Amerika gingen, waren Christen. Wenn solche Einheiten sich vermehren würden, dann wird man ihnen eines Tages beitreten und unsere Unabhängigkeit wird sicherlich kommen."

„Natürlich wird sie das!", stimmte Dongsuhk ihm zu.

Huiyoung lachte bei Dongsuhk's kurzer Antwort.

„Um eines Tages darauf vorbereitet zu sein, müssen die jungen Leute aus Korea viel studieren und mehr Wissen erlangen. Das Gehirn wird wichtiger sein als die Macht."

Huiyoung nahm den ledernen Beutel, der die Militärsfinanzierung beinhielt und stand auf. Dann bot er seine Hand an.

„Sie haben eine gute Arbeit geleistet, Kamerad Pai! Lassen Sie uns das Versprechen machen uns wieder zu sehen. Solange Korea nicht verschwindet, wird die Kraft der Koreaner stärker werden, während unser Geist weiterlebt um zu atmen. Gehen Sie zurück zu ihrem Heimatland und seien Sie das Licht!"

Dies wurde in einer beruhigenden Stimme gesagt, doch die Wörter erbebten Dongsuhk's Herz. Huiyoung platzierte den Lederbeutel an seine Seite und verließ das Blockgebäude. Es ist ein kurzes Treffen gewesen, doch eine Kraft war vorhanden. Sein zurückbleibender Ton blendete das Zimmer für einen Moment, nachdem er dieses verlassen hatte und Dongsuhk drehte sich um damit er seinen Hut von dem bescheidenen Holztisch wieder mitnehmen konnte. Eine stämmig aussehende Figur mit einem großen Kopf, Brust und Bart schaute zu Dongsuhk. Es war das Portrait von Dangun. Auf einmal stellte er sich einen bärtigen Mann auf dem Kreuz über dem Portrait vor. Jesus und Dangun. Ja! Die beiden von ihnen hätten eins sein können.

Er lächelte traurig, als er seinen Hut hob. Sein Vater glaubte, genauso wie die Leute der Kimhae Kirche aus Dongsuhk's Heimatskirche, nur an Jesus. Es war verwirrend zu sehen, wie die Menschen eines anderen Glaubens nach der Unabhängigkeit riefen.

Außerhalb des Gebäudes konnte man die sich zusammenscharenden Männer hören, also vermutete Dongsuhk, dass ein Militärtraining abgehalten wurde. Er war kurz davor das Zimmer zu verlassen, als er sich noch einmal umdrehte. Das Gesicht des Mannes, der Korea gegründet hatte, schaute Dongsuhk mit großen Augen an.

Dongsuhk murmelte unbewusst: „*Oh Vater im Himmel! Ich habe nicht den standhaften Glauben wie mein Vater. Doch um an die Wahrheit zu kommen, die du für uns bestimmt hast, müssen wir dich vielleicht bei einem anderen Namen rufen. Vielleicht haben Dangun und Jesus sich unter der Ideologie der Unabhängigkeit getroffen. Ich bin Jesus Namen betend hier her gekommen, doch diese Männer haben ihre Stärke durch Dangun's Namen gesammelt. Lass uns unter deinen Willen Eins werden. Lass es am Ende einen geben und möge der Tag der Unabhängigkeit schnellstmöglich zu uns kommen!*"

Als Dongsuhk das Blockhaus verließ, folgte der Kommisskopp, der die Männer trainierte, Dongsuhk schnell hinterher. „Lehrer Huiyoung hat uns vor einem Moment verlassen. Es ist ein freundlicher Mann, doch er kommt nicht oft zu unserer Militärtrainingseinrichtung. Er kam heute her, da Sie einen langen Weg mit der Finanzierung für das Militär gereist sind. Er bat mich gut auf sie aufzupassen, also werde ich Sie zu einem koreanischen Haus begleiten, damit sie sich dort für einige Tage ausruhen können."

Trotz seines groben Aussehens war der Kommisskopp sehr freundlich zu ihm. Dongsuhk folgte ihm aus dem Trainingsbereich, als er sich die Männer ansah. Er konnte ihr Alter nicht einschätzen doch sie sahen schäbig und ermüdet aus. Außer den koreanischen Anführern in Manchuria, schien es als hätten nicht viele einen Grund in dieses Land zu kommen.

Die meisten Koreaner die es sich aussuchten in Manchuria zu leben, taten dies, da sie keinen anderen Weg hatten ihren Lebensunterhalt zu verdienen. Den meisten selbstständigen und armen Farmern wurde ihr Land durch die japanische Landesaufnahme weggenommen und machte sie somit zu Brandordnungsbauern oder zwang sie zu der Gando Region zu ziehen. Japan's Raub des koreanischen Landes zwang die koreanischen Farmer in die Armut und dieser Grund katalysierte die Formation der anti-japanischen Kräfte.

Eine Armee, die arme Menschen beinhaltete, war sehr wahrscheinlich nicht stark. Jedoch war es zu früh um etwas anderes zu sagen.

Ein sanderfüllter Wind blies aus dem Steppen von Manchuria durch Dongsuhk's Haare, als er das Trainingslager verließ. Es war

Mai, doch der Wind beim Sonnenuntergang fühlte sich immer noch frisch auf seinem müden Körper an, nachdem er eine solch lange Strecke gereist war. Er führ auf einem dachlosen Wagen, welche von dem Kommisskopp gefahren wurde, der auf einer fremden Straße fuhr, die den Anschein hatte, als würde sie niemals enden. Auf dem Weg für den Wagen wuchs Sommergrass, doch es gab kein Anzeichen von Bergen. Das Geklapper des Wagens wurde gefolgt von den dichten Staubwolken hinter den Rädern und Dongsuhk musste sich seinen Mund, nachdem er gehustet hatte, mit einem Halstuch verdecken. Er hatte das Gefühl, dass es nicht schwer gewesen ist dem Mann beim Trainingslager zu folgen, doch womöglich war es wegen seiner Angst. Nun wunderte er sich, ob es für ihn nutzlos gewesen ist so weit her zu reisen, nur damit er Huiyoung für eine solch kurze Zeit treffen konnte. Er fühlte sich als hätte er etwas zurück gelassen, oder dass er einfach nur ausgenutzt wurde.

Die rote Sonne ging bei der Abenddämmerung unter und ließ den ganzen Himmel rot werden, als die Wagenräder den Staub hochwirbelten. Die Dunkelheit brach an. Der alte Wagen wurde von einem gebrechlichen Pferd gezogen und Dongsuhk hörte nicht auf seinen Mund wegen dem Staub zu bedecken.

Dongsuhk wachte am nächsten Morgen in einem privaten Haus auf und begleitete den Besitzer des Hauses an den Ort wo der koreanische Markt auf einem offenen Flachland eröffnet wurde. Dort befand sich eine Menschenmenge von Koreanern, die weiße Kleidung trugen, welche man überall in Penisula hätte sehen können, doch wenn man sie in Gando sah, dann schienen sie sogar noch weißer.

Sie wie sie es in ihrem Heimatland taten, wählten die Koreaner einen spezifischen Tag aus an dem sie den Markt eröffneten um Ware zu kaufen und zu verkaufen. Es war das sechste Jahr seit der Annexion. Sie verließen ihr Heimatland, doch ihr Wille zum leben hatte sich in den Ebenen von Manchuria verstärkt. Dongsuhk atmete tief durch, als er die Koreaner in ihrer hellen weißen Kleidung sah.

Es gab eine lebhafte Energie die vom Inneren kam. In seinen Ohren hörte er die Worte von Huiyoung: „Der Tag wird kommen, an dem die geheimen häuslichen Organisationen sich mit den

Überseeorganisationen zusammenschließen werden, und das wird die Zeit sein in der die jungen Menschen ihre Köpfe trainieren müssen, indem sie studieren. In der Zeit wird das Gehirn einen größeren Wert haben."

Der Hausbesitzer wurde sofort von der Menge verschlungen und Dongsuhk befand sich alleine und zutiefst gerührt vom Anblick. All die Männer, die ihre weiße Kleidung und kurze Hüte trugen die recht klein schienen, erinnerten ihn an seinen Vater. Sie lebten ein gutes Leben ohne jegliche Verzweiflung, obwohl sie doch durch solch Elend gehen mussten und ermüdet waren. Er fand, dass die Menschen die er hier sah, nicht anders waren als die Leute die er jeden Sonntag in der Kimhae Kirche getroffen hatte. Die Koreaner die sich Übersee befanden, nahmen an ihrer eigenen Art von Gottesdienst teil. Es war ihre Einigkeit und Stärke, trotz ihrer Armut.

Er fühlte sich ein wenig enttäuscht, nachdem er Huiyoung getroffen hatte, doch jetzt war sein Herz ermutigt. Gott hat ihn nicht in das Land von Manchuria gesandt, damit er einfach nur das Geld abliefern würde. Nun verstand er, dass Gott ihn hier her geschickt hatte um den starken Willen der weiß gekleideten Menschen in dem hellen Flachland zu erleben. Dongsuhk setzte sich ohne Hut unter die Frühsommersonne. Weit weg bewegte sich die Menschenmenge wie Wellen auf dem Markt und die koreanische Sprache verteilte sich im ganzen Gebiet.

KAPITEL 30

„Im vertieften Prozess des Lernens"

WIE URSPRÜNGLICH GEPLANT kehrte Dongsuhk aus Manchuria zurück und widmete sich erneut im Frühling des Jahres 1917 seinem Studium an der Severance Medizinschule. Er musste härter arbeiten als die anderen, damit er den verpassten Unterrichtsstoff wiedernachholen kann, nachdem er sein Studium im zweiten Semester abgebrochen hatte. Ein japanischer Ermittler wurde in der Zeit sehr skeptisch über die Motive von Dongsuhk und lungerte öfters herum wenn Dongsuhk gerade lernte und machte es ihm somit schwer seine Verbindung mit der Bewegung zu verstecken. Die Daehan Kwangbok Hoe Kyungsung Außenstelle kreiste um Gapsung und versammelte sich öfters bei ihm.

Obwohl es Dongsuhk war, der die Anweisungen vom Hauptquartier bekommen hatte um die Außenstelle zu errichten, musste er die Organisation nun aus einer Entfernung beobachten. Der erste Weltkrieg war in der letzten Phase und Russland befand sich in einer Revolution. Die koreanischen Unabhängigkeitskräfte kochten wie ein Topf, unter dem Einfluss der ausländischen Geschehnisse, vor Wut.

Als die Zeit verging wurde die Beziehung zwischen der Überseebewegung und den häuslichen Organisationen enger und Dongsuhk hatte durch Chunlee's Briefe einen kompletten Überblick über den Ausmaß der ausländischen Affären.

Die Soldaten der Kookmin Kun Dan in Hawaii arbeiteten hart während dem Tag in den Zuckerrohrplantagen und versammelten sich nachts zum Training. Als die Zeit vorbei ging wurde Chunlee's schwerfällige Grammatik, genauso wie ihre Schreibweise, schlechter doch es klang als würde sich ihre Anpassung an Hawaii verbessert haben. Sie meinte, dass ihr schon recht alter Ehemann den Kinderwunsch schon aufgegeben hatte, doch plötzlich schickte sie die Nachricht sie wäre schwanger.

Danach gab es für ein paar Monate keine weitere Nachrichten. Als Dongsuhk sich auf sein Studium fokussierte, vergaß er die Unabhängigkeit und sogar seine Schwester.

Während dem Jahr 1917 verbrachte Dongsuhk seine Zeit in der Severance wie jeder andere Student auch. Seine Englischkenntnisse, die er an seinen Tagen an der Kyungshin Schule erlernt hat, waren ihm eine große Hilfe bei dem Verständnis der englischen Medizinbücher und in der Schule war er als ein großartiger Schüler bekannt. Dr. Scoffield der Severance Anatomie war im selben Alter wie Dongsuhk und lobte ihn als „die einzige Elite aus Gyungsangdo". Obwohl er einer von Dongsuhk's Lehrern war, wurden sie zu engen Freunden und Dongsuhk konnte spüren, dass Dr. Scoffield einen starken Glauben hatte.

Dongsuhk ging jeden Sonntag zu einem Gottesdienst an der Presbyterianischen Kirche neben seiner Schule, in der sich viele Intellekts aus der Gegend versammelten. Unter ihnen war ein gut gebauter und hübscher amerikanischer Missionar namens Pfarrer Raymond, der eine enge Beziehung mit Dongsuhk aufbaute.

Erst vor kurzem ist er nach Korea gekommen. Da er immer noch nicht so gut war Koreanisch zu sprechen und zu schreiben, fand er vor allem Gefallen daran sich mit Dongsuhk zu unterhalten, welcher ebenfalls Englisch sprechen konnte. Er hat Jesus erst in einem späteren Alter akzeptiert und konnte sein tiefes Verlangen und seine Berufung ein Missionar zu werden nicht weiter verschieben. Deshalb kam er als ein Mitglied der Nordamerikanischen Presbyterianischen Kirche in seinen Mittefünfzigern nach Korea. Er verließ seine erwachsenen Kinder in Amerika und kam mit seiner Frau nach Korea und fing Dongsuhk schon bald wie seinen eigenen Sohn zu lieben. Er hatte keine Ahnung, dass Dongsuhk, der damit beschäftigt war zu studieren, in irgendeiner Weise in der Unabhängigkeitsbewegung involviert war.

Pfarrer Raymond und seine Frau luden Dongsuhk nach dem Sonntagsgottesdienst zu sich nach Hause ein und genossen es sich mit ihm zu unterhalten. Es hatte den Anschein als würde die Unterhaltung mit Dongsuhk die Sehnsucht nach dem Sohn des Paares stillen, da dieser im selben Alter war wie er.

Die enge Beziehung mit Pfarrer Raymond und seiner Frau, während Dongsuhk von 1917 bis 1918 studierte, wurde sich später als eine große Rolle in seinem Leben erweisen.

Gapsung würde Dongsuhk, jedes Mal wenn er ihn auf dem Campus traf, mit all den neuen Nachrichten über die Organisation informieren, da die geheimen Treffen der Daehan Kwangbok Hoe weiterhin stattfanden. Als die Organisation zuerst in Daegu gegründet wurde, wurden die ersten Treffen in Gasthäusern und Läden abgehalten. Die Militärfinanzen wurden durch den Profit, den sie dort verdient hatten, erhalten und es war einfacher der Aufspürung durch die Japaner zu entkommen.

Doch als mehrere Außenstellen gegründet wurden, bat man dringend die reichen pro-japanischen Familien um einen Geldbetrag. Bei diesem Prozess fing die Kyungsung Außenstelle an mit dem Hauptquartier zu arbeiten und die Kinder der reichen Kyungsung Mitglieder vereinigten sich mit Gapsung und spielten eine wichtige Rolle.

Sangjin Park, ein ehemaliger Soldat, wurde zu einer starkführenden Figur. In 1917 und bis zu den frühen 1918ern, blockierte er den Widerstand gegen die Einsammlung der Spenden der pro-Japaner. Er und ein paar weitere Männer, die sich an seiner Seite befanden, wurden letztendlich von der japanischen Polizei gefangen genommen. Es war ein unglückliches Geschehen, doch es bahnte später den Weg für ein nationales Erwachen.

Nach diesem Ereignis wurde die Organisation, inklusive dessen Außenstellen, viel vorsichtiger. Obwohl sie ihre Aktivitäten beendeten, kam es keinesfalls zu einem Zerfall.

Von Zeit zu Zeit traf sich Gapsung mit mehreren Leuten, doch er hatte bei Dongsuhk's Teilnahme an den Versammlungen ein mulmiges Gefühl. Dongsuhk wurde von den Japanern beobachtet, als er nach Manchuria gereist ist und die ganze Organisation hätte leicht gefunden und aufgedeckt werden können.

Dongsuhk verstand die Situation, doch da er derjenige gewesen ist dem die Außenstelle zugeteilt wurde, fühlte er sich ein wenig verärgert

Gapsung die volle Autorität zu geben. In Dongsuhk's Herz gab es immer noch Reste des Verlangens nach der Unabhängigkeit, doch er hatte in dem Moment keine Zeit dafür.

Er war während dem Frühlingssemester des Jahres 1918 in seinem zweiten Jahr des Studiums an der Severance Medizinschule, nachdem er sein verpasstes Semester nachgeholt hatte. Es war ein friedlicher Frühling. Seine zwei Söhne wuchsen Zuhause auf und mit Changsuhk's verbesserten Akkupunktur and medizinischen Fähigkeiten erhöhte das Einkommen der Apotheke und die Situation seiner Familie verbesserte sich. Viel wichtiger war es, dass die Anzahl der Kirchenmitglieder in Kimhae heranwuchs und die Kirche dazu fähig wurde sich durch die Spenden über Wasser halten zu können. Deshalb musste es sich nicht mehr auf das niedrige Einkommen der Apotheke verlassen.

Als Dongsuhk's Kinder heranwuchsen, wurde sein Vater und seine Mutter ebenfalls älter. Natürlich war seine zweite Mutter Junmsoon ebenso nicht mehr so jung. Manchmal fühlte sich Dongsuhk traurig, da seine Eltern nach einer Zeit älter wurden.

An einem Frühlingssonntag hatte Dongsuhk nach dem Gottesdienst sein Abendessen im Haus seines Pflegevaters Pfarrer Raymond. Nachdem er zu seiner Unterkunft zurück kehrte, bemerkte er draußen ein fremdes Paar Schuhe und stoppte. Obwohl die Sonne die herbstliche Tagundnachtgleiche überstanden hat, war es schon längst dunkel. Dongsuhk stand vorsichtig vor seiner Tür und Hustete trocken. Er erkannte das Gesicht, welches aus dem dunklen Zimmer hervortrat, nicht und machte einen Schritt zurück.

„Hallo du, Schwager! Ich bin's Youngok!"

Dongsuhk war froh die Stimme zu hören, noch ehe er sein Gesicht erkennen konnte und ging schnell in das Zimmer hinein. Youngok machte eilig die Tür zu noch ehe Dongsuhk das Licht auf der niedrigen Decke anmachen konnte.

„Schwager! Was bringt dich denn hier her ohne dass du vorher bei mir anrufst?"

Dongsuhk's Stimme bebte vor Aufregung, als die Glühbirne im Zimmer heller wurde.

„Anruf? Was für ein Anruf? Wir teilen nicht so eine Art von Beziehung, oder?", fragte Youngok.

„Trotzdem, ich wusste nicht, dass du einfach so hier her kommen würdest. Ist alles in Ordnung?"

„Lass uns langsam darüber reden und uns hinsetzten.", meinte Youngok.

„Sind alle in Dongsang ok? Geht es auch allen in deiner Familie gut?", wollte Dongsuhk wissen.

„Natürlich, ihnen geht es allen gut. Die Großenkel meines Schwiegervaters, Daewee und Yoowee wachsen jeden Tag mehr heran." Youngok beendete seinen Satz mit einem Lachen, als ob er Dongsuhk necken wollen würde.

Doch statt zu lachen schaute sich Dongsuhk seinen Gesichtsausdruck an.

„Schwager! Du bist aus einem guten Grund hier, nicht wahr?" Youngok war nicht die Art von Person, die Dongsuhk einfach so aus dem nichts besuchen kommen würde.

„Ja. Aber als erstes solltest du sicherstellen, dass uns keiner von draußen zuhört und sich keiner irgendwo in der Nähe befindet." Unter dem schwachen Licht war Youngok's Kinn steif vor Ernstlichkeit. Dongsuhk schaute aus seinem Zimmer nach draußen und nickte um ihm bescheid zu geben, dass sich draußen keiner befand.

Als die Tür sich schloss, rollte Youngok langsam seine Hose hoch und offenbarte ihm sein Bein, welches vor einigen Jahren verletzt wurde, als ein paar Gangster ihn kurz vor seiner Hochzeit mit Jungmyung an der Flussseite attackiert haben. Sein dünnes Bein konnte nun nicht einmal mehr den Boden berühren, obwohl die Verletzung schon eine lange Zeit her war. Ein gelblicher Kleidungsfetzen war um sein Bein herumgewickelt.

„Oh, Schwager! Wurdest du wieder verletzt?", rief Dongsuhk aus.

Seine geschockte Stimme wurde immer lauter und Youngok legte schnell seinen Finger auf Dongsuhk's Lippen. „Bleib leise, es ist nicht das."

Youngok fing langsam an sein dünnes Bein von dem Kleidungsfetzen zu befreien. Ein glatt gefaltetes Papier wurde sichtbar als der Stoff von seinem Fußknöchel bis zu seiner Wade entwirrt wurde. Dongsuhk machte erstaunt den Mund auf. Nachdem er den Stofffetzen komplett entfernt hatte, nahm Youngok das warme Papier, welches von seinem Körper erwärmt wurde, und gab dieses an Dongsuhk.

„Ich kam deswegen hier her. Die Kontrollen werden heutzutage in Busan immer gründlicher. Deshalb hab ich das versteckt. Die hätten auf gar keinen Fall einen gelähmten alten Mann wie mich durchsucht. Das sind die Anweisungen von Lehrer Sang Jin Park. Lese es dir schnell durch."

Dongsuhk war sehr überrascht zu hören, dass es die Anweisungen von Sang Jin Park waren, welcher im letzten Januar festgenommen wurde. Nach seiner Festnahme hat sich die Organisation in Daegu zerstreut. Dongsuhk entfaltete das Papier und las dieses durch:

An meinen sehr geehrten Kameraden, Dongsuhk Pai,

Ich sende Ihnen die Nachrichten durch diesen Brief. Es ist schon ein Jahr vergangen, seit Sie nach Manchuria gereist sind und nun tauschen wir die Neuigkeiten miteinander aus. Es wird gesagt, dass es sowohl wie in Korea, als auch außerhalb eine Verwirrung gibt.

Der Imperialismus wurde nach der russichen Revolution im letzten Jahr 1917 gestürzt. Anscheinend geben sich die europäischen totalitären Nationen einer nach dem anderen Amerika geschlagen, nachdem sie vier Jahre lang im ersten Weltkrieg gekämpft haben.

Das symbolisiert die Veränderung in dieser Welt. Das heißt, dass es von jetzt an keinen Platz mehr für den Militarismus und der Imperialismus geben wird. Wir müssen die internationale Interesse sammeln und den japanischen Imperialismus aus unserem Land verdrängen.

Die Organisation in der Gando Region erwartet erneut unsere Hilfe. Dort planen sie die Gründung unseres vorläufigen Staates. Obwohl es anstrengend sein wird, bitte überbringen Sie die Finanzierung an unseren koreanischen Anführer in Gando.

Ich weiß, dass Sie sich zurzeit auf ihr Studium fokussieren, doch da Sie schon einmal erfolgreich nach Manchuria gereist sind, habe ich keine andere Wahl als Sie erneut darum zu beten. Diesmal wird die Finanzierung dafür benutzt die Basis unseres vorläufigen Staates in Shanghai zu errichten.

Wir können nicht aus dem Land reisen, doch unsere Kameraden außerhalb können von unserem Leid an diese Welt berichten. Deshalb benötigen sie dringend das Geld.

Bitte schicken Sie von nun an alle Neuigkeiten durch Kameraden Youngok Lee. Seien Sie in nichts involviert, was Sie aufdecken könnte. Versuchen Sie mich nicht zu erreichen wenn Sie nach Daegu kommen, doch stattdessen schicken Sie uns alles durch Youngok.

Daegu Daehan Kwangbok Hoe, Park Sang Jin,
Januar.

Am Ende der geschickten Schreibkunst befand sich der rote Stempel des Daehan Kwangbok Hoe Siegels, auch bekannt als der Verbund der Unabhängigkeitskämpfer. Dongsuhk faltete den Brief und legte ihn in das Innere seiner Brusttasche, während er zu Youngok schaute.

„Schwager! Du hast eine gute Tat vollbracht!“, rief er stolz aus.

Youngok gab ihm ein bitteres Lächeln. „Die Anweisungen wurden vor der Festnahme des Lehrers gegeben. Ich kam mit dem Brief hier her, erst nachdem ich der japanischen Polizei ausgewichen bin.”

„Ich verstehe. Der Brief hat das Datum des Januars. Muss der Lehrer Schwierigkeiten im Gefängnis durchleben?”

Bevor Dongsuhk weiter sprechen konnte, schüttelte Youngok seinen Kopf.

„Es wird für ihn sehr schwierig werden da wieder lebend raus zu kommen. Es wurde berichtet, dass er die Todesstrafe erhalten sollte.”

Dongsuhk hielt den Brief in seiner Hand und schüttelte bestürzt seinen Kopf.

„Also heißt es, dass dies nicht mehr ist als ein Testament?“ Dongsuhk sprach in einer Stimme, als würde dieser in jedem Moment anfangen zu weinen.

Youngok konnte ihm weder antworten, noch seine Tränen zurückhalten, als Dongsuhk ihm eine Umarmung gab. Die zwei Männer weinten leise, als die Frühlingsnacht verging.

Am nächsten Morgen schickte Dongsuhk Youngok fort, bevor jemand vor ihnen wach wurde und kehrte leise wieder zurück um seine Lehre zu beenden. Doch er verbrachte wegen dem Brief seinen

Tag ängstlich und überprüfte regelmäßig den Brief in seiner Tasche, als würde sein Herz während dem Unterricht schmerzen. Sein Herz fühlte sich schwer an. Er war stolz darauf, dass man ihm eine neue Mission zugeteilt hatte, doch zur selben Zeit hatte er ein mulmiges Gefühl dabei wieder eine solch lange Strecke zu reisen. Er dachte an seine liebevollen Söhne und an seine schwangere Frau, die er bei seiner Rückkehr in den Ferien wieder sehen würde.

Ruhelos und besorgt ging Dongsuhk zu Gapsung um ihn beim Administrationsbüro nach seinem Unterricht zu sehen. Der Direktor hat sein Büro schon verlassen und erst in der Ecke des Büros nahm Dongsuhk den Brief aus seiner Tasche heraus und gab diesen an Gapsung. Dieser las den Brief schnell und klopfte auf Dongsuhk's Schulter.

„Ich verstehe. Also müssen wir es in diesem Jahr zur koreanischen Provinz in Manchuria, Gando, schicken? Ich werde nachsehen was unsere Kameraden davon halten werden, also beschäftige dich solange mit dem Studium."

Gapsung war sehr vertrauenswürdig, doch es gab auch etwas sehr hinterlistiges an ihm. Er nahm den Brief und hob gelassen eine schwarze Mappe hoch, bevor er das Büro gemeinsam mit Dongsuhk verließ. Dongsuhk ging das Treppenhaus runter und bewegte sich in Richtung Schultor, während Gapsung sich zum Korridor drehte und darin verschwand.

Dongsuhk ging den steilen Weg an der Severance Medizinschule entlang, bei dem am Frühlingstag der warme Wind in sein Gesicht blies. Der Frühling erblühte. Er verspürte eine starke Energie, die wie der Frühling durch sein Lernen in ihm erblühte. Es war seine Bestimmung sein Land zu retten und dieser Gedanke entging niemals seinem Verstand.

Er hatte das Gefühl, dass der Weg welchen er nun ging sein Schicksal war. In ihm befand sich eine Flamme, die durch das Verlangen ein einfaches Leben führen zu können oder durch etwas anderes, nicht ausgelöscht werden konnte. Es versteckte sich für eine Weile in ihm und begann nun erneut aus seinem Herzen hervorzuspringen. Als er den

Hang hinab stieg, zog er seine Jacke aus und platzierte diese an seine Seite. Die Frühlingsbrise wehte auf seine Brust.

Als der Herbst kam brach Dongsuhk erneut sein Studium an der Medizinschule ab und bereitete sich auf seine zweite Reise nach Manchuria vor. Seine Eltern waren von seinem Plan empört, doch nun waren sie nicht mehr so besorgt wie davor. Jedoch hatte seine Frau, die schon bald ihr nächstes Kind gebären würde, hatte große Sorgen und weinte, während sie sich an ihrem Rock festhielt. Dongsuhk fühlte sich nicht wohl dabei, seine Frau kurz vor ihrer Geburt zurück zu lassen.

Überraschenderweise wurden die Spenden in der Gyungsangdo Provinz eingesammelt und Dongsuhk erhielt noch vor seiner Reise das Geld. Seine Frau beobachtete wie Dongsuhk die schwarze Tasche in seinen Schrank steckte und blickte ihn voller Wut an.

„Was ist das? Wieso versteckst du es?“, wollte sie wissen.

„Das hier? Das ist nichts.“, antwortete Dongsuhk ruhig.

„Was meinst du damit, dass es nichts ist? Ist das Geld? So wie das letzte Mal als du wieder bei uns Zuhause warst?”

„Ja! Es ist Geld! Aber du darfst das auf gar keinen Fall jemanden erzählen!”

Boknam schaute zu ihrem Ehemann und mit ihrem vollen Bauch forderte sie: „Gib mir etwas vom Geld ab, damit wir unseren Kindern neue Kleidung kaufen können. Kannst du nicht wenigstens ein bisschen Geld da raus nehmen, damit wir uns die Kleidung für unsere Kinder leisten können, bevor du dich wieder auf diese lange Reise begibst?”

Dongsuhk schaute Boknam mit einem ernsten Gesichtsausdruck an, als er auf einer jämmerlichen und doch wütenden Art und Weise zu ihr sprach.

„Was? Ist das dein Ernst? Weißt du was für ein Geld das ist? Hast du etwa den Verstand verloren? Das wird an diejenigen verschickt, die Tag und Nacht an unsere Unabhängigkeit denken. Frau! Dies wurde mit unserer Kraft und unserem Verstand eingesammelt!“

Boknam starrte ihren schreienden Ehemann an und fing an große Tränen zu weinen.

„Wieso denkst du, dass ich das nicht wissen würde? Ich habe das gesagt, weil du so kalt zu mir bist. Wo bin ich, wenn du dein Leben für eine solch gefährliche Mission riskierst? Und was ist mit unserem Daewee und Yoowee? Was ist mit dem Kind in mir? Für dich ist die Unabhängigkeit wichtiger als unsere Familie!"

Boknam fiel auf den Boden und hörte nicht auf zu weinen. Dongsuhk seufzte als er seine weinende Frau beobachtete. Vielleicht liebte er ein unsichtbares Ideal mehr als seine Frau und seine Kinder. Er war gefühlslos, als er kurz davor war seine geliebte Frau weiter weinen zu lassen. Doch die Unabhängigkeit war für das Leben jedes einzelnen Koreaners. Er selbst dachte, dass es die einzige Sache zu machen wäre. Er musste das Kreuz der Generation auf sich tragen.

Er atmete tief durch, bevor er sich von seiner weinenden Frau wegdrehte und hinaus aus dem Fenster auf den blauen Himmel blickte. Er lockerte seinen angespannten Gesichtsausdruck auf und setzte sich neben sie.

„Komm schon meine Haerim! Weiß denn meine intelligente und geliebte Frau denn nicht was mein Herz zu sagen hat? Huh?"

Boknam hob ihre nasses Gesicht hoch und schaute zu ihrem Ehemann.

„Wieso sollte ich nicht? Ich weiß weshalb, doch es fühlt sich nicht richtig an. Denkst du nicht, dass es sich für mich so anfühlt als ob ich erwürgt werden würde, da ich darüber denken muss, wie du dich wieder auf diese gefährliche Reise begibst? Kannst du denn nicht über die Unabhängigkeit vergessen und einfach dein Studium beenden und bei der Farm arbeiten?

Du bist der Sohn eines Apothekers doch ich bin die Tochter von Sukgoon Chun, eines Millionären. Jedoch weiß ich mehr über das bäuerliche Leben als du. Vielleicht hätte ich die Frau eines Bauern werden sollen. Ich weiß nicht wieso ich einen Mann geheiratet habe, der auf gefährlichen Missionen unterwegs ist."

Boknam klammerte sich an Dongsuhk fest und weinte. Dongsuhk spürte ihren Kummer, während er seine Frau eng bei sich hielt und seufzte tief. Alles was er tun konnte, war es den Rücken seiner Frau zu streicheln und nichts weiteres mehr zu sagen.

Dongsuhk schüttelte endlich die Sorgen seiner Eltern und seiner Frau ab und bereitete sich darauf vor das Geld mit nach Kyungsung zu nehmen. Jedoch gab es da jemanden, den er vor seiner Abreise noch besuchen wollte. Es war kein anderer als Pfarrer Raymond und seine Ehefrau, die sich um Dongsuhk, während seinem Kampf zwischen dem Studium und der Unabhängigkeit, kümmerten.

Dongsuhk war sich sehr bewusst, dass er die Wahrscheinlichkeit gab, dass er ihn vielleicht nie wieder sehen könnte. Der Tag vor seiner Abreise war ein Sonntag und Pfarrer Raymond und seine Frau machten sich um Dongsuhk Sorgen, da er nach den Sommerferien nicht wieder zurück war. Deshalb waren sie sehr erleichtert gewesen ihn wiederzusehen und luden ihn sofort zum Abendessen ein. Dongsuhk akzeptierte ihre Einladung mit einem ganz anderen Gefühl, welches er davor hatte.

Pfarrer Raymond und seine Frau lebten in der Nähe von Dongsuhk's Unterkunft und nach dem Abendessen mit ihnen, trank Dongsuhk mit Pfarrer Raymond Tee Rezeptionszimmer, während seine Frau den Abwasch machte.

„Dongsuhk! Was ist während den Sommerferien passiert? Du siehst ja ganz fertig aus."

Pfarrer Raymond sah ihn mit einem besorgtem Blick an. Dongsuhk lächelte einfach, während er sich fragte, wie er ihm von seinen Plan am nächsten Tag nach Manchuria zu reisen, erzählen würde.

„Also…", begann Dongsuhk.

„Also was?" Pfarrer Raymond lächelte ruhig und wartete auf Dongsuhk's Antwort.

„Nun, ich reise morgen nach Manchuria ab."

„Manchuria, also China?", fragte Pfarrer Raymond überrascht.

„Ja, das ist richtig."

„Wieso? Aus welchem Grund?" Pfarrer Raymond war schockiert und Dongsuhk seufzte.

Pfarrer Raymond schaute ihn an. Er hatte große Schwierigkeiten damit ihm eine Erklärung zu geben, doch Pfarrer Raymond lächelte nur.

Endlich fing Dongsuhk an ihm das ganze zu erklären: „Ich mit ein Mitglied einer koreanischen Unabhängigkeitsorganisation. Ich gehe aufgrund einer Mission nach Manchuria."

Pfarrer Raymond blickte tief in seinen Gedanken versunken nach unten, nachdem er Dongsuhk's Worte vernahm.

„Ich sehe. Die koreanischen Menschen werden von den Japanern unterdrückt. Es ist offensichtlich, dass ein solch intellektueller Mann wie du sich darum kümmern. Trotzdem ist das eine gefährliche Angelegenheit."

Dongsuhk nickte statt ihm eine Antwort darauf zu geben.

„Mach dir keine Sorgen. Wir werden für dich beten, damit du wieder sicher nach Hause kommen wirst.", versicherte ihm Pfarrer Raymond. Er stellte seinen Teebecher auf den Tisch und verschränkte seine Arme.

„Danke. Ich werde niemals vergessen wie gut Sie mich behandelt haben.", erwiderte Dongsuhk emotional.

„Wir werden dich ebenso niemals vergessen. Du bist wie ein Sohn für uns geworden. Du bist jemand mit dem wir an diesem Ort, wo es schwer zu kommunizieren ist, über Gott sprechen können. Wir werden dein warmes Herz niemals vergessen. Warte, warte eine Minute!"

Pfarrer Raymond öffnete wieder seine Arme, als hätte er sich an etwas erinnert. Er ging auf einen Tisch, am Ende des Rezeptionsraumes, zu und holte etwas aus der Schublade heraus. Dongsuhk erblickte einen schwarzen Füller in Raymond's Hand.

„Das ist etwas was ich sehr schätze. Ich habe das vor einer sehr langen Zeit benutzt, aber es ist dennoch immer noch gut erhalten. Mein Name ist ebenso eingraviert."

Pfarrer Raymond zeigte Dongsuhk seinen Namen, welcher in Gold eingraviert war.

„Ich will dir das als ein Andenken geben, damit du mich niemals vergisst. Es soll dich ebenso an deinen Weg der Medizin erinnert, welchen Gott für dich vorbereitet hat."

Die Augen von Pfarrer Raymond waren schon längst mit vielen Tränen nass. Dongsuhk hob den Füller hoch, als würde er das Leben des Pfarrers erheben.

„Vielen Dank. Das ist wahrhaftig ein wertvolles Geschenk. Ich werde das bei mir tragen und immer an Sie und an Ihre Frau denken."

Dongsuhk steckte den Füller in seine Jackentasche, als Pfarrer Raymond näher an ihn heran trat und ihm eine feste Umarmung gab, bevor er in einer leisen Stimme sagte: „Mein Sohn! Gott wird dir den Weg weisen."

Pfarrer Raymond's Frau betrat das Rezeptionszimmer und lächelte ohne etwas davon zu wissen weshalb die beiden Männer sich gegenseitig umarmten.

Nachdem Pfarrer Raymond und seine Frau Dongsuhk liebevoll wegschickten, fühlte sich Dongsuhk's Herz warm an, obwohl die kühle Herbstbrise auf ihn wehte, als er seinen Weg entlang ging. Er fühlte sich von der Freundlichkeit des Paares getröstet, welche ihm eine andere Liebe gaben als seine Eltern.

Die herbstliche Nacht wurde dunkler. Irgendwo auf dem Weg zirpte eine Grille und der Mond leuchtete hell im Himmel. Er steckte beide seiner Hände in seine Hosentaschen und spürte den Frieden, während er durch die Herbstnacht wanderte.

„Mein Sohn! Gott wird dir den Weg führen."

Pfarrer Raymond's sanfte Stimme bewegte sich wie Wellen in seinem Herzen Er erinnerte sich ebenso an die weißen Wellen der Koreaner auf dem Markt in Gando. „Menschen von Korea! Gott wird unseren Weg führen!"

Dongsuhk murmelte diese Worte ohne es zu bemerken. Der Mondschein leuchtete auf ihn, während er auf der dunklen Straße ging. Es war kurz vor dem Vollmond.

KAPITEL 31

„Manchuria, Shanghai und die Bewegung des 1.Märzes"

AM ANFANG DEZEMBERS 1918, kam Dongsuhk das zweite Mal in dem sehr kalten Gando an. Sein Treffpunkt war wieder die Militärtrainingsschule, Shinheung Kangseupso. In den Ebenen, wo der Wind stark blies, trugen die koreanischen Rekruten das Fell von Tieren, rannten und schrien mit ihren Waffen.

Dongsuhk hatte das Gefühl, als wäre sein ganzer Körper eingefroren, da er nicht an die Kälte in Gando gewöhnt war. Er zog seinen Mantel an, als er aus dem Wagen stieg und ging erneut in die Richtung des bekannten Blockhauses. Als er dieses betrat, erblickte er wieder bei der Wand vor sich das Portrait von Dangun und den alten Tisch und die Stühle waren im Zimmer genauso aufgestellt wie vor zwei Jahren. Die einzige Veränderung war es, dass nun ein Heizkörper in der Mitte des Raumes stand.

Im warmen Blockhaus stand ein Mann, der eine Fellmütze und eine Weste trug und der nicht anders gekleidet war als die Männer die er zuvor draußen gesehen hatte. Der Mann stand schnell auf, als er Dongsuhk sah, obwohl sein Verhalten anders war als das bei Huiyoung Lee. Huiyoung Lee war nun ungefähr fünfzig Jahre alt, doch der Mann vor ihm war um einiges jünger. Obwohl er einen Schnurrbart hatte, schien er nicht älter als Dongsuhk.

„Kamerad Pai! Sie sind auf dem Weg hier her sicherlich an vielen Schwierigkeiten vorbei gekommen. Mein Name ist General Chwajin Kim. Ich bin von der Kwangbok Hoe."

Er schüttelte Dongsuhk's gefrorene Hand mit seiner großen rauen Hand, welche sich wie die kargen Ebenen dieses großen Landes anfühlte.

„Chwajin Kim?“ Dongsuhk nickte, da ihm der Name bekannt vorkam. „Das bedeutet, dass ich Sie schon einmal getroffen habe—womöglich in Daegu?”

Chwajin lächelte bei Dongsuhk's Frage. „Ich war damals im Gefängnis, als die Organisation gegründet wurde.”

„Im Gefängnis, sagen Sie?“, antwortete Dongsuhk überrascht.

„Ich war in einer Chungcheongdo Organisation involviert, diese war die übergeordnete Organisation der Daehan Kwangbok Hoe. Aufgrund meiner wilden Aktivitäten, wurde ich von der japanischen Polizei geschnappt und in das Seodaemun Gefängnis gesperrt. Das war alles für die Unabhängigkeit, würden Sie das nicht so sagen?“ Chwajin lachte laut.

„Nachdem ich drei Jahre im Gefängnis verbracht habe, wurde ich im letzten Jahr freigelassen und kam hier her nach Manchuria, um mich hier auf das Trainingszentrum zu fokussieren. Ein Teil unserer Organisation sammelte Spenden aus unserem Heimatland, während der andere Teil sich hier auf die Militärkräfte fokussierte.“ Für einen kurzen Moment hörte er auf zu reden.

„Ich hörte, dass Kamerad Sangjin Park zu Tode verurteilt wurde.”

Chwajin's Stimme klang tragisch, als wäre sein Lachen vor einer Zeit nur ein Traum gewesen. Dongsuhk verspürte das Leid, als er Sangjin's Stimme erneut zu hören bekam. Er legte schnell den ledernen Beutel mit der Finanzierung auf den Tisch, um den Schmerz von sich zu schütteln.

„Obwohl der Anführer der Organisation zu Tode verurteilt wurde, haben wir unser aller Bestes gegeben.”

Chwajin lächelte, während er Dongsuhk's standhafter Stimme zuhörte, welche mit seinem guten Aussehen kontrastierte.

„Danke Ihnen! Sie haben eine große Tat vollbracht, Kamerad Pai! Aber haben Sie eine Ahnung davon, dass das Geld nicht hier verwendet wird, sondern für die Interimsregierung in Shanghai benutzt werden wird?”

„Ja! Davon wurde in Sangjin's letztem Brief berichtet.”

Chwajin sprach weiter: „Nun, obwohl es eine anstrengende Aufgabe sein wird, muss ich Sie trotzdem darum bitten das Geld nach

Shanghai rüber zu bringen. Natürlich erst nachdem Sie sich ausgeruht haben. Tatsächlich wird der meiste Teil der Finanzierung für die Interimsregierung aus Amerika geschickt. Doch wir können nicht so tun, als würde nichts geschehen. Uns fehlen hier die Spenden, doch wir müssen die Finanzierung nach Hawaii schicken."

Chwajin gab die Tasche zurück an Dongsuhk und fing an im Zimmer umher zu gehen. „Kamerad Pai, ich habe einen Traum. Ich will eine Militärschule in Manchuria gründen und Offiziere zu Unabhängigkeitskämpfern ausbilden. Es gibt hier einen Trainingsplatz, doch dieser muss erst systematisiert werden, das heißt, dass eine Schule errichtet werden muss. Es gibt viel Arbeit, die noch zu erledigen ist. Das Problem ist die Finanzierungen. Alles involviert Geld. Das ist wirklich schwer."

Er bewegte sich sorgenvoll durch das Zimmer. „Nehmt diesen Traum. Dann wird dieser in Erfüllung gehen."

Dongsuhk rief aus: „Das ist es! Träumen! Wir müssen träumen, damit wir es erreichen können. Ich werde dafür sorgen, dass die Unabhängigkeit zur Wirklichkeit wird. Egal was auch geschehen wird!"

Chwajin's Gesichtsausdruck verriet, dass er schon eine sehr lange Zeit davon geträumt hatte. Es war ein Ausdruck der Sympathie, Angst und der Freude zugleich.

„Kamerad Pai! Nachdem ich aus dem Seodaemun Gefängnis freigelassen wurde, schrieb ich ein Gedicht über meine Bestimmung, als ich mich auf den Weg nach Gando machte, unser Land verließ und den Yalu Fluss durchquerte. Werden Sie meinem Gedicht zuhören?"

Dongsuhk nickte gespannt mit seinem Kopf ohne etwas davor noch zu sagen. Chwajin hörte auf im Kreis zu laufen und ging in die Richtung vom Fenster. Er blickte für eine Weile nach draußen. Dann drehte er sich zu Dongsuhk und schloss dabei seine Augen und begann sein Gedicht auswendig vorzutragen.

„Der starke Wind schneidet wie eine Klinge, doch der Mond leuchtet hell auf die Berge.

Der Frost auf der Spitze des Schwertes ist kalt und ich sehne mich nach meinem Heimatland.

Wird uns unser Land von den Eindringlingen weggenommen?
Wahrlich, wahrlich, werde ich unsere Nation zurückerobern?"

Chwajin's Stimme war genauso stark wie seine Erscheinung und es rührte Dongsuhk zutiefst. „Es ist wahrhaftig ein wunderschönes Gedicht, General!", antwortete er als er in die Hände klatschte. Er realisierte, dass Chwajin ein Mann der Macht war.

„Danke Ihnen, Kamerad Pai, dafür dass Sie meinen Sinn verstehen. Verbringen Sie doch bitte die Zeit hier mit mir, solange Sie bei uns sind. So wie ich es sehe ist unser Altersunterschied nicht allzu groß."

Als er Chwajin's aufgeregte Stimme hörte, realisierte er dass obwohl dieser Mann so stark aussah, er doch auch eine sensible Seite hatte.

„Danke Ihnen, General. Es ist mir eine große Ehre Sie zu treffen und mit Ihnen die Zeit zu verbringen." Dongsuhk verbeugte sich vor dem Generalen um diesem seinen Respekt für ihn zu erweisen.

Dongsuhk blieb in Chwajin's Quartier. Er lernte, dass obwohl der General nur zwei Jahre älter war als er, Chwajin so viel erlebt hat und eine große Bestimmung in sich hatte. Dongsuhk spürte auf einmal wie sein Verlangen nach der Unabhängigkeit in ihm mit einer noch stärkeren Intensität brannte.

Die Ereignisse in den folgenden Tagen heizten sein Verlangen nach der Unabhängigkeit noch mehr an. So wie es in Sanjin's Brief erwähnt wurde, erlangte die Unabhängigkeitsbewegung ihren Aufschwung und begann wichtige Versammlungen zu formieren. Ein paar Tage vor Dongsuhk's Abreise versammelten sich neununddreißig Unabhängigkeitskriger, inklusive Chwajin, in Gando um die „Unabhängigkeitserklärung" anzukündigen, um den starken Willen und das Verlangen nach den Militärtätigkeiten zu zeigen. Dongsuhk war sehr aufgeregt das historische Event, auf seinem Weg die Spenden abzuliefern, mitzuerleben. Er schüttelte sich mit Chwajin die Hände, was ein gegenseitiges Verständnis für das Verlangen nach der Unabhängigkeit zeigte und dann machte er sich auf seinen Weg nach Shanghai.

Er kam nach einer schweren Schiffsreise, während dem kalten Wetter, an. Sofort brach er auf um sich mit einem Mann namens Dongnyung Lee in einem privaten Zuhause, welches sich in einer dunklen Gasse befand, zu treffen. Der Mann sah aus, als wäre er ungefähr im selben Alter wie Huiyoung, doch im Vergleich zu dem recht freundlich aussehendem Huiyoung, sah Dongnyung viel erwartungsvoller und strenger aus.

„Diese Finanzierung wurde durch die Anweisungen von Daehan Kwangbok Hoe's Sang Jin Park hierher gebracht.", informierte Dongsuhk Dongnyung. Dongnyung's dünne Lippen lächelten unter seinem Schnurrbart, als er seinen Gyungsangdo Dialekt hörte.

„Sie haben gute Arbeit geleistet. Ich bin Ihnen sogar noch dankbarer, da Sie durch Manchuria hier her kamen, weil ich mir sicher bin, dass ihnen sogar die Finanzierung für das Militär fehlt. Jetzt müssen wir unsere Existenz unserer Leute der Welt bekannt geben. Das Geld wird für diesen Zweck verwendet. Ein junger Mann, der mit einem Gyungsangdo Dialekt spricht kam anfangs sicherlich aus dem Süden und reiste durch ganz Korea den langen Weg bis hier hin."

Trotz seines Aussehens sprach Dongnyung mit viel Freundlichkeit. Dongsuhk wusste nicht, dass Dongnyung der Vorsitzende einer Vereinigung für die Shanghai Interimsregierung im April nächsten Jahres werden würde. Alles von dem er Ahnung hatte war es, dass er in seinen Mittevierzigern war und dass er sehr seriös wirkte. Im Vergleich zu den Männern auf dem Trainingsplatz in Manchuria, hatte Dongnyung den Stil eines Gentlemans.

Dongsuhk würde später herausfinden, dass die Mitarbeiter in Shanghai eine enge Verbindung mit den Unabhängigkeitskräften in Amerika hatten. Sie versuchten eine Interimsregierung in Shanghai zu errichten, da es einfacher wäre eine engere Beziehung mit dem Kuomintang Staat zu formieren, welches sich gut mit Korea verstand.

Dongsuhk hatte sich nun mit den verschiedenen Unabhängigkeitskräften getroffen, welche ihre Basis in China erbaut haben. Sein Herz klopfte mit seiner Sehnsucht nach der Unabhängigkeit schnell, welche in ihm aufkochte.

Dongsuhk kehrte im Februar 1919 wieder zurück. In dem Moment als er seinen Fuß in die Kyungsung Straßen gesetzt hatte, verspürte Dongsuhk eine Angst in der Atmosphäre. Er erhielt die Neuigkeiten, dass der König Gojong am 22. Januar verstarb, während er auf seinem

Rückweg im Zug gefahren ist und er spürte, dass etwas in Kyungsung nicht richtig war. Er ging zu seiner Unterkunft und packte seinen Koffer aus und eilte danach als die Nacht aufbrach schnell zu Gapsung's Haus. Gapsung war kurz davor sich zum Schlafen zu legen, als er einen Überraschungsbesuch von Dongsuhk erhielt. Ohne davor das Licht erst anzumachen, nahm er Dongsuhk zu sich ins dunkle Zimmer.

„Gab es jemanden der dich verfolgt hat?" Gapsung wischte sich seine Stirn, als würde er schwitzen.

„Nein. Mach dir keine Sorgen. Ich war sehr vorsichtig als ich hier her kam.", versicherte ihm Dongsuhk, obwohl er ebenso Schweiß auf seinem Nacken hatte.

„In Ordnung. Wie war's?"

„Natürlich habe ich die Finanzierung geliefert. Ich traf auf einen wichtigen Mann namens Chwajin Kim und habe mich mit ihm angefreundet. Es war eine kalte und anstrengende Reise, doch ich habe viel daraus gelernt. Das Geld, welches wir diesmal verschickt haben, war nicht nur für das Militärtraining, sondern auch für die Interimsregierung, welche in Shanghai erbaut werden wird und deshalb bin ich persönlich dorthin gereist um ihnen das Geld abzugeben.

Außer in Manchuria, wächst die Unabhängigkeitsbewegung ebenso in Shanghai gewaltig. Manchuria fokussiert sich auf das Militärtraining und Shanghai hat seinen Schwerpunkt darauf gesetzt, sich auf die internationalen Beziehungen zu fokussieren. Doch ich habe gehört, dass König Gojong verstorben sei."

Gapsung nickte bei Dongsuhk's Geflüster in Dunkeln. „Der König wurde vergiftet."

„Was? Vergiftet?", rief Dongsuhk.

„Deshalb werden die Dinge hier in letzter Zeit so hitzig. Der König hat die Unabhängigkeit nie aufgegeben gehabt. Denkst du nicht, dass es ein Splitter in den Augen der Japaner wäre? Aber wer hätte es gedacht, dass sie den König vergiften würden? Wenigstens dieses Mal wird ganz Korea nicht mehr still bleiben. Wir planen etwas großes! Du bist zum rechten Zeitpunkt zu uns gekommen. Wir planen eine landesweite Jubelversammlung."

„Jubelversammlung?"

„Ja! Wir werden ihnen zeigen, dass wir immer noch am Leben sind."

Dongsuhk dachte zurück an die Unabhängigkeitserklärung in Gando. „Es gab eine Veranstaltung in Gando, während ich dort gewesen bin. 39 Anführer haben sich versammelt um die Deklarierung vorzulesen."

„Die Unabhängigkeitserklärung?", fragte Gapsung.

„Ja! Die Unabhängigkeitserklärung!"

Gapsung's Angst beruhigte sich und er lachte ein wenig. „Wir planen ebenfalls so etwas in die Richtung."

„Ich sehe. Tatsächlich ist der Grund, weshalb ich wieder zurück aus Gando gekommen bin ist, dass mein Herz so stark gebrannt hatte, dass ich es nicht mehr aushalten konnte."

„Nun, wieso stehst du dann nicht ganz vorne? Was gibt es zu befürchten? Dieses Mal wurde es entschieden, dass wir es aus Verwirrung tun. Führe in deiner Heimatstadt Kimhae den Weg."

Dongsuhk nickte, doch er sagte nichts, da er wusste, dass nun die Zeit gekommen ist die Flamme, welche er jahrelang in seinem Herzen getragen hatte, zu entfachen.

Dongsuhk und Gapsung sprachen leise bis die Morgendämmerung kam. Dongsuhk verließ das Haus und kehrte zum schlafen zu seiner Unterkunft zurück. Die Müdigkeit von der Reise überrumpelte seinen ganzen Körper. Er musste seiner Familie von seiner sicheren Ankunft bescheid geben, doch es gab viel mit Gapsung zu tun.

Nachdem er im letzten Herbst seine Reise nach Manchuria begann, gebar seine Frau ein Kind, doch es gab keinen Weg heraus zu finden ob es nun ein Junge oder ein Mädchen ist. Er wollte wieder zurück nach Hause kommen, doch es war noch nicht die Zeit dies zu tun. Er war tief in seinen Gedanken versunken, als das helle Sonnenlicht Dongsuhk dazu zwang seine Augen zu schließen und im Nu war er eingeschlafen.

In Dongsuhk's tiefem Schlaf träumte er weder von seiner Frau, noch von seinem Vater. Es hatte den Anschein, als hätte er die Unabhängigkeit vergessen. Sein junger Körper atmete einfach nur die Luft im Raum ein um die Müdigkeit von sich zu waschen.

Die Jubelveranstaltung wurde in ganz Peninsula detailliert vorbereitet. Jede Region wählte einen Anführer aus und bereiteten die Taeguk Flaggen vor.

Als der geplante Tag kam, wurden die Flaggen geschwankt um zu zeigen, dass die Koreaner noch lebten. In Kyungsung selbst wurden die Taeguk Flaggen geheim gezeichnet und Kopien der schon vorbereiteten Unabhängigkeitserklärung wurden durch das Schülerfrühlingskonzert verteilt. Das Datum war der erste März, zwei Tage vor der Beerdigung des Königs.

Im vorherigen Dezember, bevor die Nachricht über die Vergiftung des Königs im Land weitergegeben wurde, erlebte Dongsuhk die Unabhängigkeitserklärung in Manchuria und im frühen Februar des Jahres 1919 kündigten die koreanischen Schüler in Tokio die Unabhängigkeitserklärung in dem Chosun christlichen Jugendzentrum an. Hier und da gab es viel Wut nachdem man über die Vergiftung des Imperators gehört hatte.

All diese Vorfälle wirkten wie ein Katalysator für die Jubelveranstaltung. Ebenfalls drängten die Repräsentativen der Unabhängigkeitsbewegung energisch für ein diplomatisches Appell für die Unabhängigkeit, während die Pariser Friedenskonferenz nach dem Ende des ersten Weltkrieges abgehalten wurde.

Dongsuhk's Kontaktorganisation in Shanghai organisierte eine Gruppe namens „Shinhan Jugendgruppe" und wählten Kyushik Kim als ihren Repräsentanten aus. Dies war ein wichtiger Einfluss auf diejenigen, die an der Bewegung in Korea beteiligt waren und die religiösen Männer, die sich auf die kulturellen Probleme fokussiert hatten, begannen ebenso eine sensible Antwort für die internationalen Beziehungen zu zeigen.

Am 12. Dezember, nachdem ein Treffen zwischen den beiden Hauptpersonen der Daehan Kwangbok Hoe und dem Severance Medizinstudent Repräsentanten stattfand, entschied sich Dongsuhk dazu sein Zuhause in Kimhae wenigsten einmal vor dem Tag der Aktion zu besuchen.

Gapsung gab ihm zwei Kopien der Unabhängigkeitserklärung, welche von einem Mann namens Jongil Lee gemacht wurden und wollte, dass Dongsuhk bei Masan vorbeischaute, bevor er von Kimhae nach Kyungsung zurück kehren würde. Gapsung's Name stand als ein Unterschreiber bei der Unabhängigkeitserklärung dabei, welche von 33 weiteren Männern signiert wurde, doch Dongsuhk hatte die Aufgabe es vorzulesen und die Jubelveranstaltung zu beaufsichtigen, da dieser ein Student war.

Deshalb musste Dongsuhk am Tag des feierlichen Umzugs zurück nach Kyungsung kehren. Nachdem er alle unvollständigen Aufgaben an Gapsung und die anderen in Kyungsung weitergegeben hatte, machte sich Dongsuhk am 24. Februar auf den Weg nach Kimhae.

Auf seinem Rückweg spürte Dongsuhk die ersten Anzeichen des kommenden Frühlings. Eine warme Brise wehte in Kimhae, seinem Geburtsort, und der Wind war wärmer als in Kyungsung. Er spürte ein starkes Gefühl, eines das er davor noch nie empfunden hatte, als er auf seiner Reise nach Hause war, eine Reise welche er viele Male während seinen Studientagen angetreten ist. Etwas in ihm bebte, als er nach Hause reiste und die Unabhängigkeitserklärung und die geheimen Pläne der Jubelversammlung bei sich hielt.

Er vermisste seine Frau und seine Kinder und sorgte sich zutiefst für seine Eltern, doch das einzige was seine Gedanken wirklich beherrschte, war die nationale Rettung und die Unabhängigkeit.

Er kam bei Abenddämmerung an, als der weiße Rauch aus dem Kamin hervorkam und das Abendessen vorbereitet wurde. Er trat durch die Tore, doch niemand war in der Apotheke zu sehen.

Alles was er hören konnte, war der Klang der spielenden Kinder im Hauptzimmer. Sein Herz war zutiefst gerührt, als er die Kinder spielen hörte. Er spürte eine solche Sehnsucht nach seinem Nachwuchs. Er wollte zu seinen Söhnen laufen und ihre weiche Wangen küssen. Nein, vielleicht waren es schon drei Söhne, wenn seine Frau jetzt einen weiteren geboren hat.

Nach seiner Rückkehr aus Shanghai, hat er ihnen keine Nachrichten mehr von sich geschickt. Er war über seine Familie neugierig und er realisierte, dass seine Eltern und seine Frau sicherlich viele Sorgen um ihn hatten.

Dongsuhk kam in den Vorderhof und rief: „Daewee! Yoowee!"

Als er nach seinen Söhnen rief, war seine Frau die erste, die aus der Küche gerannt kam. Boknam starrte ihren Ehemann an, der wie ein Fremder auf dem Hof stand und fiel danach, immer noch mit dem Lappen in ihrer Hand, weinend auf den Boden hin. Erst dann kam Junmsoon aus der Küche und rief zum Wohnzimmer hinüber: „Dongsuhk ist zurück! Dongsuhk!"

Bevor sie ihren Satz beenden konnte, öffnete sich die Wohnzimmertür und seine Kinder liefen hinaus. Sie waren ein wenig schüchtern und ungeschickt, nachdem sie ihren Vater für eine lange Zeit nicht mehr gesehen haben und klammerten sich deshalb an Hannah's Rock. Hinter der buckligen Hannah folgte sein leicht gebeugter Vater. Dongsuhk verbeugte sich als er ihn wiedersah.

„Vergibt mir mein ungläubiges Verhalten, lieber Vater. Es tut mir Leid, dass ich euch keine Nachrichten von mir geschickt habe."

Hannah schrie ihren Sohn an, während sie ihre Enkel umarmte. „Du bist ein schrecklicher Sohn! Wie konntest du ein halbes Jahr so leben ohne uns etwas zu schreiben wie es dir geht? Ist es in Ordnung deine Mutter wartend sterben zu lassen?"

Hannah schreite als sie weinte, doch hinter ihr sprach Sungdu gelassen, so als wäre nie etwas geschehen. „Steh auf. Deine Kleidung wird schmutzig. Bald ist es März aber es ist immer noch kühl. Wieso bist du mit deinen Knien auf dem Boden?"

Sungdu's Kehle war rau mit Phlegma. Dongsuhk beobachtete wie sein Vater wieder zurück in das Zimmer ging, nachdem er den Staub von seiner Kleidung abgewischt hatte und sah wie seine Frau immer noch auf dem Boden saß.

Als Dongsuhk zu seiner Frau Boknam ging, sprach Junmsoon womöglich absichtlich in einer lauten Stimme, damit es auch Boknam hören konnte: „Wusstest du denn überhaupt, dass deine Frau einen weiteren Sohn gebar? Sein Name ist Dowee."

Dongsuhk war bei diesen Neuigkeiten über sein drittes Kind erfüllt von Freude, doch alles was er zeigte war nur ein Nicken. Sein Herz fühlte sich schwer an, als er Boknam's dünne Schultern spürte, während er ihr dabei half wieder aufzustehen. Er konnte es nur erahnen, wie schwer ihr leben gewesen sei und immer noch war.

Als er begann sie anzufassen, stand Boknam plötzlich auf und ging in die Küche. Er folgte ihr hinein um sie zu trösten, während Junmsoon zu den Toren ging um in ihre eigenes naheliegendes Haus zu kehren. Hannah nahm die Kinder in das Zimmer und Sungdu's Husten konnte aus dem Wohnzimmer gehört werden. Doch nun war er endlich wieder zuhause.

Später in der Nacht, saßen Dongsuhk und sein Vater in der Apotheke. Medizinische Kräuter hingen von der Decke und gaben dem Raum, in dem Dongsuhk aufgewachsen ist, einen faulen Geruch. Doch nicht nur Dongsuhk ist dort groß geworden. Sein Vater Sungdu wurde ebenfalls in dem Haus geboren und wurde nun unter demselben Dach zum Erwachsenen. Das Zimmer, was alles über den Sohn und den Vater wusste, schien den alten Vater und den sorgevollen Sohn zu betrachten.

„Was bereitet dir so viele Sorgen?" Sungdu war es, der als erstes sprach.

„Vater! Dieses Mal ist es etwas großes."

„Etwas großes? Ist es wieder die Sache mit der Unabhängigkeit?" Sungdu blickte zu seinem Sohn, doch dieser konnte nicht antworten.

„Das alles kommt wieder dorthin, nicht wahr? Das Land ist verwirrt. Ich dachte, dass es etwas großes geben würde, das geschehen könnte.", seufzte Sungdu.

„Vater! Weißt du was in der Welt vor sich geht?"

„Welche Welt? Gibt es eine andere Welt als diejenige über die Gott hütet?" Sungdu sprach so als wäre er wütend, doch es gab auf seinem Gesicht kein einziges Anzeichen von Wut.

Dongsuhk redete weiter: „Es wird am ersten März eine Jubelversammlung geben. Die Vorbereitungen finden im ganzen Land statt. Vater, bitte mach von dem hier Kopien und verteile diese zuerst an die Kirchengemeinde. Das ist die Unabhängigkeitserklärung."

Dongsuhk nahm das Papier aus seiner Tasche heraus. Sungdu nahm es in seine Hand und blieb still. Er blickte nach unten und sprach in einer leisen Stimme, als hätte er keine weitere Meinung mehr dazu: „Morgen kommt dein Schwager Youngok. Wann machst du genug Kopien, dass sie für ganz Kimhae reichen werden? Sprich mit Youngok und schaut ob ihr das Vervielfältigungsapparat benutzen könnt."

„Vater, es tut mir Leid." Er war sehr dankbar dafür, dass sein Vater verstand was er versucht hatte ihm zu sagen. Es tat ihm leid, dass er seinen Vater nicht ruhig leben lassen konnte.

Sungdu wusste schon eine sehr lange Zeit lang, dass Dongsuhk zu einem unaufhaltsamen Schicksal geht. Er versuchte ruhig zu wirken, doch seine Hände zitterten, als er die Unabhängigkeitserklärung von seinem Sohn annahm. Während er seinen Sohn anschaute betete er:

„Vater! Dieses Kind ist deins. Bevor er zu meinem Sohn und dem Sohn der Familie Pai wurde, war er Deiner, also vollführe Deinen Willen!"

Doch Sungdu's Herz schmerzte. Er schloss seine Augen mit einem Bild von Isaac, der Abraham folgte, damit dieser geopfert werden konnte. Und dieses Bild überlappte sich mit seinem eigenen Sohn. Doch Sungdu glaubte daran, dass so wie Gott Isaac im letzten Moment gerettet hatte, Gott Dongsuhk genauso wie ihn beschützen würde. Tränen flossen aus Sungdu's alten Augen.

„Nun geh in dein Zimmer und schlaf."

Dongsuhk nickte und verließ die Apotheke. Der Frühling kam und der Mondschein leuchtete auf den Garten, während der fließende Klang des Wasser gehört werden konnte. Der Dorfbach, welcher den ganzen Winterlang festgefroren war, begann zu schmelzen. Dann wunderte er sich, weshalb er erst jetzt den Klang des Baches hörte, während er durch den Garten ging. Es fühlte sich an, als würde ein ähnlicher Bach durch sein Herz strömen. Der Mondschein schien auf sein mit Tränen durchnässtes Gesicht.

KAPITEL 32

„Der kommende Tag"

NACHDEM ER FÜR zwei Tage in seinem Zuhause im Dorf Dongsang geblieben ist, nahm er den Zug nach Masan, so wie Gapsung ihn zuvor gebeten hatte. Die Frühlingsluft wehte an dem Fenster vorbei, während Dongsuhk's Kopf voller Erinnerungen war, wie seine Familie ihn fortschickte.

Es ist nicht so gewesen, als würde er zum ersten Mal von seinem Zuhause weggehen. Sogar als er dachte, dass er von seiner Reise nach China nicht mehr zurück kehren würde, kam er sicher wieder Zuhause an. Er hatte das Gefühl, dass er seine Familie auf jeden Fall wiedersehen würde. Bilder von seinem Vater, wie er ihn mit einem standhaftem Blick anschaute, von seiner Mutter und seiner Frau die nicht mehr weinten, von seinen beim Eingang des Dorfes spielenden Sohne und von seinem wunderschöner neugeborener Sohn Dowee, durchfluteten seine Gedanken.

Dongsuhk schloss seine Augen. Die Frühlingssonne schien hell, doch seine schweren Augenlider hörten nicht auf ihn an seine frühe Abreise am Morgen zu erinnern. Traurigkeit überwältigte seinen müden Körper. Er lehnte sich an seinen Stuhl zurück, als wurde er von Trauer geschockt.

Die Unabhängigkeitserklärung, die zwischen seinem Stuhl und seinem Rücken platziert war, fühlte sich hart an. Er versuchte daran zu denken, dass alles was er tun musste es war, dass er die Erklärung an eine Lehrerin in Masan überreichte. Die Flamme war entfacht und es war kurz davor seinen Geist und Peninsula zu erleuchten.

Der Zug führ durch den Frühlingstag und als Dongsuhk kurz davor war einzuschlafen, kündigte die Stimme des Schaffners an, dass der Zug an der Masan Station angekommen ist. Er spürte wie die kalte

Abendluft durch das Zugfenster strömte. Schnell stand er auf und nahm seinen Hut und seine Tasche aus der Ablage.

Bei dem Gedanken daran einen Fremden anzutreffen, richtete er seine Kleidung, als er mit einem benommenen Kopf aus dem Zug stieg. Der Tag wurde dunkler, als er auf dem Bahnstieg ging und es war schon sieben Uhr, als er auf die Zeiger schaute. Er schaffte es, so wie es Gapsung geplant hatte, rechtzeitig.

Es befanden sich paar Leute im Wartezimmer und schon bald bemerkte Dongsuhk in seinem Blickwinkel eine gut gekleidete junge Frau. Er dachte, dass sie diejenige war, also sprach er sie an. Sie war mittelgroß und schien ein freundliches Gesicht zu haben, doch Dongsuhk spürte eine Schärfe in ihrem Ausdruck.

„Ich bin Soonchun Park. Sind Sie Herr Gapsung Lee's Freund?"

„Ja, ich bin Dongsuhk Pai."

Die zwei begrüßten sich gegenseitig im dämmrigen Licht des Wartezimmers. Es war kein ungewöhnlicher Anblick auf eine elegante Frau und einen gut aussehenden großen Mann anzutreffen. Die beiden passten gut zusammen und jeder, der an ihnen vorbei ging, hätte den Gedanken gehabt, dass sie ein Paar wären.

„Bitte folgen Sie mir." Soonchun lächelte ruhig, doch sie drehte sich geschwind um und ging aus dem Wartezimmer als wäre sie in Eile. Der Frau folgend, kam Dongsuhk schon bald an der Uishin Mädchenschule an, an der Soonchun arbeitete. Sie betraten die dunklen Tore, doch die Lehrerin schaute sich dennoch nervös um, bevor sie Dongsuhk zum Hügel hinter der Schule folgte. Es war stockfinster. Sie gingen auf dem Gras und Dongsuhk konnte Soonchun's Atem, während er ihr dicht hinterher folgte, hören. Sie lief den Weg so entlang, als würde sie sich gut auskennen und blieb schon bald vor einem Grab stehen.

„Gehen Sie hinter das Grab.", befahl sie. Sie gab ein Zeichen mit ihrem Finger, nachdem sie eilig hinter das dunkle Grab trat. Wenn es nicht die Abgabe der Unabhängigkeitserklärung gewesen wäre, dann hätte es den Anschein gehabt, als würde sie Dongsuhk verführen wollen, der einer Fremden in die Dunkelheit folgte.

Es muss für Soonchun schwer gewesen sein zu klettern, denn sie musste ihre Atmung beruhigen. Es möge nur für die Unabhängigkeit sein, doch vor einem Mann stehend, war die Fremde hilflos. Dongsuhk setzte sich absichtlich ein wenige Schritte weiter weg von ihr. Der abendliche Wind war kühl, doch einen Hügel schnell hochzugehen ließ ihn schwitzen.

Soonchun nahm ein Taschentuch aus ihrem Ärmel heraus und wischte sich damit ihren Nacken ab. Die Sterne waren im frühen Abendhimmel nicht erkennbar, doch es war schon finster und der Wind wehte ihren Duft zu Dongsuhk. Er fühlte sich ein wenig ungeschickt und hustete trocken. Er dachte zurück an Boknam's Geruch, wenn sich die beiden immer umarmt haben. Plötzlich wunderte sich Dongsuhk, ob er seiner Frau je wieder eine Umarmung schenken könnte. Er wusste nicht wieso, doch sein Herz fühlte sich so an, als würde dieses sinken.

„Geben Sie mir bitte die Unabhängigkeitserklärung."

Trotz ihrem freundlichen Äußeren, sprach sie mit einem scharfen Ton, welcher Dongsuhk aus seinen tiefen Gedanken zog. Es war der erste Monat des Mondkalenders und die Nacht, in der kein Mondlicht schien, verwandelte sich geschwind in eine tiefe Dunkelheit. Dongsuhk griff nach seinem Rücken und holte die Unabhängigkeitserklärung raus, die an seinen Oberkörper festgebunden war. Er fühlte sich ein wenig beschämt ihr etwas feuchtes in die Hand zu drücken. Jedoch griff Soonchun nach dem Papier, als ob nichts damit falsch wäre.

„Machen Sie bitte so viele Kopien wie nur möglich und verteilen Sie diese vor dem geplanten Tag durch ganz Masan."

Soonchun nickte, während Dongsuhk in der dunklen Nacht sprach.

„Um das hier mit dem Mimeografen zu vervielfältigen muss ich die ganze Nacht in der Schule verbringen. Es ist dringend nötig, dies an einem isoliertem Ort durchzuführen."

„Ich könnte bei Ihnen bleiben, wenn Sie das möchten." Dongsuhk fühlte sich dabei unwohl, eine junge Frau in einer leeren Schule alleinzulassen. Doch Soonchun schüttelte fest entschlossen den Kopf.

„Nein. Es wird viel leichter sein erwischt zu werden wenn wir gemeinsam dort bleiben. Ich mache das lieber alleine."

„Fürchten Sie sich?" Sie lachte ein wenig, als sie Dongsuhk's sorgenvollen Wörter hörte.

„Wenn ich mich gefürchtet hätte, dann wäre ich nicht der Gruppe beigetreten. Ich habe das Zeug dazu."

Sie blickte im Dunkeln zu Dongsuhk. Dongsuhk war bei ihrem Blick beschämt, also drehte sich dieser um. Er war ebenso deshalb beschämt, dass er sie als eine Frau und nicht als eine Kameradin ansah.

Nachdem er sah wie Soonchun die dunkle Schule mit der Unabhängigkeitserklärung, die von ihrem Duft erfüllt war betrat, verließ Dongsuhk die Uishin Mädchenschule. Sie würde die ganze Nacht damit verbringen die Papiere zu kopieren. Danach würde sie heimlich noch mehr Kopien machen und diese in der ganzen Stadt von Masan verteilen. Sie möge nur eine Frau sein, doch Dongsuhk lächelte da er wusste, dass sie eine vertrauenswürdige Kameradin war.

Die Unabhängigkeitserklärung, welche in der Stadt Kimhae verteilt werden sollte, befand sich längst in den Händen seines Schwagers Youngok und nachdem die Arbeit in Kyungsung vollbracht werden würde, wird Kimhae voll mit Freudenschreien für die Unabhängigkeit erfüllt sein, wenn Dongsuhk wieder zurück kommt. Mit diesem Gedanken wurde sein Nacken, welcher wegen dem Schweiß kalt war, heiß.

Er löste den Knoten auf seinem Rücken und blickte zurück auf das finstere Schulgebäude, während er durch das Tor herausging. Er bemerkte wie eines der Zimmer inmitten des Gebäudes schwach aufleuchtete. Er dachte, dass dies das Direktorat sein sollte und stellte sich vor wie Soonchun das Schablonenpapier auf ihrem Tisch faltete.

Plötzlich bekam Dongsuhk einen großen Hunger. Er müsste etwas neben der Masan Station zu Essen holen und die Nacht hier verbringen müssen. Am nächsten Morgen würde er in der Früh zurück nach Kyungsung fahren und auf den Tag der Durchführung warten.

Am ersten März 1919 um zwei Uhr nachmittags, befand sich Dongsuhk im Jongro's Pagoden Garten. Obwohl die Sonne am Himmel schien, wehte der kühle Frühlingswind, doch der Garten war voll Hitze der Menschenmenge erfüllt, welche zum größten Teil Studenten waren. Als ein Musikkonzert getarnt, wurden 21.000 kopierte Unabhängigkeitserklärungen in jedem Stadtteil von Kyungsung verteilt und 4000 Studenten überfüllten den ganzen Garten.

Sie alle warteten auf die 33 nationale Repräsentanten, welche die Erklärung unterschrieben haben. Die in den Händen der Schüler festgehaltenen Unabhängigkeitserklärungen waren mit Schweiß durchnässt und ihre Herzen klopften vor Aufregung. Doch als die Zeit verging erschienen die Repräsentanten nicht. Dongsuhk, der für die Schülermenge verantwortlich war, wurde nervös. Als die Studenten immer unruhiger wurden, kam jemand aus der Menge heraus. Er ging auf Dongsuhk zu, der neben der Hauptpagode, der zehn Geschichtensteine auf der Seite von Wonkaksa, im Garten stand.

„Kamerad Pai!"

Dongsuhk sah ihn an und erkannte, dass er ein Mitglied der Daehan Kwangbok Hoe Außenstelle war.

„Was ist los? Wieso kommen die Repräsentanten nicht?“, wollte Dongsuhk sofort wissen.

„Sie sind gerade im naheliegenden Taehwagwan Restaurant."

„Was? Weshalb sind sie da?"

„Sie haben womöglich ihren Standpunkt geändert, da sie das Gefühl hatten dass sich das Leben der Studenten in Gefahr befand. Es haben schon 80 japanische Polizisten Taehwagwan umzingelt. Es ist sehr wahrscheinlich, dass sie verfolgt werden."

Dongsuhk's Augen glänzten, während er den Mann mit dem verschwitzen Gesicht betrachtete.

„Was? Die japanische Polizei ist hier, obwohl wir eine friedliche Demonstration veranstalten?“ Dongsuhk schnappte nach Luft.

„Alles wurde vorbereitet. Die Männer mit ihrer Unterschrift auf der Erklärung haben sich darauf vorbereitet gefangen genommen zu werden. Sie haben womöglich mit der Erklärungszeremonie bei Taehwagwan angefangen. Was können wir hier nur machen?"

Dongsuhk platze, bei der Frage des traurigen Mannes, fast vor Leidenschaft.

„Was sonst? Wir werden alleine eine Unabhängigkeitserklärung durchführen."

Mit einer aufgeregten Stimme erhob Dongsuhk seine rechte Hand, nahm die Erklärung und stellte sich auf einen großen Stein neben den Pagodensteinen hin.

„Meine geehrten Kameraden des koreanischen Königreiches! Öffnet eure Unabhängigkeitserklärungen! Die Zeit ist gekommen!"

Als er hörte wie seine eigene Stimme durch den Garten hallte, erinnerte er sich zurück and die Zeit, in der er die Petition in der Daegu Kei-soeng Schule vorgelesen hatte. Damals war er noch ein Jugendlicher gewesen, doch nun war er ein junger Mann. Als die Zeit vorbeiflog, wurde er, obwohl sich vielerlei Dinge verändert haben, zum Kopf seiner eigenen Familie.

Er konnte seine Tränen beim Aufrollen der Unabhängigkeitserklärung nicht zurück halten. Es hatte den Anschein gehabt, als wäre er für diesen Moment auf die Welt gebracht worden. Nachdem mehrere Kinder ihr Leben verloren haben, war er der Sohn, der durch die Gebete seines Vaters geboren wurde und er dachte, dass er für dieses historische Ereignis zur Welt kam, was ihn nur noch mehr rührte.

Um die 4000 Studenten versammelten sich um Dongsuhk.

„Hiermit verkünden wir die Unabhängigkeitserklärung von Korea und die Freiheit der koreanischen Menschen. Wir werden es in der Gleichberechtigung aller Nationen der Welt verkünden und wir geben es unseren Nachkommen weiter, während sie richtig dazugehören."

Dongsuhk's Gesicht wurde rot, während er die Unabhängigkeitserklärung vorlas und jedes Wort, welches aus seinem Mund hervor kam, hinterließ ihm einen Kloß im Hals. Während er die Erklärung in seinen Händen hielt, vereinigte sich die Menschenmenge beim Lesen mit ihm und schon bald wurden all die Stimmen zur einer, welche durch den Garten widerhallte.

Die Stimme der Menge gab ihm mehr Kraft und somit wurde seine Stimme durch die Inspiration immer lauter.

„Diese Arbeit von uns liegt in dem Glauben der Wahrheit, der Religion und des Lebens, übernommen von der Bitte unserer Leute, um ihr Verlangen für die Freiheit bekannt zu geben. Lasst keinem der uns folgt Gewalt antun, jedem Mann, all die Zeit, jede Stunde. Zeigt weiter mit der Fröhlichkeit in unserem Verstand voran und lasset uns alle Dinge mit Anstand vollbringen, damit unser Verhalten bis zum Ende würdevoll aufrecht bleiben kann. Das 4.252te Jahr des Königreiches von Korea, dritter Monat.

Die Repräsentanten der Menschen."

Nachdem Dongsuhk das dritte Versprechen vorgelesen hatte, nahmen alle aus der Menschenmenge ihre *Taeguki* Flaggen, welche sie versteckt hatten, heraus und begannen gemeinsam zu jubeln, als sie auf die Straßen hinausliefen. Die meisten Studenten trugen ihre schwarze Uniform und als sie schreiend aus dem Pagoden Garten rannten, folgten ihnen die Bürger die um den Garten herum standen. Sie riefen: „Hurra für die koreanische Unabhängigkeit!" und begannen ihren Marsch durch die Straßen.

Dongsuhk stand schreiend nach der Unabhängigkeit ganz vorne und führte die Menschenmenge zu der Jongro Straße. Als die Menge die Jongro Straße runter lief und beim Daehanmun ankamen, wuchs die Anzahl der Menschen in der Menge mit Männern, Frauen und Kindern, die nun dabei mitmachten. Die Menschenmenge vereinigte sich zu eins und rief nach der Unabhängigkeit. Der Ruf nach ihrem Verlangen breitete sich bis zum Stadtrand von Kyungsung aus.

Sogar in dem Norden fand die Unabhängigkeitserklärung an einem Ort in Pyongyang, Jin Nampo, Anju, Sunchun und Wonsan statt.

Erst nachdem Kyungsung mit der Bewegung paralysiert worden ist, begann die japanische Polizei ihre bewaffnete Intervention. Die ausgerüsteten Polizisten drangen auf einmal mit ihren Schwertern durch die Menge und die Menschenmenge war gezwungen sich aufzuteilen. 130 Menschen wurden von der japanischen Polizei verhaftet, doch Dongsuhk entkam ihnen und versteckte sich in einer Seitengasse. Er beobachtete wie unschuldige Bürger erschossen und von der Polizei gefesselt wurden.

Er wollte voll Wut zurück kämpfen und heldenhaft festgenommen werden, doch andere Pläne warteten auf ihn in Kimhae. Er musste zurück in sein Heimatdorf und die Bewegung um jeden Preis ausbreiten. Er unterdrückte seine Tränen, als er die fallende Menge sah.

Dongsuhk versteckte sich weiterhin in der Seitengasse neben dem Daehanmun und nachdem er bemerkte, dass die Polizei verschwunden war, ging er in die Richtung seiner Schule. Auf seinem Weg sah er zerissene Taeguk-Flaggen, Stroh und auf der Straße verteilte Gummischuhe. Ebenso erblickte er tote und lebende Menschen die auf dem Boden lagen. Er wusste, dass es eine gefährliche Sache war zu seiner Unterkunft zurück zu kehren. Die Häuser der dreiunddreißig Repräsentanten wurden womöglich von der Polizei gesucht. Gapsung's Festnahme wäre ein garantiertes Ereignis.

Er nahm absichtlich den längeren Weg um Gapsung's Zuhause zu umgehen und machte sich auf den Weg zum Haus von Pfarrer Raymond. Es war schon dunkel und die Lichter im Haus des Pfarrers waren schon aus.

Dongsuhk versuchte sich daran zu erinnern, wann er sich zuletzt mit Pfarrer Raymond getroffen hatte. Es war kurz vor seiner zweiten Reise nach Manchuria, welche im letzten Herbst stattfand. Als Dongsuhk am Tor klopfte, war er sich sicher, dass er in diesem schwierigen Zeitpunkt mit einem warmen Herz von Pfarrer Raymond begrüßt werden würde.

„Wer ist da?" Sein stammelndes Koreanisch war voll Angst erfüllt.

„Ich bin es. Dongsuhk, der Student aus der Severance Medizinschule.", sprach Dongsuhk schnell, jedoch mit einer leisen Stimme.

„Dongsuhk!" Pfarrer Raymond öffnete das Tor. „Herr Gott, Dongsuhk! Was bringt dich denn hier her? Ich habe gehört, dass heute in der Stadt ein Festzug für die Unabhängigkeit stattfinden würde, aber befundest du dich dort ebenso?"

Pfarrer Raymond stand mit seinem Schlafanzug vor der Tür und hinter ihm war seine Frau, die sich an ihrem Cardigan um ihre Schlafkleidung festklammerte. Sie blickte Dongsuhk mit Furcht in ihren Augen an.

„Können Sie mich hier verstecken? Eine Nacht würde mir ausreichen."

„Komm rein. Oh Gott, schau dich doch nur an." Pfarrer Raymond sperrte das Tor zu, nachdem Dongsuhk hinein trat.

Er realisierte, erst nachdem er auf die Uhr im Wohnzimmer geschaut hatte,dass es schon fast Mitternacht war. Schon bald als er sich auf den Stuhl zurück gelehnt hatte, während er mit dem Pfarrer und seiner Frau heißen Tee trank, begann sein Körper weh zu tun.

„Also, du meinst, dass du ganz vorne in der Menge standst?" Pfarrer Raymond schaute Dongsuhk mit sympathischen Augen an.

„Ja. Ich konnte nicht einmal vorbeikommen um Sie nach meiner Ankunft aus Manchuria im letzten Herbst zu begrüßen. Ich musste mich schon bald, nachdem ich wieder zurück gekommen bin, mit den Plänen für den Festzug befassen."

„Die armen Koreaner! In welch einer Situation ihr doch seid!" Pfarrer Raymond jammerte mit gefalteten Händen vor sich hin.

„Morgen reise ich zurück in mein Heimatdorf. Meine Kameraden warten dort auf mich, damit wir den zweiten Festzug planen können. Viele Menschen wurden heute von der Polizei verhaftet, ebenso wie mein Freund, der einer der Unterschreiber gewesen ist. Ich wollte mich ebenfalls wie sie tapfer verhaften lassen, doch ich bin geflohen da ich noch weitere Pläne habe. Bitte lassen Sie mich für eine Nacht hier bleiben."

„Natürlich! Ruh dich heute Nacht aus. Doch da du dich auf eine weitere Bewegung vorbereitest, mache ich mir um deine Sicherheit sorgen. Unser Herr muss dich beschützen!"

Die Frau des Pfarrers setzte sich mit einem tränenerfülltem Gesicht neben Dongsuhk. Er nahm den Füller aus seiner Jackentasche heraus, den Raymond ihm vor seiner Reise geschenkt hatte.

„Ihre Liebe und Gebete haben mich immer beschützt. Dieses Symbol ihre Liebe hat mich in Sicherheit gehalten. Ich kam heil wieder zurück aus China. Ihre Liebe wird mich schützen."

Er spürte die Initialen von Pfarrer Raymond mit seinem Finger auf dem Füller.

„Dongsuhk! Danke dir, dass du diesen Füller den ich dir gegeben habe so sehr wertschätzt und ich werde weiterhin für dein Wohlbefinden beten. Für die koreanischen Menschen! Die Koreaner, die so sehr leiden, sollen ihr Land zurück erobern. Oh, mein Herz schmerzt. *Oh Herr! Beschützte sie!*"

Die Augen von Pfarrer Raymond waren mit Tränen erfüllt. Seine Frau wischte sich schon längst ihre Tränen aus den Augen, als sie aufstand um Dongsuhk eine Decke zu bringen. Als Dongsuhk seine Matte ausbreitete und sich auf die eine Seite des Zimmers legte, gingen der Pfarrer und seine Frau zu ihrem Schlafzimmer und das Haus wurde wieder dunkel.

Der sternenerfüllte Himmel blickte durch das Fenster herab auf Dongsuhk. Er spielte mit dem Füller von Pfarrer Raymond, während er sich hinlegte. Als er den Füller in seiner Tasche bei seiner Reise nach China bei sich hatte, dachte er nicht viel an den Pfarrer. Er hatte nicht die Zeit dazu gehabt den Füller zu schätzten. Erst dann, nachdem einige Monate vergangen waren, erinnerte er sich an das Geschenk. Doch er fühlte sofort, wie die Liebe von Pfarrer Raymond ihn immer vor Gefahren beschützt hatte. Er seufzte tief und platzierte den Füller wieder zurück in seine Tasche. Unbewusst fing er an zu beten:

„Vater im Himmel! Bitte beschützte mich. Vater von Abraham, Vater von Isaac, mein Vater's Vater und mein Gott! Beschützte mich! Für meinen Daewee, Yoowee, Dowee, meine Frau Haerim, für dieses arme Land!"

Eine Träne floss seine Wange entlang, als er seine Hände beim Beten gefaltet hatte. Die Nacht schritt voran und die Sterne erhellten den Himmel, während sie auf Dongsuhk herab sahen. Die weißen Knospen des Kirschbaumes bewegten sich draußen vor dem Fenster beim wehendem Wind.

KAPITEL 33

„Dieser Frühling in Kimhae"

DER JUBELNDE FESTZUG, welcher am ersten März begann, verbreitete sich am nächsten Tag nach Kyunggi Keiseong und Chungnam und ab vierten Tag ging es in Jeolla Bukdo Okgu weiter. Am achten März fand der Festzug an einem Ort in Gyungsang Bukdo Daegu statt und am zehnten verbereitete sich dieser nach Jeolla Namdo Kwangju, Kangwondo Chulwon und nach Hamkyung Bukdo Sungjinh. Am elften März setzte der Festzug in Gyungsang Namdo Busan fort, in Chungcheong Bukdo Goesan am neunzehnten und auf der Cheju Insel am einundzwanzigsten. Über dem ganzen Land nahmen die Bauern am Festzug teil und in den Menschenmengen befanden sich Studenten, Arbeiter, Kaufmänner, Mönche, Beamte und sogar Kinder und Kisaengs.

Mit großer Vorsicht bewegte sich Dongsuhk mehrmals hin und her, hielt in Masan an und erreichte letztendlich Kimhae. Als er auf seinem Weg zur Stadt war, bekam er einige Neuigkeiten der Bewegung, welche sich im ganzen Land verbreitete, mit.

Er kam nach zwei Wochen voller Anstrengung mit einer völlig mitgenommenen Figur nach Hause und stand in einer warmen Frühlingsnacht vor dem Vorderhof. Durch die Schiebetür aus Papier war ein flackerndes Licht in der Apotheke zu sehen. Er stellte sich vor wie sein Vater darin saß und er dachte daran wie schwer sich sein Herz dadurch anfühlte. Eilig rief er nach seinem Vater.

„Vater! Ich bin zurück! Ich bin es, Dongsuhk."

Darauf folgte keine Antwort, bis die Tür der Apotheke sich auf einmal öffnete. Sein gebrechlicher Vater betrachtete Dongsuhk, während die kleine Lampe drinnen brannte. Er konnte den Ausdruck seines Vaters nicht erkennen, nachdem er seine Augen anstrengte um besser sehen zu können. Er betrat den Erdboden des Raumes und umklammerte die Hände seines Vaters.

„Ich bin heil zurück gekehrt, Vater. Ich bin sicher nach Hause gekommen."

Dongsuhk hielt die zitternden Hände des alten Mannes und er vernahm die kurzen, jedoch schweren Worte seines Vaters: „Komm rein wenn du wieder zurück bist." Sungdu drückte sich in eine Sitzposition herauf und öffnete die Tür, darauf wartend, dass sein Sohn eintreten würde.

„Vater, ist etwas geschehen, während ich fort gewesen bin?" Dongsuhk kniete sich hin, nachdem er in das Zimmer hinein trat.

Sein Vater war alleine in der Apotheke. Sungdu wartete darauf, dass sein Sohn zurück kommen würde und nun war er endlich wieder da. „Du bist gesund und munter. Die Neuigkeiten des Festzuges haben sich verbreitet und ich habe gehört, dass viele verletzt und getötet wurden. Einige wurden ebenso festgenommen. Ich habe befürchtet, dass ich keine weitere Möglichkeit mehr haben werde dich wiederzusehen, doch nun bist du hier."

Die Stimme seines Vaters war ruhig, doch in seiner Stimme konnte man das Leid hören, welches er ertragen musste. Dongsuhk sah den flackernden Schatten an, welcher von der kleinen Lampe über dem Gesicht des alten Mannes kam, und dann ließ er seinen Kopf weinend fallen.

„Vater, es tut mir so leid, dass ich dir all diesen Schmerz angetan habe."

„Nein, sag so etwas nicht. Mein Herz zerbricht, doch dies ist Gottes Wille. Alles worum ich Gott bitte, ist es, dass er mir die Kraft dazu gibt all das zu ertragen. Gott gibt uns alles in der Welt. Ich akzeptiere Jesus für die Freude in meinem Leben und ich habe alles der Kirche gegeben. Als du geboren wurdest dachte ich, dass Gott mich nur mit guten Dingen bescheren würde. Doch so war das nicht. Da ich nun alt bin weiß ich das. Ich weiß was Gott versucht mir zu geben. Ich habe es verstanden, nachdem ich sah wie du hin und her gereist bist. Er hat mir sowohl Kummer als auch Segen gebracht."

Er hörte auf zu reden, während er seinen Sohn betrachtete wie er auf seinen Knien vor ihm weinte.

„Aber weißt du was? Weder deine Mutter, noch deine Frau wissen das. Ihre Herzen tun jetzt weh. Ich weiß nicht wie lange du diesmal hier bleiben wirst, aber kümmere dich um sie."

Sungdu stand auf. Er schien aufgrund seines gebuckelten Rückens um einiges kleiner und es hatte den Anschein, als wären mehrere Medizinkräuter, die an der Wand hingen, auf den Boden herunter gefallen. Dongsuhk weinte. Es machte ihn traurig zu sehen wie sehr sein Vater gealtert ist.

„Nun solltest du aufstehen. Geh rein. Deine Mutter und deine Frau warten sorgenvoll auf dich." Sungdu drängte seinen Sohn aufzustehen und als erstes hinaus zu gehen.

Die Frühlingsluft umhüllte seinen alten Körper. Der Mondschein schien hell auf den Garten und die Balsampflanze, welche am Zaun eingepflanzt war, hatte blühten und konnte in der Nacht gesehen werden.

Er dachte an Chunlee in Hawaii. Er war sehr neugierig und sorgenvoll wieder etwas von seiner kleinen Schwester zu hören, die früher ihre Fingernägel im Sommer mit den Blättern Balsampflanze gefärbt hatte. Seine infantile Tochter ist schon erwachsen geworden und wurde in einem fernen Land schwanger. Er beobachtete seinen Sohn, der ihm hinten folgte.

„Gibt es irgendwelche Neuigkeiten von deiner Schwester? Es gab nach dem letzten Brief von ihrem Sohn keine weiteren Nachrichten. Ist es dort anstrengend?"

Sungdu's faltiges Gesicht zeigte unter dem hellen Mondschein einen sorgenvollen Ausdruck.

„Ich habe ebenso keine weiteren Briefe mehr erhalten. Es sollte ihr gut gehen. Sie meinte zu mir, dass die Bewegung ebenfalls an ihrem Ort stattfindet. Es ist sehr wahrscheinlich, dass die Neuigkeiten des Festzugs auch dieses ferne Land erreichen werden. Sie lieben ihr Heimatland sogar mehr, da sie nun außerhalb leben."

Sungdu nickte bloß, während er der Antwort seines Sohnes zuhörte und begann sich langsam in das Haus zu bewegen. Ein langer Schatten tauchte hinter Dongsuhk's großer Figur auf, als er seinem alten und gebrechlichem Vater ins Haus folgte.

Dongsuhk blickte hinauf in den Nachthimmel. Zwischen den Sternen erstrahlte der helle Mond im frühen Abend. Es fühlte sich so an, als konnte man das Rufen vom Mond hören, welcher auf ganz Peninsula schien.

„Hurra für die koreanische Unabhängigkeit! Hurra!"

Die tiefen Emotionen, welche er an dem Tag verspürt hatte, als die Menschenmenge zu eins wurde, überfluteten sein Herz und seine Gedanken. Dongsuhk wischte sich schnell seine Tränen mit dem Handrücken weg. Er konnte die Kinder im Inneren des Hauses hören. Er lächelte und betrachtete ein weiteres Mal den Mond. Es sah so aus, als würde die Taeguk Flagge zwischen den Schatten des Mondes wehen.

Für einige Tage ruhte er sich zuhause aus und während er seine Zeit mit seiner Familie verbrachte, tauschte er ab und zu Anrufe mit seinem Schwager Youngok aus und erfuhr mehr über die Situation in Kimhae.

Youngok schaute kurz in Masan vorbei um sich mit Hakchan Lim zu treffen. Er war ungefähr im selben Alter wie Dongsuhk und sie sind gemeinsam im Dorf Dongsang aufgewachsen. Nun unterrichtete er an Masan's Changshin Schule.

Er überbrachte die Unabhängigkeitszeitungen zu Hakchan, welcher schon längst tief in der Bewegung hineinverwickelt war. Seitdem gab es schon fünfzehn Editionen der Zeitung und es waren genug um patriotische Meinungen für die Bewegung hervorzurufen.

Ungefähr zur selben Zeit war Boknam's Neffe, Soon Kim, kurz davor seinen Abschluss an der Hochschule Changshin zu vollenden. Die Zeitung wurde zu Soon durch Hakchan überbracht und Soon lieh sich das Vervielfältigungsapparat von dem Schulangestellten aus. Tausende ausgedruckte Kopien der Unabhängigkeitserklärung wurden von Soonchun ausgeteilt und die Zeitung wurde von der Hilfe ihrer Klassenkameraden weitergegeben.

Endlich begann der Festzug am 21. März in Masan. Der Bahnpfiff um 14 Uhr an der Masan Bahnstation signalisierte den Studenten das Zeichen, dass sie die Unabhängigkeitserklärung und die Unabhängigkeitszeitung an die Menge verteilen sollen. Mit der

Verbreitung der Neuigkeiten der Unabhängigkeitserklärung sehnte sich nun das Volk danach. Die Erklärung und die Zeitungen, welche an dem Tag verbreitet wurden, wurden von Dongsuhk gestartet.

Als die japanische Polizei ihnen androhte den Festzug zu stoppen, flüchtete Soon gemeinsam mit Hakchan und sie gingen beide zum Dorf Dongsang, wo sie sich mit Dongsuhk trafen.

Nachdem sie damals das Dorf verlassen hatten um zur Kei-Seong Schule zu gehen, verloren sie den Kontakt zu Dongsuhk, dennoch waren sie enge Freunde, die gemeinsam aufgewachsen sind. Sie haben sich zum ersten Mal nach mehreren Jahren wiedergesehen, doch es fühlte sich an als wären sie nur einen Tag voneinander getrennt gewesen.

Dongsuhk erinnerte sich an die Lehrerin Soonchun Park aus der Uishin Mädchenschule, als er Hakchan betrachtete. Er war sehr neugierig über die Frau, die großartige Taten für die Stadt Masan vollbracht hatte und er erinnerte sich gut an die mutige junge Dame, die ihn zum dunklen Grab geführt hatte.

„Hakchan! Du hast die Unabhängigkeitserklärung von einer Frau namens Soonchun erhalten, nicht wahr? Wusstest du, dass ich es ihr zuerst überbracht habe?"

Hakchan nickte mit dem Kopf, als Zeichen, dass er schon davon Bescheid wusste.

„Aber was ist mit ihr geschehen? Als ich ihr die Papiere überbracht hatte war sie voll von Tatkraft und sie hatte den Anschein, als würde sie den Festzug leiten würden. Wurde sie festgenommen?"

„Womöglich wurde sie das wahrlich."

„Oh meine Gute!“, rief Dongsuhk kurz aus und sein Herz wurde mit einer großen Trauer schwerer. Doch auch sein zukünftiges Leben war unbekannt. Er sprach über die Unabhängigkeit, als wäre es nur ein nettes Gespräch, doch auch er hätte genauso leicht wie Soonchun oder viele weitere verhaftet werden können. Die japanische Polizei ist noch nicht im Dorf Dongsang aufgetaucht, weshalb Hakchan an diesen Ort kam, doch auch er fühlte sich unsicher.

„Jedenfalls, wann soll die nächste Bewegung in Kimhae stattfinden?“, fragte Hakchan nervös.

„Nun, wovor sollen wir uns fürchten? Lass es uns noch vor Ende dieses Monats durchführen. Wie wäre es mit den dreißigsten?", antwortete Dongsuhk bereitwillig.

Hakchan schaute zu Dongsuhk, während er in einer standhaften Stimme sprach: „Gibt es einen Grund, weshalb es der 30. März sein sollte?"

„Es gibt keinen bestimmten Grund, aber wenn wir es mit meinem Schwager Youngok vorbereiten sollten, wäre es dann nicht die geeignetste Zeit?"

„Richtig! Lass es uns dann machen. Wir werden nach der Unabhängigkeit am 30. März in Kimhae rufen." Letzten Endes nickten die beiden entschlossen.

„Lass uns dann ein weiteres Treffen vereinbaren. Wir werden uns gemeinsam mit meinem Schwager und ein paar weiteren Kameraden in meinem Haus treffen.", entschied sich Dongsuhk.

„Einverstanden!"

Dongsuhk und Hakchan schüttelten sich die Hände. Eine mächtige Flamme schien aus dem Handschlag der beiden jungen Männer zu strahlen. Außerlich lächelten sie, doch sie waren erfüllt von heldenhaften Entscheidungen.

Am 28. März lief Youngok zu Dongsuhk, nachdem er zurück aus Kimhae zurück geeilt war.

„Schau her! Schwager! Ich habe Nachrichten erhalten, dass die japanische Polizei Leute in Kimhae umgebracht hatte. Sie gingen mit Schwertern und Pistolen auf die Straße. Ich habe das mit meinen eigenen Augen gesehen! Ich befürchte, dass unsere Pläne aufgedeckt worden sind. Was sollen wir nun machen?"

Dongsuhk unterdrückte sein Ächzten, als Youngok mit ihm sprach.

„Was sonst? Wir machen alles so weiter wie wir es geplant haben. Wir können es nicht verschieben. Waren wir denn nicht bereit für die japanische Polizei? Sag mir nicht, dass du Angst hast, obwohl wir uns schon auf den Tag geeinigt haben?"

Youngok zuckte bei Dongsuhk's mächtigem Blick.

Nein, ich habe keine Angst! Wir planen den Festzug auf den jeweiligen Tag. Ja, Schwager! Es wird dieser Tag sein! Dieser Tag!"

Boknam war kurz davor den Raum mit Früchten für Youngok zu betreten, als sie kurz anhielt als sie ihren Mann hörte. Sie wusste, dass etwas geschehen würde, aber sie hätte sich niemals vorstellen können, dass so etwas in der Art in Kimhae geplant werden würde. Ihre Hände zitterten beim Halten des Tabletts, doch sie atmete tief durch um sich zu beruhigen.

Als sie Dongsuhk zum ersten Mal begegnete schien er, als würde er der perfekte Mann für sie sein. Er sah gut aus, war groß und hatte einen straken Glauben an Christus. Sie dachte, dass er zu gut für sie sei. Er hatte einen großen Traum, trug tiefe Gedanken in seinem Verstand und ist immer in seinem Herzen stark gewesen. Boknam seufzte tief.

In den kommenden Ereignissen konnte sie ihn nicht zurückhalten. Wie könnte sie jemanden davon abhalten, der so willensstark über etwas wie Dongsuhk war? Sie stand auf der schmalen Veranda und betrachtete den Sternenhimmel, als sie anfing ein Gebet aufzusagen:

„Vater Allmächtiger! Beschütze deinen geliebten Sohn. Beschütze diesen Mann, der mein Ehemann und der Vater meiner drei Söhne ist. Ich bete dafür, dass Du es tun wirst."

Ihre Tränen flossen wie ein Strom ihre Wange hinunter, doch sie wischte sie sich lediglich nur mit ihrem Ärmel ab und öffnete ruhig die Tür. Der Abendwind wehte an ihrem Rock vorbei und in das Zimmer hinein.

Endlich stand der 30. März vor der Tür. Dongsuhk aß ein frühes Abendessen und verließ leise das Haus um sich mit Youngok und Hakchun zu treffen. Sie warteten schon mit hunderten ausgedruckten Unabhängigkeitserklärungen und Taeguk Flaggen draußen auf ihn. Der Frühlingstag fing an dunkler zu werden und schon bald ging die Sonne unter. Die drei jungen Männer würden sich zu den anderen Kameraden gesellen, die auf sie warteten und sie gingen eifrig in die Stadt.

Am Tag zuvor gab es einen „versehentlichen" Unabhängigkeitsfestzug und der Sicherheitsdienst wäre komplett aufgerüstet. Doch nun es gab es kein Zurück mehr. Dies war kein Kamp um zu leben. Es hätte sowohl ein Kampf zum Sterben sein können. Für die Unabhängigkeit ihres Landes entschlossen sich die Männer zu sterben.

Wenn er ein komfortables Leben führen wollen würde, dann wäre er nie diesen Weg gegangen, den er für sich ausgewählt hatte. Er würde mit seinen medizinischen Lehrbüchern in seiner Unterkunft studieren und sich für seinen Unterricht an dem darauffolgenden Tag vorbereiten. Beim Nachdenken über sein eigenes Leben ließ es ihn wundern: „Was tat er? Eine Bestimmung wiederzubeleben, während er sein eigenes Leben dabei riskieren würde? Doch er fürchtete sich vor nichts!"

Boknam wusch in der Nacht das Geschirr ab und Dongsuhk schaute durch die Küchentür um sie einfach zu betrachten, während seine Familie sich einen gewöhnlichen Abend machte. Er fragte sich weshalb der Ausdruck in den Augen seiner Frau solch tiefen Emotionen aufzeigte. Und er wunderte sich, ob sie von dem Plan Bescheid wusste.

Bis jetzt hat er sein Zuhause immer morgens verlassen und seine Familie hat sich immer bei ihm verabschiedet. Er wunderte sich ob das Verlassen von seinem Zuhause, ohne davor Abschied zu nehmen heißen würde, dass er seine Familie nie mehr wiedersehen könnte. Er lebte in einer schwierigen Zeit, doch die Welt brauchte ihn und er brauchte eine entschlossene Entscheidung.

Die drei jungen Männer erreichten die Kimhae Stadt, als die Dunkelheit immer weiter voranschritt. Die Leute die auf sie warteten waren Duksoo Bae, eine Frau namens Duksoo Park, Saetak und Song, die schon dank den vorhereigen Treffen miteinander bekannt waren. Die sieben Leute teilten die Unabhängigkeitserklärungen und die Taeguk-Flaggen untereinander, in einer dunklen Gasse neben der Hauptstraße von Kimhae, auf.

Sie waren nur zu siebt, doch die Anzahl war genug um eine Menschenmenge bilden zu können. Sie tauschten die Blicke der Entschlossenheit miteinander aus. Die Nacht wurde finsterer, doch es gab viele Menschen die sich noch draußen befanden, da es eine warme Frühlingsnacht war, außerdem würde am nächsten Tag die Messe stattfinden, also ließen viele Häuser noch ihre Lichter an.

Endlich war es zehn Uhr, die Zeit die sie davor geplant haben, um ihren Festzug zu vollziehen. Die sieben rannten in einem Moment auf die Straße und begannen die Unabhängigkeitserklärungen zu verteilen, während sie die Taeguk-Flaggen in der Hand wehten. Als ihre Rufe nach der Unabhängigkeit in den Straßen widerhallten, fingen die Fußgänger und die Verkäufer, die gerade ihren Laden schließen wollten, an bei ihnen mitzumachen. Die Rufe wurden lauter und alle die sich in ihren Häusern befanden, sogar die Kinder und Frauen, liefen hinaus auf die Straße und hoben ihre Hände in die Luft, während sie nach der Unabhängigkeit schrien.

Dongsuhk stand als Anführer der Menge, als sich die Anzahl der Menschen vergrößerte, während Youngok humpelnd herum ging um die Unabhängigkeitserklärungen und die Flaggen zu verteilen. Die Rufe der Koreaner erschütterten die Nacht in Kimhae und der Klang verbreitete sich immer weiter.

Die Sterne der Nacht schienen wie ein Segen auf das Spektakel und der Frühlingswind wehte auf Dongsuhk's verschwitzen Nacken. Dongsuhk's Kopf war leer und gedankenlos. Er konzentrierte sich einfach auf das Rufen und bewegte sich an der Spitze voran, als er einen Frieden in seinem Herzen verspürte, welchen er zuvor noch nie empfunden hatte. Er war glücklich. Diese Art von Befriedigung, einer einzigen Bestimmung nachzugehen, erfüllte sein Herz.

„Hurra für die koreanische Unabhängigkeit! Hurra für die koreanische Unabhängigkeit!"

Der Klang dröhnte durch die kleine Stadt Kimhae und es hallte in der Dunkelheit der Berge wider. Plötzlich war neben dem Rufen auch ein Pfeifen zu hören. Die japanische Polizei war auf dem Weg, doch die Menschenmenge zeigte kein Anzeichen von einem Rücktritt an.

Die Polizei fing an die Leute mit ihren Pistolen zu bedrohen. Die erschrockene Menge begann auseinander zu gehen und die Polizisten schlugen wahllos auf die Bürger mit dem Ende ihrer Pistolen ein. Die Menschen schrien als sie zu Boden fielen, während einige von ihnen verhaftet wurden. Youngok umklammerte die Unabhängigkeitserklärung an seine Brust und verschwand in der Dunkelheit. Diejenigen die vorne standen, Dongsuhk, Hakchan, Duksoo, Song und Saetak, wurden schon längst gefangen genommen.

Dongsuhk wurde mit seinen Kameraden zusammen gefesselt und obwohl die Menge erschrocken war, blickte er zu ihnen und hörte nicht auf für die Unabhängigkeit zu rufen. Als seine Kollegen bei seinem Rufen mitmachten, zerrte die Polizei sie weg und benutze ihren Schlagstock um Dongsuhk's Schulter zu verletzten.

Es war ein kurzes stöhnende Geräusch zu hören und der Schmerz in seiner Schulter verbreitete sich bis zu seinem ganzen Rücken. Auch auf seine Kollegen wurde eingeschlagen und ihr Geschrei wurde zum Ächzen. Dongsuhk faltete seine Hände zusammen, welche von der Polizei mit einem Seil zusammen geknebelt wurden, und schaute hinauf in den Himmel. Das Sternenlicht sah wunderschön aus, doch eine Tragödie geschah unter ihnen. Dongsuhk murmelte, während sein Gesicht von den Sternen beleuchtet wurde:

„Oh Herr! Ist das alles was ich tun kann?"

Youngok unterdrückte seine Tränen, während er beobachtete wie seine Kollegen von der Polizei hinterher gezerrt wurden. Seine Tränen tropften auf die Unabhängigkeitserklärung, welche er immer noch in seinen Armen hielt. Er jammerte dieselben Worte.

„Vater, Herr! Wir haben alles getan was wir nur konnten. Wenn es das ist, was du geplant hast, dann werden wir Deinem Willen folgen. Doch ich bete für meine Kollegen, pass bitte auf Deine Schafe auf!"

Die Straßen waren verwüstet und als die Nacht später wurde, wurde es still. Youngok kam aus seinem Versteck heraus, als er seine Freunde in der Ferne nicht mehr sehen konnte. Er humpelte seinen Weg zurück in das Dorf Dongsang.

KAPITEL 34

„Kyungsung Bezirksgericht, Seodaemun Gefängnis"

IM AUGUST DES Jahres 1919, kamen de 28 Anführer der Bewegung am 1. März und Dongsuhk vor Gericht für ihre Straftat der „Verletzung gegen das Publikations- und Sicherheitsgesetzes". Dongsuhk wurde ebenso dafür bestraft, dass er sich in Mitte Februar in Gapsung's Zimmer getroffen hatte, die Unabhängigkeitserklärung und die Zeitung nach Masan ausgeliefert hatte, die Unabhängigkeitserklärung ausrief und neben dem Pagoden Garten am 1. März ausgeteilt hatte und den Festzug in der Nacht des 30. Märzes in Kimhae anführte.

Dongsuhk saß in Gefängniskleidung vor dem Richter und schien sehr mitgenommen zu sein. Er hatte schon immer eine große würdevolle Haltung, doch nun war er viel zu dünn. Die Schwierigkeiten, welche er nach dem vorläufigem Verhör von März bis August ertragen musste, waren schwerwiegend.

Unter dem Vorwand, dass Dongsuhk noch „ein Student" war, kündigte die japanische Polizei an, dass sie keine „offizielle" Folter ausüben würden, doch stattdessen schleppten sie ihn in einen dunklen Keller. Sie banden ihn an ein kreuzartiges Gestell und taten Pfefferwasser in seine Nasenlöcher, während sie mit einem Stock auf ihn einschlugen und ihn auspeitschten. Es wurde noch schlimmer, sie entnahmen ihm sein unteres Gewand und stachen mit einer heißen Nadel durch das Ende seiner Genitalien. Dongsuhk zitterte, als er sich an seine erbärmlichen und qualvollen Momente erinnerte. Er fand es beeindruckend, dass er trotz all dieser Quälerei noch am Leben geblieben ist. Als er daran dachte, dass er alles dafür tun würde, um von seinen Qualen abzukommen, dachte er an Jesus, welcher blutend an seinem Kreuz starb. Er versuchte Jesus' Schmerz zu teilen, der Jesus an Den sein Vater alles gegeben hatte. In Seinem Leid, dachte Jesus Dongsuhk daran, dass er kein gottähnliches Geschöpf war, sondern lediglich nur ein Mensch.

Dongsuhk rief immer und immer wieder betend zu Gott: *„Du hattest eine göttliche Natur und Charakter, aber ich nicht. Ich bin einfach nur ein schwacher Mensch. Ich will genauso heilig sein wie Du und ich will Dir diesen Schmerz vorliegen doch oh! Ich bin voll Schmerz! Es tut weh! Ich kann dieses Leid nicht aushalten! Ich würde lieber sterben!"*

Seine blutigen Lippen konnten sich kaum noch bewegen, als er in seinem Herzen rief, während er an das Gestell gefesselt wurde.

Der Tag für sein Urteil kam und er würde nicht in ein weiteres Gefängnis verlegt werden, nachdem er dieses Urteil erhalten werden würde. Er drehte sich still um und versuchte seinen Vater unter den Anwesenden zu finden. Doch alles was er mit seinem verschwommenen Blick erkennen konnte, war die weiße Kleidung der Menschen die in der Menge saßen. Ihm wurde schwindelig, als sich das weiß mit dem schwarz vor ihm überlappte. Er schloss einfach seine Augen.

Das Urteil des Richters wurde vorgelesen: „Der fünfte und der fünfzehnte Verteidiger, Dongsuhk Pai und Gapsung Lee, die sogenannten Chosun Minjok Repräsentanten, trafen sich Mitte Februar 1919 in Gapsung Lee's Zimmer und planten eine koreanische Unabhängigkeitsbewegung gegen den japanischen Staatsgeneralen und sie machten ebenso mit bei den rekrutierenden Kollegen in Gyungnam und in den Masan Regionen."

Als er die klare Stimme des Richters hörte, öffnete Dongsuhk seine Augen weit. Sein Herz war feurig und er konnte seine Wut nicht weiter unterdrücken.

„Ich sage, Richter! Was meinen Sie damit, dass es gesetzverstoßend ist für die Unabhängigkeit unserer Nation zu planen? Dies ist das koreanische Land und wir sind koreanische Menschen. Es ist eine eindeutige Sache unsere Souveränität zurück erobern zu wollen. Behandeln Sie uns nicht wie Kriminelle. Die Kriminellen seid ihr, die Japaner! Es seid ihr, die unser Land gestohlen haben!"

Der Gerichtssaal wurde für einen Moment, nach Dongsuhk's Ausbruch, still. Dongsuhk wusste nicht, woher seine Kraft kam und er stand auf und ging, die Dokumente zu Boden werfend auf den Richter zu.

Der Wind verteilte die Dokumente und zwei japanische Militärpolizisten im Dienst stürmten auf ihn zu. Sofort hob Dongsuhk den Stuhl hoch, auf dem er saß und schlug auf den Kopf des Richters ein. Jemand schrie im Gerichtssaal auf, als Blut auf der Stirn des Richters runterfloss.

Der junge Militärpolizist schrie „Pakayaro!", was ‚Bastard' auf Japanisch bedeutete und packte Dongsuhk's beide Arme, während er immer noch den Stuhl in seinen Händen hielt.

„Du bist derjenige, der Abstand nehmen sollte. Bleib zurück, du Japaner! Gibt uns unsere Souveränität zurück! Lasst unseren vergifteten Imperator Gojong wiederauferstehen!", rief Dongsuhk, als er seinen Körper verdrehte.

Das Gericht verlangte eine Unterbrechung, nachdem der blutende schwarz gekleidete Richter unruhig den Saal verließ. Dongsuhk wurde von zwei Polizisten in ein anderes Zimmer geschleppt. Sofort flogen ihre Füße auf Dongsuhk zu.

Verprügelt zu werden, wurde in den letzten paar Monaten zur Routine und Dongsuhk gab ihnen einfach seinen Körper, welcher in Sekundenschnelle blutig wurde. Wenigstens hatte das Zimmer ein Fenster und es gab weder ein Durchstechen mit der Nadel, noch gab es pfeffriges Wasser, welches in seine Nasenlöcher gelangen würde. Er fiel auf den kalten Zementboden und erblickte mit seinem unscharfem Blick den Sonnenschein aus dem Fenster.

Sein Körper war voller Wunden, doch er hatte das Gefühl als hätte er die ganze Wut, die sich in ihm aufgesammelt hatte, rausgelassen. Er schloss seine Augen und lächelte. Dann murmelte er in seinem Herzen: *„Jesus! Mache mich heilig! Ich bin nur ein schwacher Mensch. Aber wenn ich durch dieses Leid heilig werden kann, dann mache mich heilig! Und lasse mich, so wie du es getan hast, in Gottes Willen sterben!"*

Er sah wie eine Vision eines strahlenden Kreuzes sich verdunkelte und er erkannte sich selbst auf dem Kreuz. Er schaute nach unten, wie es Jesus auch getan hatte und unter dem Kreuz befand sich seine Mutter Hannah und seine Frau, welche seine drei Söhne, Daewee, Yoowee und Dowee, umarmte.

„Was ist passiert? Der Dummkopf ist zusammengebrochen."

Sein Kopf verlor all seine Farbe, als er die Stimmen der Militärpolizisten in der Entfernung hörte. Er verlor sein Bewusstsein, nachdem all seine Sinne nicht mehr reagierten.

Dongsuhk wurden zehn Jahre gegeben, welche den Verstoß im Gerichtssaal beinhaltete und er wurde in das Seodaemun Gefängnis geschickt. Als der Winter kam, rieselte draußen der Schnee. Er trug Hosen aus Wolle und einen Mantel, den seine Mutter und seine Frau ihm gegeben haben, dennoch zitterte er vor Frost. Obwohl er drei tägliche Malzeiten zu sich nahm, war er immer hungrig.

Er dachte er hätte sich für diese Schwierigkeiten vorbereitet gehabt, doch es war sehr anstrengend diese Einsamkeit während seiner Folter, dem Gericht und der Gefangennahme ertragen zu können. Seine Kollegen, die mit der selben Straftat verurteilt wurden, wurden aufgeteilt und er erhielt keine einzige Nachricht von ihnen.

Eines Tages, kurz vor dem Ende des Jahres, beobachtete Dongsuhk den Schneefall durch das Fenster, als er hörte: „Dongsuhk Pai! Sie haben einen Besucher!"

Das Klappern der Metalltür konnte vernommen werden, während Dongsuhk hörte wie der japanische Wächter sprach. Der winterliche Sonnenschein berührte sein blasses bärtiges Gesicht und er drehte sich schnell um.

Wer könnte es sein? Es könnte nicht seine Familie aus Kimhae gewesen sein. Er war sehr aufgeregt über seinen Besuch und langsam aber erwartungsvoll folgte er dem Wächter durch den langen Korridor. Der gebrechliche Dongsuhk ging recht wackelig und hatte den Anschein, als könnte er in jedem Moment umkippen.

Es war Pfarrer Raymond, der im Besucherzimmer auf ihn wartete. Die Augen des Pfarrers wurden wässrig, als er sah wie Dongsuhk in grauer Gefängnisuniform gekleidet in das Zimmer hinein trat.

„Oh, Dongsuhk! Was ist passiert? Du siehst so hager aus!"

Pfarrer Raymond's Hände ergriffen die von Dongsuhk. Seine warmen Hände ließen die lang ertragene Trauer und die Schwierigkeiten von Dongsuhk zur Oberfläche kommen. Er war erschöpft und konnte kaum sprechen.

„Pfarrer Raymond, den Füller, den Sie mir damals geschenkt haben wurde mir hier weggenommen, aber ihre Gebete haben mich stets beschützt. Ich bin immer noch am Leben."

Dongsuhk weinet nicht vor seinem Vater, aber seine Tränen konnte er vor dem Pfarrer nicht weiter unterdrücken.

„Oh, mein Sohn! Mein armer Sohn!" Pfarrer Raymond zog ihn an sich heran und weinte, während er ihn weiterhin in seinen Armen hielt.

„Ich habe mir solche Sorgen um dich gemacht. Aber ich konnte nicht herausfinden wo du warst. Letztendlich habe ich mich in der Kimhae Kirche in deinem Heimatdorf nach dir erkundigt und man sagte mir du würdest hier gefangen sein. Bin ich zu spät gekommen? Das Jahr ist schon vergangen und bald findet Weihnachten statt."

„Weihnachten?" Dongsuhk wiederholte das Wort, als würde es etwas komplett fremdes für ihn sein.

„Dongsuhk! Verlier nicht deinen Mut! Ich habe versucht dich auf Bewährung frei zu lassen, aber das ist nicht so einfach, da viele Menschen während der Bewegung festgenommen wurden. Außerdem wurdest du ebenso wegen der Missachtung des Gerichts verklagt. Jedoch hast du in dem Moment eine großartige Arbeit geleistet der Welt von Koreas Verlangen nach der Unabhängigkeit zu berichten. Die koreanischen Bewohner Amerikas versenden ihre Spenden um die Patrioten zu unterstützen."

Bei der Wichtigkeit der Konversation über Amerika, flüsterte Pfarrer Raymond so leise, damit es der japanische Wächter nicht hören konnte.

„Amerika! Dort lebt meine jüngere Schwester in Hawaii." Dongsuhk fokussierte sich, als er von Amerika zu hören bekam.

„Ja, das ist wahr. Du hast mir einmal davon erwähnt. Deine Schwester hat dort geheiratet, stimmt's?", fragte der Pfarrer.

„Pfarrer Raymond. Ich habe große Angst vor den Neuigkeiten von ihr, aber es ist offensichtlich, dass ich ihr von hier aus keine Briefe zuschicken kann. Könnten Sie sich bitte nach ihrer Adresse in der

Kimhae Kirche erkundigen? Und bitte schicken Sie ihr Neuigkeiten über mich. Ich denke, dass sie von meiner Situation Bescheid wissen muss."

„Dongsuhk! Ich werde dir so gut es nur geht helfen! Es könnte schwierig werden, aber bleib gesund! Du musst dein Medizinstudium vollenden. Wirf deinen Willen, anderen Menschen zu helfen, nicht weg. Gott wird dich niemals alleine lassen."

Pfarrer Raymond blickte Dongsuhk's hagere Figur mitfühlend an und hielt seine beiden Hände. Trauer durchflutete ihn, als er Dongsuhk anschaute, der einst voll von Energie war und nun sowohl mental als auch körperlich schwach wurde.

Nachdem der kurze Besuch zu Ende war, ging Dongsuhk erneut den dunklen Korridor zu seiner Zelle entlang. Die Wintersonne ging draußen, außerhalb des vergitterten Fensters, schon unter. Dongsuhk realisierte wie einsam er war und er sehnte sich nach weiterer Gesellschaft.

Im Jahr zuvor brannte sein Herz voll Patriotismus und er reiste mutig zwei Mal nach Manchuria und Shanghai. Doch nun war sein Körper gebrechlich und schwach. Er vermisste seine Eltern, Frau und Kinder. Der kalte Wind wehte womöglich durch den Vorderhof des Apothekenhauses und er vermisste sein Zuhause, welches nach Kräutermedizin roch.

Als die Nacht kam, sank die Temperatur in der Zelle und Dongsuhk fing an zu husten, während er bei jedem Mal einen stechenden Schmerz in seiner Brust verspürte. Er wickelte sich in der Decke ein und legte sich auf den kalten Boden. Jedes Mal wenn er hustete, hallte es in der dunklen Zelle. Er dachte, er könnt etwas außerhalb des vergitterten Fensters hören. Es war wie eine Hymne oder wie ein Weihnachtslied und das Lied konnte schwach in seinen Ohren vernommen werden. Doch er schloss seine Augen, da er dachte es wäre alles nur Einbildung gewesen.

Die Bewegung des ersten Märzes brachte keine sofortige Unabhängigkeit, jedoch förderte dies eine Veränderung in der japanischen faschistischen Kontrolle in der Kultur. Der Staatsgeneral veränderte das System der Militärpolizei in ein gewöhnliches Polizeisystem, schaffte die Uniformen der Beamten und der Lehrer und die Notwendig des Tragens von Schwertern ab.

Teile der Medien, Publikationen und bestimmte Versammlungen wurden zu einem bestimmten Punkt wieder erlaubt, doch dies war nur eine Taktik um den Zerfall zu animieren. Währenddessen liefen die ausländischen Spenden für die Unabhängigkeitsbewegung weiter und in Shanghai wurden, im März und April 1919, fünf Interimsregierungen innenpolitisch gegründet und außerhalb integriert. Seungman Rhee wurde zum Präsidenten ernannt.

Die Spenden, welche Dongsuhk im Jahre 1919 nach Shanghai überliefert hatte, spielten eine wichtige Rolle in der Gründung der Interimsregierung. Dongsuhk traf im folgenden Jahr 1920 den Generalen Chwajin Kim, welcher davon geträumt hatte eine Armee von Offizieren zu erschaffen, der letztendlich3300 japanische Soldaten im Kampf von Chungsanri getötet hatte.

Als Rache planten die Japaner das „Hoonchoon Ereignis" im Oktober desselben Jahres. Nachdem sie chinesische Banditen dazu gezwungen haben den japanischen Konsul anzugreifen, beschuldigten diese die Koreaner und begannen koreanische Bewohner in der Gando Region umzubringen. Insgesamt töteten die japanischen Soldaten 10.000 koreanische Bewohner und brannten 2.500 Häuser und 30 Schulen nieder.

Dongsuhk erfuhr diese Nachrichten von Pfarrer Raymond und erhielt ebenso einen Brief von Chunlee, welchen der Pfarrer zwischen den Seiten einer Bibel und anderen Büchern versteckt hatte. Dongsuhk las diesen immer und immer wieder und konnte die großartigen Nachrichten, welche sie ihm weiter gegeben hatte, kaum erfassen.

Die „Daehan Buin Hoe", welche im Jahr 1913 in Hawaii gegründet worden ist, änderte dessen Namen zu „Daehan Buin Gujae Hoe" und begann dank der Bewegung des erstem Märzes aktiver zu agieren. Die Frauenversammlungen sammelten Spenden für die Unabhängigkeit ein, während die Männer am Tag arbeiteten und am Abend trainierten.

Chunlee schrieb, dass sie den Daehan Buin Gujae Hoe ebenfalls beigetreten ist. Sie war sehr bestürzt als sie von Dongsuhk's Leben im

Gefängnis erfahren hatte, jedoch war sie sehr stolz, dass ihr Bruder die Bewegung angeführt hatte.

Dongsuhk realisierte wie viel Zeit vergangen ist als er las wie Chunlee's Kinder in den Zuckerrohrfeldern umher liefen. Er wunderte sich wie viel Daewee, Yoowee und Dowee gewachsen sind. Ihr Bild war in seinem Gedächtnis verschwommen und seine Augen wurden wässrig.

Für seine Familie war es schwierig ihn öfters aufgrund der großen Distanz zu besuchen und wenn sie kamen, dann konnten sie die Kinder nicht mit in das Gefängnis bringen. Er bat seine Frau ihm Fotos von ihnen zu schicken, jedoch wunderte er sich ob er sie jemals wieder sehen könnte. Seine Eltern wurden von Tag zu Tag älter und er konnte nicht anders als seine Kinder nur noch mehr zu vermissen.

Es war der Mai des Jahres 1922. Drei Jahre sind vergangen, seit Dongsuhk in Gefangenschafft war und sein Körper wurde erheblich schwächer. Er nahm das Foto von Daewee und Yowee gemeinsam sitzend heraus und schaute es sich erneut an. Sie sahen ein wenig erschrocken aus, von einer fremden Kamera fotografiert zu werden und ihr Gesichtsausdruck ließ Dongsuhk sich mehr nach ihnen sehnen.

Er erhielt das Foto zwei Jahre zuvor und er fragte sich wie seine Kinder nun nach dieser Zeit aussehen würden. Dongsuhk war sehr traurig darüber, dass Dowee, der nach seiner zweiten Reise nach China zur Welt gekommen ist, nun verstorben war bevor sein Vater die Möglichkeit dazu hatte Dowee in seinen Armen zu halten. Seine Frau wurde sehr damit beschäftigt Dongsuhk mit seinem Leben im Gefängnis zu helfen und reiste immer wieder von Kimhae nach Kyungsung. Eines Tages fiel das Kind in den Brunnen, als Boknam nicht hingeschaut hatte.

Er erinnerte sich nur vage daran, als sein Vater sein Kind verloren hatte als er noch jünger war und dieses ähnlich hinein gefallen ist und dies zu einem tragischen Ereignis wurde. Dieser Brunnen wurde gefüllt und ein neuer wurde mit einer hohen und starken Wand drum herum ausgegraben. Als die Zeit jedoch verging, brach die eine Wand. Er bemerkte die ersten Anzeichen der kaputten Wand, als er nach der Bewegung nach Kimhae zurück gekehrt ist und er steckte seinen

Kopf in den kaputten Brunnen und erkannte seine Reflektion auf der Oberfläche des Wassers.

Er schimpfte Yoowee und Daewee dafür, dass sie in der Nähe gespielt haben, aber er hätte es sich niemals erträumen können, dass sein jüngster Sohn hinein fallen könnte. Dongsuhk bereute es, dass er sich nicht um seine eigenen Kinder kümmern konnte. Aber wie könnte sein Vater den Brunnen reparieren, wenn doch sein Sohn sich im Gefängnis befand? Seine Tränen tropften auf das Foto, während die Vorstellung seines jüngsten Sohnes verschwommen wurde.

Neue grüne Blätter fingen zu blühen an, da ein helles Licht in Dongsuhk's dunkle Zelle hineinschien. Er hustete erneut, während er seine Bibel auf dem kalten Boden las. Als er zu schwach wurde um sogar lesen zu können, ließ er seinen Kopf fallen. Plötzlich strahlte die dunkle Ecke seiner Zelle und dort stand sein Vater Sungdu in einem weißen Umhang und einem weiten Yangban Hut. Dongsuhk erinnerte sich an den Hut, da sein Vater sein ganzes Leben lang einen Bamboos Hut getragen hatte, während dieser in der Apotheke arbeitete.

„Vater! Was bringt dich hier her? Wie bist du hier her gekommen? Und weshalb trägst du einen Yangban Hut?"

Sungdu lachte und blickte seinen Sohn an.

„Ich bin einfach nur zu meinem wahren Ich zurück gekehrt, Dongsuhk! Du weißt doch sicherlich wie wir, deine Familie, in Kimhae angekommen sind, nicht wahr? Ich spreche über unsere Vorfahren. Ich habe eine Kirche an meinem Geburtsort erbauen lassen und du hast eine großartige Tat vollbracht, indem du in die Welt hinausgegangen bist und all diese Schwierigkeiten ertragen hast. Dies waren unsere Rollen, Dongsuhk! Dongsuhk!"

Sungdu's Antwort war wie ein Echo in den Bergen. Dongsuhk's Ohren schallten und er schrie überrascht auf, als er sah wie sein Vater plötzlich verschwand.

„Vater! Vater!"

Dongsuhk öffnete seine Augen. Er hat nur geträumt, jedoch spürte er eine Vorahnung und drückte die Bibel näher an sich heran.

Ist sein Vater aus einem bestimmten Grund aufgetaucht? Er schloss seine Augen und vergrub sein Gesicht mit einem sorgenvollen Herzen in der Bibel.

Am 16. Mai desselben Jahres, machte Sungdu in dem Moment seinen letzten Atemzug auf seinem Todesbett im Dorf Dongsang von Kimhae. Hannah und Junmsoon weinten beim Zusehen, während Changsuhk sich neben seinen Vater setzte und das Phlegma, welches aus Sungdu's Mund kam, mit einem Stück Stoff abwischte. Boknam wartete weinend auf dem hölzernen Boden mit ihren Kindern und wartete darauf, dass ihre Schwägerin Jungmyung und ihr Mann Youngok kommen würden.

Sungdu verlor sein Bewusstsein und verspürte einen stechenden Schmerz in seinem Herzen.

„Gott! Wieso! Wieso!" Als sein Leben durch sein Gedächtnis vorbeiflog, durchfluteten Fragen sein Herz.

Wieso hat ihn Gott durch so viele Schwierigkeiten gehen lassen? Er akzeptierte Christus, damit er glücklich leben könnte und erbaute sogar eine Kirche, also weshalb verspürte er einen derartigen Schmerz, welcher ihn nur schwer atmen ließ?

„Dongsuhk! Dongsuhk!" Er wollte nach seinem Sohn rufen, jedoch konnte er kein einziges Wort mehr aus seinem Mund bringen. Als er jünger gewesen ist, verlor er all seine Kinder und Dongsuhk kam in seiner Verzweiflung zur Welt. Aber wo war sein Sohn nun? Er wollte seine Hand halten und es wäre ihm völlig gleichgültig gewesen zu sterben, wenn er doch einfach nur zum letzten Mal seine Hand in die seines Sohnes legen könnte. Aber wo war sein Sohn nur?

Verzweiflung und Schmerz erfüllten sein Herz. Als seine Atmung noch unregelmäßiger wurde, schrien Hannah und Junmsoon nur noch lauter. Ihr Geschrei hallte laut in seinen Ohren.

„Oh, Herr! Herr!"

Er realisierte, dass er nicht nach seinem Sohn, sondern nach Gott rief, welcher ihn durch sein ganzes Leben begleitet hat. Er hatte das Gefühl, dass sein Ruf nach Gott seine Schmerzen milderte und er spürte wie etwas wie eine Feder sich mit der Wärme um ihn schlang. Sungdu seufzte.

„Du wurdest gereinigt!"

Von irgendwo her vernahm er eine sachte Stimme, während er sein Bewusstsein verlor und nun war er für all seine ertragenen Schwierigkeiten dankbar, welche er durchleben musste. Wie sonst hätte er rein werden können?

Er spürte wie sein Körper leichter wurde. Das friedliche Gefühl, welches ihn übernahm, machte ihn sehr glücklich.

Sungdu flüsterte leise: „Gott! Ich übergebe dir alles in deine Hände."

Er konnte nicht sprechen, doch nun ging er in einen tiefen Frieden hinüber, als er tief Luft holte. Seine Atmung wurde schwacher und nach einem letzten Atemzug hörte er endlich auf zu Atmen. Sein gebrechlicher Körper lag im Zimmer der Apotheke, jedoch schien seine schwache und dünne Figur zu strahlen.

Changsuhk bestätigte, dass sein Vater verstorben ist und als er weinte, heulten Sungdu's beiden Frauen Hannah und Junmsoon. Auf dem hölzernen Boden wartete Boknam immer noch auf Jungymyung und Youngok. Sie brachte ihre Kinder näher an sich heran und weinte. Die besitzerlose Balsampflanze am Zaun blühte mit deren Früchten und zitterte in den Resten des Windes.

Im Seodaemun Gefängnis hielt Dongsuhk die Bibel nah bei sich und spürte, dass sein Vater nun verstorben ist. Er presste das Buch stark gegen seine Brust, während er sich in einem unerträglichen Schmerz befand, doch plötzlich verschwand dieser. Wie ein Seil, welches sich von selbst los band, verspürte er wie ein Gefühl von Komfort seinen ganzen Körper durchströmte. Es war eine Kraft, die ihn frei ließ und er empfand einen großen Frieden und Trost, als er die Bibel öffnete.

Seine Augen fielen auf Hiob 36:15. „Aber den Elenden wird er in seinem Elend erretten und den Armen das Ohr öffnen in der Trübsal."

Tränen fielen auf das offene Buch. Sein Vater durchlitt vielerlei Schwierigkeiten und er verließ diese Welt rein. Als er daran dachte, dass sein Leid ihn ebenfalls reinigen würde, empfand er ein Gefühl von Freude. Er lächelte, jedoch liefen die Tränen weiterhin seine Wangen herunter, bis seine Schultern durchnässt waren. Zwischen seinen Tränen hustete er weiterhin.

Er betete: „*Gott! Ich zweifle nicht daran, dass die Seele meines Vaters im Himmel verweilen wird. Wie oft muss ich noch gewaschen werden, bevor ich vor Dich treten kann?*"

Dongsuhk's Husten wurde in der dunklen Zelle intensiver und die Mai Sonne, welche hell außerhalb des vergitterten Fensters schien, ging an Dongsuhk vorbei.

Dongsuhk erfuhr von dem Tod seines Vaters und seine Gesundheit verschlechterte sich, als der Sommer vorbei war. Obwohl er alles in Gottes Hände gelegt hatte, war er sehr traurig darüber, dass er nicht neben dem Sterbebett seines Vaters dabei sein konnte. Laut dem Brief seiner Frau fand Sungdu's Beerdigung in der Kimhae Kirche statt. Da Dongsuhk nicht anwesend sein konnte, nahm sein Sohn Daewee den Platz des Hauptleidtragenden ein.

Dongsuhk zeichnete ein Bild des hölzernen Sargs mit dem eingravierten Kreuz und dem gebrechlichen Körper seines Vaters. Sein Vater erfuhr in seinem Leben war Religion ist und Dongsuhk wusste, dass er ebenso glaubte wie sein Vater es tat. Er faltete den Brief zusammen und lächelte mit seinen trockenen Lippen, doch die Tränen flossen weiterhin aus seinen Augen.

KAPITEL 35

„Severance Krankenhaus"

BIS 1924 WURDE Dongsuhk jeden Tag, den er im Gefängnis verbrachte, schwächer und schwächer. Auch seine Frau wurde immer älter und schwächer jedes Mal, wenn sie ihn besuchte. Priester Raymond setzte seine Besuche fort und Gapsungs Frau brachte Dongsuhk ebenfalls häufig Essen. Selbst Soonchun Park, welche er in Masan getroffen hatte als er die Unabhängigkeitserklärung abgeliefert hatte, kam ihn ab und zu besuchen. Es machte Soonchun sehr traurig zu sehen, wie sehr sich der gutaussehende junge Mann von früher verändert hatte. Sie hatte immer noch das Bild von Dongsuhk im Kopf bei ihrem ersten Treffen im Februar 1919, an dem Hügel hinter Masan Uishins Mädchenschule.

Dongsuhk fand es wäre besser, wenn sie ihn nicht so sehen würde, nicht seinen Körper in diesem kranken Zustand betrachten müsste. Er war ihr sehr dankbar für ihre Besuche, doch er sprach stets kalt zu ihr.

„Danke dass du hier bist aber komm nicht wieder. Ich bin ein verheirateter Mann!"

Soonchun konnte nicht antworten, die Tränen in ihren Augen hielten sie ab, also ging sie einfach ohne etwas zu sagen und kam ihn nicht wieder besuchen.

Gapsung und Soonchun hatten mit Dongsuhk die Unabhängigkeit geplant, doch sie hatten weitaus mildere Strafen bekommen. Dongsuhks Strafe war so hart ausgefallen, weil er den Richter mit dem Stuhl geschlagen hatte, doch er bereute nichts denn es war was er hatte tun müssen.

Sein Husten hatte wieder angefangen. Er wurde chronisch und schließlich wurde er endlich mit Tuberkulose diagnostiziert. Er überlebte bloß aufgrund der Medizin, die sie ihm im Krankenzimmer des Gefängnisses verabreichten, häufig erbrach er auch Blut, wenn der Schmerz wieder seine Brust zu durchbohren schien.

Eines frühen Sommertags im Mai, während Dongsuhks fünftem Jahr im Gefängnis, fiel er in Ohnmacht während er in der prallen Sonne auf dem Feld arbeitete. Es schäumte aus seinem Mund und er wurde in ein Krankenzimmer getragen. Mit verschwommener Sicht erblickte er wie der japanische Arzt, welcher ein Stethoskop an seine Brust hielt, den Kopf schüttelte. Selbst in diesem benommenen Zustand wusste Dongsuhk, dass es keine Hoffnung mehr für ihn gibt. Er fühlte sich nicht elend, doch eine Welle der Trauer überkam ihn und er stand kurz vor den Tränen als er dann völlig das Bewusstsein verlor.

Dongsuhk fragte sich wie lange er wohl geschlafen hatte. Als er die Augen öffnete saß Priester Raymond vor ihm.

„Oh! Dongsuhk! Bist du wach?"

Dongsuhk öffnete seine Augen gewissenhaft und sah ihn an.

„Priester Raymond, wo bin ich?"

„Dongsuhk, du bist im Severance Krankenhaus, nicht mehr im Gefängnis. Ich habe gehört, dass du in einem schlechten Zustand warst, also haben die Amerikaner die zur Nordamerikanischen presbyterianischen Kirche gehören und einige Ärzte und Schüler dieses Krankenhauses eine Petition für deine Bewährung unterschrieben. Ich habe das schon eine Weile ohne dein Wissen geplant. Ich konnte dich doch so nicht im Krankenhaus lassen."

„Danke, oh danke dir Priester Raymond! Du hast so viel für mich getan!"

„Dongsuhk! Das ist genauso sehr für Gott wie es für dich ist. Dein Verlangen nach Gerechtigkeit deine Souveränität zurückzugewinnen ist tatsächlich von Gott und nur von Gott allein gegeben. Also war es nötig für mich dich zu retten, denn das war gleichzeitig auch für Gott."

Priester Raymond hielt Dongsuhks schwache Hand und das Gefühl von Heimat welches Dongsuhk überkam ließ ihn einen Seufzer ausstoßen. Seine Rippen juckten und seine von Husten geplagte Brust fühlte sich an als würde etwas Scharfes in sie hinein piksen.

Nach allem was er in den letzten fünf Jahren erlebt hatte, in der kalten Gefängniszelle zu leben und dort geprügelt und gefoltert zu werden aufgrund von seiner Teilhabe bei der Bewegung in Kimhae, hatte Dongsuhk Glück noch am Leben zu sein.

Die Weichheit seines Krankenbettes unter seinem abgemagerten Rücken fühlte sich nach all den Jahren auf kaltem Zement mit einer dünnen Decke zum zudecken himmlisch an. Schon bald überkam ihn wieder tiefer Schlaf.

Er träumte von der Apotheke und seinen Eltern, Changsuhk und Chunlee waren auch dort. Daewee und Yowee waren im Grundschulalter und seine Frau war so schön wie eine frisch vermählte Braut. Sie lächelte ihn schüchtern an und verdrehte die Enden des Rocks ihres traditionellen Hochzeitskleides.

„Haerim! Komm zu mir! Meine Haerim!“, schrie Dongsuhks Herz nach ihr.

Statt zu antworten ging sie einfach in den Garten hinter dem Haus und Dongsuhk blieb allein auf dem Platz vor der Apotheke. Die Apothekentür öffnete sich langsam und Fremde fingen an hinaus zu strömen. Sie trugen alle weiße Kleidung und Strohschuhe. Er hatte jene weiße Kleidung bereits gesehen, die Leute auf dem Manchurian Markt hatten sie getragen. Sie begannen um ihn herum zu laufen und er wusste, dass sie ihn anfeuerten.

Jedoch sah Dongsuhk nicht seine Frau oder seine Kinder, noch konnte er sagen, wo der Rest seiner Familie war. Oh so einsam! Er wollte nichts mehr als nach seinen Kindern zu rufen.

„Kinder! Daewee! Yowee!“, er dachte er hätte lauthals geschrien doch kein Wort verließ seinen Mund. Er machte sich Sorgen, dass seine Kinder ihn nicht hörten und weit weg gegangen waren.

„Daewee! Yowee!“, schrie er wieder.

„Vater! Hier sind wir!“, plötzlich hörte er eine Antwort, welche aus der Nähe zu kommen schien.

„Die Kinder sind hier!“, das war die Stimme einer Frau. Haerim, es war Haerim!

Dongsuhk öffnete seine Augen. Seine Frau Boknam, welche er immer liebevoll Haerim genannt hatte, blickte auf ihn hinunter. Sie hatte Falten unter ihren Augen und trug kein traditionelles Hochzeitskleid, sondern eine weiße Sommerjacke.

„Bist du wach? Die Kinder sind hier. Daewee! Yowee! Begrüßt euren Vater."

Sie weinte beinahe, doch ihre Stimme war stark als sie ihre Kinder rief. Seine Kinder standen schüchtern hinter ihrer Mutter als sie sich vor Dongsuhk verbeugten. Wie lange war es nun her? Fünf Jahre waren vorbei gezogen. Daewee war zehn Jahre alt und Yowee war acht nach dem Mondkalender. Dongsuhk lächelte als er seine gewachsenen Kinder anblickte.

„Wann seid ihr angekommen?"

Dongsuhks Frau senkte ihren Kopf, um ihre Tränen zu verbergen, als sie die schwache Stimme ihres Mannes hörte.

„Gestern Abend, doch du hast geschlafen."

„Welchen Tag haben wir dann heute?", fragte Dongsuhk.

„In einigen Tagen ist Juli. Weißt du nicht einmal, dass du nun seit fast einem Monat im Krankenhaus bist?"

Dongsuhk war nach Ankunft in ein Koma gefallen und seither nur schlafend vorzufinden gewesen.

„Wie geht es Mutter?"

Bevor sie antworten konnte fing Boknam an zu weinen.

„Mutter geht es gut. Sie macht sich ständig Sorgen um dich."

„Ja, ich war wahrlich grausam zu meiner Mutter. Ich konnte Vaters Grab immer noch nicht besuchen, obwohl bereits zwei Jahre seit seinem Tod vergangen sind.", Dongsuhks Stimme war schwach.

„Wird schnell wieder gesund und komm auf die Beine. Du kannst sein Grab dann besuchen gehen.", ermutigte sie ihren Mann.

„Du hast Recht. Ich muss schnell gesund werden. Es gibt so viel zu tun! Wir müssen unseren Kindern beim älter werden zuschauen und ich muss die Unabhängigkeit des Landes sehen! Wie geht es der Kimhae Kirche seit Vater tot ist?"

„Das ist das Haus Gottes. Der Kirche geht es gut, Menschen mit starkem Glauben passen gut auf sie auf. Changsuhk kümmert sich auch um die Apotheke. Alles was du zu tun hast ist gesund werden, und dann wirst du deine Studien fortsetzen müssen. Es war der Wunsch deines Vaters, dass du eines Tages ein westlicher Arzt wirst."

„Mach dir keine Sorgen Haerim! Ich werde wieder gesund, ich werde Arzt werden, und wir werden unsere Kinder aufwachsen sind. Ich werde ein langes Leben mit dir leben."

„Das musst du.", versicherte seine Frau. Sie hielt die Hand ihres Mannes fest während sie ihre Tränen schluckte. Seine großen starken Hände hatten auf sie acht gegeben seit sie geheiratet hatten, doch seine gebrechlichen Hände zitterten nun in ihren.

Boknam hasste Gott. Alles im Leben war Leid. Ihr Schwiegervater Sungdu hatte sich zu Jesus Christus gewendet, um seinem Enkel ein gutes Leben zu bescheren, doch das einzige was sich sammelte waren Prüfungen. Das einzige, worauf sie sich verlassen konnte war ihr Mann, währen sie zehn Jahre lang die Hausarbeiten in dem armen Haushalt erledigte.

Ihren kranken Mann im Krankenbett liegen zu sehen fühlte sich schrecklich an. Daewee und Yowee spielten neben dem Bett als sei nichts, was ein Lächeln auf Dongsuhks bleiches Gesicht zauberte.

Boknam reiste häufig aus Kimhae nach Kyungsung um sich um Dongsuhk zu kümmern, doch sie wusste, dass die Krankheit ihres Mannes ihn trotz all ihrer Hoffnung in einem kritischen Zustand hinterließ. Der einzige der nach Sungdus Tod in der Familie noch Geld verdienen konnte war Changsuhk.

Ihre Schwiegermutter Hannah war nun auch zu alt, also war wirklich keiner mehr übrig der ihr helfen konnte. Sie machte sich Sorgen wie sie sich um die Kinder kümmern sollte. Bald realisierte sie, dass Gott der einzige war, auf den sie sich nun noch verlassen konnte. Vielleicht war es ein Fehler sich so lange auf ihren Mann zu verlassen, vielleicht hätte sie sich von Beginn an Gott zuwenden sollen.

Es gab keinen mit dem sie für immer zusammen sein könnte, denn jeder verlässt sie irgendwann. Allerdings hatte sie nicht erwartet, dass ihr Mann sie so früh verlassen würde. Sie beobachtete traurig, wie er mit jedem ihrer Besuche schwächer und kränker wurde.

Gapsung besuchte Dongsuhk oft im Krankenhaus und erzählte ihm von den Geschehnissen in der Welt. 1923 gab es ein großes Erdbeben in Japan welchen Mann unter Kwandong Erdbeben kannte. Die japanische Regierung schieb die Schuld auf die koreanischen

Proteste, was zur Ermordung von sieben tausend Koreanern in Tokyo führte. Als Gapsung dies erzählte wurde Dongsuhks Gesicht rot und seine gebrechliche Hand ballte sich zu einer Faust. Er war zu schwach um wütend zu werden, doch zwei Tränen bahnten sich seine Wangen hinunter.

„Gapsung! Es muss eine Bestimmung geben für jene die leben und jene die dies nicht tun, nicht wahr? Es muss einen Grund geben zu leben und einen zu sterben!"

„Was redest du da? Meinst du etwa du wirst bald sterben?"

„Als wüsstest du das nicht Gapsung! Siehst du nicht, dass ich dem Tode nahe bin?"

„Blödsinn! Werde bald wieder gesund!", war das einzige was Gapsung sagen konnte.

Dongsuhk lächelte als er Gapsungs plötzlich laute und empathische Stimme hörte.

„Erinnerst du dich an unsere Zeit in der Kyungshin Schule?", fragte Dongsuhk.

„Natürlich tue ich das."

„Natürlich,", antwortete Dongsuhk. „Ich weiß nicht weshalb, aber als damals Joongguen Ahn Itohirobumi in Harbin tötete konnte ich nicht schlafen, also bin ich zur Schulkirche gegangen. Ich konnte meine Emotionen nicht kontrollieren und ich wollte unbedingt wie er werden. Vielleicht ist das was wir während der Bewegung gemacht haben tatsächlich eine Fortführung davon, was Joongguen erreichen wollte. Wir haben die Bewegung geplant nachdem wir von seiner Liebe für unser Land inspiriert wurden. Er war ein großer Mann, aber er wurde in einem Gefängnis in Rhisun hingerichtet.

Was für eine Schande! So viele Leute sind für diesen Zweck gestorben und trotzdem sind wir immer noch nicht unabhängig. Stattdessen ist die japanische Regierung noch bösartiger geworden, weil wir den Willen für unser Land zu kämpfen gezeigt haben. Gapsung, haben wir versagt?"

Gapsung antwortete nicht. Dongsuhk atmete tief ein, bevor er erneut schwach zum Sprechen ansetzte.

„Nein Gapsung! Wir haben nicht versagt. Von unserer Kampfbereitschaft wird sich überall auf der Welt erzählt. Ein großer Samen wurde hier in Korea eingepflanzt. Sieh doch! Der Samen den Joongguen gepflanzt hat wurde zu unserer Bewegung und der Samen, den wir gepflanzt haben, wird weitere Ereignisse in der Zukunft bringen. Nun da ich nun Teil war von diesem einpflanzen, habe ich meinen Teil getan? Darf ich nun gehen, so wie Joonggun?"

Gapsung wusste nicht was er sagen sollte also saß er nur still da.

„Das Sterben und das Leben- alles ist der Wille Gottes. Ich verlasse euch, doch dies ist der Wille Gottes.", Dongsuhk blickte zu seinem Freund, welcher auf dem Stuhl neben seinem Bett saß und lächelte, doch seine roten Augen waren voller Tränen.

„Hör auf mit diesem traurigen Gerede und konzentrier dich darauf gesund zu werden.", befahl Gapsung.

Dongsuhk hörte nicht zu und dachte stattdessen daran, wie er zur Kyungshin Schulkirche gerannt war, mit so vielen unerträglichen Emotionen, dass er das Gefühl hatte seine Brust würde explodieren. Als er jenen frühen morgen auf das kreuz geblickt hatte, hatte er nicht gewusst, dass es er sein würde welcher auf jenem Kreuz liegt. Er war damals ein junger und furchtloser Mann, auch wenn er bereits spürte, dass es viel Schmerz geben würde, durch welchen er sich durchkämpfen müsste.

Jetzt wusste er es. Laut japanischer Regierung war er ein Krimineller und er wurde gekreuzigt wie ein Lamm zur Sühne, genau wie Jesus, welcher auch großen Schmerz erfahren hatte, weil er atmete.

Nachdem Gapsung ging fing Dongsuhks Medizin an zu wirken und er kämpfte nicht gegen den Schlaf, der sich ihm aufzwang.

„Gott! Ich weiß ich bin nun vom Kreuz runter und dass ich nicht mehr länger auf dieser Erde verweilen kann. Es war schmerzhaft, doch du hast mich auserkoren. Hier auf diesem Bett liegen und nichts tun ist ermüdend. Ich bin hier nicht länger von Nutzen.", murmelte er zu sich selber während er seine Augen schloss.

In jenem Moment hörte er klar eine Stimme.

„Ich war glücklich am Kreuz. Ich war glücklich wegen der Hoffnung, dass mein Blut die Welt retten würde. Mein Gesicht verzog sich mit

Schmerzen doch meine Seele jubelte. Auch du solltest also glücklich sein. Aufgrund von deinem Blut und deinem Schmerz wird Licht auf dieser Erde verbleiben."

Dongsuhk schlief mit einem unbeschreiblichen Gefühl des Friedens und dem Geruch von Rosen in seiner Nase ein.

Während Dongsuhk im Krankenhaus verweilte, wurde die kaiserliche Kyungsung Universität, eine Regierungsschule, in Kyunsung unter dem Einfluss der Bewegung des ersten März gegründet. Jene die glaubten, dass das Fundament der Unabhängigkeit eine angemessene Ausbildung wäre, gründeten nach der Bewegung im Jahr 1923 die Minrip Universität Kisung Hoe und fingen an Beiträge für den Bau des Universitätsgebäudes zu sammeln.

Die Japaner wussten von diesem Plan und errichteten die kaiserliche Kyungsung Universität, um diesen zu verhindern. Die Pläne der Patrioten wurden somit tatsächlich aufgrund von Eingriffen der Regierung und mangelnden Geldmitteln abgeblasen, doch da sich auch einige Koreaner in die Kyunsung Universität eingeschrieben hatten, bot sich eine gute Möglichkeit die koreanische Begeisterung für Bildung weiter zu stärken.

Während all dies in Korea geschah, formte sich eine sozialistische Gemeinschaft, deren Haupttreffen „Neue Gedankenforschungsgesellschaft", „Hwayo Hoe" und „Bukpoong Hoe" genannt waren. Diese Versammlungen wurden stark von der im Jahr 1917 stattgefundenen russischen Revolution geprägt und wurden hauptsätzlich von Studenten, welche in der Sowjetunion oder in Japan studierten, geleitet. Sie infiltrierten die Medien mit Zeitungen und Magazinen, welche die Leute in das sozialistische Gedankengut einführen sollte und die kleinen weit verteilten sozialistischen Gruppen vereinen sollte.

Eine Bauernorganisation formte sich und setzte sich der bösartigen Unterdrückung von Seiten der japanischen Regierung entgegen. Auch ihre Massenopposition wurde von Sozialisten geleitet. Es war eine Zeit, in welcher es zu vielen Änderungen unter der japanischen Regierung kam.

Eines späten Augusttages im Jahr 1924 wurde es bei Morgengrauen schwer für Dongsuhk weiter zu atmen. Bis dahin war in seinen Lungen immer noch Platz für Sauerstoff, doch nun waren sie voller Flüssigkeit aufgrund von der Tuberkulose. Er blickte unter dem schwachen Licht auf den Kalender an der Wand.

Morgen, am neunundzwanzigsten August, wäre nationaler Tag der Demütigung. Vor vierzehn Jahren musste sein Land seine Souveränität an die Japaner abgeben. Er versuchte seine Wut zu unterdrücken und stöhnte, er fasste sich an die Brust als er spürte wie sich die Wut in ihm breit machte. Die Welt wandelte sich selbst jetzt, wo er in seinem Bett lag. Sowie die Kraft der koreanischen Unabhängigkeit stärker wurde, so verstärkte sich auch die Unterdrückung von Seiten der japanischen Regierung.

Immer mehr feine Falten zeichneten sich auf Boknams Gesicht ab und seine Kinder wuchsen in Kimhae rapide zu feinen, jungen Männern an. Sein Vater war nun in seinem Grab bereits zu Staub verfallen. Dongsuhk vermisste seine Kinder. Es fühlte sich an als hätten sie ihn vor Jahren das letzte Mal besucht. Er versuchte darüber nach zu denken was er ihnen als Vater gegeben hatte.

Manchmal fühlte er sich als hätte er ihn wenig gegeben neben ihrem Leben selbst. Trotzdem hatten sie den Glauben ihres Vaters geerbt, er hatte ihnen gezeigt, dass man sich selbst hingeben musste, um die Welt zu beschützen; sie würden sich selbst opfern müssen, um das richtige zu tun.

Es wurde immer schwerer zu atmen. Dongsuhks Klagen und Stöhnen hallte durch das Krankenhauszimmer. Es waren Geräusche von Menschen im Gang zu vernehmen und bald gesellten sich eine Krankenschwester und ein Arzt an seine Seite. Dongsuhk schwitzte bereits und obwohl er sie sah konnte er nichts sagen. Seine Zunge schien hart zu werden. Er hielt die Hand der Krankenschwester. Er brauchte gerade jemanden.

„Mutter! Haerim! Daewee! Yowee!“, schrie sein Herz.

Mit verschwommener Sicht erblickte er ein Kreuz. Da war er, auf dem Kreuz, blutend und mit gesenktem Kopf. Unter dem Kreuz stand seine Mutter, seine Frau und seine zwei Kinder mit zum Gebet erhobenen Händen. Sie weinten nicht. Boknam blickte hoch zu ihm wie es Maria Magdalene getan hatte und Hannah hatte einen Ausdruck der Hingabe, wie ihn auch Jesus Mutter Maria gehabt hatte.

Er war traurig. Das kalte Stethoskop presste gegen seine Brust und eine Nadel durchbohrte seinen Arm. Er spürte keinen Schmerz bis auf die Trauer in seinem herzen.

Boknam würde sich vermutlich mit dem Nachtzug auf dem Weg zu ihm machen. Dongsuhk wollte auf seine Frau warten, um ihr etwas zu sagen. Doch seine Lippen wurden hart und er spürte, wie seine beine gestreckt wurden. Er sah nichts mehr vor sich und er wollte schreien, doch keine Worte verließen seinen Mund.

„Gott! Habe ich alles erledigt? Ist das alles? Ich habe noch immer meine Arbeit als Vater nicht erledigt, ich habe meine Arbeit als Mann noch nicht erledigt, und meine Mutter lebt auch noch."

Sein Atem wurde flacher. Selbst das schwache Geräusch neben ihm wurde nun kaum wahrnehmbar.

„Oh Dongsuhk!"

Schwach nahm er die Stimmer von Priester Raymond wahr. Jemand hielt seine Hand und drückte fest zu. Er spürte, dass die große warme Hand Priester Raymond gehörte. Alles entfernte sich. Erneut sah er das Kreuz in der Dunkelheit.

„Alles wurde getan!", schrie der blutende Mann auf dem Kreuz.

„Alles wurde getan!"; Dongsuhk wiederholte jene Worte.

Die Stimme des Mannes und die Stimme von Dongsuhk überlappten sich und hallten durch die Dunkelheit. Der Kopf des Mannes fiel exakt in jenem Moment ab, in welchem Dongsuhk aufhörte zu atmen. Es war 6 Uhr morgens am neunundzwanzigstem August 1924.

Priester Raymond hatte eine dringende Nachricht erhalten und war sofort zum Sterbebett des mutigen jungen Mannes in jenem kleinen Land geeilt.

Er spürte, wie Dongsuhks Hand kalt wurde. Dongsuhk war drei und dreißig Jahre alt, genauso alt wie Jesus als er gekreuzigt wurde. Priester Raymond betete, während ein weißes Tuch über das blasse Gesicht von Dongsuhk gelegt wurde.

„Lass mich diesen jungen Mann nicht vergessen. Herr, lass dich jeden auf der Welt an diesen jungen Mann erinnern sowie er zu deinen Türen gelangt, so wie sie sich an dich erinnern."

Der tag brach an und Dongsuhks Körper wurde in die Leichenhalle gebracht. Als die Krankenschwester das Krankenbett aufräumte und das Kissen hob, fiel etwas auf den Boden. Priester Raymond, welcher sich noch immer im Stationsraum befand, sah dass es der Füller war auf welchem sein Name eingraviert war, jener welchen er Dongsuhk vor der Bewegung des ersten März überreicht hatte, als Dongsuhk auf dem Weg zu Manchuria war.

Dongsuhk hatte den Füller selbst bei sich getragen als er nach China gereist ist, und er hatte ihn auch während seiner Zeit im Gefängnis nach der Bewegung immer bei sich. Der Priester hielt den Füller fest in der Hand und konnte seine tränen nicht stoppen.

Die müde und matte Boknam betrat den Raum. Sie sah sowohl die Krankenschwester als auch Priester Raymond an als sie das leere Bett erblickte.

„Wo ist Yowees Vater?“, ihre Stimme zitterte mit der Realisation, dass ihr Mann verstorben war.

„Wir werden uns in Gottes Land wieder treffen.“, flüsterte Priester Raymond ihr zu.

Boknam wurde noch blasser und fiel zu Boden. Sie konnte nichts sagen. Priester Raymond betete erneut als er die Tränen in ihren Augen erblickte.

„Herr! Lass uns diesen Mann nicht vergessen. Hilf uns immer uns zu erinnern. Lass den Samen des Lichtes welchen er gepflanzt hat keimen und wachsen, genau wie deine Liebe."

Die Morgensonne strahlte auf Boknams Gesicht. Das Licht erleuchtete ihre Tränen sowie sie ihre Wangen runter rollten und ihre Schluchzer durch die Gänge des Krankenhauses hallten.

EPILOG

DIESES BUCH WURDE aufgrund der Anfrage von Kiho Pai, Dongsuhk's Großenkel und Sohn von Yoowee Pai, geschrieben. Es basiert auf den Dokumenten, welche sein späterer Vater gesammelt hatte und auf den Geschichten, die er über die Jahre zu hören bekam.

Diejenigen, welche während ihrer Gefangenschaft am Leben geblieben sind, wurden anerkannt, doch es dauerte mehrere Jahre bis man Dongsuhk Anerkennung zeigte.

Jedoch geschah es endlich am 15. August 1980, dass Dongsuhk Pai für seine Rolle in der Unabhängigkeitsbewegung mit einer Medaille vom Präsidenten geehrt wurde.

Im Jahr 1971 hielt Kiho Pai auf seinem Weg nach Amerika in Hawaii an und traf seine Großtante Chunlee, welche sein Vater nie zuvor getroffen hatte. Als Chunlee, Dongsuhk's Halbschwester, im Jahre 1915 nach Hawaii ausgewandert ist um sich zu vermählen, war Boknam mit Yoowee schwanger. Es war ein Treffen der Familie, welche Zeit und Distanz übertroffen hatte und Kiho's Treffen mit seiner Großtante zeigte wie viel Zeit nun doch vergangen ist.

Kiho verließ 1973 Hawaii um in der Butler Universität in Indianapolis, Indiana, zu studieren und später immigrierte er zum Land der Orangen neben Los Angeles, Kalifornien.

Heutzutage leitet er eine Pharmazie, während er als der Vorsitzende des Zivilrechtsvereines aktiv ist. Ebenso ist er ein Ältester einer koreanischen Kirche, so wie es der Großenkel eines stark Gläubigen sein sollte. Er und seine Frau Chungsook zogen zwei Sohne auf: Sungmin, namens David und Sungjin, namens James.

David ist nun ein Medizinarzt und James ein Pharmazeut. Ist es nicht ein Zufall, dass beide seiner Sohne in der Medizin oder Pharmazie arbeiten, da Sungdu ebenfalls ein Pharmazeut gewesen ist? Der Patriot Dongsuhk studierte in der Severance Medizinschule.

In 2004, als dieses Buch veröffentlicht wurde, wurde der Patriot Dongsuhk Pai für seine Rolle in der Unabhängigkeitsbewegung anerkannt und am 29. Oktober wurden seine Gebeine von dem Ahnengrab zum Daejon Nationalfriedhof hinüber transportiert.

Er möge verstorben sein, doch die Wahrheit würde stärker und die Welt erinnerte sich an die Gerechtigkeit, für die er gestanden ist. Ein Stern leuchtete von selbst und war zwischen den vielen weiteren Sternen unbemerkt, welche die Dunkelheit erleuchteten. Doch der Stern befand sich immer an seinem Platz und wird für immer auf die Erde mit seinem Licht der Gerechtigkeit und der Liebe scheinen. Der Älteste Sungdu und der Patriot Dongsuhk Pai, strahlen wie Sterne am Himmel und ihr Geist strömt nicht nur in der Pai Familie, sondern auch in uns.

Folgendes sind nur ein paar Taten vom Ältesten Sungdu, welche nicht in diesem Buch beinhaltet wurden:

Sungdu fand einen Bettler, Sungchul Chang, und nahm ihn in seine Obhut um ihn zu einem brillanten Menschen zu machen. Ebenso nahm er ein Waisenkind namens Yisoo Ahn bei sich auf, welcher später zu einem Schuldirektor wurde. Er half den Großenkeln von Herr Uhmmahn Kim zu Menschen mit einem großen Glauben heran zu wachsen.

Mit der Medizin, die er persönlich gemacht hatte, pflegte er den Ehemann von Bongrimdaek, welcher an einer Lungenkrankheit litt. Er starb nach einem langen Kampf gegen die Krankheit. Der Älteste Sungdu kümmerte sich um die Beerdigung und um Bongrimdaek und ihre Kinder. Ebenso leistete finanzielle Hilfe für einen armen Mann namens Hakkyu Bae, um eine Fabrik zu erbauen, welche Küchenbrennstoff produzieren würde.

Viele von ihnen, die einen Weg fanden durch Sungdu Pai's Freundlichkeit leben zu können, bleiben am Leben und irgendwo führten seine Großenkel ihre Leben.

Heute wissen wir nicht wem oder was wir unser Leben zu verdanken haben. Jedoch mögen wir es der Opferung und Freundlichkeit von jemandem den wir nicht kennen verdanken.

Bei der Überprüfung der Pai Familienakten, sind wir nun dank der Mühe und dem Blut für die Gerechtigkeit und der Wahrheit glücklich.

APPENDIX

An wen die Glocke läutet:

Pai, Sungdu (1840-1922)
Lee, Hangum (1848-1926)
Pai, Dongsuhk (1891-1924)
Kim, Boknam (Haerim: 1891-1972)
1774—Das Jahr des Drachen, Jungjo achtes Jahr; Dongwook Lee's Sohn, Seunghoon, wurde zum Oberhaupt des Bezirks ernannt, folgte seinem Vater nach Peking, wo er von einem französischen Priester ausgebildet und getauft wurde.
1775—Seunghoon Lee kehrte mit einem katholischen Lehrbuch zurück nach Korea.
1785—Das Jahr der Schlange und der Anfang der Verfolgung
1800—Tod von König Jeongjo, König Soonjo wird zu seinem Thronfolger und König und Königin Soonjo des Noronbyuk Klans, starten die Verfolgung von Katholiken.
1801—Verfolgung während des 58. Jahres des sechzigsten Zyklus, Soowoo Pai's Frau flüchtet mit ihrem Sohn aus Chungjoo.
1839—Verfolgung während dem sechsten der zehn himmlischen Stämme
1840—Yungup Pai's Geburt
1844—Kwangkuk Pai, Vater von Yungup Pai, stirbt
1846—Verfolgung während des dritten und des zehnten himmlischen Stammes

NACHRICHT DES BIOGRAPHEN

NACHDEM DIESES BUCH nach langen Vorbereitungen veröffentlicht werden konnte, würde ich gerne mit der nächsten Generation teilen, wie Gott meinen Vorfahren über den Heiligen Geist und den Glauben lehrte. In diesem Buch gibt es zwei Hauptpunkte, der erste ist Sungdu Pai, der die Wurzel des Glaubens in Gott meiner Familie gewesen ist. Der zweite ist Dongsuhk Pai, ein Unabhängigkeitskämpfer, der in seiner wichtigsten Zeit wie eine wunderschöne Blume erblühte, dessen Leben nur sehr kurz andauerte.

Ich sammelte historische und familiäre Informationen von 1970 bis zur heutigen Zeit um nun dieses Buch erstellen zu können. Vor dem Tod meines Vaters Yoowee, wurden mir Informationen überliefert, welche Ahnenaufzeichnungen und mündliche Denkwürdigkeiten enthielten. Durch diese Aufzeichnungen und Überlieferungen bin ich mir sicher, dass trotz diesem Leid und den Schwierigkeiten meiner Familie, wir niemals die Hoffnung aufgegeben hatten und unsere Milieus überwanden. Meine Absicht ist es, dass die Leser das selbe Gefühl von Hoffnung empfinden können, indem sie dieses Buch lesen. Im alten Testament der Bibel rief Gott auf die selbe Art und Weise nach Abraham um seinen Willen zu vollführen und sein Geist arbeitete ebenso durch die Pai Familie, um die Lehre des Glaubens zu überliefern. Obwohl ihre Geschichte mit Scham und Enttäuschungen gefüllt ist, demonstriert es den Weg, in dem Gott die Schwachen dazu nutzt um seinen Willen zu vollführen.

In unserem Leben, welches uns von Gott gegeben wurde, gehen wir manchmal nach seinem Willen, jedoch gibt es einige Zeiten in denen wir gegen Ihn agieren. Als Christen müssen wir Gott gehorchen und seinen Plänen für unsere Zukunft vertrauen. Sein Vertrauen kommt von unserem Selbstbewusstsein Gott zu kennen uns seinen Segen zu erleben. Dieses Buch wurde als Botschaft an diejenigen geschrieben, bei denen es an Glauben mangelt und an die nächste Generation. Obwohl wir alleine leben, leitet Gott alle Dinge, also hoffe ich, dass ihr alle Geschehnisse akzeptieren werdet. Ich werde im Namen der nächsten Generation beten, damit diese akzeptieren können und den Glauben ihrer Vorfahren am Leben erhalten. Mein aufrichtigster Dank geht an Lucina Park, die sich um das Schreiben dieses Buches gekümmert hat. Mein Traum ist es ein weiteres Buch zusammen zu stellen, welches um die schwierigen Leben von Dongsuhk Pai's zwei Söhne geht, die die Not überwunden haben, welcher sie in der Kriegszeitgesellschaft begegnet sind. Obwohl sie viele Schwierigkeiten durchlebt haben, triumphierten sie dennoch über ihr Leid und entdeckten den Glauben in Gott. Ebenso würde ich gerne die Geschichte erzählen, die um die nächste Generation von der Pai Familie geht, welche seit den letzten 35 Jahre in Amerika lebt. Um meinen Traum zu erfüllen, bete ich für Gottes Leitung.

Letztendlich hat mein Urgroßvater Sungdu die Kirche in Kimhae für seine Nachfahren erbauen lassen und „Glaubet an den Herrn Jesus Christus, so wirst du und dein Haus selig!"

(Apostelgeschichte 16:31)

Der Älteste Kiho Pai.
kihoPai@hotmail.com
https://blog.daum.net/kihopai

Familie (**35**. generation): Kiho, Kimoon, Kiwoo, Kitae, Kisan, Kihum, Okkyung, Kimyung Pai,

später Kija, Kichul, Kieun, Kiyoung Pai

Nächste Generation (**36**. Generation): Sungmin, Sungjin, Sunghoon, Sungrok, Sungwook,

Sungkook, Sungbum, Sungkwang, Sungsu, Sungsuk

Sungdu Pai (1920, Portrait)

Horance N. Allen (1884)

Dongsuhk Pai (1918, Portrait)

Boknam Kim (60 Jahre, Portrait)

James E. Adams (1906)

O.R. Avison (1919 – im Buch als Raymond dargestellt)

Chunlee Pai & Ehemann Heungpok Kim (1920)

Changsuhk Pai & Yoowee Pai (1955)

Soonchun Park (1968, Politiker)

1922. 3. 3-1779. 4. 8.
김해읍교회 전경

Kimhae Kirche (1922)

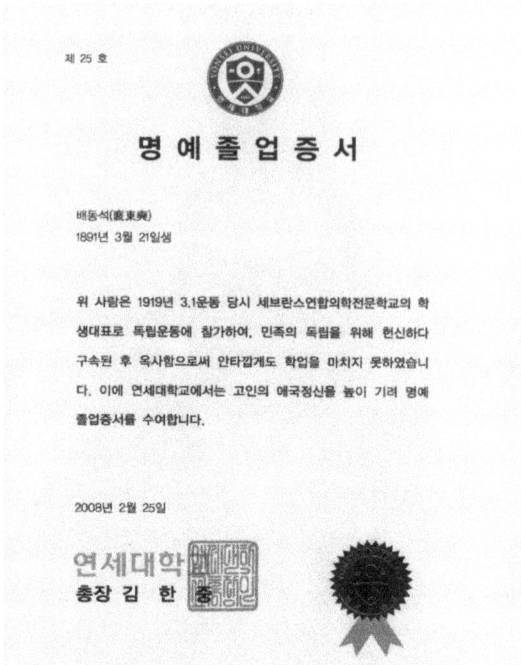
제 25 호

명 예 졸 업 증 서

배동석(裵東奭)
1891년 3월 21일생

위 사람은 1919년 3.1운동 당시 세브란스연합의학전문학교의 학생대표로 독립운동에 참가하여, 민족의 독립을 위해 헌신하다 구속된 후 옥사함으로써 안타깝게도 학업을 마치지 못하였습니다. 이에 연세대학교에서는 고인의 애국정신을 높이 기려 명예졸업증서를 수여합니다.

2008년 2월 25일

연세대학
총장 김 한 중

Ehrendiplom von Dongsuhk (2008)

Yoowee Pai (45 Jahre, Portrait)

Kiho Pai, Urgroßenkel von Sungdu Pai (2008)

Yoowee Pai and Soonchun Park

Das Monument von Sungdu Pai in der Kimhae
Kirche mit der Familie von Kiho Pai
(James, David, Kiho und Sue Pai)

Verwandte Nachkommen, Sungdu Pai in der Kimhae Kirche

Hapsung Grundschule und die Kimhae Kirche (2014)

Pai Aktivist, Dr. Dongsuhk Pai (Auf dem Nationalfriedhof)

Missionary William M. Baird

Rev. Joseph Henry Davies From Sydney, Australia

Lightning Source UK Ltd.
Milton Keynes UK
UKHW012130020621
384817UK00002B/11/J

9 781664 160538